# GESTÃO DE CONTROLADORIA

## Teoria e Prática

3ª Edição

José Carlos Carota

# GESTÃO DE CONTROLADORIA

## Teoria e Prática

3ª Edição

Freitas Bastos Editora

Direitos exclusivos da edição e distribuição em língua portuguesa:

**Maria Augusta Delgado Livraria, Distribuidora e Editora**

Editor: *Isaac D. Abulafia*
Revisão: *Maria Augusta Delgado*
Capa e Diagramação: *Jair Domingos de Sousa*

DADOS INTERNACIONAIS PARA CATALOGAÇÃO
NA PUBLICAÇÃO (CIP)

C296g

Carota, José Carlos
Gestão de controladoria: teoria & prática / [José Carlos Carota].
– 3. ed. - Rio de Janeiro: Maria Augusta Delgado, 2021.
350 p. ; 23 cm.

Inclui bibliografia.

ISBN 978-85-7987-359-1

1. Administração financeira. 2. Controladoria. I. Título.

CDD- 658.151

**Freitas Bastos Editora**

Tel. (21) 2276-4500
freitasbastos@freitasbastos.com
vendas@freitasbastos.com
www. freitasbastos.com

# PREFÁCIO À TERCEIRA EDIÇÃO

É com muita honra que prefacio a obra escrito pelo ilustre professor doutor José Carlos Carota, gabaritado profissional da área de ciências contábeis e jurídica, e vasta experiência acadêmica e corporativa, ocupando cargos executivos em grandes corporações.

Impressiona a forma com que o autor aborda e desmitifica temas complexos como o papel do controller e sua relevância na tomada de decisão empresarial, estabelecendo uma interdisciplinaridade com ferramentas de apoio a gestão, como Ebitda, BSC (Balanced Scorecard, Eva/Mva e Análise Swot, essenciais a todo profissional da área de gestão.

Por meio de exemplos práticos o autor, transita entre as áreas contábeis, financeira e jurídica, inter-relacionando os conceitos e não apenas se preocupando na apresentação do conceito e sua variáveis, mais também sobre como o gestor pode ser apropriar de forma precisa e aplicável durante a execução da atividade empresarial.

Nesta obra, fica evidente a abordagem a várias estudos de caráter acadêmico e prático, de forma organizada e didática, como apuração e análise de custos, demonstração do fluxo de caixa (cashflow), orçamento empresarial, aplicada a questões jurídicas, e principalmente, em um momento em que a governança corporativa cada vez mais se torna essencial as organizações, intrinsicamente ligadas a geração de valor corporativo.

Os primeiros capítulos desta obra trazem importantes contribuições e reflexões sobre a utilização da demonstração financeira e fluxo de caixa no âmbito empresarial, explicitando ao leitor de forma didática a aplicabilidade da ferramenta.

A complexidade da aplicação da carga tributária no cenário nacional, é apresentada de forma clara e precisa, ao empresariado e interessados, e o processo de recolhimento dos impostos, por meio da utilização dos mecanismos legais para redução carga tributária sobre a atividade empresarial.

Ao longo desta relevante obra, são abordadas questões de composição societária, provocando o pensamento crítico sobre a escolha acertada da mesma, e seus impactos para a sobrevivência e sucesso do negócio.

Por fim, os capítulos finais, abordam questões como a Lei da Falência e Recuperação das Empresas e os incentivos aplicados a Zona Franca de Manaus, sendo de relevante importância, sua contextualização e entendimento por parte do empresariado, pois estimula o gestor, a refletir sobre seu papel e como as decisões equivocadas podem conduzir o negócio ao encerramento de suas atividades.

Trata-se de uma leitura leve, didática e prática, no qual o leitor será conduzido por temas complexos que concernem a gestão empresarial, e que conflitam com aspectos legais e jurídicos. O leitor, certamente, se surpreenderá com o conteúdo desta obra e a forma com que o autor consegue dialogar, apresentando temas complexos de forma simples.

**André Tonin Ferrari**

*São Paulo, 25 de agosto de 2019.*

# PREFÁCIO À SEGUNDA EDIÇÃO

É com muita honra que prefacio a obra do mestre doutor José Carlos Carota, grande amigo dos tempos de mestrado.

Trata-se de estudo com importância ímpar pois abarca a importância da gestão de controladoria em âmbito prático e teórico.

A gestão por si só é desafiadora, portanto contar com uma obra que descreve em detalhes ricos de pesquisa a função de um *controller* por exemplo é de primordial auxílio tanto para aquele que estuda quanto para aquele que desenvolve funções práticas na área.

As explanações acerca da leitura de balanço patrimonial e apuração de resultados são imprescindíveis e firmemente indicadas a qualquer gestor que pretende administrar com conhecimento e excelência o negócio.

As lições acerca de *mark up*, orçamento, formação de preço e até *cash flow* proporcionam ao leitor uma leitura rica de informações técnicas e com atendimento acessível.

Encontram-se na obra as abordagens e estudos de diversas disciplinas, de modo organizado e didático, superando as expectativas de quem espera conhecimento perfunctório, os estudos são precisos, e denota-se, frutos de intensa pesquisa.

A obra parece-nos também de leitura imprescindível à medida que traz uma análise sobre aspectos jurídicos importantíssimos para o cotidiano empresarial e ao qual os estudantes focados em administração ou contabilidade tem pouco ou nenhum acesso.

Na mesma medida a leitura traz àqueles com formação jurídica que também se dedicam à gestão ensinamento gerencial de extrema valia e de forma detida e analítica.

O leitor encontra aqui uma obra completa que traz ao mesmo tempo conhecimento teórico e prático e extremamente interdisciplinar, atendendo integralmente a necessidade do público empresarial a que se destina.

**Paulo Vigna**

*São Paulo, 28 de abril de 2017.*

# PREFÁCIO À 1ª EDIÇÃO

A obra que tenho a honra de prefaciar impressiona já à primeira vista por dois motivos: Primeiro, pela maneira clara e didática com que o conteúdo é exposto, sempre preocupado com o melhor aprendizado. E, segundo, pela interdisciplinaridade entre os ramos do Direito, Administração de Empresas e da Contabilidade.

O autor, José Carlos Carota, é um querido ex-aluno e colega, dos tempos das aulas da FADISP. É um advogado competentíssimo e professor dedicado, que apresenta um estudo detalhado e de fácil compreensão que merece ser lido por profissionais e acadêmicos.

A importância da obra que se segue tem estrita relação com a forma de ensino superior do Brasil. Estamos - nós, da comunidade jurídica - acostumados a um modelo de Universidade fechado em ramos específicos de conhecimento, com pouquíssimo espaço para interação entre disciplinas. O aluno de Administração e o de Contabilidade têm, nos bancos de graduação, uma pequena introdução ao estudo do Direito, que, no entanto, não passa dos conhecimentos básicos sobre o tema. O graduando de Direito nem isso; as noções próprias de gestão empresarial e contábil passam ao largo da grade curricular do ensino jurídico.

O jovem estudante que sai da faculdade com largo conhecimento em um ramo do conhecimento tem pouco ou quase nenhuma vivência prática para lidar com questões complexas como as que envolvem a gestão econômica e financeira de uma empresa. O quotidiano empresarial implica tomar decisões rápidas e, ao mesmo tempo, ater-se a planejamentos bem-feitos; nada disso é possível sem conjugação entre conhecimentos teóricos e práticos. Daí a relevância e atualidade da obra de José Carlos Carota.

O foco do estudo é apresentar, de forma objetiva, visão geral sobre a vida da empresa e do empresário/administrador. Chama a atenção como o autor, com muita facilidade, discorre sobre as técnicas de planejamento orçamentário e controle de resultados financeiros, até mesmo por meio de tabelas e esquemas que facilitam muito a compreensão. O destaque dos primeiros capítulos às operações contábeis de demonstração financeira e fluxo de caixa empresarial é de suma importância, pois este é o cerne da sobrevivência da empresa que quer se manter superavitária de forma planejada.

O aspecto tributário da vida da empresa não foi deixado de lado. A obra apresenta didaticamente o tema do Imposto de Renda Pessoa Jurídica, explicando cautelosamente como se deve proceder para recolher o imposto e fazer opções que reduzam a carga tributária empresarial.

Segue-se a esses capítulos uma explanação ampla, mas objetiva, sobre as espécies possíveis de sociedades civis existentes no Brasil. É tarefa do administrador optar conscientemente por um tipo societário que mais e ajuste às necessidades da empresa. Aliás, este pode ser considerado o capítulo central da obra, já que ali estão delineados os conceitos jurídicos do que é uma empresa e quais são as consequências da constituição de uma pessoa jurídica.

O sexto capítulo está muitíssimo bem posicionado na obra para lembrar aos estudantes do tema que até mesmo os momentos de dificuldade financeira e de gestão são dependentes de um planejamento cuidadoso. Trata-se da Lei de Falência e Recuperação de Empresas, que oferece ao empresário uma série de possibilidades para evitar o encerramento das atividades empresariais.

O tema é eminentemente técnico, e a obra dá conta de expor de forma bastante simples as ferramentas que dispõem os gestores na tarefa de manter ativa a pessoa jurídica em crise.

Por fim, há o interessante capítulo a respeito dos incentivos fiscais e oportunidades de negócios, em especial referentes a Zona Franca de Manaus.

O trecho serve também de alerta para que o interessado em gerir uma empresa esteja sempre e constantemente de olho no futuro. Afinal, todos os planos e aspirações do gestor são voltados para a expectativa de que gerem resultados profícuos; a vida do empresário, seu dia a dia, está voltada sempre para a frente, mas ainda do que para o presente.

O leitor encontra aqui um livro interessante com olhos voltados a aspectos práticos da gestão empresarial. Tenho certeza de que a leitura desta obra enriquecerá os interessados. Parabéns ao Autor pelo conteúdo e pela disposição ao magistério, sempre atento à importância de manter-se próximo dos alunos e de seus anseios profissionais.

**Thereza Alvim**

*São Paulo, 26 de maio de 2015*

## NOTA DO AUTOR – TERCEIRA EDIÇÃO

# GESTÃO DE CONTROLADORIA
# TEORIA E PRÁTICA

O lançamento da 2ª edição da obra Gestão de Controladoria, foi um sucesso sem precedentes, pois além de atualizada a mesma foi substancialmente ampliada com diversos temas relativos a controladoria e suas ferramentas de monitoramento de resultados das atividades empresariais.

Nesta terceira edição além de revisada, adicionei novos capítulos, assim como, atualizei diversos temas em virtude das constantes mudança da legislação.

O diferencial da obra, além da multidisciplinaridade consiste em abordar os temas de forma concisa, sem apresentar a fase histórica indo direto ao assunto, demonstrando exemplos de cálculos descomplicados da matéria abordada, permitindo ao leitor associar teoria e prática, tornando a obra extremamente útil para os que trabalham na área.

O livro destina-se a advogados, administradores, contadores, empresários, estudantes, professores e gestores empresariais.

Desejo sucesso a todos, e muito obrigado!

**José Carlos Carota**

*São Paulo, 20 de Julho de 2019*

## NOTA DO AUTOR – TERCEIRA EDIÇÃO

# GESTÃO DE CONTROLADORIA TEORIA E PRÁTICA

[illegible]

## NOTA DO AUTOR – SEGUNDA EDIÇÃO

# GESTÃO DE CONTROLADORIA TEORIA E PRÁTICA

O lançamento da primeira edição da obra **multidisciplinar** sob o título Gestão Corporativa – Teoria e Prática, teve como objetivo abordar de forma concisa e objetiva, sem a pretensão de esgotar o assunto, os principais temas que envolvem a empresa brasileira demonstrando a teoria e sua aplicação prática através do desenvolvimento de exemplos de fácil compreensão, portanto, não contempla a fase histórica do tema.

Devido ao sucesso da primeira edição, além de atualizar e revisar, acrescentei sete novos capítulos relativos à gestão da área de Controladoria, os quais estão diretamente relacionados ao cotidiano da empresa brasileira.

Como diferencial são apresentados exemplos de cálculos descomplicados dos temas abordados, permitindo ao leitor associar teoria e prática, tornando a obra extremamente útil para os que trabalham na área.

O objetivo de atualizar e ampliar a obra, foi acrescentar as ferramentas de controle e monitoramento de resultados das atividades empresariais, que sem sombra de dúvida, irão contribuir para a melhoria continua dos resultados das empresas, assim como, colaborar com o desempenho da atividade profissional e acadêmica do leitor.

Portanto, devido a todos estes fatores mencionados, a obra passa a denominar-se: **Gestão de Controladoria – teoria e prática.**

O livro destina-se a advogados, administradores, contadores, empresários, estudantes, professores e gestores empresariais.

Desejo sucesso a todos, e muito obrigado!

**José Carlos Carota**

*São Paulo, 01 de Junho de 2017*

# SUMÁRIO

# 1 CONTROLADORIA

**RESUMO**

O presente texto tem como finalidade especifica definir o conceito de **Controladoria** e a função do ***Controller*** no contexto de uma empresa Brasileira. A finalidade é entender a Controladoria como instrumento de gestão do empreendimento no sentido de **avaliar** e **monitorar** o desempenho da empresa, garantindo a melhoria continua de **resultados** e a sustentabilidade do negócio.

**PALAVRAS-CHAVE**: controladoria, *controller*, avaliar, monitorar, resultados.

**ABSTRACT**

The purpose of this paper is to define specifically the concept of **Controllership** and the role of the **Controller** in the context of a Brazilian company. The purpose is to understand the Controllership as an instrument in the management of the enterprise in order to **evaluate, monitor** the business, guarantee continuous improvement of **results** and business sustainability.

**KEYWORDS**: controllership, controller, evaluate, monitor, results.

**SUMÁRIO:** 1. Introdução, 2. Controladoria Conceito, 3. A função da Controladoria, 4. Controladoria estratégica, 5. A função do *Controller*, 6. Conclusões.

## 1 INTRODUÇÃO

A globalização e a internacionalização da economia tem possibilitado o surgimento de inúmeras empresas estrangeiras no território nacional, consequentemente, trazendo novos investimentos e tecnologias, gerando empregos, inserindo novos produtos no mercado local e de exportação, e o mais importante, cumprindo sua função social[1] e contribuindo para o crescimento da economia local.

Observa-se que muitas destas empresas estrangeiras optaram por iniciar um projeto da base zero, ou fizeram um processo de fusão, aquisição ou incorporação (*merger and acquisitions*) de empresas nacionais.

Neste cenário, o papel da Controladoria e do *Controller*, assumem um ofício de extrema importância, pois todo este processo acima citado depende de informações contábeis e financeiras para a avaliação e monitoramento do empreendimento, assim como, a remessa de informações para a matriz no exterior para fins de avaliação e consolidação de resultados por parte do sócio estrangeiro.

Além do mais, a Controladoria deve zelar pela eficácia do processo de gestão empresarial, disponibilizando informações necessárias de forma tempestiva para avaliação e controle de resultados, de forma que os gestores, clientes internos/externos e acionistas possam elaborar o planejamento para cumprimento das metas.

Este texto tem como finalidade abrir o entendimento do tema Controladoria e *Controller* entendendo o seu papel na gestão de uma empresa.

## 2 CONTROLADORIA CONCEITO

A Controladoria pode ser definida como um dos segmentos da contabilidade e administração geral, que aliada a um conjunto de princípios contábeis, administrativos, financeiros, econômicos, estatísticos e matemáticos, absorvem e processam as informações com a finalidade de efetuar a gestão, avaliação, controle e monitoramento do desempenho econômico financeiro da atividade empresarial, objetivando subsidiar a tomada de decisões por parte dos gestores para melhoria continua de resultados, sustentabilidade do empreendimento e cumprimento de metas.

José Hernandez Perez Júnior, define a Controladoria como:

> Pode-se entender a Controladoria como o departamento responsável pelo projeto, elaboração, implementação e manutenção do sistema integrado de informações operacio-

1 Conclui-se que a função social da empresa ocorre quando ela cumpre suas obrigações e obedece à legislação vigente, seja ela cível, comercial, trabalhista, tributária (inclusive pagando tributos), colaborando para melhorar a vida da sociedade. CAROTA, José Carlos. *A função social da empresa e o planejamento tributário federal*. São Paulo: Allprint, 2013, p. 113.

> nais, financeiras e contábeis de determinada entidade, com ou sem finalidades lucrativas, sendo considerada por muitos autores como o atual estágio evolutivo da Contabilidade. Os modernos conceitos de administração e gerência enfatizam, por sua vez, que uma eficiente e eficaz Controladoria deve estar capacitada a:
>
> - ✓ Organizar e reportar dados e informações relevantes para os tomadores de decisão;
> - ✓ Manter permanentemente monitoramento sobre os controles das diversas atividades e do desempenho de outros departamentos;
> - ✓ Exercer uma força de influência capaz de influir nas decisões dos gestores da entidade
>
> Tudo isso, evidentemente, sem deixar de cumprir com eficácia e eficiência sua responsabilidade na execução das chamadas tarefas e atribuições regulamentares, normalmente vinculadas aos aspectos contábeis e societários, aliadas à estrita observância da legislação tributária e fiscal, em todas as suas nuances e complexidades.[2]

Nessa mesma linha de entendimento, Betovem Coura, conceitua a Controladoria como:

> A Controladoria é, portanto, a área da empresa responsável por projetar, atualizar e garantir a eficiência e confiabilidade dos mecanismos que dão suporte à implantação da estratégia. Para podermos controlar é necessário, um sistema de controle. Um sistema de controle é um mecanismo que afere o quanto estamos perto ou longe da estratégia.[3]

Lopes Sá, descreve a Controladoria como:[4]

> Órgão na administração contábil que se incumbe de gerir a parte de controle. Órgão encarregado de fazer cumprir os preceitos da contabilidade gerencial.

---

2 OLIVEIRA, Luís Martins, PEREZ JR. Jose Hernandez, SILVA, Carlos Alberto dos Santos. *Controladoria estratégica*. São Paulo: Atlas, 2005, p. 14-15.

3 COURA, Betovem, PAVAN, Alexandre. *Controladoria*. Rio de Janeiro: FGV, 2014, p. 20.

4 SÁ, Antônio Lopes, SÁ, Ana Maria Lopes. *Dicionário de Contabilidade*. São Paulo: Atlas, 2009.

## 3 A FUNÇÃO DA CONTROLADORIA

Dependendo da estrutura organizacional da empresa a Controladoria pode assumir diferentes papeis dentro de um empreendimento, principalmente se a empresa tiver uma origem nacional, multinacional, pública, estatal, ONG (Organização não governamental), familiar ou ainda, uma sociedade anônima de capital aberto. Estes fatores podem ser determinantes no tocante ao seu grau de influência e participação na gestão, porém, quanto ao seu conceito nada muda.

A seguir destacamos graficamente duas possibilidades (entre as dezenas que podem existir) de posicionamento da Controladoria na Gestão Empresarial de um estabelecimento industrial ou comercial:

**Possibilidade 01:**

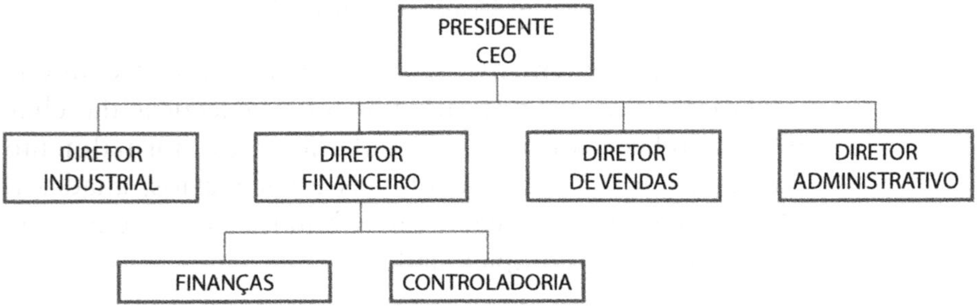


**Possibilidade 02:**

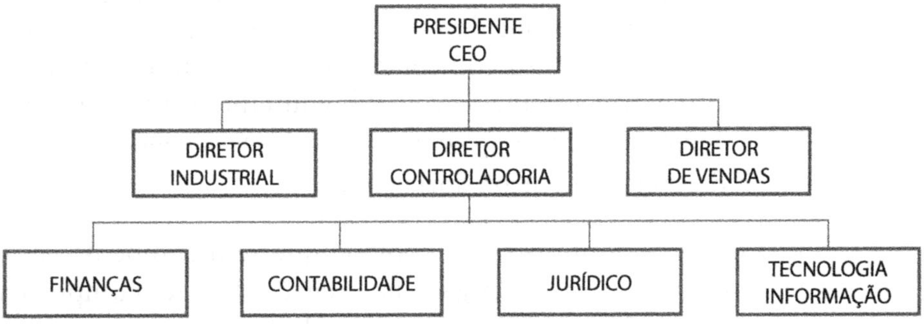


Dentro de um contexto contemporâneo, descrevemos abaixo as principais funções da Controladoria dentro uma estrutura complexa de gestão, onde a respectiva assume de forma ativa seu papel na administração empresarial:

- ✓ Estabelecer, analisar e avaliar os sistemas organizacionais de procedimento de controle interno/informação, e mapeamento de processos;
- ✓ Analisar e avaliar as normas, procedimentos e controles internos;
- ✓ Analisar as demonstrações financeiras e apurar através da análise comparativa dos índices indicadores de desempenho, os eventuais desvios com relação às metas a serem atingidas por todas as áreas, assim como, efetuar um *Benchmarking*[5] com relação às outras empresas do mesmo segmento de mercado;
- ✓ Assegurar o controle financeiro e suas transações;
- ✓ Efetuar o registro e controle das demonstrações contábeis de forma que reflitam a realidade;
- ✓ Elaborar as demonstrações contábeis e financeiras de acordo com os princípios contábeis e éticos de forma clara e transparente;
- ✓ Elaborar, controlar e analisar o orçamento empresarial previsto, realizado e o comparado, apurando as causas dos desvios, elaborando sugestões e tomando providências junto a administração para implementação das correções;
- ✓ Efetuar sugestões de redução de custos, despesas e aumento de receita;
- ✓ Garantir a integridade e proteção dos ativos empresariais;
- ✓ Avaliação econômico financeira dos resultados empresariais;
- ✓ Garantir o cumprimento das obrigações tributárias (principais e acessórias) e societárias, aliado a um planejamento tributário eficiente;
- ✓ Garantir e fornecer informações necessárias à administração da empresa para que ela possa exercer

5 *Benchmarking* – Comparar-se com a concorrência no que ela tem de melhor. MIGLIAVACCA, Paulo N. *Business Dictionary*. São Paulo Edicta, 1999.

uma gestão eficiente, detectando inclusive, os riscos, oportunidades, pontos fortes e fracos que certamente existem;

- ✓ Prover os programas de governança corporativa e de auditoria interna e externa;
- ✓ Gestão preventiva e mensuração de riscos e oportunidades.

Nesse sentido somam-se ainda os argumentos de Nascimento[6], afirmando que:

> A função da controladoria é apoiar o processo de decisão, através de sistemas de informações que possibilitem o controle operacional, visando ao monitoramento das atividades da empresa. A controladoria pode ter funções diversas, dependendo das dimensões da empresa e da filosofia que orienta sua administração. No tocante a filosofia, é possível entende-la como a forma como a empresa é controlada, a informação formatada e os sistemas e tecnologias delineados e disponibilizados, ou seja, está contida no seu modelo de gestão.

Para que efetivamente a Controladoria possa desempenhar sua função, ela utiliza-se de diversos instrumentos para medição, controle e comparação, pois, **não se pode controlar sem medir o resultado**. Dentre as diversas ferramentas empregadas podemos destacar as mais frequentemente aplicadas no meio empresarial que são: Análise das Demonstrações Financeiras, *EBITDA, Balance Scorecard, EVA/MVA*, Análise SWOT, Fluxo de Caixa e Orçamento Empresarial, **as quais serão abordadas separadamente no decorrer desta obra.**

## 4 CONTROLADORIA ESTRATÉGICA

Entendemos a Controladoria Estratégica como o órgão administrativo de execução e controle integrado a direção da empresa que fornece os dados contábeis financeiros e não financeiros para a tomada de decisão por parte dos responsáveis pelo planejamento estratégico[7] empresarial.

---

6 NASCIMENTO, Auster Moreira, REGINATO, Luciane. *Controladoria – um enfoque organizacional.* São Paulo: Atlas, 2007, p. 2,3.

7 Planejar é uma estratégia para aumentar as chances de sucesso de uma empresa no mundo dos negócios que muda constantemente. Planos estratégicos não são

Referidas informações são obtidas através das ferramentas utilizadas pela controladoria, aliada ao conhecimento do negócio, analisando os riscos e oportunidades detectados e as tendências do mercado, fornecendo subsídios para os administradores elaborarem as estratégias empresariais.

Perez Jr.,[8] define a Controladoria Estratégica como:

> Controladoria estratégica, significa, em primeiro lugar, a necessidade de planejar estrategicamente, o que exige do *controller* a posse das informações e alta dose de sensibilidade para a correta identificação das ameaças e oportunidades que surgem a todo o momento no ambiente empresarial.
>
> Implica, ainda, que o Controle Estratégico deve representar uma filosofia de gestão que procura contemplar todas as estratégias de longo prazo, levando em consideração tudo o que for vital para a sobrevivência e o aumento da capacidade produtiva.

Ainda com relação ao tema, Padoveze (2012, p. 98) conceitua a Controladoria Estratégica como:

> Podemos definir a Controladoria Estratégica como a atividade da controladoria que, por meio de sistema de informação contábil, abastece os responsáveis pelo planejamento estratégico da companhia com informações tanto financeiras como não financeiras, para apoiar o processo de análise, planejamento, implementação e controle da estratégia operacional.

Vale lembrar que via de regra, as empresas para gestão dos negócios possuem diversas estratégias simultâneas que integram um Plano de Negócios (*Business Plan*) e até eventualmente um Plano Estratégico (*Strategic Plan*).

---

garantia de sucesso. O planejamento estratégico será tão eficaz quanto as premissas que foram nele incluídas. O foco da controladoria estratégica é o planejamento estratégico. Um plano estratégico é uma visão específica do futuro da empresa. Padoveze, 2012, p.101.

8 OLIVEIRA, Luis Martins, PEREZ JR. Jose Hernandez, SILVA, Carlos Alberto dos Santos. *Controladoria estratégica*. São Paulo: Atlas, 2005, p. 28, 29.

Carota,[9] define em sua obra o *Business Plan* como:

> Entendemos o *Business Plan*, ou plano de negócios empresarial, como um planejamento para os próximos anos do que efetivamente a empresa planeja a médio e longo prazo. Explico-me: a empresa define suas metas, compromissos, prazos e os eventuais riscos e oportunidades e como pretende estar posicionada para os próximos anos, descrevendo todas as fases de "como fazer" para chegar ao seu objetivo almejado. Para tanto, esse plano é dividido em capítulos, onde se podem inserir as informações de acordo com a estratégia adotada nos planos de Marketing, Produção, Vendas, Recursos Humanos, Financeiro, Investimentos, Rentabilidade, Cenário Atual e Futuro, Estratégias de negócios etc.
>
> É claro que tudo deve manter uma sequência lógica que permita ao leitor entender como funciona a empresa e o que se planeja para o futuro.
>
> As estratégias podem ser inúmeras dependendo do tipo de negócio, porém todas devem estar alinhadas com o *Business Plan*, e dentre várias estratégias, podemos citar, estratégias de: crescimento, sustentabilidade, aumento de participação no mercado, vendas, desempenho empresarial, lucros, redução de custos etc.

Portanto, dentro de uma estratégia empresarial a Controladoria assume um papel imprescindível, pois é ela que contribui como as informações para a elaboração dos planos estratégicos realizado pelos administradores, informações estas, que revelam dados anteriores e tendências futuras.

Vale a pena ressaltar a afirmação de Schmidt[10] que delimita o papel da Controladoria na elaboração do Planejamento:

> O papel da controladoria na elaboração do planejamento de uma entidade está direcionado, inicialmente, para a sistematização do processo de elaboração do plano, ou seja, é

9 CAROTA, José Carlos, DOMANICO FILHO, Roberto. *Riscos empresariais contemporâneos*. São Paulo: Allprint, 2011, p. 75, 76.

10 SCHMIDT, Paulo, SANTOS, José Luiz, MARTINS, Marco Antônio dos Santos. *Manual de Controladoria*. São Paulo: Atlas, 2014. P. 29

encargo da controladoria fazer com que o plano seja criado, porém, não é de sua responsabilidade a definição do curso predeterminado de ação para uma entidade. Essa função é exercida pelos executivos e não pelo *controller.*

## 5 A FUNÇÃO DO *CONTROLLER*

O *Controller* dependendo da empresa pode ter outros tipos denominação, tais como: Diretor Financeiro, *CFO (Chief Financial Officer),* Gerente de Controladoria, Gerente Administrativo Financeiro etc., portanto, são adjetivos que podem resultar em diferentes posições do cargo dentro de uma hierarquia organizacional.

Carlos Ubiratan[11], define a função de *Controller* como:

> O *Controller* é o gestor do departamento de Controladoria e sua atividade, basicamente, consiste no gerenciamento de um eficiente sistema de informação, onde haja a integração de atividades e dos setores existentes, viabilizando uma base adequada para que o gestor do negócio tenha disponível as melhores alternativas no momento de tomar decisões. Portanto, o *Controller* tem de manter o gestor da empresa informado sobre os rumos que ela deve tomar, aonde pode ir e quais os caminhos que devem ser seguidos para fins de competitividade, continuidade dos negócios, expansão, políticas e estratégicas etc.

Nesse mesmo sentido Crepaldi[12] descreve o *Controller* como:

> É o executivo de normas, controles, metas, objetivos, orçamentos, contabilidade, finanças e informática. Sua função principal é obter, gerar e interpretar as informações que possam ser usadas na formulação da política empresarial e principalmente na execução dessa política. Na maioria das organizações, a pessoa responsável pela contabilidade é denominada de *Controller* – nome que soa como se ela controlasse. Na realidade, o *Controller* envolve-se em planejamen-

11 SCHIER, Carlos Ubiratan da Costa. *Controladoria como instrumento de gestão.* Curitiba: Juruá, 2010, p. 39.

12 CREPALDI, Silvio Aparecido. *Contabilidade Gerencial.* São Paulo: Atlas, 2008, p. 32.

> to, tomada de decisão, desenho de sistema de informações e de sistemas de incentivos e em várias outras tarefas, além de ajudar gerentes em decisões operacionais. O *Controller* ocupa uma posição na equipe que administra a companhia.

Antônio Lopes Sá,[13] entende *o Controller* como Contador Gerente:

> Aquele que exerce as funções da Contabilidade Gerencial. O mesmo que Controlador ou *Controller.* Contador que exerce funções administrativas. A um Contador Gerente são confiadas tarefas de planejamento, organização, coordenação, controle, relações e direção de assuntos financeiros, contábeis e de crédito.

Geralmente o *Controller* é contratado pelos acionistas e subordina-se simultaneamente ao *Board* (conselho ou diretoria) e ao *CEO* – *Chief Executive Officer* (Diretor Geral ou Executivo Principal), e tem como função: elaborar o *budget (orçamento), o business plan* (plano de negócios), demonstrações contábeis locais e estrangeiras e sua análise, gerenciar as finanças e a contabilidade da empresa, reunir e operar informações, avaliar sistemas de controle interno, conduzir os aspectos legais e regulatórios do empreendimento, dirigir o programa de auditoria e governança corporativa e, principalmente dar suporte ao *CEO* para gestão do empreendimento e tomada de decisões.

A dupla subordinação desta função é motivada para que, em caso de alguma irregularidade cometida pelo *CEO* ou *Controller,* a mesma possa vir a ser conhecida pelo *Board*, que deverá tomar as devidas providências.

Geralmente em empresas multinacionais localizadas no Brasil, o *Controller,* subordina-se diretamente a matriz da empresa no exterior, e indiretamente ao Gerente da unidade de negócios local.

Ainda nessa linha de raciocínio, entendemos que o *Controller não* pode estar exclusivamente subordinado ao *CEO* que conduz os negócios da unidade empresarial, pois o *Controlle*r pode ser pressionado pelo mesmo para administrar resultados, ou ainda, receber pressão de outros funcionários da empresa no sentido de ocultar resultados reais, e por consequência, até perder seu emprego se insistir em efetuar os regis-

---

13 Sá, Antônio Lopes, Sá, Ana Maria Lopes. *Dicionário de Contabilidade*. São Paulo: Atlas, 2009.

tros corretos, tornando-se assim cúmplice nas eventuais irregularidades cometidas pela administração questionável do *CEO*.

As qualificações mínimas exigidas para o cargo de *Controller* são: sólidos conhecimentos de finanças e contabilidade, custos, legislação tributária e fiscal, governança corporativa, finanças, relatórios financeiros nacionais e internacionais, liderança, sinergia, competência técnica, envolvimento, comprometimento, excelente comunicação verbal/escrita, criatividade e, principalmente, ética na condução dos negócios.[14]

Geralmente nas empresas brasileiras o cargo de *Controller* é exercido por administradores, economistas, contadores e até engenheiros, portanto, o cargo não exige a formação em Contabilidade, porém entendemos que para melhor desempenho das atribuições em virtude da complexidade da legislação contábil e tributária, a posição deveria ser ocupada por um profissional com formação em Contabilidade.

## 6 CONCLUSÕES

Em face do que foi apresentado no presente trabalho, principalmente no tocante a função da Controladoria e do *Controller*, concluímos que ambos exercem um papel fundamental em qualquer empresa, seja ela (a empresa) de qualquer porte, nacional, estrangeira, órgão público, estatal ou ONG. É a Controladoria através do *Controller* que executando e controlando o sistema de informações contábeis financeiras, fornece as informações necessárias utilizando as respectivas ferramentas para a administração e avaliação de resultados, analisando métricas, avaliando resultados passados e tendências futuras, avaliando o controle interno, assegurando o cumprimento das obrigações contábeis, tributárias e societárias, e elaborando sugestões e *feedback*[15] para que o gestor do empreendimento possa preparar as estratégias empresariais, e efetivamente atingir suas metas com segurança.

14 CAROTA, José Carlos, DOMANICO FILHO, Roberto. *Riscos empresariais contemporâneos*. São Paulo: Allprint, 2011, p. 58.

15 *Feedback* – retorno de informações para checagem com os padrões estabelecidos. Migliavacca, Paulo N. *Business Dictionary*. São Paulo: Edicta, 1999.

# 2 CONTROLE INTERNO

**RESUMO**

O presente estudo analisa de forma breve o conceito de **controle interno** empresarial exclusivamente sob o prisma da visão contábil e sua aplicabilidade no cotidiano empresarial. Destaca os princípios e sistemáticas de monitoramento e o papel da **auditoria interna** na **avaliação** do sistema de controle interno que abrange, processos, normas e procedimentos, os quais, tem como objetivo garantir a realização das metas empresariais.

**PALAVRAS CHAVE:** Controle Interno, avaliação, auditoria interna.

**ABSTRACT**

The present study briefly analyzes the concept of corporate **internal control** under the accounting vision and its applicability in the daily business. It highlights the principles and systematic monitoring and the role of **internal auditing** in the **evaluation** of the internal control system that covers processes, standards and procedures, which aims to ensure the achievement of business goals.

**KEYWORDS**: internal control, evaluation, internal auditing.

**SUMÁRIO:** 1. Introdução, 2. Conceito, 3. Princípios e objetivos do controle interno, 4. Controles internos e sua avaliação, 5. Auditoria operacional (interna) e o controle interno, 6. Conclusões.

## 1 INTRODUÇÃO

Este estudo se inicia efetuando de forma breve o conceito de **Controle Interno empresarial unicamente sob o ponto de vista contábil**, pois as definições são muitas. Posteriormente, descrevemos os princípios e os métodos de avaliação do controle interno, e por fim destacamos a importância da contribuição da auditoria operacional na sua avaliação. Efetivamente um sistema de controle interno implantado traz resultados em qualquer tipo de empreendimento, pois garante a realização dos objetivos empresariais, melhora os processos e procedimentos, os quais são constantemente avaliados pela auditoria interna dentro dos princípios da economicidade, eficiência, eficácia e efetividade.

## 2 CONCEITO

Entendemos o controle interno como o planejamento de um conjunto de sistemas, normas e procedimentos estabelecidos pela administração dentro de uma empresa com a finalidade de garantir que os seus objetivos sejam atingidos, bem como salvaguardar os ativos, assegurar a exatidão dos dados contábeis, melhorar os processos internos, promover a eficiência organizacional e evitar desvios de finalidade.

Dentro da sistemática do controle interno empresarial destacamos que este conjunto de normas e procedimentos internos devem compor um sistema integrado, pois todas as áreas da empresa estão inter-relacionadas entre si, portanto, para assegurar-se do funcionamento de um determinado procedimento, são definidos outros sistemas que tem por finalidade controlar o sistema anterior.

Migliavacca[16] define o controle interno como:

> Define-se como planejamento organizacional todos os métodos e procedimentos adotados dentro de uma empresa, a fim de salvaguardar seus ativos, verificar a adequação e o suporte dos dados contábeis, promover a eficiência operacional e encorajar a aderência às políticas definidas pela direção.

Nessa mesma linha, Crepaldi,[17] destaca o controle interno como:

> Podemos definir controle interno como o sistema, de uma empresa, que compreende o plano de organização, os deveres e responsabilidades e todos os métodos e medidas adotados com a finalidade de:
>
> ✓ Salvaguardar os ativos;
>
> ✓ Verificar a exatidão e fidelidade dos dados e relatórios contábeis e de outros dados operacionais;

16 MIGLIAVACCA, Paulo N. *Controle interno nas organizações*. São Paulo: Edicta, 2002, p. 17.

17 CREPALDI, Silvio Aparecido. *Contabilidade gerencial*. São Paulo: Atlas, 2008, p. 58.

- ✓ Desenvolver a eficiência das operações;
- ✓ Comunicar e estimular o cumprimento das políticas, normas e procedimentos administrativos adotados.

Attie, (2011, p. 188) explicita o conceito de controle interno de acordo com o Comitê de Procedimentos de Auditoria do Instituto Americano de Contadores Públicos Certificados, AICPA:

> O Controle interno compreende o plano de organização e o conjunto coordenado de métodos e medidas, adotados pela empresa, para proteger seu patrimônio, verificar a exatidão e fidedignidade de seus dados contábeis, promover a eficiência operacional e encorajar a adesão à política traçada pela administração.

## 3 PRINCÍPIOS E OBJETIVOS DO CONTROLE INTERNO

Entendemos os princípios como a base da existência de um sistema de controle interno, nas quais são estabelecidas suas estruturas de elaboração e implementação. Nascimento divide os princípios do controle interno como: [18]

A - Ambiente de Controle - que é composto por: organização formal, atitude e compromisso da administração, atitude e compromisso dos funcionários, métodos, avaliação e gerenciamento dos riscos;

B – Princípios Operacionais – composto por mecanismos de monitoramento, sistemáticas de revisão, manual de rotinas e procedimentos, manual de conduta;

C – Princípios relacionados ao Pessoal – Pessoal competente e confiança, distribuição de tarefas e responsabilidades, segregação de funções, rodízio de funcionários e cargos, limitação de acesso físico a ativos e registros.

Com referência aos objetivos do controle interno, utilizamos a definição de Attie (2011, p. 195) citada em sua obra como:

---

18 NASCIMENTO, Auster Moreira, REGINATO, Luciane. *Controladoria um enfoque organizacional*. São Paulo: Atlas, 2007, p. 93-103.

- ✓ Salvaguarda dos interesses da empresa;
- ✓ A precisão e a confiabilidade dos informes e relatórios, contábeis, financeiros e operacionais;
- ✓ O estímulo à eficiência operacional; e
- ✓ A aderência às políticas existentes

Adicionalmente Oliveira (2010, p. 73) define os principais objetivos de sistema de controles internos são:

- ✓ Verificar e assegurar os cumprimentos às políticas e normas da companhia, incluindo o código de ética nas relações comerciais e profissionais;
- ✓ Obter informações adequadas, confiáveis, de qualidade e em tempo hábil, que sejam realmente úteis para as tomadas de decisões;
- ✓ Comprovar a veracidade de informes e relatórios contábeis, financeiros e operacionais;
- ✓ Proteger os ativos da entidade, o que compreende bens e direitos;
- ✓ Prevenir erros e fraudes. Em caso de ocorrência dos mesmos, possibilitar a descoberta o mais rápido possível, determinar sua extensão e atribuições de corretas responsabilidades;
- ✓ Servir como ferramenta para a localização de erros e desperdícios, promovendo ao mesmo tempo a uniformidade e a correção;
- ✓ Registrar adequadamente as diversas operações, de modo a assegurar a eficiente utilização dos recursos da empresa;
- ✓ Estimular a eficiência do pessoal, mediante a vigilância exercida por meio de relatórios;
- ✓ Assegurar a legitimidade dos passivos da empresa, com o adequado registro e controle das provisões, perdas reais e previstas;
- ✓ Assegurar o processamento correto das transações da empresa, bem como a efetiva autorização de todos os gastos incorridos no período;

✓ Permitir a observância e estrito cumprimento da legislação em vigor.

## 3.1 CONTROLES ORGANIZACIONAIS

Nessa mesma linha de raciocínio OLIVEIRA, (2005, p. 86) destaca que os controles internos são os métodos administrativos e operacionais implantados para uso rotineiro nas diversas atividades da organização. A organização e a segregação de funções, maneira pela qual a administração delega autoridade e responsabilidades, devem constituir-se em elementos decisivos de controle.

Um dos mais importantes princípios de controle interno estabelece que as funções devem ser atribuídas às pessoas de modo que nenhuma delas possa controlar isoladamente todas as fases de processamento de uma transação. Exemplo de controles organizacionais:

✓ Segregação de funções;

✓ Definição da delegação de autoridade;

✓ Procedimentos para as aprovações e autorizações;

✓ Parâmetros para a medição e a qualificação do desempenho operacional

# 4 CONTROLES INTERNOS E SUA AVALIAÇÃO

Para entendermos a avaliação do controle interno primeiramente temos que conhecer sua natureza e objetivos que são explicitados por Crepaldi (2008, p. 64), a seguir descritos:

| NATUREZA | OBJETIVOS |
|---|---|
| Complemento | Assegurar que tudo o que deveria ter sido executado, registrado, decidido, Providenciado, informado etc. de fato foi feito. |
| Exatidão | Assegurar que tudo foi executado corretamente |
| Pontualidade | Assegurar que tudo foi realizado no tempo previsto |
| Justeza | Assegurar que tudo foi executado de maneira autorizada e condizente Com as normas, políticas e estruturas da empresa |
| Econômica | Assegurar que tudo está economicamente justificado dentro do escopo da Finalidade da empresa. |

Portanto, baseado nos princípios da avaliação do controle interno, determinamos:

- ✓ A eficiência dos controles internos
- ✓ A exposição aos riscos
- ✓ A qualidade dos planos de ação para corrigir aspectos falhos e ou vulneráveis
- ✓ A probabilidade de se alcançar as metas do negócio.

## 5 A AUDITORIA OPERACIONAL (INTERNA) E O CONTROLE INTERNO

A auditoria interna ou operacional tem papel de destaque na avaliação do controle interno, principalmente com referência a detecção e prevenção de problemas nas estruturas de controle interno das organizações. Basicamente ela efetua a avaliação do controle interno, mapeamento de processos e normas procedimentos sob diversos aspectos, tendo como observância os princípios da economicidade, eficiência, eficácia e efetividade.

Araújo define a auditoria operacional como:[19]

> É o conjunto de procedimentos aplicados, com base em normas profissionais, sobre qualquer processo administrativo com o objetivo de verificar se eles foram realizados em observância aos princípios da economicidade, da eficiência, da eficácia e da efetividade. Portanto, o auditor, ao executar uma auditoria operacional, deverá emitir um relatório apresentando seus comentários sobre se a administração adquiriu seus insumos com qualidade e ao menor custo, se eles foram bem utilizados e no tempo certo, se os resultados propostos foram alcançados, assim como comentários sobre o impacto ocasionado pelo uso desses insumos.
>
> O que diferencia a auditoria operacional da auditoria contábil, é que a auditoria operacional irá responder a uma questão específica sobre desempenho ou sobre resultado e

19 ARAÚJO, Inaldo da Paixão. *Introdução à auditoria operacional.* Rio de Janeiro; FGV, 2006, p. 31, 32.

> programas desenvolvidos, a auditoria contábil objetivará emitir uma opinião sobre a adequação de demonstrações contábeis em conformidade com os princípios fundamentais de contabilidade.

Ainda nessa linha de relevância, destacamos que o procedimento de auditoria operacional tomou um papel de destaque com o surgimento no ano de 2002 da lei *Sarbanes-Oxley* - SOX, nos Estados Unidos, que determina uma série de novos procedimentos com o objetivo de adotar padrões mais elevados de ética, e transparência nas empresas de capital aberto para restabelecer a confiança dos investidores no mercado de ações.

Referida lei tem por objetivo eliminar os muitos problemas de divulgação e conflitos de interesse que surgiram na gestão contábil administrativa. Seus meios para atingir esse objetivo são: estabelecimento de um conselho de monitoramento do setor de contabilidade, regulamentos e controles mais rígidos para processos de auditoria, penalidades maiores para executivos culpados de fraude empresarial, maiores exigências de divulgação contábil e diretrizes éticas aplicáveis aos diretores das empresas, diretrizes firmes quanto à estrutura e composição dos conselhos e administração, estabelecimento de regulamentos quanto a conflito de interesses envolvendo analistas, divulgação imediata e obrigatória da venda de ações por parte dos executivos, e aumento da autoridade reguladora de títulos, além de maior orçamento para auditores e investigadores. [20]

No Brasil, o Instituto Brasileiro de Governança Corporativa - IBGC, também tem contribuído de forma ativa no sentido de que as corporações adotem procedimentos éticos e transparentes na sua gestão.

Com referência à governança corporativa, Padoveze (2012, p. 94), enfatiza que:

> Mais do que uma instituição, o conceito de governança corporativa representa a participação ativa dos investidores institucionais na administração geral dos negócios da empresa. De um modo geral, representa a necessidade de que o acionista minoritário tem de participar efetivamente da direção geral dos negócios da corporação.

---

20 GITMAN, Lawrence J. *Princípios de administração financeira*. São Paulo: Pearson, 2010, p. 15.

O objetivo da governança corporativa é a criação de valor para o acionista. Ao incorporar este conceito, as empresas deixam de ser administradas exclusivamente pelo grupo majoritário e passam a aceitar interferências de outros investidores institucionais.

O IBGC entende o conceito de governança corporativa como: [21]

> Governança Corporativa é o sistema pelo qual as empresas e demais organizações são dirigidos, monitorados e incentivados, envolvendo o relacionamento entre os sócios, conselho de administração, diretoria, órgãos de fiscalização e controle e demais partes interessadas.
>
> As boas práticas de governança corporativa convertem princípios em recomendações objetivas, alinhando interesses com a finalidade de preservar e otimizar o valor econômico de longo prazo da organização, facilitando seu acesso a recursos e contribuindo para a qualidade da gestão e da organização, sua longevidade e o bem comum.

Nascimento (2007, p. 84), destaca que conforme Andrade e Rossetti (2004), a governança corporativa pode ser caracterizada como um sistema pelo qual as sociedades são dirigidas e monitoradas, envolvendo os relacionamentos entre acionistas, conselho de administração, diretoria, auditoria independente e conselho fiscal. Ou seja, de maneira genérica o assunto governança corporativa trata dos seguintes aspectos:

- ✓ Direitos: preservar e maximizar os direitos dos acionistas, assegurando a proteção dos minoritários;
- ✓ Relações: estabelecer as práticas de relacionamento entre os acionistas, os conselhos e a diretoria executiva, objetivando maximizar o desempenho da organização;
- ✓ Poder: definir as estratégias, as operações, a geração de valor e a destinação dos resultados;
- ✓ Valores: criar sistemas de valores que regem as corporações em suas relações internas e externas:

21 http://www.ibgc.org.br/index.php/governanca/governanca-corporativa - acesso em 18.02.2017

✓ Normas: Implementar um conjunto de instrumentos que objetiva a excelência da gestão e a proteção dos direitos das partes interessadas em seus resultados. Nessa fase insere-se o sistema de controles internos, inerente à dimensão de controles e procedimentos internos.

## 6 CONCLUSÕES

A controladoria é o órgão responsável por gerir as informações financeiras e contábeis, e fornecer para a administração da empresa os dados necessários para que os gestores possam avaliar e monitorar o empreendimento, bem como, baseado nestas informações e tendências de mercado, a administração possa realizar o planejamento estratégico e o plano de negócios da empresa.

Neste cenário destacamos a importância da integridade do controle interno, principalmente com referência aos processos, mapeamento de processos, normas e procedimentos, pois os dados que são gerados pela Controladoria são obtidos através deste sistema de informações, e, portanto, não podem estar sujeitos a incorreções e desvios de finalidade, ou ainda fraudes.

Para assegurar a melhoria continua deste sistema de informações, a Controladoria assume um papel de notoriedade na avaliação dos controles internos, pois é ela que possui o Banco de dados contábil contendo todas as informações financeiras da empresa, as quais são constantemente analisadas e monitoradas através das ferramentas de Controladoria e do cruzamento de informações. A Auditoria Interna também assume um papel relevante, pois além de auditar os sistemas administrativos, ela analisa os sistemas com base nos princípios da economicidade, eficiência, eficácia e efetividade, que sem sombra de dúvidas, trazem resultados concretos para qualquer empreendimento.

Entendemos também, que um sistema eficiente de controle interno garante para a empresa "menos processos" e mais entrega do produto principal da empresa, pois temos que levar em consideração o custo da perda pelo não processamento correto das informações e eventuais retrabalhos.

# 3 ANÁLISE DAS DEMONSTRAÇÕES FINANCEIRAS

**RESUMO**

O presente texto tem como finalidade demonstrar as principais **ferramentas** disponibilizadas pela contabilidade para análise das demonstrações contábeis, ou seja, balanço patrimonial, demonstração de resultado do exercício e demonstrativo de fluxo de caixa.

Tais instrumentos possibilitam ao gestor empresarial, através da interpretação comparativa dos índices obtidos, **avaliar** e **monitorar** as atividades empresariais, para fins de tomada de decisão e melhoria continua de resultados econômicos e **financeiros**.

**PALAVRAS-CHAVE:** ferramentas, índices, avaliar, monitorar, financeiros.

**ABSTRACT**

The purpose of this paper is to demonstrate the main **tools** provided by accounting for the analysis of the financial statements, which are, balance sheet, cash flow and income statement.

These instruments enable the business manager, through the comparative interpretation of the **indices** obtained, to **evaluate** and **monitor** the business activities, for the purposes of decision making and continuous improvement of economic and **financial** results.

**KEYWORDS:** tools, indices, evaluate, monitor, financial.



## 1 INTRODUÇÃO

A finalidade da análise das demonstrações financeiras é através da decomposição, comparação e interpretação dos resultados apresentados nas demonstrações financeiras fornecer informações sobre a posição patrimonial e financeira em um determinado momento, bem como, o desempenho da entidade para os seus usuários, possibilitando assim, a tomada de decisão por parte da administração, investidores, instituições financeiras, governo, analistas externos, acionistas, clientes e fornecedores.[22]

Dentro deste cenário, apresentamos de maneira clara, concisa e objetiva as principais modalidades de análise e avaliação dos demonstrativos financeiros, apresentando com exemplos práticos de fácil entendimento a aplicação dos conceitos e sua utilidade no mundo empresarial e acadêmico. Devido a amplitude do tema das demonstrações financeiras abranger uma gama de possibilidades, o escopo deste estudo será limitado às principais formas de análise utilizadas pelo mercado brasileiro.

## 2 ANÁLISE HORIZONTAL (AH) E VERTICAL (AV) DAS DEMONSTRAÇÕES FINANCEIRAS

Este tipo de análise possibilita a identificação da participação e evolução em porcentagem (%) de cada conta patrimonial em relação ao total geral do demonstrativo financeiro. Possibilita também a comparação de forma percentual a participação da conta contábil ou grupo de contas em relação a períodos de tempo anteriores.

Assaf Neto (2008, p. 111) destaca que:

> Anteriormente, comentou-se que a análise de uma empresa é fundamentalmente desenvolvida por meio de comparações sejam elas efetuadas por índices passados ou mediante indicadores setoriais. No entanto, esse processo é eficazmente completado por comparações com outros valores afins (relacionáveis), obtidos de uma mesma demonstração financeira (por exemplo, lucro com vendas, capital de giro com ativo total etc.), e também pela evolução dos diversos montantes patrimoniais e de resultados absolutos ao longo do tempo, o que permite que se identifiquem inclusive determinadas tendências futuras. Dessa maneira, as comparações dos valores absolutos através do tempo (análise de suas evoluções) e, entre si, relacionáveis na mesma demonstra-

22 VICECONTI, Paulo, NEVES, Silvério das. *Contabilidade avançada*. São Paulo: Saraiva, 2014.

ção, são desenvolvidas, respectivamente, por análise horizontal e vertical.

Nesse mesmo sentido, Dante Carmine Matarazzo, enfatiza em sua obra a íntima relação entre análise vertical e horizontal:

> É recomendável que estes dois tipos de análise sejam efetuados conjuntamente. Não se deve tirar conclusões exclusivamente da Análise Horizontal, pois determinado item, mesmo apresentando variação de 2.000%, por exemplo, pode continuar sendo um item irrelevante dentro da demonstração financeira a que pertence. Por exemplo, uma conta de Investimentos que representa 0,2% do Ativo de uma empresa cresce 2.300% em dois anos a o final dos quais passa a representar 0,7%, ou seja: nada significava para a análise no primeiro balanço e continua a não significar nada no terceiro balanço, apesar do enorme crescimento. [23]

## 2.1 ANALISE VERTICAL (AV) DO BALANÇO PATRIMONIAL E DEMONSTRAÇÃO DE RESULTADOS

A finalidade da análise vertical é obter o percentual de cada conta ou grupo de contas, em relação ao valor global do demonstrativo de que faz parte. O objetivo é conhecer a evolução destes itens, bem como a participação de cada item em porcentagem em relação ao total geral. Uma comparação com o período anterior também deve ser efetuada para fins de análise. Esta analise facilita a identificação do grau de participação de cada conta na demonstração contábil. A finalidade da análise vertical é mostrar a participação de cada item de uma demonstração contábil em relação a determinado referencial.

No balanço patrimonial na coluna do ativo, divide-se o total de cada conta do ativo com o valor do ativo total e multiplica-se por 100. No passivo o procedimento é idêntico.

Na demonstração de resultados do exercício divide-se o valor de cada conta ou grupo de contas com o valor da receita bruta e multiplica-se por 100. Desta forma observa-se o valor de participação de conta em porcentagem com relação à receita bruta auferida.

23 MATARAZZO, Dante Carmine. *Análise financeira de balanços*. São Paulo: Atlas, 2010, p. 175.

## 2.2 ANALISE HORIZONTAL (AH) DO BALANÇO PATRIMONIAL E DEMONSTRAÇÃO DO RESULTADO DO EXERCÍCIO

O objetivo da análise horizontal é comparar em forma percentual, o valor de cada conta ou grupo de contas com relação ao ano ou período anterior. Avalia-se o aumento ou diminuição dos valores de cada conta por período avaliado com a finalidade de caracterizar tendências. A título de exemplo podemos identificar a evolução das vendas em determinado lapso de tempo. A finalidade da análise horizontal é permitir o exame da evolução histórica de cada uma das contas que compõe as demonstrações contábeis.

Consiste em dividir o valor da conta do ano atual pelo ano anterior e multiplicar por 100, encontrando-se o percentual respectivo.

Na Demonstração de Resultados do Exercício, idêntico procedimento deve ser adotado.

## 2.3 EXEMPLO PRÁTICO DE ANÁLISE HORIZONTAL E VERTICAL

A seguir demonstramos abaixo um exemplo de cálculo simplificado de análise horizontal e vertical de um balanço patrimonial e demonstração de resultados do exercício:

| **BALANÇO PATRIMONIAL** | | | | | | |
|---|---|---|---|---|---|---|
| **COMERCIAL SPARTA LTDA** | | | | | | |
| | **2.018** | **AV - %** | **AH - %** | **2.017** | **AV - %** | **AH - %** |
| **ATIVO** | | | | | | |
| **ATIVO CIRCULANTE** | | | | | | |
| Disponibilidades | 700.000 | 12,50 | 159,26 | 270.000 | 6,59 | 100,00 |
| Mercadorias em Estoque | 500.000 | 8,93 | 66,67 | 300.000 | 7,32 | 100,00 |
| Títulos a Receber | 600.000 | 10,71 | 100,00 | 300.000 | 7,32 | 100,00 |
| (-) Provisão Devedores Duvidosos | -40.000 | -0,71 | 33,33 | -30.000 | -0,73 | 100,00 |
| **TOTAL ATIVO CIRCULANTE** | **1.760.000** | **31,43** | 109,52 | **840.000** | **20,49** | 100,00 |
| | | | | | | |
| **ATIVO NÃO CIRCULANTE** | | | | | | |
| **REALIZÁVEL LONGO PRAZO** | | | | | | |
| Depósitos Judiciais | 100.000 | 1,79 | 100,00 | 50.000 | 1,22 | 100,00 |

| BALANÇO PATRIMONIAL | | | | | | |
|---|---|---|---|---|---|---|
| COMERCIAL SPARTA LTDA | | | | | | |
| | 2.018 | AV - % | AH - % | 2.017 | AV - % | AH - % |
| **TOTAL REALIZAVEL LONGO PRAZO** | **100.000** | **1,79** | 100,00 | **50.000** | **1,22** | 100,00 |
| | | | | | | |
| **ATIVO NÃO CIRCULANTE** | | | | | | |
| **INVESTIMENTOS** | | | | | | |
| Participações em Coligadas | 300.000 | 5,36 | 20,00 | 250.000 | 6,10 | 100,00 |
| Aplicações Financeiras | 140.000 | 2,50 | 180,00 | 50.000 | 1,22 | 100,00 |
| **TOTAL NÃO CIRCULANTE INVESTIMENTOS** | **440.000** | **7,86** | 46,67 | 300.000 | **7,32** | 100,00 |
| | | | | | | |
| **ATIVO NÃO CIRCULANTE** | | | | | | |
| **IMOBILIZADO** | | | | | | |
| Móveis e Utensílios | 3.200.000 | **57,14** | 14,29 | 2.800.000 | 68,29 | 100,00 |
| Veículos | 150.000 | **2,68** | 00,00 | 150.000 | 3,66 | 100,00 |
| (-) Depreciação Acumulada | -50.000 | **-0,89** | 25,00 | -40.000 | -0,98 | 100,00 |
| **TOTAL NÃO CIRCULANTE IMOBILIZADO** | **3.300.000** | **58,93** | 13,40 | **2.910.000** | **70,98** | 100,00 |
| | | | | | | |
| **TOTAL DO ATIVO** | **5.600.000** | **100,00** | 36,59 | **4.100.000** | **100,00** | 100,00 |

**Observação 01 - Análise Vertical:** Na coluna da AV% – Linha – disponibilidades 2018 - o valor de 12,5% foi obtido dividindo-se o valor de R$ 700.000 por R$ 5.600.000 Total do Ativo, e depois multiplicando-se por 100.

**Observação 02 - Análise Horizontal:** Na coluna AH% – Linha – disponibilidades de 2017, estabelece-se como premissa que o valor é 100%, e em seguida, na mesma linha disponibilidades de 2018 R$ 700.000 dividimos este valor por R$ 270.000 da premissa de 100% e subtraímos 1 e multiplicamos por 100, e obtemos 159,26% constante na coluna AH% de 2018. Para índice do ano base considera-se 100 e os valores do ano seguinte são expressos em relação a base anterior que é 100.

| BALANÇO PATRIMONIAL | | | | | | |
|---|---|---|---|---|---|---|
| **COMERCIAL SPARTA LTDA** | | | | | | |
| | **2.018** | **AV - %** | **AH - %** | **2.017** | **AV - %** | **AH - %** |
| **PASSIVO** | | | | | | |
| **PASSIVO CIRCULANTE** | | | | | | |
| Fornecedores | 300.000 | 5,36 | 00,00 | 300.000 | 7,32 | 100,00 |
| Tributos a Pagar | 600.000 | 10,71 | 20,00 | 500.000 | 12,20 | 100,00 |
| Duplicatas Descontadas | 300.000 | 5,36 | 50,00 | 200.000 | 4,88 | 100,00 |
| Provisão IRPJ | 700.000 | 12,50 | 40,00 | 500.000 | 12,20 | 100,00 |
| **TOTAL PASSIVO CIRCULANTE** | **1.900.000** | **33,93** | 26,67 | **1.500.000** | **36,59** | 100,00 |
| | | | | | | |
| **NÃO CIRCULANTE** | | | | | | |
| **EXIGÍVEL LONGO PRAZO** | | | | | | |
| Financiamentos Bancários | 800.000 | 14,29 | 14,29 | 700.000 | 17,07 | 100,00 |
| **TOTAL EXIGIVEL LONGO PRAZO** | **800.000** | **14,29** | 14,29 | **700.000** | **17,07** | 100,00 |
| | | | | | | |
| **PATRIMÔNIO LÍQUIDO - PL** | | | | | | |
| | | | | | | |
| Capital integralizado | | | | | | |
| Reserva de Capital | 1.000.000 | 17,86 | 00,00 | 1.000.000 | 24,39 | 100,00 |
| Reserva de Lucros | 1.900.000 | 33,93 | 111,11 | 900.000 | 21,95 | 100,00 |
| **TOTAL PATRIMONIO LIQUIDO** | **2.900.000** | **51,79** | 52,63 | **1.900.000** | **46,34** | 100,00 |
| | | | | | | |
| **TOTAL DO PASSIVO** | **5.600.000** | **100,00** | 36,59 | **4.100.000** | **100,00** | 100,00 |

| | COMERCIAL SPARTA LTDA | | | | | | |
|---|---|---|---|---|---|---|---|
| | **DEMONSTRAÇÃO DE RESULTADOS** | **2.018** | **AV - %** | **AH - %** | **2.017** | **AV - %** | **AH - %** |
| | | | | | | | |
| (+) | Receita Bruta de Vendas | 5.000.000 | 100,00 | 25,00 | 4.000.000 | 100,00 | 100,00 |
| (-) | Devoluções e abatimentos | -100.000 | -2,00 | 50,00 | -200.000 | -5,00 | 100,00 |
| (-) | Tributos incidentes sobre a venda | -900.000 | -18,00 | 12,50 | -800.000 | -20,00 | 100,00 |
| (=) | **Receita Operacional Liquida** | **4.000.000** | 80,00 | 33,33 | **3.000.000** | 75,00 | 100,00 |
| (-) | Custo da Mercadoria Vendida | -2.000.000 | -40,00 | 33,33 | -1.500.000 | -37,50 | 100,00 |

| | COMERCIAL SPARTA LTDA | | | | | | |
|---|---|---|---|---|---|---|---|
| | **DEMONSTRAÇÃO DE RESULTADOS** | **2.018** | **AV - %** | **AH - %** | **2.017** | **AV - %** | **AH - %** |
| (=) | **Lucro Bruto** | **2.000.000** | 40,00 | 33,33 | **1.500.000** | 37,50 | 100,00 |
| (+) | Receitas operacionais | 100.000 | 2,00 | 00,00 | 100.000 | 2,50 | 100,00 |
| (-) | Despesas Operacionais | -200.000 | -4,00 | 100,00 | -100.000 | -2,50 | 100,00 |
| (-) | Despesas de Depreciação | -100.000 | -2,00 | 00,00 | -100.000 | -2,50 | 100,00 |
| (=) | **Lucro Operacional** | **1.800.000** | 36,00 | 28,57 | **1.400.000** | 35,00 | 100,00 |
| (+) | Receitas não Operacionais | 100.000 | 2,00 | 00,00 | 100.000 | 2,50 | 100,00 |
| (-) | Despesas não Operacionais | -200.000 | -4,00 | 100,00 | -100.000 | -2,50 | 100,00 |
| (=) | **Lucro Líquido Antes Imposto Renda** | **1.700.000** | 34,00 | 21,43 | **1.400.000** | 35,00 | 100,00 |
| (-) | Provisão Imposto de Renda e CSLL | -700.000 | -14,00 | 40,00 | -500.000 | -12,50 | 100,00 |
| (=) | **Lucro Líquido do Exercício** | **1.000.000** | 20,00 | 11,11 | **900.000** | 22,50 | 100,00 |

**OBSERVAÇÃO 03** - Análise Vertical – Partindo-se da premissa que a receita bruta de 2018 no valor de R$ 5.000.000 é 100%, dividimos cada item abaixo pelo respectivo valor e posteriormente multiplicamos por 100.

**OBSERVAÇÃO 04** – Análise Horizontal – Segue o mesmo procedimento descrito na observação número 02.

## 3 ANÁLISE DAS DEMONSTRAÇÕES FINANCEIRAS ATRAVÉS DE ÍNDICES

Consiste na extração, apuração e interpretação do valor dos índices econômicos financeiros que são extraídos das demonstrações contábeis financeiras, e tem como objetivo efetuar um exame detalhado dos demonstrativos contábeis através da obtenção de índices e formulas, os quais são apurados para avaliação do desempenho e monitoramento da empresa em uma base de dados comparativa com padrões estabelecidos pelo mercado em que a entidade atua.

Iudicibus (2007, p. 15) conceitua a análise de balanços como:

> Podemos afirmar que análise de balanço se caracteriza como a “arte de saber extrair relações úteis, para o objetivo econômico que tivermos em mente, dos relatórios contábeis

> tradicionais e de suas extensões e detalhamentos, se for o caso". Consideramos que a análise de balanços é uma arte, pois embora existam alguns cálculos razoavelmente formalizados, não existe uma forma científica ou metodologicamente comprovado de relacionar os índices de maneira a obter um diagnóstico preciso.

Matarazzo (2010, p. 81) define que um índice é como uma vela acesa num quarto escuro:

> Índice é a relação entre contas ou grupo de contas das Demonstrações Financeiras, que visa evidenciar determinado aspecto da situação econômica ou financeira de uma empresa.

Nesse diapasão, Guitmann (2012, p. 50, 51) menciona as precauções que devem ser tomadas ao utilizar as análises financeiras:

> 1 – Índices que revelam grandes desvios em relação à norma são apenas sintomas de um problema. Costuma ser necessário fazer análises aprofundadas para isolar as causas desse problema.
>
> 2 – Um índice por si só não costuma fornecer informações suficientes para se julgar o desempenho geral da empresa. Todavia, se a análise estiver voltada para algum aspecto especifico de posição financeira de um negócio, um ou dois índices talvez sejam suficientes.
>
> 3 – Os índices que estão sendo comparados devem ser calculados com demonstrações financeiras referentes à mesma data do ano. Se isso não ocorrer, os efeitos da sazonalidade poderão levar a conclusões erradas.
>
> 4 – Na realização da análise de índices, é preferível usar as demonstrações financeiras auditadas. Se elas não tiverem sido auditadas, os dados poderão não refletir a verdadeira condição financeira da empresa.
>
> 5 – Os dados financeiros que estão sendo comparados devem ter sido produzidos da mesma maneira. O uso de tra-

tamentos contábeis diferentes especialmente em relação a estoques e depreciação, pode distorcer os resultados da análise de índices, seja qual for o tipo de análise, em corte transversal[24] ou séries temporais.

6 – Os resultados podem ser distorcidos pela inflação, que pode fazer que os valores contábeis de estoque e ativos sujeitos à depreciação difiram substancialmente de seus valores reais (reposição). Além disso, o custo dos produtos estocados e as despesas de depreciação podem ser diferentes de seus valores reais, o que distorce o lucro. Sem que seja feito algum ajuste, a inflação tenderá a fazer com que as empresas mais antigas (com ativos mais velhos) pareçam mais eficientes e rentáveis do que as mais jovens (com ativos mais novos). Sem dúvida, ao usar os índices, deve-se tomar cuidado ao comparar empresas mais antigas com outras mais jovens, ou uma mesma empresa num período muito longo.

A seguir indicamos os **principais** índices financeiros[25] que devem ser utilizados em uma análise de demonstrações financeiras. Para facilitar o entendimento **efetuamos um cálculo prático simplificado em Reais (R$) dos índices a seguir descritos utilizando os dados do Balanço Patrimonial e Demonstração de Resultados da Comercial Sparta mencionado no item anterior:**

**A – ÍNDICES DE LIQUIDEZ - Quanto maior o índice melhor**

Demonstram e medem a capacidade de pagamento de uma empresa em cumprir suas obrigações financeiras.

**A-1 – LIQUIDEZ CORRENTE** – Quanto a empresa possui de ativo circulante para cada R$ 1,00 de passivo circulante. Se o resultado obtido for superior a R$ 1,00 indica a existência de capital de giro positivo. Mede a capacidade de a empresa pagar suas dívidas a curto prazo.

24 Análise em corte transversal – Envolve a comparação dos índices financeiros de diferentes empresas num mesmo ponto de tempo. Também chamado de *Benchmarking*. Guitmann, Lawrence J. *Princípios de administração financeira*. São Paulo: Pearson, 2012, p. 48.

25 Índices obtidos e adaptados da obra *Análise financeira de balanços* de Dante Carmine Matarazzo. São Paulo: Atlas, 2010, p.80-116.

FÓRMULA: $\frac{\text{Ativo Circulante}}{\text{Passivo Circulante}}$

EXEMPLO: $\frac{1.760.000}{1.900.000} = 0,92$

Indica que, para cada R$ 1,00 de dívidas a curto prazo, a empresa dispõe de R$ 0,92 de bens e direitos para pagar seus débitos.

**A-2 - LIQUIDEZ GERAL** – Quanto a empresa possui de ativo circulante mais realizável a longo prazo para cada R$ 1,00 de dívida total. Reflete a saúde financeira a longo prazo.

FORMULA: $\frac{\text{Ativo Circulante + Realizável a Longo Prazo}}{\text{Pasivo Circulante + Passivo não Circulante}}$

EXEMPLO: $\frac{1.760.000 + 100.000}{1.900.000 + 800.00} = \mathbf{0,68}$

Indica que, para cada R$ 1,00 de dívidas a curto e longo prazo, a empresa possui R$ 0,68 em bens e direitos a curto e longo prazo para quitar seus débitos.

**A-3 – LIQUIDEZ SECA** – Quanto a empresa possui de ativo liquido para cada R$ 1,00 de passivo circulante. Indica o percentual de dívidas de curto prazo que pode ser resgatado mediante o uso de ativos circulantes de maior liquidez.

FORMULA:

$$\frac{\text{Disponível + Títulos a Receber + Outros ativos de Rápida Conversibilidade}}{\text{Passivo Circulante}}$$

EXEMPLO: $\frac{700.000 + 600.000}{1.900.000} = \mathbf{0,68}$

Indica quanto a empresa possui de ativo liquido para cada R$ 1,00 de passivo circulante.

**A-4 - SOLVÊNCIA GERAL** - Quanto a empresa possui de ativo total em R$ para pagamento dos capitais de terceiros.

FORMULA $\dfrac{\text{Ativo Total}}{\text{Pasivo Exigível (PC + PNC)}}$

EXEMPLO: $\dfrac{5{,}600{,}000}{1.900.000 + 800.000} = \mathbf{2{,}07}$

Indica que, para cada R$ 1,00 de dívida total com terceiros, a empresa dispõe de R$ 2,07 de ativo total para pagar.

**B - ÍNDICES DE ESTRUTURA DE CAPITAL - quanto menor, melhor**

Demonstram o grau de endividamento da empresa, assim como, a obtenção e aplicação dos recursos existentes.

**B-1 - PARTICIPAÇÃO DE CAPITAIS DE TERCEIROS (ENDIVIDAMENTO)** - Quanto a empresa tomou de capitais de terceiros para cada R$ 1,00 de capital próprio.

FÓRMULA: $\dfrac{\text{Capital de Terceiros}}{\text{Patrimonio Líquido}} \times 10$

EXEMPLO: $\dfrac{1.900.000 + 800.000}{2.900.000} = 0{,}93$

$0{,}93 \times 100 = 93\%$

Indica que, para cada R$ 1,00 de capital próprio, a empresa tomou R$ 0,93 de capitais de terceiros.

**B-2 - COMPOSIÇÃO DO ENVIDIDAMENTO** - Qual o percentual de obrigações a curto prazo em relação às obrigações totais

FÓRMULA: $\dfrac{\text{Passivo Circulante}}{\text{Capital de Terceiros}} \times 100$

EXEMPLO: $\dfrac{1.900.000}{1.900000 + 800.000} = 0,70 \times 100 = \mathbf{70\%}$

Indica que, 70% de suas dívidas vencem a curto prazo.

**B-3 - IMOBILIZAÇÃO DO PATRIMÔNIO LÍQUIDO** - Quanto em Reais (R$) a empresa aplicou no ativo não circulante para cada R$ 1,00 de patrimônio líquido.

FÓRMULA: $\dfrac{\text{Ativo Não Circulante}}{\text{Patrimônio Líquido}} \times 100$

EXEMPLO: $\dfrac{440.000 + 100.000 + 3.300.000}{2.900.000} = 1,324$

$1,324 \times 100 = \mathbf{132\ \%}$

Indica que a empresa investiu 132% equivalente ao seu patrimônio líquido.

**B-4 - IMOBILIZAÇÃO DOS RECURSOS NÃO CORRENTES** - Que percentual dos recursos não correntes (Patrimônio Líquido e Exigível a Longo Prazo) foi destinado ao ativo não circulante.

FÓRMULA: $\dfrac{\text{Ativo Não Circulante}}{\text{Patrimonio Líquido + Exigível a Longo Prazo}} \times 100$

EXEMPLO: $\dfrac{100.000 + 440.000 + 3.300.000}{2.900.000 + 800.000} = 1,037$

Indica que 103% dos recursos não correntes a empresa aplicou no ativo permanente.

**B-5 - ÍNDICE DE ENDIVIDAMENTO GERAL** - Mede a proporção do ativo total financiado pelos credores da empresa.

FÓRMULA: $\dfrac{\text{Passivo Total (PC + ELP)}}{\text{Ativo Total}} \times 100$

EXEMPLO: $\dfrac{1.900.000 + 800.000}{5.600.000} = 0,4821 \times 100 = \mathbf{48,21\%}$

Indica que 48,21% do ativo total está comprometido com credores.

## C – ÍNDICES DE RENTABILIDADE - quanto maior melhor

Demonstram o grau de lucratividade em relação ao capital investido em determinado período de tempo.

**C-1 - GIRO DO ATIVO** – Quanto a empresa vendeu para cada R$ 1,00 de investimento total. Indica a eficiência com que a empresa utiliza seus ativos para gerar vendas. Mede o volume de vendas com o investimento total.

FÓRMULA: $\frac{\text{Vendas Líquidas}}{\text{Ativo Total}}$

EXEMPLO: $\frac{4.000.000}{5.600.000} = \mathbf{0,71}$

Indica que a empresa vendeu R$ 0,71 para cada R$ 1,00 de investimento total.

**C-2 - MARGEM LIQUIDA** – Quanto a empresa obtém de lucro para cada R$ 1,00 vendido. Mede a eficiência de uma empresa em produzir lucro por meio de suas vendas.

FÓRMULA: $\frac{\text{Lucro Líquido}}{\text{Vendas Líquidas}}$

EXEMPLO: $\frac{1.000.000}{4.000.000} = 0,25 \times 100 = \mathbf{25\%}$

Indica que, a empresa obtém 25% de lucro sobre as vendas líquidas.

**C-3 - RENTABILIDADE DO ATIVO** – Quanto a empresa obtém de lucro líquido sobre o valor do ativo total.

FÓRMULA: $\frac{\text{Lucro Líquido}}{\text{Ativo Total}} \times 100$

EXEMPLO: $\frac{1.000.000}{5.600.000} = 0,17 \times 100 = \mathbf{17\%}$

Indica que a empresa obteve 17% de lucro em relação ao ativo total.

**C-4 - RENTABILIDADE DO PATRIMÔNIO LIQUIDO** - Quanto a empresa obtém de lucro em porcentagem em relação de capital próprio investido, em média, no exercício. Mede o retorno dos recursos financeiros aplicados na empresa por seus proprietários.

FÓRMULA: $\dfrac{\text{Lucro Líquido}}{\text{Patrimonio Líquido Médio}} \times 100$

EXEMPLO: $\dfrac{1.000.000}{(2.900.000 + 1.900.000)/2} = 0{,}41 \times 100 = \mathbf{41\%}$

Indica que, que a empresa obteve 41% de lucro em relação ao patrimônio líquido médio (2017/2018)

**C-5 - MARGEM DE LUCRO BRUTO** - Mede a porcentagem de cada unidade monetária R$ de vendas que permanece após a empresa deduzir o valor dos bens vendidos.

FÓRMULA: $\dfrac{\text{Lucro Bruto}}{\text{Receita de Vendas}} \times 100$

EXEMPLO: $\dfrac{2.000.000}{4.000.000} = 0{,}50 \times 100 = \mathbf{50\%}$

Indica que, a empresa possui uma margem bruta de 50% na venda dos seus produtos.

**C-6 - MARGEM DE LUCRO OPERACIONAL** - Mede a porcentagem de cada unidade monetária R$ de vendas remanescente após a dedução de todos os custos e despesas, exceto juros, imposto de renda e dividendos. Representa o lucro puro obtido sobre cada R$.

FÓRMULA: $\dfrac{\text{Lucro Operacional}}{\text{Receita Líquida de Vendas}} \times 100$

EXEMPLO: $\dfrac{1.800.000}{4.000.000} = 0{,}45 \times 100 = \mathbf{45\%}$

Indica que, a empresa possui uma margem de lucro operacional de 45% em suas vendas.

## D) INDICES DE ATIVIDADE

Medem a velocidade com que diversas contas se convertem em vendas ou caixa (entrada e saída).

**D-1 – GIRO DE ESTOQUE** – Mede a atividade ou liquidez do estoque de uma empresa. Representa quantas vezes o estoque se renovou em virtude das vendas ocorridas em determinado período.

FÓRMULA: $\frac{\text{CMV}}{\text{ESTOQUE}}$

Resulta no número de vezes que o estoque gira, porém, se dividirmos este número obtido por 365 dias, teremos a idade média do estoque.

EXEMPLO: $\frac{2.000.000}{500.000}$ = **4 Vezes**

365 / 4 = **91,2 DIAS**

Indica que o estoque da empresa gira 4 vezes por ano, e a idade média do estoque é de 91,2 dias.

**D-2 – PERÍODO MÉDIO DE RECEBIMENTO** – mede o prazo médio de recebimento das duplicatas a receber da empresa. Indica quantos dias a empresa deve esperar e média para receber suas vendas.

FÓRMULA: $\frac{\text{Contas a Receber}}{\text{Vendas anuais/365}}$

EXEMPLO: $\frac{600.000}{5.000.000/365}$ = **43 DIAS**

Indica que o a empresa leva em média 43 dias para receber suas vendas a prazo.

**D-3 – PERÍODO MÉDIO DE PAGAMENTOS** – mede o prazo médio de pagamento dos fornecedores. Indica qual o tempo que a empresa possui para liquidar as compras junto aos seus fornecedores.

FÓRMULA: $\frac{\text{Fornecedores}}{\text{Compras Anuais/365}}$

EXEMPLO: $\frac{300.000}{(2.000.000 \times 70\%)/365}$ = **78 DIAS**

Existe uma dificuldade em se determinar o valor das compras anuais devido a necessidade de maiores informações contábeis financeiras. Admitimos neste exemplo que o valor das compras anuais é de 70% do CMV.

Indica que a empresa tem um período médio de pagamento dos seus fornecedores de 78 dias.

**D-4 - QUOCIENTE DE POSICIONAMENTO RELATIVO** - Mede a eficiência entre os prazos médios de recebimentos e pagamentos. A empresa deve ter como objetivo tornar este quociente inferior a 1 a fim de melhorar sua liquidez com relação a estes dois itens.

FÓRMULA: $\frac{\text{Prazo Médio de Recebimentos}}{\text{Prazo Médio de Pagamentos}}$

EXEMPLO: $\frac{\text{43 DIAS}}{\text{78 DIAS}}$ = 0,55 x 100 = **55 dias**

O exemplo citado utilizou os dados dos itens D-2 e D-3

## 3.1 QUADRO RESUMO DOS PRINCIPAIS ÍNDICES DE ANÁLISE FINANECEIRA

| | ÍNDICE | **FÓRMULA** | **SIGNIFICADO** | **INTEREPRETAÇÃO** |
|---|---|---|---|---|
| 1 | **LIQUIDEZ** | | | |
| 1.1 | Liquidez Corrente | AC / PC | Quanto a empresa tem de ativo circulante para cada R$ 1,00 de passivo circulante | Quanto Maior, melhor |
| 1.2 | Liquidez Geral | Ativo Circulante + Realizável a Longo Prazo / Passivo Circulante + Passivo Não Circulante | Quanto a empresa possui de ativo circulante + realizável a longo prazo para cada R$ 1,00 de dívida total. Mede a saúde financeira a longo prazo | Quanto Maior, melhor |
| 1.3 | Liquidez Seca | Disponível + Títulos a Receber + Outros ativos de Rápida conversibilidade / Passivo Circulante | Quanto a empresa possui de ativo líquido para cada R$ 1,00 de dívidas a curto prazo | Quanto Maior, melhor |
| 1.4 | Solvência Geral | Ativo Total / Passivo Exigível ( Passivo Circulante + Passivo Não Circulante) | Quanto a empresa possui de ativo total em R$ para pagamento dos capitais de terceiros | Quanto Maior, melhor |

| | ÍNDICE | FÓRMULA | SIGNIFICADO | INTEREPRETAÇÃO |
|---|---|---|---|---|
| 2 | **ESTRUTURA DE CAPITAL** | | | |
| 2.1 | Participação de Capital de Terceiros | Capital de Terceiros (PC + PNC) / Patrimônio Líquido | Quanto a empresa tomou de capitais de terceiros para cada R$ 1,00 de capital próprio | Quanto Menor, melhor |
| 2.2 | Composição do Endividamento | Passivo Circulante / Capital de Terceiros | Qual o percentual de obrigações a curto prazo em relação as obrigações totais | Quanto Menor, melhor |
| 2.3 | Imobilização do Patrimônio Líquido | Ativo Não Circulante / Patrimônio Líquido | Quanto em R$ a empresa aplicou no ativo não circulante para cada R$ 1,00 de patrimônio líquido | Quanto Menor, melhor |
| 2.4 | Imobilização de Recursos não Correntes | Ativo Não Circulante / Patrimônio Líquido + Passivo Não Circulante | Qual o percentual de recursos não correntes foi destinado ao ativo não circulante | Quanto Menor, melhor |
| 2.5 | Endividamento geral | Passivo Total ( PC + PNC) / Ativo Total | Mede a proporção do ativo Total financiado pelos credores da empresa | Quanto Menor, melhor |
| 3 | **RENTABILIDADE** | | | |
| 3.1 | Giro do Ativo | Vendas Líquidas / Ativo Total | Quanto a empresa vendeu para cada R$ 1,00 de investimento total | Quanto Maior, melhor |
| 3.2 | Margem Líquida | Lucro Líquido / Vendas Líquidas | Quanto a empresa obtém de Lucro para cada R$ 1,00 vendido | Quanto Maior, melhor |
| 3.3 | Rentabilidade do Ativo | Lucro Líquido / Ativo Total | Quanto a empresa obtém de lucro líquido sobre o ativo total | Quanto Maior, melhor |
| 3.4 | Rentabilidade do Patrimônio Líquido | Lucro Líquido / Patrimônio Líquido Médio | Quanto a empresa obtém de lucro Líquido em porcentagem em relação de capital próprio investido | Quanto Maior, melhor |
| 3.5 | Margem de Lucro Bruto | Lucro Bruto / Receita de Vendas | Mede a percentagem de cada unidade monetária R$ de vendas que permanece após a empresa deduzir o valor dos bens vendidos | Quanto Maior, melhor |

| | ÍNDICE | FÓRMULA | SIGNIFICADO | INTEREPRETAÇÃO |
|---|---|---|---|---|
| 3.6 | Margem de Lucro Operacional | Lucro Operacional / Receita Líquida de Vendas | Mede a percentagem de cada unidade monetária R$ de vendas remanescentes após a dedução de todos os custos de despesas, exceto Juros, IR e dividendos | Quanto Maior, melhor |
| 4 | **ATIVIDADE** | | | |
| 4.1 | Giro do Estoque | CMV / Estoque | Quantas vezes o estoque se renovou em virtude das vendas ocorridas | Quanto Maior, melhor |
| 4.2 | Período Médio de Recebimento | Contas a Receber / Vendas Anuais/365 | Mede o prazo médio de recebimento das duplicatas a receber | Quanto Menor, melhor |
| 4.3 | Período Médio de Pagamentos | Fornecedores / Compras Anuais/365 | Mede o prazo médio de pagamento aos fornecedores | Quanto Maior, melhor |
| 4.4 | Quociente de Posicionamento Relativo | Prazo Médio de Recebimentos / Prazo Médio de pagamentos | Mede a eficiência entre os prazos médios de recebimentos e pagamentos | Quanto Maior, melhor |

## 4 INFORMAÇÕES PRÉVIAS AO PROCESSO DE ANÁLISE

Evidente que o processo de análise que verificamos até agora, possibilitará ao analista obter um conhecimento da situação da empresa em determinado momento, porém, não podemos deixar de levar em consideração alguns dados relativos a: caracterização e histórico da empresa, tais como: mercado de atuação, aspectos internos e aspectos contábeis financeiros, pois estes dados aliados a análise dos números irão fornecer uma visão complementar da empresa em questão com o objetivo de que o analista possa formar uma opinião da análise efetuada.

Esta visão complementar poderá esclarecer diversas questões com relação aos números apresentados, como também, **revelar tendências futuras com o objetivo de obtermos um cenário completo de atuação passada, presente e futura da empresa.**

A seguir descrevemos de forma breve alguns itens relativos a informações prévias, que sem sombra de dúvida, devem ser levados em consideração pelo analista, pois devem facilitar o processo de conclusão de análise financeira:

## A - CARACTERIZAÇÃO DA EMPRESA

- Razão social – como também o nome fantasia
- Objeto social – qual a finalidade da empresa
- Ramo de atividade – ramo que explora
- Linha de Produtos – O tipo de produto que a empresa trabalha e sua perspectiva com relação ao mercado
- Data de constituição da empresa – ano de fundação e tempo de atividade empresarial no mercado

## B – MERCADO EM QUE A EMPRESA ATUA

- Comentários do mercado atual – verificação se o mercado em que a empresa atua é ascendente ou descendente
- Perspectivas de mercado – perspectivas do mercado a médio e longo prazo
- Perspectivas da empresa em relação ao mercado – como a empresa se posiciona em relação a este mercado
- Novos projetos empresariais – investimento em novos projetos em um mesmo mercado ou mercado distinto
- Localização da empresa – Local onde a empresa exerce atividades em relação ao seu mercado consumidor, assim como, os incentivos fiscais regionais

## C – ASPECTOS INTERNOS DA EMPRESA

- Contrato ou Estatuto social e suas alterações – análise das alterações contratuais durante o tempo
- Composição da diretoria e sócios da empresa – verificação do cadastro dos respectivos diretores, sócios e administradores
- Participação em coligadas e controladas – Se a empresa possui investimentos em outras empresas e qual a situação financeira destas empresas
- Estrutura de capital – como é distribuído o capital próprio e de terceiros

## D - ASPECTOS CONTÁBEIS FINANCEIROS

- Apresentação dos últimos 3 balanços, demonstração do resultado do exercício e demonstração do fluxo de caixa - análise dos demonstrativos financeiros devidamente assinados pelo representante legal da empresa e contador
- Apresentação de certidões negativas - para verificação e análise de eventuais pendencias fiscais e judiciais
- Informações comerciais - informações de mercado financeiro e creditício da empresa, assim como bureaux de crédito

# 5 CONCLUSÕES

A administração de uma empresa para tomar decisões deve se basear em dados concretos, ou seja: as demonstrações financeiras, mercado em que atua, fatores econômicos, tendências de mercado e riscos e oportunidades detectadas.

Nessa ambiência, as demonstrações financeiras assumem um papel relevante, pois elas fornecem os dados econômicos financeiros pretéritos para que as decisões sejam tomadas. Neste cenário a análise dos índices obtidos nos respectivos demonstrativos é essencial para o seu entendimento, pois fornecem um diagnóstico econômico financeiro da empresa em um determinado momento.

Este diagnóstico, deve ser comparado com períodos anteriores, para identificar a evolução da empresa, assim como, comparar com outras empresas do setor, além de levar em consideração os aspectos das **Informações Prévias ao Processo de Análise**, aspectos estes, que podem influir de forma positiva ou negativa na interpretação da avaliação.

Esta análise das demonstrações financeiras é avaliada por Bancos, Instituições de fomento, Governo, Clientes e Fornecedores, portanto, a exata apuração das demonstrações financeiras e a correta interpretação dos índices é fundamental para qualquer tomada de decisão.

Devemos lembrar que cada empresa tem suas características próprias, tais como: indústria, comércio, prestação de serviços etc. e ainda, a empresa familiar, sociedade anônima de capital aberto, empresas estatais, instituições sem fins lucrativos etc., portanto, o profissional que irá efetuar a análise comparativa deverá ter uma atenção especial na realização da comparação, pois deverá comparar o padrão que é equivalente ao da empresa que está sendo analisada.

# 4 *EBITDA* / LAJIDA


**RESUMO:**
O presente texto tem como objetivo de descrever de forma breve o tema e demonstrar a sistemática de cálculo do **EBITDA ou** LAJIDA, que é uma métrica amplamente utilizada pelo mercado financeiro para **medir** a geração de **caixa operacional** sob uma outra ótica.

**PALAVRAS CHAVE**: EBITDA, medir, caixa, operacional

**ABSTRACT**:
The purpose of this paper is to describe briefly the theme and demonstrate the **EBITDA** or LAJIDA calculation system, which is a metric widely used by the financial market to **measure operating cash** generation from another perspective.

**KEYWORDS**: EBITDA, measure, cash, operating


**Sumário**: 1. Introdução, 2. Definição, 3. Exemplo de cálculo, 4. Conclusões

## 1 INTRODUÇÃO

A sistemática de cálculo do EBITDA OU LAJIDA, Lucro antes dos juros, Impostos, Depreciação e Amortização é uma medida utilizada amplamente pelo mercado financeiro para avaliar a capacidade de geração de caixa e resultados operacionais, das empresas, excluindo as despesas não desembolsáveis, receitas e despesas financeiras e tributos sobre a renda. Para tanto, utiliza-se das demonstrações financeiras, especificamente o Balanço Patrimonial e Demonstração do Resultado do Exercício, devidamente ajustados para fins de cálculo.

## 2 DEFINIÇÃO

*EBITDA - Earnings before Interests, Taxes, Depreciation and Amortization* ou LAJIDA - Lucro antes dos Juros, Impostos, Depreciação e

Amortização é um indicador amplamente utilizado pelo mercado financeiro, pois representa a geração de caixa operacional sem levar em consideração os efeitos financeiros e dos impostos sobre a renda (IRPJ/CSLL), amortização e despesas financeiras.

Abaixo descrevemos uma maneira simplificada (dentre outras) para elaboração do cálculo partindo-se de uma Demonstração do Resultado do Exercício concluída, a qual deverá ser ajustada no seguinte formato:

**LUCRO LIQUIDO APÓS O IMPOSTO DE RENDA**

**(+) DEPRECIAÇÃO / AMORTIZAÇÃO**

**(+) IMPOSTO DE RENDA E CSLL**

**(+) DESPESAS FINANCEIRAS**

**(-) RECEITAS FINANCEIRAS**

**(=) EBITDA**

ASSAF Neto, (2008, p. 152) define o conceito de *EBITDA*, como:

> O conceito de EBITDA, amplamente utilizado na análise financeira como medida de capacidade de geração de caixa operacional, é determinado pela soma do lucro operacional (antes do Imposto de Renda) e as despesas não desembolsáveis (depreciação, basicamente). É um indicador financeiro equivalente ao fluxo operacional de caixa, evidenciando a capacidade financeira da empresa em remunerar os proprietários do capital (credores e acionistas.

Complementando o entendimento, Oliveira (2010, p. 285), define:

> Representa a geração operacional de caixa da companhia. O quanto a empresa gera de recursos apenas em suas atividades, sem levar em consideração os efeitos financeiros representados pelos pagamentos de juros de empréstimos, dos impostos e das despesas que não afetam o capital circu-

> lante líquido da empresa. É um importante indicador para avaliar a qualidade operacional da empresa.
>
> Também conhecido como Fluxo de Caixa Operacional - *Operational Cash Flow*, leva em conta apenas o desempenho operacional da empresa e não reflete o impacto no resultado, dos itens extraordinários, das despesas com investimentos e das mudanças havidas no capital de giro.

Ainda com relação ao tema, não podemos deixar de mencionar as considerações de Matarazzo (2010, p. 257) com referência a utilização do EBITDA:

> A utilização do EBITDA, enquanto único instrumento apto a medir a real capacidade financeira de uma empresa, bem como a servir de instrumento para avaliação da capacidade da empresa gerar caixa e cobrir o seu serviço de dívida, pode conduzir muito frequentemente a uma série de erros. De maneira geral, fazem-se as principais críticas à utilização do EBITDA.
>
> - O EBITDA é mensurado antes do Imposto de Renda, enquanto que o caixa disponível para pagar dividendos ou recompra de ações, depois do Imposto de Renda; poderia ser excluído das despesas desembolsáveis apenas o IR diferido;
>
> - O EBITDA não considera as receitas e despesas não operacionais, tais como ganhos ou perdas na alienação de bens do ativo fixo;
>
> - O EBITDA não mensura a necessidade de reinvestimentos em bens do ativo permanente;
>
> - O EBITDA ignora as variações de capital de giro

## 3 EXEMPLO DE CÁLCULO

Com a finalidade de facilitar o entendimento demonstramos a seguir uma DRE exemplificativa concluída e a seguir utilizamos a mesma para elaboração do cálculo do EBITDA

| | DRE – CIA. EXCELSIOR | R$ | AV |
|---|---|---|---|
| | | | |
| (+) | RECEITA BRUTA | 1.700.000,00 | 100,00 |
| (-) | TRIBUTOS INCIDENTES SOBRE A VENDA | -350.000,00 | -20,59 |
| (=) | RECEITA LIQUIDA | 1.350.000,00 | 79,41 |
| (-) | CUSTO DA MERCADORIA VENDIDA | -600.000,00 | -35,29 |
| **(-)** | **LUCRO BRUTO** | **750.000,00** | 44,12 |
| (-) | DESPESAS ADMINISTRATIVAS | -50.000,00 | -2,94 |
| (-) | DESPESAS COM VENDAS | -60.000,00 | -3,53 |
| (-) | DEPRECIAÇÃO | -30.000,00 | -1,76 |
| (-) | RECEITA FINANCEIRA | 20.000,00 | 1,18 |
| (=) | DESPESAS FINANCEIRA | -40.000,00 | -2,35 |
| **(=)** | **LUCRO ANTES DO IRPJ / CSLL** | **590.000,00** | 34,71 |
| (-) | IRPJ / CSLL | -180.000,00 | -10,59 |
| **(=)** | **LUCRO LIQUIDO** | **410.000,00** | 24,12 |
| | | | |
| | **CÁLCULO DO EBITDA – CIA. EXCELSIOR** | **R$** | **AV** |
| | | | |
| **(+)** | **RECEITA BRUTA** | **1.700.000,00** | 100,00 |
| (-) | TRIBUTOS INCIDENTES SOBRE A VENDA | -350.000,00 | -20,59 |
| (=) | RECEITA LIQUIDA | 1.350.000,00 | 79,41 |
| (-) | CUSTO DA MERCADORIA VENDIDA | -600.000,00 | -35,29 |
| **(-)** | **LUCRO BRUTO** | **750.000,00** | 44,12 |
| (-) | DESPESAS ADMINISTRATIVAS | -50.000,00 | -2,94 |
| (-) | DESPESAS COM VENDAS | -60.000,00 | -3,53 |
| **(=)** | **EBITDA** | **640.000,00** | **37,65** |
| (-) | DEPRECIAÇÃO | -30.000,00 | -1,76 |
| (-) | RECEITA FINANCEIRA | 20.000,00 | 1,18 |
| (=) | DESPESAS FINANCEIRA | -40.000,00 | -2,35 |
| (-) | IRPJ / CSLL | -180.000,00 | -10,59 |
| **(=)** | **LUCRO LIQUIDO** | **410.000,00** | 24,12 |

## 4. CONCLUSÃO

O EBITDA é mais um índice financeiro que deve ser avaliado combinado com os demais índices e análises financeiras empresariais. Como já descrito anteriormente demonstra a capacidade de geração de caixa e receita operacional depois de alguns ajustes na DRE, porém, para uma correta avaliação empresarial, vale a pena destacar que ele deve ser analisado levando-se em conta todos os demais índices encontrados, como também a prévia análise dos dados empresariais, pois efetivamente, este indicador analisa basicamente somente as contas de resultado, não levando em consideração a movimentação das contas patrimoniais e a necessidade de reinvestimentos, destacando que a despesa de depreciação representa um fator econômico e não financeiro.

# 5 BALANCED SCORECARD (BSC)

**RESUMO**

Este estudo tem como objetivo abrir o entendimento do ***Balanced Scorecard***, buscando sua breve **definição** entre os vários autores contemporâneos, como também, destacar sua utilização prática na empresa. A finalidade é possibilitar sua aplicação teórica no cotidiano empresarial com a finalidade de fornecer ao administrador mais um instrumento para medição de desempenho e controle operacional, de forma que possa garantir os **resultados** e o cumprimento das **metas** previamente definidas.

**PALAVRAS CHAVE:** *Balanced Scorecard*, definição, resultados, metas.

**ABSTRACT**

This study aims to open the understanding of the **Balanced Scorecard**, seeking its **definition** among the various contemporary authors, as well as highlight its practical use in the company. The purpose is to enable the theoretical application in daily business with the purpose of providing the administrator with another instrument for measuring performance and operational control, so that, it can guarantee the **results** and the fulfillment of the previously defined **goals**

**KEYWORDS:** Balanced Scorecard, definition, results, goals.

**SUMÁRIO:** 1. Introdução, 2. Conceito, 3. Exemplo simplificado de BSC, 4. Conclusões.

## 1 INTRODUÇÃO

O *Balanced Scorecard*[26] *(BSC)* é um entre os vários modelos de avaliação e controle de gestão empresarial, porém, ele se diferencia dos demais, pois ele inclui os controles financeiros e não financeiros empre-

26 *Balanced Scorecard* – Sistema de informações de gestão. Migliavacca, Paulo N. *Business dictionary*. São Paulo: Edicta, 1999.

sariais. Geralmente os modelos de métrica de desempenho empresarial estão voltados aos números apresentados nas demonstrações financeiras, mas neste caso o *BSC* vai além, pois ele pode definir metas, objetivos, indicadores de medição de performance, e também o responsável pela iniciativa.

Observa-se, portanto, que além dos números o *BSC* pode ser utilizado para inúmeras atividades da empresa, como por exemplo: o planejamento estratégico, *Market share* (participação no mercado), avaliação e controle de determinado setor ou segmento da empresa, novos mercados etc.

Enfim, é uma ferramenta versátil que o administrador realmente poderá utilizar o conceito de: **planejamento, execução** e control**e** e tomar suas decisões baseadas em fatos e dados concretos.

## 2 CONCEITO

Entendemos o *Balanced Scorecard* como um método para medir o desempenho das atividades financeiras e não financeiras empresariais sob o foco de uma visão de planejamento, execução e controle. É um instrumento de medição que objetiva comunicar, esclarecer e implementar a estratégica empresarial através das metas previamente definidas pela administração em um plano elaborado, com determinada finalidade, como por exemplo: Item selecionado (perspectiva), objetivo a ser atingido e prazo, meta a ser cumprida, indicador de desempenho (métrica adotada) e iniciativas.

Efetivamente ele é um sistema que fixa metas e objetivos, e através de um indicador previamente fixado, a administração pode monitorar (acompanhar) o desempenho destes objetivos ao longo do tempo, efetuando a respectiva avaliação e monitoramento para tomada de decisões, fornecendo a direção para a empresa alcançar seu propósito.

Padoveze (2009, p. 125) explicita em sua obra que no *Balanced Scorecard*:

> A proposta de Kaplan e Norton parte do pressuposto de que as empresas constroem metas estratégicas, porém não desenvolvem um sistema de acompanhamento para o dia-a-dia da empresa e dos gestores divisionais. Assim, os autores propõem um sistema simples e eficiente de acompanhamento de desempenho da estratégica da empresa.

> Ambos se apoiam no conceito de que o que não é medido não é gerenciado. Um sistema de indicadores afeta fortemente o comportamento das pessoas dentro e fora da empresa.

Padoveze (2012, p. 129) complementa o entendimento afirmando:

> Como complemento das medidas de desempenho não financeiras, há a proposta da adoção do conceito de *balanced scorecard* (literalmente: cartão de marcação balanceado), objetivando unir a visão estratégica com as fases de execução e controle do processo de gestão empresarial.
>
> O BSC é um sistema de informação para gerenciamento da estratégia empresarial. Traduz a missão e a estratégia da empresa em um conjunto abrangente de medidas de desempenho financeiras e não financeiras que serve de base para um sistema de medição e gestão estratégica.

Nascimento, define em sua obra o conceito de *BSC* como:

> O *BSC* pode ser entendido como um sistema de suporte à decisão, visto que reúne os elementos-chave para o acompanhamento do cumprimento da estratégia da organização. Um sistema de suporte à decisão sofre alterações à medida que os gestores avançam na compreensão das necessidades do sistema empresa e, nesse sentido, o BSC, pressupõe alterações nas suas composições e nas relações de causa e efeito entre as ações, refletindo o equilíbrio entre os objetivos de curto e longo prazo, entre medidas financeiras e não financeiras, entre indicadores de tendências (*leading indicators*) e de ocorrência (*lagging indicators*) e entre perspectivas interna e externa de desempenho. [27]

27 NASCIMENTO, Auster Moreira, REGINATO, Luciane. *Controladoria – um enfoque na eficácia organizacional*. São Paulo: Atlas, p.218, 219.

Em síntese, *o balanced scorecard* é um sistema de informação para gerenciamento da estratégia empresarial. Traduz a missão e a estratégia da empresa em um conjunto abrangente de medidas de desempenho financeiras e não financeiras que serve de base para um sistema de medição e gestão estratégica dos negócios.

Nesse sentido, Perez Jr., (2005, p. 154, 155) enfatiza em sua obra que:

> Resumidamente, o *Balanced Scorecard (BSC)* é a tradução de estratégia em ação, ou seja, a razão de ser do BSC é tirar do papel os planos e metas estratégicas das organizações e difundi-los por todos os níveis da organização.
>
> Pretende-se, com isso, assegurar o mais difícil: que todos os funcionários participem efetivamente de sua execução diária.
>
> Em outras palavras, o *BSC* é uma forma de trocar em miúdos a estratégia de uma empresa, sendo que as grandes metas devem ser traduzidas em tarefas e objetivos específicos para cada funcionário.
>
> De acordo com seus criadores, o *BSC* é uma ferramenta estratégica imprescindível para que empresas de qualquer setor orientem seus desempenhos presente e futuro, sendo capazes de canalizar as energias, habilidades e os conhecimentos específicos de indivíduos dos mais diversos setores da organização em busca da realização de metas estratégicas e da lucratividade.

Definido de forma breve o conceito de BSC, Padoveze (2009, p. 129) destaca o processo de elaboração e difusão do *balanced scorecard,* que pode ser efetuado pela administração da empresa em quatro etapas distintas:

**A – TRADUÇÃO DA VISÃO**

Esclarecendo e traduzindo a visão e a estratégia da empresa

Esclarecendo a visão.

Esclarecendo o consenso.

**B - COMUNICANDO E ESTABELECENDO VINCULAÇÕES**

Comunicando e educando a todos os participantes do grupo de trabalho.

Estabelecendo as metas.

Vinculando recompensas a medidas de desempenho alcançadas.

**C - PLANEJAMENTO E ESTABELECIMENTO DE METAS**

Estabelecendo metas.

Alinhando iniciativas estratégicas para execução.

Alocando recursos para cumprimento das metas.

Estabelecendo marcos de referência para medição.

**D - *FEEDBACK* E APRENDIZADO ESTRATÉGICO**

Articulando a visão compartilhada

Fornecendo feedback estratégico dos resultados alcançados

Facilitando a revisão e o aprendizado estratégico

## 3 EXEMPLO SIMPLIFICADO DE BSC

Com a finalidade de facilitar o entendimento, destacamos abaixo um exemplo simplificado e conciso de um modelo de *Balance Scorecard*, que certamente facilitará a compreensão do tema:

| PERSPECTIVA | OBJETIVO | META | INDICADOR | INICIATIVA | DATA LIMITE PARA CONCLUSÃO |
|---|---|---|---|---|---|
| **1-FINANCEIRA** | | | | | |
| 1.1 Custo dos empréstimos obtidos | Reduzir | 10% | Gasto com despesas financeiras | Gerência de Finanças | 31.12.19 |
| 1.2 Lucro Líquido | Redução de despesas e aumentar o lucro | 5% | Volume de despesas administrativas | Gerencia Administrativa | 31.12.19 |
| **2- FUNCIONÁRIOS** | | | | | |
| 2.1 Horas de treinamento | Melhoria do Atendimento ao cliente | 100% | Total de horas de Treinamento do pessoal operacional | Gerência de Recursos Humanos | 31.12.19 |

| PERSPECTIVA | OBJETIVO | META | INDICADOR | INICIATIVA | DATA LIMITE PARA CONCLUSÃO |
|---|---|---|---|---|---|
| **3 - VENDAS** | | | | | |
| 3.1 Aumento da participação no mercado | Aumentar de 50% para 60% o *Market share*[28] | 20% | Aumento das vendas Em novos mercados | Gerência de Vendas | 31.12.19 |
| **4 - PROCESSOS** | | | | | |
| 3.1 Implantação de um novo sistema – software - ERP | Melhoria da gestão de Processo e automação. Redução de custos e Despesas decorrentes da automação | 20% | Redução dos custos e Despesas em 20% | Gerência de TI e Gerência Administrativa | 31.12.19 |
| **5 - COMPRAS** | | | | | |
| 5.1 Redução do custo da Matéria Prima e aumento da rentabilidade | Reduzir o custo de Fabricação para aumentar a margem líquida | 10% | Reduzir o preço médio das matérias primas em 10% | Gerência de Compras | 31.12.19 |
| **6 - EBITDA**[29] | | | | | |
| 6.1 Aumento do EBITDA | Aumentar o lucro, utilizando o planejamento tributário | 5% | Reduzir o gasto com tributos incidentes sobre a venda e sobre o lucro | Gerência de Controladoria | 31.12.19 |

# 4 CONCLUSÕES

Em face do que se apresentou neste estudo, concluímos que o BSC se constitui em mais uma das diversas ferramentas de avaliação de desempenho empresarial disponibilizadas pela controladoria. O BSC possui como característica principal, o fato dele gerenciar e monitorar ações, ou seja, vai além da análise dos números apresentados em fatos ocorridos ou previsões futuras. Em síntese, ele descreve uma situação atual, define metas, objetivos, responsável e indicador de performance para avaliação com a finalidade de acompanhar o seu progresso de execução. Com este instrumento o administrador consegue efetivamente, planejar, executar e controlar o empreendimento.

28 **Market Share** – Participação no Mercado. Migliavacca, Paulo N. *Business dictionary*. São Paulo: Edicta, 1999.

29 *EBITDA* – Lucro antes do imposto de renda, juros e depreciação. Migliavacca, Paulo N. *Business dictionary*. São Paulo: Edicta, 1999.

# 6 ECONOMIC VALUE ADDED (EVA) E MARKETING VALUE ADDED (MVA)

**RESUMO**

Este estudo se inicia com a definição dos diversos conceitos de **EVA** e **MVA,** os quais tem como objetivo avaliar a eficiência dos gestores na administração do capital investido pelos acionistas no empreendimento. Os respectivos definem diversas medidas e formas para **avaliação** do **investimento realizado**, efetuando comparações com as taxas médias de investimento do mercado financeiro. Com esta avaliação, o investidor poderá tecnicamente avaliar se o seu investimento na empresa foi **rentável** ou não.

**PALAVRAS CHAVES:** EVA, MVA, avaliação, investimento, rentável.

**ABSTRACT**

This study begins with the definition of several concepts of **EVA** and **MVA**, which aims to evaluate the efficiency of managers in the administration of capital invested by shareholders in the enterprise. The respective ones define several measures and forms to evaluate the investment made, making comparisons with the average rates of financial investment market. With this **evaluation**, the investor can technically assess whether your **investment** in the company was **profitable** or not.

**KEYWORDS**: EVA, MVA, evaluation, investment, profitable.



## 1 INTRODUÇÃO

O presente estudo tem como finalidade abrir o entendimento do EVA - valor econômico adicionado e do MVA – valor adicionado de mercado, entendendo o seu conceito e sua aplicação na avaliação do investimento em um empreendimento empresarial.

Referidos índices na realidade são instrumentos que a controladoria disponibiliza para o investidor (sócio ou acionista) a fim de que ele (o investidor) avalie se o seu investimento foi rentável ou não. Tecnicamente se compara o resultado apurado (lucro ou até prejuízo) com o capital investido pelo sócio na empresa. Compara também o resultado obtido na empresa com o custo financeiro do capital que foi investido na empresa, levando em consideração se ele estivesse investido no mercado financeiro, ou ainda, qualquer outro mercado ou índice que poderia gerar um resultado diferente. Demonstra-se também diversas formas de elaboração do cálculo, que são apresentados por diferentes autores.

## 2. CONCEITO EVA

Podemos definir o *Economic Value Added (EVA)* como o índice que avalia o retorno financeiro gerado pela empresa em suas atividades. Sua formula corresponde ao saldo do lucro após o imposto de renda deduzido do custo do capital investido na empresa pelos sócios ou acionistas, ou seja, é o que sobra após se deduzir do lucro da empresa, o custo do capital investido para gerar este lucro. Em síntese, é a diferença entre o lucro operacional líquido após os impostos e o valor ponderado do capital investido em uma empresa, levando em conta o custo de oportunidade de outros investimentos alternativos.

Formula com base no lucro líquido:

| | |
|---|---|
| (+) | LUCRO LÍQUIDO |
| (-) | CUSTO DO CAPITAL PRÓPRIO |
| (=) | VALOR ECONÔMICO AGREGADO – EVA |

Padoveze[30] define o EVA, como:

> Na realidade podemos dizer que o conceito do EVA nada mais é do que uma aplicação do conceito de custo de oportunidade do capital e do conceito de manutenção do capital financeiro da empresa.
>
> Custo de oportunidade – todas as atividades devem ser ava-

30 PADOVEZE, Clóvis Luís. *Controladoria estratégica operacional*. São Paulo: Cengage, 2009, p.60.

liadas pelo mercado, que representa o custo de oportunidade de manter determinada atividade. Isto é explicitado em dois conceitos de custo de oportunidade:

- ✓ Preço de mercado de transferência baseado no preço de mercado, para avaliação de estoques, dos produtos finais e dos produtos e serviços produzidos pela atividade interna.
- ✓ Custo de oportunidade financeiro, para mensurar e avaliar o aspecto financeiro das atividades e do custo de oportunidade dos acionistas, fornecedores de capital à empresa e às atividades.

Schmidt, (2014, p. 111) destaca o EVA como:

> O EVA é um sistema de gestão financeira que mede o retorno que capitais próprios e de terceiros proporcionam aos seus proprietários. Ele mede a diferença entre o retorno sobre o capital de uma empresa e o custo deste capital.
>
> Cita ainda que em seu nível mais básico, o EVA, uma sigla para valor econômico agregado, é uma medida de desempenho empresarial que difere dos demais ao incluir uma cobrança sobre o lucro pelo custo de todo o capital que uma empresa utiliza.

Nesse mesma linha de raciocínio, Nascimento [31] conceitua o EVA, como:

> Um dos indicadores financeiros mais poderosos e populares entre os investidores é a taxa de retorno do investimento. Uma das vantagens é permitir uma avaliação rápida e simples do nível de riqueza que a empresa tem gerado em um dado momento.
>
> Em termos de custos de oportunidade, a taxa de retorno do investimento permite ao investidor avaliar e comparar o rendimento do capital investido com outras possibilidades

31 NASCIMENTO, Auster Moreira, REGINATO, Luciane. *Controladoria – um enfoque na eficácia organizacional*. São Paulo: Atlas, p.205, 206.

de aplicação deste. Esse instrumento é, também, um parâmetro utilizado no processo de avaliação de desempenho dos gestores.

De fato, o conceito de EVA, por levar em consideração o custo de oportunidade do capital investido, possibilita ao executivo mensurar o quanto ele foi eficaz na utilização dos recursos em sua administração. Assim, quando os lucros forem maiores que o custo de oportunidade, pode-se afirmar que a empresa está gerando valor agregado.

Referido autor destaca ainda que o EVA, deve levar em consideração os 4 "Ms" na avaliação, sendo: *Measurement, Management, Motivation and Mindset* (medição, gerenciamento, motivação e atitude):

1 -O M de *Measurement* (medição) - indica o acompanhamento mensal do EVA, convertendo parâmetros contábeis em econômicos;

2 - O M de *Management* (gestão) - indica a necessidade de ligar o EVA à tomada de decisão;

3 - O M de *Motivation* (motivação) - indica a necessidade de transformar o comportamento dos gestores em comportamento de empreendedores;

4 - O M de *Mindset* (mentalidade) - indica a necessidade de ações e da comunicação de informações sobre o EVA aos acionistas.

Existem diversas formas para se efetuar o cálculo do EVA apresentadas por diversos autores. Abaixo descrevemos dois exemplos simplificados, sendo o primeiro citado na obra de Nascimento e o segundo elaborado por Perez Jr.:

**EXEMPLO 01: PRIMEIRA SISTEMÁTICA DE CÁLCULO**

EVA = NOPAT - (WACC% X CAPITAL R$)

ONDE:

NOPAT - *Net operational profit after taxes* - Lucro operacional liquido após os impostos

WACC – *Weight average cost of capital* – é o custo médio ponderado do capital

**EXEMPLO 01:** Suponha-se uma situação em que o lucro operacional liquido da empresa fosse R$ 250, o capital R$ 1.000 e o custo de oportunidade do capital 15%.

O cálculo do EVA seria feito da seguinte forma:

EVA = Lucro operacional liquido - (Custo do capital % x capital aplicado $)

EVA = R$ 250 – (15% x R$ 1.000) = R$ 100

## EXEMPLO 02: SEGUNDA SISTEMÁTICA DE CÁLCULO

| DADOS PRELIMINARES | EMPRESA A | EMPRESA B | EMPRESA C |
|---|---|---|---|
| **Total do capital próprio, ao custo de 22% aa** | 400.000 | 600.000 | 300.000 |
| **Total do capital de terceiros investido, ao custo de 30% aa** | 600.000 | 340.000 | 800.000 |
| **Resultado operacional após os Tributos** | 320.000 | 300.000 | 350.000 |

| CALCULO EVA | EMPRESA A | EMPRESA B | EMPRESA C |
|---|---|---|---|
| **Custo Capital próprio - aa** | 88.000 | 132.000 | 66.000 |
| **Custo do capital terceiros - aa** | 180.000 | 102.000 | 240.000 |
| **Total do custo do capital** | 268.000 | 234.000 | 306.000 |
| **(-) Resultado Operacional após Tributos** | 320.000 | 300.000 | 350.000 |
| **(=) Valor do EVA apurado** | **52.000** | **66.000** | **44.000** |

## EXEMPLO 03: TERCEIRA SISTEMÁTICA DE CÁLCULO

| | CONTA | | VALORES |
|---|---|---|---|
| | Patrimônio Líquido da Empresa | | 1.000.000,00 |
| (+) | Lucro do Período - | 20% | 200.000,00 |
| (-) | Custo do capital Próprio 15% | 15% | 150.000,00 |
| (=) | **EVA apurado** | **5%** | **50.000,00** |

## 3 CONCEITO MVA

O *Marketing Value Added (MVA),* Valor de Mercado Adicionado - compara o valor de Mercado de uma empresa, com o valor do seu capital investido. É a diferença entre o valor de mercado total da empresa e o montante de capital investido por acionistas e investidores. Basicamente o índice revela o quanto uma empresa gerou de resultado para os seus investidores. Se o resultado for positivo significa que o investidor agregou valor ao seu capital, porém, se for negativo indica que o investidor obteve uma perda no seu investimento e consequente destruição de valor do acionista, pois o valor de mercado é inferior ao valor gasto no investimento.

Em síntese, o MVA representa o que os investidores colocaram na empresa a título de capital, e comparativamente no presente momento o quanto estes investidores poderiam receber com a venda do seu investimento. O MVA representa o valor de mercado deduzido do valor investido.

Perez Jr, (2005, p.196) conceitua o MVA como:

> O MVA é a diferença entre o valor de mercado de uma empresa e o capital investido pelos acionistas proprietários. Por valor de mercado entende-se o quanto o empresário obteria ao vender todas as suas ações. Se o resultado do MVA for positivo, pode-se dizer que a empresa realmente criou valor para quem tiver suas ações. O MVA captura as estimativas de mercado quanto às perspectivas de crescimento da empresa.

Schmidt (2014, p.112) define o MVA como:

> O MVA é o valor dos futuros EVAs. Seu objetivo é medir a valorização ou desvalorização da empresa em função do EVA negativo ou positivo.
>
> Para Ehrbar (1999, p.36), o MVA pode ser conceituado como a diferença entre entrada de caixa e saída de caixa – entre aquilo que os investidores colocam na empresa como capital e o que poderiam receber vendendo pelo preço do mercado corrente. Como tal o MVA é o montante acumulado pelo qual a empresa valorizou ou desvalorizou a riqueza

dos acionistas. Destaca ainda a formula de cálculo de Ehrbar: MVA = Valor de mercado - capital total.

Nesse sentido Alexandre Assaf neto [32] descreve o MVA como:

> A medida de valor agregado pelo mercado - MVA reflete a expressão monetária da riqueza gerada aos proprietários de capital determinada pela capacidade operacional da empresa em produzir resultados superiores a seu custo de oportunidade. Reflete, dentro de outra visão, quanto a empresa vale adicionalmente ao que se gastaria para repor todos os seus ativos a preços de mercado (ou valores históricos corrigidos, conforme é geralmente usado).
>
> É uma avaliação do futuro, calculada com base nas expectativas do mercado com relação ao potencial demonstrado pelo empreendimento em criar valor. Nesse enfoque, o MVA pode ser apurado pela diferença entre o valor total de mercado da empresa e o montante de capital investido pelos acionistas e credores (investimento total).
>
> Esse resultado em excesso (valor de mercado menos investimento total) constitui-se no valor do intangível do negócio, ou seja, no *goodwill*[33] produzido pela qualidade da sua gestão. Representa quanto uma empresa foi capaz, pelas estratégias financeiras e capacidades diferenciadoras implementadas, de agregar riqueza a seus acionistas, objetivo básico de qualquer empreendimento.

A seguir exemplificamos um cálculo simplificado do MVA, utilizando a seguinte formula:

**MVA** = Valor de Mercado da empresa (–) Capital Investido total

Em síntese:

Se o MVA é positivo - significa que a empresa agregou valor ao investimento feito pelo sócio ou acionista

---

32 ASSAF NETO, Alexandre. *Finanças corporativas e valor.* São Paulo: Atlas, 2008, p.189. 190.

33 *Goodwill* – valor subjetivo do negócio, diferença entre o valor contábil e o valor pago pelo negócio. Migliavacca, Paulo N. *Business dictionary.* São Paulo: Edicta, 1999.

Se o MVA é negativo – significa que a empresa destruiu o valor do investimento realizado pelo sócio ou acionista

Exemplo:

CAPITAL TOTAL DA EMPRESA (PL): R$ 100.000,00

VALOR DE MERCADO DA EMPRESA: R$ 170.000,00

MVA = 100.000,00 - 170.000,00

MVA = 70.000,00

Revela o quanto a empresa vale mais que o total do capital investido. Logo o valor de mercado da empresa é constituído de:

| Investimento total | 100.000,00 |
|---|---|
| *Goodwill – MVA* | 70.000,00 |
| Valor de Mercado | 170.000,00 |

## 4 CONCLUSÕES

Em face de tudo que se apresentou neste trabalho, concluímos que o EVA e MVA são duas formas diferentes de avaliação gerencial do investimento a título de capital que foi realizado na empresa pelos sócios, acionistas ou investidores.

Estas ferramentas possibilitam ao investidor obter por técnicas de análise, informações relativas aos dados financeiros em relação ao capital que foi investido na empresa. Efetua uma comparação entre o lucro obtido e o capital investido, levando-se em conta uma taxa de retorno para cálculo do custo do capital aplicado no mercado financeiro. Em resumo, compara o lucro obtido com o custo do capital aplicado, assim como, o capital investido e o valor da empresa no mercado. Com esta técnica o investidor poderá comparar o resultado que obteve investindo na empresa, com o valor que teria se realizasse o investimento em outras opções.

# 7 ANÁLISE SWOT


**RESUMO**

Este texto tem como objetivo definir de forma concisa o conceito da análise SWOT e suas diversas possibilidades de aplicação no dia a dia da empresa, constituindo-se uma ferramenta de auto avaliação, que possibilita o fortalecimento dos **pontos fortes** e **oportunidades** e correção das **fragilidades** e **ameaças**, facilitando o processo de tomada de decisão por parte da administração de forma a garantir a sustentabilidade dos negócios.



**PALAVRAS CHAVE**: pontos fortes, oportunidades, fragilidades e ameaças



**ABSTRACT**

This paper aims to objectively define the concept of the SWOT analysis and its various possibilities of application in the day by day of the company, constituting a tool of self-evaluation, which enables the strengthening of **strengths** and **opportunities** and correction of **weaknesses** and **threats,** facilitating management's decision-making process to ensure business sustainability.



**KEY WORDS:** strengths, opportunities, weaknesses, threats




## 1 INTRODUÇÃO

O objetivo deste presente trabalho é conceituar de forma concisa o conceito de análise SWOT ou FOFA, enfatizando suas possibilidades de utilização no ambiente empresarial, destacando que esta é mais uma ferramenta que a empresa possui para efetuar uma avaliação interna e externa dos seus negócios que conjuntamente com outras ferramentas de gestão contábil financeira, certamente podem contribuir com a melhoria dos resultados de forma a garantir a sustentabilidade do empreendimento. Na sequência elaboramos um exemplo sucinto de fácil entendimento, e por fim as conclusões.

## 2 CONCEITO

Entendemos a análise ***SWOT*** - *STRENGHTS, WEAKNESSES, OPPORTUNITIES, THREATS* ou **FOFA** - FORÇAS, FRAQUEZAS, OPORTUNIDADES E AMEAÇAS, como uma ferramenta de planejamento estratégico empresarial visando identificar os pontos fortes e fracos da empresa, assim como, os riscos e oportunidades do empreendimento, realizando um diagnóstico com referência ao negócio e o ambiente interno e externo da empresa, fornecendo ao gestor uma base para formular suas estratégias de administração e tomada de decisão em qualquer tipo de cenário.

Neste mesmo sentido Belmiro (2014, p.57), define a análise SWOT como:

> A análise de SWOT é também conhecida como análise de pontos fortes e fracos, ameaças e oportunidades.
> Assim, são analisados os pontos fortes e fracos principalmente do ambiente interno, que se compõe de recursos físicos, humanos e organizacionais.
>
> Também são analisadas as ameaças e oportunidades referentes ao ambiente externo, principalmente, tomando como base as forças político-legais, sociais, econômicas e tecnológicas.

Para melhor compreensão do tema, abaixo descrevemos de forma breve o conceito de cada item da SWOT que deverá ser elencada durante o processo de análise:

**S - STENGHTS - FORÇAS** - São as vantagens internas que a empresa possui em relação aos seus concorrentes. Estas vantagens por serem um fator interno são gerenciáveis e devem ser administradas de forma que devem ser mantidas e aumentadas. Exemplo: Em uma indústria de produtos eletrodomésticos os produtos são de primeira qualidade com preço competitivo devido ao baixo custo do processo produtivo.

**W - WEAKNESSES - FRAQUEZAS** - Consiste nas desvantagens que empresa tem em relação aos seus concorrentes. Também é um fator interno que pode ser administrado, e desde que, conhecido pela administração referidas fraquezas podem ser corrigidas através de um plano de ação. Exemplo: Em uma indústria de refrigerantes os processos internos de produção não são catalogados nem mapeados.

**O - OPPORTUNITIES - OPORTUNIDADES** - São os fatores externos que contribuem positivamente com o empreendimento, trazendo vantagens. Destacando que via de regra a empresa não tem controle sobre os fatores externos. Exemplo: Uma indústria de bebidas geladas é beneficiada por uma onda de calor no verão.

**T - THREATS - AMEÇAS** - Ao contrário das oportunidades, as ameaças são os fatores externos fora do controle da empresa que podem prejudicar os negócios. Exemplo: Uma indústria de alimentos prevê o aumento dos tributos sobre a venda no próximo ano.

Referida análise pode contribuir de forma positiva com qualquer tipo de empreendimento no sentido de:

- ✓ Conhecimento profundo do cenário (ambiente) interno e externo da empresa
- ✓ Posicionamento da empresa em relação aos concorrentes
- ✓ Fornece dados para tomada de decisão
- ✓ Fornece dados para a elaboração de Plano de Ação
- ✓ Efetua uma previsão de cenários externos

## 3 EXEMPLO SIMPLIFICADO DE ANÁLISE SWOT

A seguir elaboramos a seguir um exemplo de fácil compreensão de análise SWOT, lembrando que não pretendemos esgotar as alternativas, e sim, exemplificar com o objetivo de abrir o entendimento do tema.

Uma determinada Instituição de Ensino Superior decidiu abrir uma nova unidade de cursos presenciais em uma cidade no interior do estado de São Paulo e está elaborando uma breve análise com referência possibilidade de êxito do empreendimento, e para tanto, elaborou uma breve planilha mensurando os pontos fortes, fracos, ameaças e oportunidades para cada item escolhido:

| Nº | ITEM | PONTO FORTE INTERNO | PONTO FRACO INTERNO | OPORTUNIDADE EXTERNA | AMEAÇA EXTERNA |
|---|---|---|---|---|---|
| 1 | **CONCORRÊNCIA LOCAL** | Possibilidade de crescimento orgânico de forma rápida com baixo custo de propaganda e *know how* [34]próprio | Falta de Mão de obra local | Não já concorrentes na região e nas cidades vizinhas em uma distância média de 100 km | Falta de Infraestrutura de serviços públicos na região, tais como: segurança, saúde |
| 2 | **ALUNOS FORMANDOS NO ENSINO MÉDIO QUE DEVEM INGRESSAR NO ENSINO SUPERIOR** | 100.000 alunos formandos por ano na região | Definir quais os cursos que serão ofertados para atender as necessidades do mercado local | Oferecer bolsas do PROUNI e FIES para os alunos, possibilitando o ingresso nos cursos | Baixo nível de renda da população local |
| 3 | **CAPACIDADE E RECURSOS FINANCEIROS DISPONIBILIZADOS PARA O PROJETO** | Utilização de capital de terceiros para implantação do novo empreendimento | Liberação dos recursos de forma parcelada | Recursos Financeiros subsidiados e aprovados pelo BNDES | Não detectadas |
| 4 | **CAPACIDADE TECNOLOGICA PARA IMPLANTAÇÃO DA FILIAL PRESENCIAL** | Mão de obra capacitada e disponível na matriz da Instituição | Custo dos Salários e transferência | Implantação dos cursos de forma rápida e eficiente, uma vez que a instituição já possui os cursos em andamento | Cursos a distância EAD - oferecidos por outras instituições |
| 5 | **CÊNARIO ECONÔMICO BRASILEIRO** | Tecnologia própria para oferecer cursos de curta duração e baixo custo | Queda do nível de renda da população e alto índice de desemprego | Concessão de bolsas de estudo por parte do Estado | Falta de renda da população |

34 *Know How* – Conhecimento de como fazer. . Migliavacca, Paulo N. *Business dictionary*. São Paulo: Edicta, 1999.

| Nº | ITEM | PONTO FORTE INTERNO | PONTO FRACO INTERNO | OPORTUNIDADE EXTERNA | AMEAÇA EXTERNA |
|---|---|---|---|---|---|
| 6 | **MARCA DA INSTITUIÇÃO** | Tradição e credibilidade | Falta de conhecimento da marca no mercado local | Ingressar em um novo mercado com referências | Alinhar com a cultura local |

## 4 CONCLUSÕES

Como se observou no decorrer do presente texto a análise SWOT pode ser utilizada por qualquer tipo de empreendimento em qualquer situação, servindo como instrumento estratégico de reflexão, auto avaliação interna e externa, com o objetivo de incrementar os pontos fortes e corrigir as fragilidades, servindo como instrumento base para um plano de ação e monitoramento de atividades, trazendo à tona realidades que devem contribuir com o processo de tomada de decisão e melhoria continua de resultados e sustentabilidade empresarial.

# 8 APURAÇÃO E ANÁLISE DE CUSTOS EMPRESARIAIS


**RESUMO**

A apuração e análise dos **custos** empresariais é a base para **formação do preço de venda,** como também uma maneira de conhecer o custo de cada bem produzido. A correta apuração e análise dos custos empresariais contribui de forma efetiva para a geração de **resultados** empresariais, assim como, coopera para a formulação das estratégicas de venda.



**PALAVRAS CHAVE**: Custos, Formação, Preço de venda, Resultados.



**ABSTRACT**

The calculation and analysis of business **costs** is the basis for the **sales price formation**, as well as a way of knowing the cost of each good produced. The correct calculation and analysis of business costs contributes effectively to the generation of business **results,** as well as, cooperates in the formulation of sales strategies.



**KEY WORDS**: Costs, Formation, Sales price, Results


**Sumário**: 1. Introdução, 2. Custos empresariais - definição, 3. Classificação dos custos, 4. Método de avaliação dos estoques, 5. Custeio por absorção, 6. Custo Conjunto, 7. Custo padrão, 8. Custeio ABC, 9. Formação do preço de venda, 10. Conclusões

## 1 INTRODUÇÃO

Qualquer que seja a atividade empresarial a necessidade de apuração e análise dos custos de produção é imprescindível para a sobrevivência de qualquer empresa, assim como, para cumprir as obrigações tributárias acessórias exigidas pela legislação fiscal. Desta apuração depende a formação do preço de venda, bem como a análise detalhada do custo de cada mercadoria produzida, aliada a formulação da estratégia de venda, pois dependendo do preço de cada produto, a empresa poderá explorar um mercado diferenciado para seus artigos. Além do mais, uma correta estrutura de custos permitirá ao empresário calcular e otimizar seus resultados. Devido a extensão do tema "Custos", bem como as diversas possibilidades de apuração de custos existentes, o presente trabalho não tem a pretensão de esgotar o assunto, e sim fornecer uma visão geral e estratégica do tema, fornecendo inclusive as referências para os que desejarem se aprofundarem na respectiva área.

## 2 CUSTOS EMPRESARIAIS – DEFINIÇÃO

As empresas, para se tornarem competitivas e poderem sobreviver em um ambiente cada vez mais globalizado e competitivo, devem adotar práticas gerenciais que ajudem os administradores a planejar, organizar, coletar, administrar, interpretar, analisar e controlar os custos do processo produtivo empresarial, para poderem definir a correta formação do preço de venda de seus produtos com as respectivas margens de lucro desejadas.

Neste cenário, a controladoria através da contabilidade de custos dirige sua atenção no estudo da apuração e análise no cálculo dos custos, como também observa o resultado dos centros de custos ou dos agentes do processo produtivo empresarial.

Francisco Lorentz (2015, p. 2), define a contabilidade de custos como:

> A contabilidade de custos é, portanto, a parte da ciência contábil aplicada no acompanhamento, classificação, apropriação, análise e registro contábil de todos os gastos consumidos direta ou indiretamente no processo produtivo da empresa.

Nessa mesma linha Crepaldi (2010, p. 2) conceitua a contabilidade de custos como:

> A Contabilidade de custos é uma técnica utilizada para identificar, mensurar e informar os custos dos produtos ou serviços. Ela tem função de gerar informações precisas e rápidas para a administração, para tomada de decisões. É voltada para a análise de gastos da entidade no decorrer de suas operações.

> A contabilidade de custos planeja, classifica, aloca, acumula, organiza, registra, analisa, interpreta e relata os custos dos produtos fabricados e vendidos. Uma organização necessita de uma contabilidade de custos bem estruturada para acompanhar e atingir seus objetivos em um mercado dinâmico e globalizado.

Martins (2010, p. 21, 22) entende a contabilidade de custos como:

> A contabilidade de custos tem duas funções relevantes: o auxílio ao controle e a ajuda às tomadas de decisões. No que diz respeito a controle, sua mais importante missão é fornecer dados para o estabelecimento de padrões, orçamentos e outras formas de previsão e, num estágio imediatamente seguinte, acompanhar o efetivamente acontecido para comparação com os valores anteriormente definidos.
>
> No que tange à decisão, seu papel reveste-se de suma importância, pois conste na alimentação de informações sobre valores relevantes que dizem respeito às consequências de curto e longo prazo sobre medidas de introdução ou corte de produtos, administração de preços de venda, opção de compra ou produção etc.

Nessa ambiência, a contabilidade de custos utiliza uma terminologia própria na sua elaboração, análise e interpretação. A seguir descrevemos abaixo os principais termos utilizados:[35]

**Gasto** - Sacrifício financeiro com que a entidade arca para obtenção de um produto ou serviço qualquer. Sacrifício este representado por entrega ou promessa de entrega de ativos (normalmente dinheiro). É o ato primeiro, que antevê a despesa, ao custo, a imobilização etc. Somente existe o gasto reconhecido no momento do reconhecimento contábil da obrigação.

**Custo** - O custo é todo gasto reconhecido como custo, no momento da utilização dos fatores de produção (bens e serviços), para aplicação na fabricação de um produto ou execução de um determinado serviço. Em síntese: são todos os gastos destinados às atividades produtivas principais da empresa, as quais encontram-se descritas no objeto social da empresa, que pode ser encontrado no respectivo contrato social.

35 CREPALDI, Silvio Aparecido. *Curso básico de contabilidade de custos*. São Paulo: Atlas., 2010, p. 6,7.

**Despesa** – São os gastos com bens ou serviços consumidos diretamente para a obtenção de receitas, ou ainda, o gasto aplicado na realização de uma atividade que vai gerar renda efetivamente ou que poderá gerar uma renda teórica. As despesas são itens que reduzem o Patrimônio e que têm essa característica de representar sacrifícios no processo de obtenção de receitas.

**Investimento** - Investimento é um gasto ativado geralmente em uma conta de imobilizado em função de sua vida útil ou de benefícios atribuíveis a futuro (s) período (s). Todos os gastos ocorridos na aquisição de bens ou serviços são alocados no ativo (imobilizado) da empresa para baixa ou amortização quando de sua venda, de seu consumo, de seu desaparecimento ou de sua desvalorização são especialmente chamados de investimentos.

**Desembolso** - Pagamento resultante da aquisição do bem ou serviço. Pode ocorrer antes, durante ou após a entrada da utilidade comprada, portanto é a saída financeira da empresa, mediante a entrega de ativos.

**Perda** - É importante diferenciar perdas **normais e anormais.** Todo processo produtivo pode gerar restos decorrentes da atividade desenvolvida (provisionais), estes são considerados **normais à atividade, portanto devem englobar o custo do produto fabricado.**

Já as perdas **anormais provenientes de erros de produção**, tais como: incêndios, obsolescência, erros humanos etc., **são consideradas perdas do período** e **são contabilizadas como despesas**, portanto, incidindo diretamente no resultado do exercício. Perda é o bem ou serviço consumido de forma anormal e involuntária. Não se confunde com a despesa (muito menos com o custo), exatamente pela sua característica de anormalidade, não é um sacrifício feito com intenção de obtenção de receita.

## 3 CLASSIFICAÇÃO DOS CUSTOS

Na literatura contábil, encontram-se várias maneiras de classificar os custos. Isso porque existe a necessidade de produzir informações de qualidade que atendam as diversas expectativas dos tomadores de decisão, ou seja, de atender as diferentes necessidades gerenciais.

Uma das maneiras de diferenciar os custos é quando ocorre a facilidade de identificação ou apropriação ao seu objeto de análise. Assim sendo, a preocupação está em atribuir os custos a seus portadores finais, o que significa dizer que os custos serão classificados em diretos ou indiretos, de acordo com a dificuldade existente para a sua apropriação, e em fixos ou variáveis pela sua relação ou não com a quantidade de produção.

### *3.1 Classificação dos custos em relação ao produto*

A classificação dos custos em **diretos e indiretos** leva em consideração o relacionamento entre o custo e o produto. Os diretos são diretamente apropriáveis ao produto. Os indiretos precisam de bases ou critérios de rateio para a sua alocação ao produto.

**Custos diretos:** são os custos que podemos apropriar diretamente aos produtos, e variam de acordo com a quantidade produzida. Exemplo: Material Direto aplicado (MD) e Mão de Obra Direta (MOD). Sem ele o produto não existiria. Sua apropriação pode ser direta, bastando que exista uma medida de consumo, como kg, horas-máquina. [36] Exemplos:

- Matéria-prima e embalagens – quanto cada produto consome desse item em cada unidade de produto. Sabendo-se o preço desses insumos, o custo resultante está associado diretamente ao produto.
- Mão-de-obra direta – representa os custos relativos a salários e encargos dos trabalhadores ligados diretamente à produção.
- Depreciação das máquinas – quando é utilizada para produzir apenas um tipo de produto, ou quando é calculada por hora máquina. Quando a empresa fabrica mais de um tipo de produto com a mesma máquina, as despesas com depreciação passam a ser custos indiretos, portanto, torna-se necessário um rateio.
- Energia elétrica das máquinas – quando é possível saber quanto foi consumido por cada produto.

**Custos indiretos**: são os que não podemos identificar diretamente

36 CREPALDI, Silvio Aparecido. *Curso básico de contabilidade de custos*. São Paulo: Atlas, 2010, p. 39.

com os produtos e necessitamos de rateios[37] para fazer sua apropriação.[38] É todo custo que não está vinculado diretamente ao produto, mas ao processo produtivo. [39] São custos de difícil medição em termos de quantidade consumida para uma unidade produzida e que, para serem alocados aos produtos, necessitam da utilização de algum critério de rateio. A soma de todos os custos indiretos de fabricação é denominada de Custo Indireto de Fabricação (CIF). Exemplos:

- Depreciação de equipamentos utilizados na fabricação de mais de um produto.
- Salários e encargos dos supervisores de produção.
- Gastos com limpeza e manutenção das instalações industriais.
- Energia elétrica que não pode ser diretamente alocada ao produto.

### *3.2 Classificação dos custos quanto à produção*

A classificação dos custos em **fixos e variáveis** não leva em consideração o produto e, sim, o relacionamento entre o valor total do custo em um período e o volume de produção que ocorreu. Os custos fixos têm, em um período de tempo, o seu montante fixado independentemente do volume de produção, já os custos variáveis têm seu valor determinado em função do volume de produção.

**Custos fixos:** representa um gasto que não está relacionado diretamente com o volume produzido. Apesar de o valor desses custos poderem variar mensalmente, esses não variam em relação ao volume de produção.

37 Rateio – É um artifício empregado para distribuição dos custos, ou seja, é o fator pelo qual vamos dividir os CIFs, pois os custos indiretos para serem alocados aos produtos, obedecem a uma mecânica de apropriação de um processo de rateio. CREPALDI, Silvio Aparecido. *Curso básico de contabilidade de custos*. São Paulo: Atlas, 2010, p. 93.

38 De acordo com o CPC 16 – A alocação de custos indiretos de fabricação às unidades produzidas deve ser baseada na capacidade normal de produção. A capacidade normal é a produção média que se espera atingir ao longo de vários períodos em circunstâncias normais.

39 CREPALDI, Silvio Aparecido. *Curso básico de contabilidade de custos*. São Paulo: Atlas, 2010, p. 92.

Um exemplo é o aluguel da fábrica, que pode aumentar de valor em função de algum reajuste, porém não deixa de ser um custo fixo, uma vez que o seu valor não possui nenhuma relação com a quantidade produzida. Exemplos: seguro de fábrica, aluguel, vigilância, imposto predial etc.

**Custos variáveis**: são aqueles cujos valores se alteram em função do volume de produção da empresa. Estes custos têm variação diretamente proporcional à quantidade produzida, ou seja, quanto maior a produção, maior será o consumo; quanto menor a produção, menor será o consumo. [40]Exemplo: matéria-prima, materiais indiretos, embalagens etc.

## 4 MÉTODO DE AVALIAÇÃO DOS ESTOQUES[41]

A finalidade de avaliação dos estoques é separar o custo dos produtos entre o que foi vendido e o que permaneceu no estoque[42], como também registrar a movimentação financeira do respectivo, apurando o respectivo custo. Os métodos existentes são: *FIFO* ou PEPS - primeiro que entra, primeiro que sai, MMP – média móvel ponderada e *LIFO* ou UEPS – último que entra primeiro que sai, conforme CPC 16.

Vale a pena destacar que legislação Tributária - Imposto de Renda Pessoa jurídica não aceita o sistema de avaliação de estoques pelo sistema UEPS.

A fim de facilitar o entendimento, a seguir descrevemos um exemplo simplificado de aplicação de cada método de avaliação de estoques, nos quais são criados eventos de movimentação de produtos e que são lançados individualmente em cada ficha de controle de movimentação de estoque:

---

40 LORENTZ, Francisco. *Contabilidade e análise de custos*. Rio de Janeiro: Freitas Bastos, 2015, p. 38.

41 De acordo com o Comitê de Pronunciamentos Contábeis - CPC 16 – Os estoques compreendem bens adquiridos e destinados a venda, incluindo, por exemplo, mercadorias compradas por varejista para revenda ou terrenos e outros imóveis para revenda. Os estoques também compreendem produtos acabados e produtos em processo de produção pela entidade e incluem matérias-primas e materiais, aguardando utilização no processo de produção, tais como: componentes, embalagens e material de consumo.

42 CREPALDI, Silvio Aparecido. *Curso básico de contabilidade de custos*. São Paulo: Atlas, 2010, p. 45.

## *4.1 Exemplo de Cálculo pelo Sistema PEPS*

DIA 15.1.19 - COMPRA DE 10 LITROS DE ÓLEO - VALOR UNITÁRIO – 1.000

DIA 17.1.19 – CONSUMO DE 5 LITROS DE ÓLEO

DIA 20.1.19 – COMPRA DE 7 LITROS DE ÓLEO - VALOR UNITÁRIO – 1.500

DIA 27.1.19 – CONSUMO DE 3 LITROS DE ÓLEO

DIA 30.1.19 – CONSUMO DE 4 LITROS DE ÓLEO

| DATA | EN-TRADA | PREÇO | TOTAL | SAIDA | PREÇO | TOTAL | SALDO | PREÇO | SALDO |
|---|---|---|---|---|---|---|---|---|---|
| | QUANT. | UNIT. | R$ | QUANT. | UNIT. | R$ | QUANT. | UNIT. | TOTAL |
| 15.1.19 | 10 | 1.000 | 10.000 | - | - | - | 10 | 1.000 | 10.000 |
| 17.1.19 | - | - | - | 5 | 1.000 | 5.000 | 5 | 1.000 | 5.000 |
| 20.1.19 | 7 | 1.500 | 10.500 | - | - | - | 5 | 1.000 | 5.000 |
| | | | | | | | 7 | 1.500 | 10.500 |
| 27.1.19 | - | - | - | 3 | 1.000 | 3.000 | 2 | 1.000 | 2.000 |
| | | | | | | | 7 | 1.500 | 10.500 |
| 30.1.19 | - | - | - | 2 | 1.000 | 2.000 | 5 | 1.500 | 7.500 |
| | | | | 2 | 1.500 | 3.000 | | | |

## *4.2 Exemplo de Cálculo pelo Sistema MMP*

DIA 15.1.19 - COMPRA DE 10 LITROS DE ÓLEO - VALOR UNITÁRIO – 1.000

DIA 17.1.19 – CONSUMO DE 5 LITROS DE ÓLEO

DIA 20.1.19 – COMPRA DE 5 LITROS DE ÓLEO - VALOR UNITÁRIO – 2.000

DIA 27.1.19 – CONSUMO DE 3 LITROS DE ÓLEO

DIA 30.1.19 – CONSUMO DE 4 LITROS DE ÓLEO

DIA 31.1.19 – COMPRA DE 3 LITROS DE ÓLEO – VALOR UNITÁRIO – 2.500

| DATA | EN-TRADA | PREÇO | TOTAL | SAIDA | PREÇO | TOTAL | SALDO | PREÇO | SALDO |
|---|---|---|---|---|---|---|---|---|---|
| | QUANT. | UNIT. | R$ | QUANT. | UNIT. | R$ | QUANT. | UNIT. | TOTAL |
| 15.1.19 | 10 | 1.000 | 10.000 | - | - | - | 10 | 1.000 | 10.000 |
| 17.1.19 | - | - | - | 5 | 1.000 | 5.000 | 5 | 1.000 | 5.000 |
| 20.1.19 | 5 | 2.000 | 10.000 | - | - | - | 10 | 1.500 | 15.000 |
| 27.1.19 | - | - | - | 3 | 1.500 | 4.500 | 7 | 1.500 | 10.500 |
| 30.1.19 | - | - | - | 4 | 1.500 | 6.000 | 3 | 1.500 | 4.500 |
| 31.1.19 | 3 | 2.500 | 7.500 | - | - | - | 6 | 2.000 | 12.000 |

## *4.3 Exemplo de Cálculo pelo Sistema UEPS*

DIA 15.1.19 COMPRA DE 10 LITROS DE ÓLEO - VALOR UNITÁRIO 1.000

DIA 17.1.19 – CONSUMO DE 5 LITROS DE ÓLEO

DIA 20.1.19 – COMPRA DE 7 LITROS DE ÓLEO - VALOR UNITÁRIO – 1.500

DIA 27.1.19 – CONSUMO DE 3 LITROS DE ÓLEO

DIA 30.1.19 – CONSUMO DE 4 LITROS DE ÓLEO

| DATA | EN-TRADA | PRE-ÇO | TOTAL | SAIDA | PREÇO | TOTAL | SALDO | PREÇO | SALDO |
|---|---|---|---|---|---|---|---|---|---|
| | QUANT. | UNIT. | R$ | QUANT. | UNIT. | R$ | QUANT. | UNIT. | TOTAL |
| 15.1.19 | 10 | 1.000 | 10.000 | - | - | - | 10 | 1.000 | 10.000 |
| 17.1.19 | - | - | - | 5 | 1.000 | 5.000 | 5 | 1.000 | 5.000 |
| 20.1.19 | 7 | 1.500 | 10.500 | - | - | - | 5<br>7 | 1.000<br>1.500 | 5.000<br>10.500 |
| 27.1.19 | - | - | - | 3 | 1.500 | 4.500 | 5<br>4 | 1.000<br>1.500 | 5.000<br>6.000 |
| 30.1.19 | - | - | - | 4 | 1.500 | 6.000 | 5 | 1.000 | 5.000 |

## 5 CUSTEIO POR ABSORÇÃO

Custeio por absorção é um processo de apuração de custos, cujo objetivo é ratear todos os seus elementos fixos e variáveis em cada fase da produção. Logo, um custo é absorvido quando for atribuído a um produto ou unidade de produção, assim cada unidade ou produto receberá sua parcela no custo até que o valor aplicado seja totalmente absorvido pelo custo dos produtos vendidos ou pelos estoques finais.[43]

Lorentz (2015, p. 52) destaca em sua obra o esquema básico da contabilidade de custos por absorção:

A – Separação entre custos e despesas.

B – Apropriação dos custos diretos aos produtos.

C – Rateio dos custos indiretos.

D – Determinação do custo total por produto e custo unitário da produção acabada

E – Apuração do custo dos produtos vendidos e do resultado do período.

Nesta sistemática a aplicação do custeio por absorção pode ser feita levando-se em conta a departamentalização ou não. Isto após feita uma avaliação criteriosa da composição dos custos, para verificar o volume dos custos indiretos, conforme a convenção da materialidade. Para facilitar o entendimento, vejamos os exemplos abaixo:

### CÁLCULO DO CUSTEIO ABSORÇÃO SEM DEPARTAMENTALIZAÇÃO

Uma fábrica produz dois produtos 1 e 2 respectivamente. A empresa tem a composição dos seus custos formada por:

| COMPOSIÇÃO | PRODUTO 01 | PRODUTO 02 | VALOR TOTAL |
|---|---|---|---|
| **CUSTO DIRETO** | | | |
| **Matéria Prima** | 7.000,00 | 18.000,00 | **25.000,00** |
| **Mão de obra direta** | 4.000,00 | 6.000,00 | **10.000,00** |
| **TOTAL CUSTO DIRETO** | **11.000,00** | **24.000,00** | **35.000,00** |

43 NEVES, Silvério das, VICECONTI, Paulo E.V. *Contabilidade de custos – um enfoque direto e objetivo*. São Paulo: Frase, 2020, p. 37.

| CUSTOS INDIRETOS | R$ |
|---|---|
| Depreciação Maquinas | 1.000,00 |
| Seguro da Fábrica | 2.000,00 |
| Materiais Diversos aplicados | 3.000,00 |
| Mão de obra Indireta | 4.000,00 |
| Manutenção Industrial | 5.000,00 |
| **TOTAL CUSTO INDIRETO** | **15.000,00** |

PREMISSAS PARA CÁLCULO DO CUSTO POR ABSORÇÃO

Os custos diretos são transferidos aos produtos por meio do consumo efetivo e pelo tempo de produção de cada produto, não havendo grandes dificuldades nestes cálculos.

A Matéria-Prima foi alocada aos produtos com base no sistema de controle de estoques que a empresa mantém em registro contábil financeiro.

A Mão de Obra Direta é foi alocada com base nos apontamentos das horas trabalhadas para cada produto.

Já os custos indiretos, como o próprio conceitos exprime, não têm uma identificação clara para com os portadores (destinatários) finais, necessitando de critérios de rateio para sua alocação.

O processo mais simples é alocar tais custos tendo uma única base, como por exemplo, a proporção de custos diretos que cada produto consome ou o valor da mão de obra direta, entre outros critérios que também podem ser alternativamente adotados. A seguir apresentamos as duas formas de cálculo:

**Rateio do CIF com base no valor total dos Custos Diretos:**

| PRODUTOS | CUSTO DIRETO | PROPORÇÃO % DE MP | CUSTO INDIRETO PROPORÇÃO | TOTAL DOS CUSTOS |
|---|---|---|---|---|
| Produto 1 | 11.000,00 | 31,43 % | 4.714,50 | 15.714,50 |
| Produto 2 | 24.000,00 | 68,57 % | 10.285,50 | 34.285,50 |
| TOTAL | 35.000,00 | 100,00 % | 15.000,00 | 50.000,00 |

**Rateio do CIF com base na MOD:**

| PRODUTOS | MP | MOD % DE MOD | PROPORÇÃO % DE MOD | CUSTO INDIRETO PROPORÇÃO | TOTAL DOS CUSTOS |
|---|---|---|---|---|---|
| Produto 1 | 7.000,00 | 4.000,00 | 40,00 % | 6.000,00 | 17.000,00 |
| Produto 2 | 18.000,00 | 6.000,00 | 60,00 % | 9.000,00 | 33.000,00 |
| TOTAL | 25.000,00 | 10.000,00 | 100 % | 15.000,00 | 50.000,00 |

## 6 CUSTO CONJUNTO

Ocorre a produção conjunta quando mais de um produto surge de uma mesma matéria prima, no processo de produção que pode ser por produção continua ou por encomenda. [44]Eles podem ser denominados coprodutos, subprodutos ou sucata, os quais são a seguir definidos:

**Coprodutos**: os produtos principais produzidos por um processo de produção conjunta e que representam substancialmente o faturamento da empresa.

**Subprodutos:** os itens produzidos normalmente pelo processo de produção que possuem mercado estável, porém representam parcela muito pequena do faturamento da empresa.

**Sucata:** aqueles itens que também resultam normalmente do processo de produção, no entanto, não possuem mercado estabelecido. Não recebem custos e quando eventualmente, são vendidos, a receita é considerada pela Contabilidade como redução de custos. Seu valor é relativamente muito baixo e muitas vezes são jogados fora por não possuírem comprador.

Dentro do conceito de produção conjunta, surge outro conceito muito importante que é o **Ponto de Separação,** que é o ponto dentro do processo produtivo a partir do qual os produtos resultantes da produção conjunta tornam-se identificáveis separadamente. Este ponto é importante porque a partir dele pode-se retornar ao problema de distribuição de custos. Todos os gastos acumulados até este ponto são os custos con-

44 CREPALDI, Silvio Aparecido. *Curso básico de contabilidade de custos*. São Paulo: Atlas, 2010, p. 199.

juntos, para o qual serão apresentadas a seguir três técnicas diferentes de distribuição com os respectivos exemplos que foram destacados na obra de Francisco Lorentz (2015, p. 145-147):

## 6.1 MÉTODO DO VALOR DE MERCADO APÓS O PONTO DE SEPARAÇÃO

Este método também é chamado de método do valor de venda no ponto de separação. É o mais utilizado pelas empresas e consiste em distribuir os custos da produção conjunta na proporção dos valores dos coprodutos obtidos.

No método de valor de mercado os produtos de maior valor de venda recebem a maior carga dos custos conjuntos, ou seja, o rateio do custo conjunto é feito com base no valor da venda total de cada produto, que poderá ser observado no exemplo a seguir:

DADOS PRELIMINARES:

A – Custo conjunto do processamento dos produtos: A, B, C – R$ 31.500.000,00

B – Custos adicionais após o ponto de separação

Coproduto A - R$ 2.000.000,00

Coproduto B – R$ 500.000,00

Coproduto C – R$ 3.000.000,00

Total – R$ 5.500.000,00

C – Valor da venda por kg de cada produto

Coproduto A – R$ 216,00

Coproduto B – R$ 240,00

Coproduto C – R$ 150,00

D – Quantidade produzida

Coproduto A – 50.000 kg

Coproduto B – 90.000 kg

Coproduto C – 84.000 kg

**TOTAL 224.000 kg**

## QUADRO DEMONSTRATIVO - APLICAÇÃO DO MÉTODO VALOR DE MERCADO

| Copro-dutos | Valor da venda total | % da Venda total | Custo conjunto Apropriado[45] | Custos Adicionais | Custos Totais |
|---|---|---|---|---|---|
| A | 216,00x50.000kg=10.800.000,00 | 24% | 7.560.000,00 | 2.000.000,00 | 9.560.000,00 |
| B | 240,00x90.000kg=21.600.000,00 | 48% | 15.120.000,00 | 500.000,00 | 15.620.000,00 |
| C | 150,00x84.000kg=12.600.000,00 | 28% | 8.820.000,00 | 3.000.000,00 | 11.820.000,00 |
| **Total** | **45.000.000,00** | **100%** | **31.500.000,00** | **5.500.000,00** | **37.000.000,00** |

**Desta forma o custo unitário de cada produto seria:**

| Coproduto A - 9.560.000,00 / 50.000 kg = 191,20 |
|---|
| Coproduto B – 15.620.000,00 / 90.000 kg = 173,56 |
| Coproduto C – 11.820.000,00 / 84.000 kg = 140,71 |

### *6.2 MÉTODO DAS QUANTIDADES FÍSICAS PRODUZIDAS*

Neste método a apropriação dos custos conjuntos aos coprodutos ocorre utilizando bom base na medida física comum, tal como peso, volume de produção geral de cada produto ou outra medida física dos produtos conjuntos. Essa distribuição é feita com base em suas proporções no ponto de separação, ou seja, o custo conjunto é rateado de acordo com a proporção da quantidade vendida de cada produto conforme se observa no exemplo a seguir com base nos dados anteriores:

## QUADRO DEMONSTRATIVO - A PLICAÇÃO DO MÉTODO DAS QUANTIDADES FÍSICAS PRODUZIDAS

| Copro-dutos | Quantidade Produzida em Kg | % da Quant. Produzida | Custo Conjunto Apropriado[46] | Custos Adi-cionais | Custos Totais |
|---|---|---|---|---|---|
| A | 50.000 | 22,32% | 7.030.800,00 | 2.000.000,00 | 9.030.800,00 |
| B | 90.000 | 40,18% | 12.656.700,00 | 500.000,00 | 13.156.700,00 |
| C | 84.000 | 37,50% | 11.812.500,00 | 3.000.000,00 | 14.812.500,00 |
| Total | 224.000 | 100% | 31.500.000,00 | 5.500.000,00 | 37.000.000,00 |

45 Custo Conjunto Apropriado – É o valor do total dos custos conjuntos R$ 31.500,000,00 multiplicado pela porcentagem % da venda total.

46 Custo Conjunto Apropriado – É o valor total dos custos conjuntos R$ 31.500.000,00 multiplicado pela porcentagem da quantidade produzida,

**Desta forma o custo unitário de cada produto seria:**

| Coproduto A - 9.030.800,00 / 50.000 kg = 180,61 |
|---|
| Coproduto B – 13.156.700,00 / 90.000 kg = 146,18 |
| Coproduto C – 14.812.500,00 / 84.000 kg = 176,34 |

## *6.3 MÉTODO DA IGUALDADE DO LUCRO BRUTO*

Este método apropria os custos conjuntos aos coprodutos de modo que cada produto tenha o mesmo lucro bruto por unidade, independente se tiveram ou não custos adicionais após o ponto de separação. Segue um exemplo de aplicação baseados nos dados do método destacado anteriormente:

DADOS PRELIMINARES

A – Custos Conjuntos Totais = 31.500.000,00

B – Receitas – em R$

Coproduto A – 216,00 x 50.000 kg = 10.800.000,00

Coproduto B – 240,00 x 90.000 kg = 21.600.000,00

Coproduto C – 150,00 x 84.000 kg = 12.600.000,00

Receita Total R$ = 45.000.000,00

Receita Total – R$ 45.000.000,00

(-) Custos Conjuntos – (R$ 31.500.000,00)

= Lucro Bruto – R$ 13.500.000,00

Lucro Bruto / total em kg = 13.500.000,00 / 224.000 kg = 60,27 kg

**QUADRO DEMONSTRATIVO - APLICAÇÃO DO MÉTODO CUSTO UNITÁRIO DOS COPRODUTOS**

| COPRODUTO | PREÇO VENDA R$ | (-) LUCRO BRUTO | (=) CUSTO UNITÁRIO |
|---|---|---|---|
| A | 216,00 | 60,27 | 155,73 |
| B | 240,00 | 60,27 | 179,73 |
| C | 150,00 | 60,27 | 89,73 |

## *6.4 QUADRO RESUMO COMPARATIVO DOS MÉTODOS APRESENTADOS*

| Método | Valor de Mercado | Volume Produzido | Igualdade do Lucro Bruto |
|---|---|---|---|
| Coproduto | Custo Conjunto por Kg - R$ | Custo Conjunto por Kg - R$ | Custo Conjunto por Kg - R$ |
| A | 191,20 | 180,61 | 155,73 |
| B | 173,56 | 146,18 | 179,73 |
| C | 140,71 | 176,34 | 89,73 |

Analisando os três métodos podemos observar diferenças consideráveis em cada sistemática de apuração no custo unitário de cada produto, pois os métodos de cálculo utilizados para alocação dos custos conjuntos foram diferentes, ocasionando esta variação.

Todos os métodos apresentados são arbitrários. E cada um possui sua fraqueza e vantagens. O método baseado no valor de venda no ponto de separação é mais comumente utilizado nas empresas quando se conhece ou pode ser estimado com facilidade os preços de venda no ponto de separação.

As razões para sua maior aplicação na prática é a de não exigir nenhuma antecipação ou previsão de decisões futuras além do ponto de separação.

# 7 CUSTO PADRÃO

O custo padrão baseia-se em referências determinadas a partir da análise das condições "normais" de produção, considerando um bom desempenho de mão de obra, uso adequado de matéria-prima, máquinas e equipamentos, e outros fatores de produção. Entenda como condições normais de produção as que são consideradas desejáveis, mas não fictícias inatingíveis.

O custo-padrão é mencionado quando se trata de custos de produção. No entanto, sistemas de custo-padrão podem ser utilizados nas áreas: administrativa, de distribuição, e outros departamentos. A análise de custos permite constatar desvios ocorridos, identificando possíveis irregularidades e ineficiências na utilização de recursos.

O custo-padrão é determinado, quantificando-se o consumo e a utilização de matéria-prima, mão de obra, custos indiretos de fabricação e demais recursos necessários para a elaboração de uma unidade. Essa determinação requer a utilização de medidas técnicas de produção, definidas com base nos processos. Aos padrões de consumo deve ser atribuído o valor monetário correspondente. **O custo-padrão** é um custo predeterminado para a produção de uma unidade, ou de certo número de unidades do produto, durante um determinado período no futuro próximo. É o planejamento do custo do produto, conforme as condições de operação correntes e/ou previstas.

Baseia-se nas condições normais ou ideais de eficiência e volume, especialmente com respeito aos Gastos Indiretos de Produção. Os Materiais e a Mão de obra baseiam-se nas condições correntes, equilibradas pelo nível de eficiência desejado, com reservas para as alterações de preços e taxas.

Um custo-padrão, como a expressão implica, consiste em duas partes: um padrão e um custo. O padrão é o método cuidadosamente predeterminado, ou forma de medir a execução de uma tarefa, isto é, construir um móvel ou montar um computador. As medições quantitativas e qualitativas e os métodos de engenharia traduzem-se em custos, a fim de se atingir um custo-padrão.

Deve-se pensar em um padrão em termos de itens específicos, tais como quilos de materiais, horas de mão de obra exigidas e horas de capacidade de fábrica a empregar. Esses padrões físicos, que formam a base de cálculo de um custo-padrão, devem ser fixados com a maior precisão. Na realidade, em muitas situações, nunca se modifica um padrão, exceto quando ocorrem mudanças nos métodos de operação ou nos produtos. Somente se modificará a parte monetária, quando flutuarem as taxas de mão-de-obra ou os preços de materiais e outros.

## 7.1 Tipos de Custo-Padrão

Normalmente, o custo-padrão é dividido em três tipos: padrão ideal, padrão estimado e padrão corrente: [47]

**Padrão Ideal:** É um custo determinado de forma mais cientifica possível pela Engenharia de Produção da empresa, dentro de condições ideais de qualidade dos materiais, de eficiência da mão de obra e com o mínimo de desperdício de todos os insumos envolvidos. Pode ser considerado como uma meta de longo prazo da empresa. Entretanto, a curto prazo, por existirem na prática deficiências no uso e na qualidade dos insumos, apresenta muita dificuldade de ser alcançado.

**Padrão Estimado**: É aquele determinado simplesmente através de uma projeção, para o futuro, de uma média dos custos observados no passado, sem qualquer preocupação de se avaliar se ocorreram ineficiências na produção (por exemplo, se o nível de desperdício dos materiais poderia ser diminuído, se a produtividade da mão de obra poderia ser melhorada, se os preços pagos pelos insumos poderiam ser menores etc.)

**Padrão Corrente:** Situa-se entre o ideal e o estimado. Ao contr**ário deste último, para fixar** a corrente, a empresa deve proceder a estudos para uma avaliação da eficiência da produção. Por outro lado, ao contrário do ideal, leva em consideração as deficiências que reconhecidamente existem, mas não podem ser sanadas pela empresa, pelo menos a curto e médio prazos, tais como às relativas a materiais comprados de terceiros, inexistência de mão de obra especializada e outras similaridades. Este tipo de custo padrão pode ser considerado como um objetivo de curto e médio prazo da empresa e é o mais adequado para fins de controle.

Basicamente é um padrão para um determinado período, para certas condições e para determinadas circunstâncias, unindo aspectos teóricos e práticos. Toma o lugar de um custo real e se endereça para os livros de contas e, mesmo, talvez, para os demonstrativos financeiros. Quaisquer variações entre custos reais e padrão são encaradas como lucros ou perdas, devidos a eficiências ou ineficiências relativas. Revisa-se tal

---

47 NEVES, Silvério das, VICECONTI, Paulo E.V. *Contabilidade de Custos – um enfoque direto e objetivo*. São Paulo: Frase, 2010, p.195,196.

padrão, para refletir a modificação de métodos e de preços. A maioria das empresas adota o padrão corrente e não o básico.

### *7.2 Utilização do Custo-Padrão*

O custo-padrão pode ser utilizado para diversas metas ou objetivos. O principal objetivo dos padrões é o controle dos custos, o que eles são e o que deveriam ser. Os objetivos mais importantes do custo-padrão são:

a) Determinar o custo correto, ou o esperado;
b) Definir responsabilidades e obter comprometimento dos responsáveis por cada atividade padronizada;
c) Avaliar o desempenho e a eficácia operacional.

Podemos, ainda, identificar outros aspectos importantes do custo--padrão, como:

a) O custo padrão não elimina o Custo Real - a implantação do custo padrão pressupõe um bom sistema de Custo Real (Absorção ou Variável).
b) Após a análise das variações do Custo Real, comparando-se com um custo-padrão, identificam-se as causas das variações e, por meio delas, é possível corrigir os rumos atuais.

A formação de preços de venda (principalmente para o lançamento de novos produtos) é uma das melhores utilizações do custo-padrão. Apesar de, teoricamente, ser o mercado que dá o preço de venda dos produtos, ele deve ser, inicialmente, calculado em cima de condições de custo das empresas. Como elemento inicial para formação de preços de venda, devemos utilizar o custo-padrão, pois ele traz todos os elementos necessários para parametrizar um preço de venda ideal.

## 8 CUSTEIO ABC[48] - CUSTEIO BASEADO NA ATIVIDADE

Pode-se definir um custeio por atividade como sendo um método que identifica um conjunto de custos para cada transação ou evento na organização e este age como um direcionador de custos, sendo assim, os custos indiretos podem ser alocados aos produtos de acordo com

48 *ABC – Activity Based Costing* – Custeio baseado nas atividades, custeio por atividade. MIGLIAVACCA, Paulo N. *Business dictionary*. São Paulo: Edicta, 1999.

o número de eventos ou transações que os produtos geram ou consomem. Os direcionadores de custos (*cost drivers*) são uma transação que determina a quantidade de trabalho necessária para a produção de determinado produto e serviço e tem influência na quantidade de recursos que serão necessários para essa atividade, sendo que esses podem ser usados para duas situações: direcionadores de custos de recursos que identificam a maneira como as atividades consomem recursos e servem para demonstrar o custo de cada atividade e direcionador de custos de atividades, que identifica a maneira como os produtos consomem as atividades e serve para demonstrar o custo de cada produto. [49]

**O pressuposto do custeio ABC é que os recursos (fatores produtivos) da empresa são consumidos pelas suas atividades e não pelos produtos que ela fabrica.**

A atribuição dos custos às atividades, quando não puder ser efetuada diretamente, deve ser feita através da utilização de direcionadores de recursos, que são indicadores da forma como as atividades consomem os recursos produtivos.

A seguir descrevemos um Exemplo Simplificado de utilização da sistemática do custeio ABC, o qual é destacado na obra de Silvério das Neves:[50]

1 - PRODUÇÃO DA COMPANHIA ALPHA

| PRODUTO CIA ALPHA | PREÇO DE VENDA | PRODUÇÃO MENSAL | CUSTOS DIRETOS UNITÁRIOS |
|---|---|---|---|
| X | 8,00 | 10.000 | 2,00 |
| Y | 14,00 | 5.000 | 3,00 |
| Z | 14,00 | 4.000 | 5,00 |

2 – Custo Indireto de Fabricação em R$

| | |
|---|---|
| Aluguel e Seguro da Fábrica | 40.000,00 |
| Mão de Obra Direta | 90.000,00 |
| Material de Consumo | 20.000,00 |
| **Total** | **150.000,00** |

49 CREPALDI, Silvio Aparecido. *Curso básico de contabilidade de custos.* São Paulo: Atlas, 2010, p. 321, 322)

50 NEVES, Silvério das, VICECONTI, Paulo E.V. *Contabilidade de Custos – um enfoque direto e objetivo.* São Paulo: Frase, 2010, p.143-145.

3 – Atividades de produção desenvolvidas pela Empresa

| DEPARTAMENTO | ATIVIDADES |
|---|---|
| Compras | Compras |
| Produção | Atividade Industrial – 1<br>Atividade Industrial – 2 |
| Acabamento | Acabar e despachar |

Critérios de rateio do custo indireto:

**Aluguel e Seguro** – O direcionador do recurso é a área utilizada pela atividade industrial, uma vez que o valor do aluguel e do seguro da fábrica dependem da área utilizada.

**Mão de obra indireta** – Atribuição direta às atividades exercidas, uma vez que cada uma delas tem funcionários indiretos próprios. Os valores atribuídos pelo departamento pessoal da empresa foram os seguintes:

| | |
|---|---|
| Compras | R$ 10.000,00 |
| Atividade Industrial – 1 | R$ 30.000,00 |
| Atividade Industrial – 2 | R$ 40.000,00 |
| Acabamento | R$ 8.000,00 |
| Despacho | R$ 2.000,00 |
| **TOTAL** | **R$ 90.000,00** |

**Material de Consumo** – atribuição direta às atividades das requisições de material de cada departamento. Os valores atribuídos pelo almoxarifado foram:

| | |
|---|---|
| Compras | R$ 2.000,00 |
| Atividade Industrial – 1 | R$ 5.000,00 |
| Atividade Industrial – 2 | R$ 8.000,00 |
| Acabamento | R$ 3.000,00 |
| Despacho | R$ 2.000,00 |
| **TOTAL** | **R$ 20.000,00** |

**As áreas ocupadas por cada atividade industrial**, em percentual são dadas pela tabela a seguir:

| ATIVIDADES | PERCENTUAL DA AREA |
|---|---|
| Compras | 20% |
| Atividade Industrial – 1 | 25% |
| Atividade Industrial – 2 | 30% |
| Acabamento | 15% |
| Despacho | 10% |
| **Total** | **100%** |

O quadro abaixo representa o resumo da atribuição dos custos indiretos às atividades

| ATIVIDADES | ALUGUEL + SEGUROS (% DA AREA X R$ 40.000,00) RATEIO CIF | MÃO DE OBRA INDIRETA (ATRIBUIÇÃO DIRETA) | MATERIAL DE CONSUMO (ATRIBUIÇÃO DIRETA) | TOTAL |
|---|---|---|---|---|
| Compras | 8.000,00 | 10.000,00 | 2.000,00 | 20.000,00 |
| Atividade Industrial 1 | 10.000,00 | 30.000,00 | 5.000,00 | 45.000,00 |
| Atividade Industrial 2 | 12.000,00 | 40.000,00 | 8.000,00 | 60.000,00 |
| Acabamento | 6.000,00 | 8.000,00 | 3.000,00 | 17.000,00 |
| Despacho | 4.000,00 | 2.000,00 | 2.000,00 | 8.000,00 |
| **TOTAL** | **40.000,00** | **90.000,00** | **20.000,00** | **150.000,00** |

## Atribuições dos custos das atividades aos produtos

A atribuição dos custos das atividades aos produtos é feita através da utilização de **um direcionador de atividades, que é um indicador de quanto os produtos consomem de cada atividade.** Adotamos para este exemplo a seguinte composição dos direcionadores de atividades em nosso exemplo.

| ATIVIDADES | DIRECIONADOR DE ATIVIDADES DEFINIDO PELA EMPRESA | X | Y | Z | TOTAL |
|---|---|---|---|---|---|
| **Compras** | Número de pedidos | 30% | 20% | 50% | 100% |
| **Atividade Industrial - 1** | Tempo de produção | 5% | 50% | 45% | 100% |
| **Atividade Industrial - 2** | Tempo de produção | 25% | 35% | 40% | 100% |
| **Acabamento** | Tempo da operação | 35% | 30% | 35% | 100% |
| **Despacho** | Tempo da operação | 40% | 30% | 30% | 100% |

**QUADRO RESUMO CUSTEIO ABC** - onde o total do custo indireto é multiplicado pela porcentagem de cada área (%) do direcionador do quadro de atividades anterior.

| ATIVIDADES / PRODUTOS EXPRESSO EM REAIS R$ | X[51] | Y | Z | TOTAL |
|---|---|---|---|---|
| **Compras** | 6.000,00 | 4.000,00 | 10.000,00 | 20.000,00 |
| **Atividade Industrial - 1** | 2.250,00 | 22.500,00 | 20.250,00 | 45.000,00 |
| **Atividade Industrial - 2** | 15.000,00 | 21.000,00 | 24.000,00 | 60.000,00 |
| **Acabamento** | 5.950,00 | 5.100,00 | 5.950,00 | 17.000,00 |
| **Despacho** | 3.200,00 | 2.400,00 | 2.400,00 | 8.000,00 |
| **TOTAL** | 32.400,00 | 55.000,00 | 62.600,00 | **150.000,00** |
| **Quantidades Mensais Produzidas** | 10.000 | 5.000 | 4.000 | 19.000 |
| **CIF unitário** | 3,24 | 11,00 | 15,65 | |
| **Custos Diretos unitários** | 2,00 | 3,00 | 5,00 | |
| **Custo Unitário total** | **5,24** | **14,00** | **20,65** | |

# 9 FORMAÇÃO DO PREÇO DE VENDA

Toda empresa, seja ela comercial, industrial ou ainda prestadora de serviços necessita calcular o preço de venda de seus produtos; cálculo este efetuado com base nos custos de produção acrescido de margem de lucro esperada, além do custo dos tributos e outras eventuais despesas.

Neste tópico iremos abordar as **principais** maneiras de formação do preço de venda demonstrando a teoria associada a prática com exemplos simplificados de fácil compreensão.

## *9.1 Taxa de marcação ou Mark-up* [52]

A técnica consiste na aplicação de um percentual (*mark-up*) sobre o custo de produção ou operação. No cálculo do *mark-up* são inseridos todos os fatores que se deseja cobrar no preço de venda sob forma de percentuais, como por exemplo: os tributos incidentes sobre as vendas, comissão dos vendedores taxas de franquia, taxa cobrada pela administradora do cartão de crédito nas vendas nessa modalidade, margem de

---

51 Valor total do departamento multiplicado pelo direcionador de atividade

52 *Mark-up* – Remarcação para cima. MIGLIAVACCA, Paulo N. *Business dictionary*. São Paulo: Edicta, 1999.

lucro desejada para cada produto, frete pago para os clientes descontos para negociação e outros percentuais sobre as vendas. [53]

A seguir demonstramos um exemplo citado na obra de Lorentz (2015, p. 244, 245) efetuando a formação do preço de venda a partir do *mark-up:*

PREMISSAS PARA O CÁLCULO

| FATORES | MARGENS |
|---|---|
| Tributos sobre as vendas ICMS, PIS, COFINS | 18,65% |
| Despesas Fixas | 10% |
| Comissões sobre Vendas | 2% |
| Lucro Desejado antes do IRPJ | 15% |
| **Total do Fator** | **45,65%** |

O preço de venda representa 100%

*Mark-up* sem o fator = 100%, portanto = 100% - 45,65% = 54,35%

**01 - Determinação do *mark-up* multiplicador**:

$$100 \text{ dividido por : } \frac{100\%-45{,}65\%}{100} = \frac{1}{0{,}5435} = 1{,}8399264$$

**02 - Determinação do *mark-up* divisor:**

$$\frac{100\%-45{,}65\%}{100} = \mathbf{0{,}5435}$$

Supondo que o custo da mercadoria seja R$ 100,00 observe a seguir o cálculo do preço de venda à vista **utilizando o multiplicador e o divisor:**

**Mark-up multiplicador**

- Custo = R$ 100,00
- *Mark-up* multiplicador = 1.8399264

53 LORENTZ, Francisco. *Contabilidade e análise de custos.* Rio de Janeiro: Freitas Bastos, 2015, p. 244.

- Preço de venda calculado = R$ 100,00 x 1.8399264 = 183,99

**Mark-up divisor**

- Custo = R$ 100,00
- *Mark-up* divisor = 0,5435
- Preço de venda calculado = R$ 100,00 / 0,5435 = 183,99

**Decompondo o preço obtido temos:**

| ITEM | VALOR EM R$ | PERCENTUAIS |
|---|---|---|
| Preço de Venda | 183,99 | 100,00% |
| (-) Impostos | 34,31 | 18,65% |
| (-) Comissões | 3,68 | 2,00% |
| (=) Preço de venda liquido | 146,00 | |
| (-) Custo da mercadoria vendida | 100,00 | |
| (=) Margem de lucro | 46,00 | 54,35% |
| (-) Despesas Fixas | 18,40 | 10% |
| **(=) Lucro Antes do IRPJ** | **27,60** | **15%** |

**Conclusão:** Analisando a decomposição do valor do preço de venda obtido pelo fator de mark-up, observamos que do custo informado de R$ 100,00, após aplicamos o fator (multiplicador ou divisor) encontramos o preço de venda do produto de R$ 183,99. Analisando a decomposição concluímos que a empresa em questão obteve sua margem desejada de 15%.

## *9.2 Fixação do ROI* [54]

O Retorno sobre o Investimento – *ROI* - é um índice de avaliação financeira que indica a rentabilidade obtida por unidade monetária de investimento. Geralmente, se utiliza o lucro líquido como indicador, entretanto para simplificar os cálculos, utilizaremos a receita de vendas:[55]

$$\text{ROI} = \frac{\text{Receitas de vendas}}{\text{Investimento}} = \frac{\text{Preço x Quantidade Vendida}}{\text{Investimento}}$$

54 *ROI – Return on investments* – retorno sobre o investimento – MIGLIAVACCA, Paulo N. *Business dictionary.* São Paulo: Edicta, 1999.

55 CREPALDI, Silvio Aparecido. *Curso básico de contabilidade de custos.* São Paulo: Atlas, 2010, p. 361.

Logo para determinar o preço basta, fixar o retorno por unidade que obteremos:

$$\text{PREÇO} = \frac{\text{ROI x Investimento R\$}}{\text{Quantidade Vendida}}$$

Exemplo:

Para um ROI de 40%, com venda de 200 unidades produzidas no período e investimento de R$ 50.000,00, teremos:

$$\text{Preço} = \frac{0{,}40 \text{ x R\$ } 50.000}{200}$$

Preço = R$ 100,00

## *9.3 Formação do Preço de venda com base no custo variável*

Neste método, a margem de lucro é calculada sobre a soma dos custos com as despesas variáveis e não sobre a soma total de custos com o total de despesas como ocorre no custo pleno.

A demonstração de resultado do exercício, segundo o método do custeio variável, é representada da seguinte forma:

| Receita Líquida de vendas |
|---|
| (-) Custos e Despesas Variáveis |
| **(=) Margem de Contribuição** |
| (-) Custos e Despesas Fixos |
| (=) Lucro do Período antes do IRPJ |

A seguir demonstramos a sistemática de cálculo citada na obra de Silvério das Neves (2010, p. 212, 213):

PREMISSAS

Custo Variável Unitário (CVU) = R$ 80,00

Despesas Variáveis Unitárias (DVU) = R$ 40,00

Taxa de *Mark-up* (M) = 50%

O preço de venda será calculado da seguinte forma:

Preço de Venda = (1 + M) x (CVU + DVU)

Preço de Venda = 1,5 x (R$ 80,00 + R$ 40,00)

Preço de Venda = R$ 180,00

E a Margem de Contribuição Unitária (MCU) será:

| Preço de venda | R$ 180,00 |
|---|---|
| (-) CVU | R$ 80,00 |
| (-) DVU | R$ 40,00 |
| **(=) MCU** | **R$ 60,00** |

Ou seja, 50% que é a taxa de Mark-up do total de custos e despesas variáveis por unidade (50% x R$ 120,00 = R$ 60,00).

Cada unidade vendida do produto traz R$ 60,00 para que a empresa amortize custos fixos e gere lucro.

Caso a empresa fabrique somente este produto e os custos e despesas fixas correspondentes sejam de R$ 90.000,00, ela deverá vender no mínimo:

$$\textbf{Ponto de Equilíbrio} = \frac{R\$\ 90.000,00}{R\$\ 60,00} = \textbf{1.500 Unidades}$$

Para que cubra totalmente seus custos fixos. Cada unidade adicional produzida e vendida acima destas 1.500 unidades corresponde a R$ 60,00 a mais no lucro da companhia.

## *9.4 Ponto de Equilíbrio*

Denominações: ponto de ruptura, *break-even point*, ponto de nivelamento, ponto crítico ou ainda, ponto de quebra.

Trata-se de um parâmetro gerencial que informa o ponto onde as receitas cobrem os custos e despesas em sua totalidade. Neste ponto, a empresa produz apenas o bastante para gerar uma receita que cubra os custos totais. É um ponto neutro pois, não há lucro nem prejuízo.

É o mínimo de receita que a empresa precisa gerar para não cair numa zona de prejuízo. Existem 02 técnicas básicas para a obtenção do Ponto de equilíbrio: técnica da equação, da margem de contribuição e gráfica.

**A - Técnica da equação:**

Assim, com base no que foi exposto a fórmula de ponto de equilíbrio pode ser desenvolvida da seguinte forma:

| | |
|---|---|
| Preço de Venda do Produto | R$ 100,00 por unidade |
| Custos Variáveis e Despesas Variáveis | R$ 50,00 por unidade |
| Custo Fixo e Despesa Fixa Mensal | R$ 5.000,00 |

Abaixo destacamos a equação do Ponto de Equilíbrio para se encontrar o número de unidades que devem ser vendidas para atingir o respectivo:

$$\frac{\text{Custo Fixo Mensal}}{\text{Preço de Venda Unitário} - \text{Custo e Despesa Unitário}} = \text{Unidades}$$

Cálculo exemplificativo

$$\frac{5.000,00}{100,00-50,00} = \mathbf{100\ unidades}$$

Significa que para cobrir seus custos e despesas fixas a empresa tem que vender 100 unidades por mês, e partir da 101ª unidade cada margem de contribuição unitária passa a contribuir de forma positiva para a formação do lucro.

**B - Técnica da Margem de Contribuição - que pode ser calculado de forma unitária ou de acordo com a capacidade produtiva:**

**B.1 - Forma Unitária**

| | | |
|---|---|---|
| PREÇO DE VENDA UNITÁRIO | R$ 10,00 | 100% |
| (-) DESPESAS VARIÁVEIS UNITÁRIOS | R$ (5,00) | 50% |
| **= MARGEM DE CONTRIBUIÇÃO** | **R$ 5,00** | **50%** |

### B.2 - Capacidade Produtiva - base mensal

DADOS PRELIMINARES

| | |
|---|---|
| PREÇO DE VENDA DE CADA UNIDADE | R$ 100,00 |
| VENDAS DO MÊS | 50 PEÇAS |
| CUSTO UNITÁRIO DE CADA PEÇAS | R$ 40,00 |
| IMPOSTOS | 20% |

**CÁLCULO**

| | | |
|---|---|---|
| VENDA DE 50 PEÇAS X R$ 100,00 | = R$ 5.000,00 | |
| IMPOSTOS SOBRE VENDA 20% | = R$ 1.000,00 | |
| CUSTO DAS VENDAS 50 X R$ 40,00 | = R$ 2.000,00 | |
| **MARGEM DE CONTRIBUIÇÃO** | **= R$ 2.000,00** | **- 40%** |

Para encontrar o Ponto de Equilíbrio (PE) sabendo-se que a empresa tem uma despesa fixa mensal de R$ 3.000,00 e a margem de contribuição é de 40%, calculamos o PE da seguinte forma:

Despesa Fixa / Margem de Contribuição

**Portanto:**

**R$ 3.000,00 / 0,40% = R$ 7.500,00**

Significa que para a empresa cobrir as despesas fixas e trabalhar no ponto de equilíbrio deve ter um faturamento de R$ 7.500,00.

Para saber quantas peças deverá vender para alcançar o ponto de equilíbrio basta dividir o valor do faturamento do ponto de equilíbrio pelo preço de venda de cada peça, ou seja:

**R$ 7.500,00 / R$ 100,00 = 75 Peças**

**A margem de contribuição** é o termo que designa a diferença entre as vendas e os respectivos custos e despesas variáveis de um determinado período.

**O índice de margem de contribuição** é a sobra destinada para cobertura dos custos fixos e lucro. Se pela técnica de equação obtemos o PE quantitativo, pela técnica da margem de contribuição obtemos o mesmo, só que em termos monetários.

## 10 CONCLUSÕES

Analisadas as diversas formas de apuração e análise de custos, concluímos que a empresa poderá adotar o critério que melhor lhe convier, pois existem diversas alternativas usuais, sendo que as principais foram apresentadas neste trabalho, e certamente existem outras opções que podem ser livremente adotadas pelas empresas.

O que vale destacar é que através do procedimento de análise e apuração de custos a empresa pode: gerenciar e administrar resultados, controlar e avaliar seus custos, formular estratégicas de vendas, formar seu preço de venda, e enfim, garantir a sua sustentabilidade financeira.

# 9 A UTILIZAÇÃO DA DEMONSTRAÇÃO DO FLUXO DE CAIXA (DFC) COMO INSTRUMENTO DE GESTÃO FINANCEIRA


**RESUMO**

Pretendemos, no presente texto, abordar de forma breve a definição do conceito da Demonstração de **Fluxo de Caixa** *(Cash Flow)* enfatizando os métodos de preparação denominados **direto e indireto** que são utilizados na gestão empresarial, como também, a sistemática do fluxo de caixa **Descontado,** assim como, um modelo de fluxo de caixa direto utilizado pelo departamento financeiro. Será desenvolvido um caso prático de forma simplificada para cada método descrito possibilitando ao leitor associar teoria e prática. Por fim, são efetuadas sugestões de administração do fluxo de caixa visando a melhoria dos resultados financeiros da empresa.



**PALAVRAS-CHAVE:** fluxo de caixa, métodos, direto, indireto, descontado.



**ABSTRACT**

We intend to address in this paper the definition of **cash flow** statement, emphasizing the **direct** and **indirect methods** used in business management, as well, **discounted** cash flow, as well a sample of direct cash flow used by financial departments. After that, developing a simple practical case for each method enabling the reader to link theory and practice. Finally, suggestions are made for cash flow management in order to improve the company´s financial results.



**KEYWORDS;** Cash flow, methods, direct, indirect, discounted.


**SUMÁRIO:** 1. Introdução, 2. Conceito, 3. Métodos de Elaboração, 4. Gerenciamento do *Cash Flow* e Problemas na Execução, 5. Caso Prático – *Cash Flow,* análises e proposições – fluxo de caixa método, direto, indireto, descontado e financeiro, 6. Conclusões.

## 1 INTRODUÇÃO

O presente texto tem como objetivo analisar o conceito da Demonstração de Fluxo de Caixa (*cash flow*) como instrumento de administração de recursos financeiros na empresa, porém, sem a pretensão de esgotar o tema. Posteriormente, se descreve os métodos utilizados na sua elaboração efetuando uma aplicação prática simplificada pelo método direto, indireto, descontado e um modelo simplificado do método direto utilizado pelo departamento financeiro no âmbito empresarial. Para tanto, se estabelecem premissas para elaboração da Demonstração do Fluxo de Caixa (DFC) para, na sequência, elaborar a demonstração dentro dos princípios contábeis, a qual é desenvolvida em uma planilha em Excel. O objetivo é capacitar o leitor no sentido de preparar, analisar e entender o processo de gestão do Fluxo de Caixa Empresarial. As considerações finais elaboram sugestões que devem contribuir para um aprimoramento da gestão financeira empresarial, refletindo na melhoria dos resultados.

## 2 CONCEITO

O *Cash flow*, ou fluxo de caixa, pode ser definido como um relatório financeiro onde inserimos as entradas e saídas financeiras de uma empresa, contrapondo ingressos e saídas de caixa apurando se haverá superávit ou déficit de recursos financeiros disponíveis para giro do empreendimento. Este relatório deverá fazer uma previsão futura para assim saber antecipadamente se haverá falta ou excesso de recursos, como também, deverá ser elaborado um relatório das atividades financeiras decorridas (realizadas) para comparar e analisar a previsão com o que foi efetivamente realizado, constituindo-se uma base para avaliar a capacidade da entidade gerar caixa e equivalentes de caixa[56].

De acordo com o Manual da FIPECAFI o objetivo da DFC é [57] :

> ...prover informações relevantes sobre os pagamentos e recebimentos, em dinheiro, de uma empresa, ocorridos durante

56 Equivalentes de Caixa – Entende-se como as aplicações financeiras de curto prazo, de liquidez imediata que podem ser convertidas em caixa de forma imediata.

57 IUDICIBUS, Sergio de, MARTINS, Eliseu, GELBCKE, Ernesto Rubens, SANTOS, Ariovaldo dos. *Manual de Contabilidade Societária - FIPECAFI*. São Paulo: Atlas, 2010, p. 567,

um determinado período, e com isso ajudar os usuários das demonstrações contábeis na análise da capacidade da entidade de gerar caixa e equivalentes de caixa, bem como suas necessidades para utilizar esses fluxos de caixa.

Ainda com relação ao objetivo da DFC o Comitê de Pronunciamentos Contábeis - CPC três define que:

> Informações sobre o fluxo de caixa de uma entidade são úteis para proporcionar aos usuários das demonstrações contábeis uma base para avaliar a capacidade de a entidade gerar caixa e equivalentes de caixa, bem como as necessidades da entidade de utilização desses fluxos de caixa. As decisões econômicas que são tomadas pelos usuários exigem avaliação da capacidade de a entidade gerar caixa e equivalentes de caixa, bem como da época de sua ocorrência e o grau de certeza de sua geração.
>
> A demonstração dos fluxos de caixa, quando usada em conjunto com as demais demonstrações contábeis, proporciona informações que permitem que os usuários avaliem as mudanças nos ativos líquidos da entidade, sua estrutura financeira (inclusive sua liquidez e solvência) e sua capacidade para mudar os montantes e a época de ocorrência dos fluxos de caixa, a fim de adaptá-los às mudanças nas circunstâncias e oportunidades. As informações sobre os fluxos de caixa são úteis para avaliar a capacidade de a entidade gerar caixa e equivalentes de caixa e possibilitam aos usuários desenvolver modelos para avaliar e comparar o valor presente dos fluxos de caixa futuros de diferentes entidades. A demonstração dos fluxos de caixa também concorre para o incremento da comparabilidade na apresentação do desempenho operacional por diferentes entidades, visto que reduz os efeitos decorrentes do uso de diferentes critérios contábeis para as mesmas transações e eventos.

A base legal do fluxo de caixa encontra-se amparada no artigo 176 da lei 6.404/76 com as alterações supervenientes da lei 11.638/07 e

11.941/09, e também o CPC 03 emitido pelo Comitê de Pronunciamentos Contábeis e o IAS[58] 7 *statements of cash flows*[59].

A seguir transcrevemos o referido artigo da lei das S. A. que tornou obrigatória a DFC, destacando que a companhia fechada com patrimônio líquido inferior a R$ 2.000.000,00, não será obrigada:

> Art. 176. Ao fim de cada exercício social, a diretoria fará elaborar, com base na escrituração mercantil da companhia, as seguintes demonstrações financeiras, que deverão exprimir com clareza a situação do patrimônio da companhia e as mutações ocorridas no exercício:
>
> I - balanço patrimonial;
>
> II - demonstração dos lucros ou prejuízos acumulados;
>
> III - demonstração do resultado do exercício; e
>
> IV – demonstração dos fluxos de caixa; e (Redação dada pela Lei nº 11.638,de 2007)
>
> V – se companhia aberta, demonstração do valor adicionado. (Incluído pela Lei nº 11.638,de 2007)
>
> § 1º As demonstrações de cada exercício serão publicadas com a indicação dos valores correspondentes das demonstrações do exercício anterior.
>
> § 2º Nas demonstrações, as contas semelhantes poderão ser agrupadas; os pequenos saldos poderão ser agregados, desde que indicada a sua natureza e não ultrapassem 0,1 (um décimo) do valor do respectivo grupo de contas; mas é vedada a utilização de designações genéricas, como "diversas contas" ou "contas-correntes".

58 *IASC– International Accounting Standards Committee*. – Organização com a missão de padronizar internacionalmente os princípios contábeis que criou o IAS. LEMES, Sirlei, CARVALHO, L. Nelson. *Contabilidade internacional para graduados*. São Paulo: Atlas, 2010. p.2.

59 *Statements of cash flow* – relatórios de fluxo de caixa. MIGLIAVACA, Paulo N. *Business dictionary*. São Paulo: Edicta, 1999.

§ 3º As demonstrações financeiras registrarão a destinação dos lucros segundo a proposta dos órgãos da administração, no pressuposto de sua aprovação pela assembleia-geral.

§ 4º As demonstrações serão complementadas por notas explicativas e outros quadros analíticos ou demonstrações contábeis necessários para esclarecimento da situação patrimonial e dos resultados do exercício.

§ 5º As notas explicativas devem: (Redação dada pela Lei nº 11.941, de 2009)

I - apresentar informações sobre a base de preparação das demonstrações financeiras e das práticas contábeis específicas selecionadas e aplicadas para negócios e eventos significativos; (Incluído pela Lei nº 11.941, de 2009)

II - divulgar as informações exigidas pelas práticas contábeis adotadas no Brasil que não estejam apresentadas em nenhuma outra parte das demonstrações financeiras; (Incluído pela Lei nº 11.941, de 2009)

III - fornecer informações adicionais não indicadas nas próprias demonstrações financeiras e consideradas necessárias para uma apresentação adequada; e (Incluído pela Lei nº 11.941, de 2009)

IV - indicar: (Incluído pela Lei nº 11.941, de 2009)

a) os principais critérios de avaliação dos elementos patrimoniais, especialmente estoques, dos cálculos de depreciação, amortização e exaustão, de constituição de provisões para encargos ou riscos, e dos ajustes para atender a perdas prováveis na realização de elementos do ativo; (Incluído pela Lei nº 11.941, de 2009)

b) os investimentos em outras sociedades, quando relevantes (art. 247, parágrafo único); (Incluído pela Lei nº 11.941, de 2009)

c) o aumento de valor de elementos do ativo resultante de novas avaliações (art. 182, § 3º ); (Incluído pela Lei nº 11.941, de 2009)

d) os ônus reais constituídos sobre elementos do ativo, as garantias prestadas a terceiros e outras responsabilidades eventuais ou contingentes; (Incluído pela Lei nº 11.941, de 2009)

e) a taxa de juros, as datas de vencimento e as garantias das obrigações a longo prazo; (Incluído pela Lei nº 11.941, de 2009)

f) o número, espécies e classes das ações do capital social; (Incluído pela Lei nº 11.941, de 2009)

g) as opções de compra de ações outorgadas e exercidas no exercício; (Incluído pela Lei nº 11.941, de 2009)

h) os ajustes de exercícios anteriores (art. 186, § 1º); e (Incluído pela Lei nº 11.941, de 2009)

i) os eventos subsequentes à data de encerramento do exercício que tenham, ou possam vir a ter, efeito relevante sobre a situação financeira e os resultados futuros da companhia. (Incluído pela Lei nº 11.941, de 2009)

§ 6º A companhia fechada com patrimônio líquido, na data do balanço, inferior a R$ 2.000.000,00 (dois milhões de reais) não será obrigada à elaboração e publicação da demonstração dos fluxos de caixa. (Redação dada pela Lei nº 11.638,de 2007)

§ 7º A Comissão de Valores Mobiliários poderá, a seu critério, disciplinar de forma diversa o registro de que trata o § 3º deste artigo. (Incluído pela Lei nº 11.941, de 2009)

Ainda nessa linha, o artigo 188 Inciso I da lei 6.404/76 determina que o fluxo de caixa deve ser segregado em três fluxos:

a) das operações (operacional) – Resultante das principais atividades geradoras de receita da empresa que entram na DRE;

b) de investimentos – Referem-se às aquisições e à venda de ativos de longo prazo e outros investimentos. São as contas do ativo não circulante;

c) de financiamentos – Resultam das atividades de financiamento de curto e longo prazo.

Entenda-se **atividade operacional** o fluxo de caixa gerador de receitas pelas operações da empresa, portanto, abrange receitas, custos e despesas. As atividades de **investimento** representam os recursos alocados em ativos (fixos ou intangíveis) e sua venda e aquisição que irão trazer benefícios futuros no tocante a geração de receitas. As atividades de **financiamento** são as formas de obtenção de recursos financeiros no sentido de financiar as atividades empresariais, recursos estes que podem ser obtidos junto à bancos, investidores, sócios etc., que podem alterar a composição do capital próprio ou de terceiros.

Destacamos ainda que a empresa deve elaborar 3 tipos de fluxo de caixa, seja ele por qualquer método adotado, a saber:

**Fluxo de Caixa Previsto (Projetado)** – É uma previsão financeira para período de tempo futuro, contrapondo ingressos e saídas para apurar se haverá necessidade de captação de recursos financeiros ou excedente de caixa para investimentos, sendo uma ferramenta de programação financeira para o administrador;

**Fluxo de Caixa Realizado (decorrido)** – É o relatório do que efetivamente ocorreu na data que foi prevista, demonstra as movimentações das entradas e saídas de recursos financeiros, realizados em um determinado período de tempo, servindo inclusive, como referência para a elaboração do fluxo previsto;

**Fluxo de Caixa Comparado** – Compara a previsão com o realizado, apurando as divergências, para fins de tomada de decisão;

**Fluxo de Caixa Descontado** – Traz a valor presente utilizando uma taxa de retorno as futuras gerações de fluxo de caixa líquido.

## 3 MÉTODOS DE ELABORAÇÃO

Dentro do conceito de fluxo de caixa (DFC), podemos encontrar três definições: a primeira é o fluxo de caixa financeiro denominado **método direto** onde contrapomos ingressos e saídas de caixa efetivos utilizando o **regime de caixa**[60], que é o regime contábil onde se apropriam receitas e despesas e demais eventos no momento do pagamento e recebimento em um determinado período de tempo, e a segunda é o fluxo de caixa contábil definido como **método indireto,** onde contrapomos as contas de circulante e de imobilizado utilizando o **regime de competência**[61], reconhecendo os atos e fatos no momento de sua ocorrência independente do pagamento e recebimento. Sequencialmente apresenta-se a **DFC método direto financeiro** que é elaborada pelo departamento financeiro utilizando o regime de caixa, e pôr fim a sistemática do **fluxo de caixa descontado** que utilizando o método direto ou indireto, traz a valor presente o fluxo caixa futuro esperado utilizando-se uma taxa de retorno definida pelo empreendedor. Evidente que são conceitos diferentes que levam a resultados semelhantes.

Para melhor entendimento, descrevemos em seguida os três métodos:

### *3.1 MÉTODO DIRETO*

Este método demostra todas as operações de entrada e saída de caixa das atividades operacionais pelo regime de caixa.

Marion (2010, p. 456), define o método direto como:

> A DFC pelo método direto é também denominada fluxo de caixa no sentido restrito. Muitos se referem a ele como o verdadeiro fluxo de caixa, porque, ao contrário do que se verifica no modelo indireto, nele são demonstrados todos os recebimentos e pagamentos que efetivamente concorreram para a variação das disponibilidades no período.

---

60 Regime de Caixa – A administração financeira adota este regime onde as receitas são reconhecidas no momento do efetivo recebimento, e as despesas na ocasião do pagamento. A finalidade é planejar e controlar as movimentações financeiras detectando a falta ou excedente de caixa, apurando o resultado financeiro.

61 Regime de Competência – A contabilidade adota este regime onde as receitas são reconhecidas no momento da venda e as despesas reconhecidas quando efetivamente incorridas, consequentemente apurando o resultado no respectivo período.

As entradas e saídas do caixa são evidenciadas a começar das vendas, por seus valores efetivamente realizados (recebidos), em vez do lucro líquido, como no método indireto. A partir daí, são considerados todos os recebimentos e pagamentos oriundos das operações ocorridas no período.

O Manual de Contabilidade Societária da FIPECAFI (2010, p. 574) conceitua o método direto como:

> O método direto explicita as entradas e saídas de dinheiro dos principais componentes das atividades operacionais, como os recebimentos pelas vendas de produtos e serviços e os pagamentos a fornecedores e empregados. O saldo final das operações expressa o volume líquido de caixa provido ou consumido pelas operações durante um período.

Portanto, o orçamento de caixa condensa, num só relatório, as várias entradas e saídas de disponibilidades de recursos financeiros durante um determinado período de tempo.

É muito comum um orçamento anual, detalhado mês a mês, ou até dia a dia. Segue abaixo um exemplo:

| | Jan. | Fev. | Mar. | Abr. | Mai. | Jun. |
|---|---|---|---|---|---|---|
| (+) Recebimentos | | | | | | |
| (-) Pagamentos | | | | | | |
| (=) Fluxo Líquido de caixa | | | | | | |
| (+) Saldo inicial de caixa | | | | | | |
| (=) Saldo final de caixa | | | | | | |
| (+) Financiamentos necessários | | | | | | |
| (-) Aplicações | | | | | | |
| (=) Saldo final de Caixa após financiamento ou aplicações | | | | | | |

Com a finalidade de facilitar o entendimento do referido método direto, demonstramos abaixo o exemplo de estrutura modelo de DFC elaborado por Schmidt (2015, p.489):

| | | |
|---|---|---|
| **1)** | | **Fluxo de Caixa das atividades Operacionais** |
| | (+) | Dinheiro recebido nas vendas de mercadorias |
| | (+) | Dinheiro recebido de comissões e outras receitas |
| | (-) | Dinheiro pago aos fornecedores |
| | (-) | Dinheiro pago em despesas operacionais |
| | (=) | Caixa Gerado pelas Operações |
| | (+) (-) | Juros recebidos e pagos |
| | (-) | Imposto de Renda e CSLL pagos |
| | (=) | Caixa Gerado pelas atividades operacionais |
| **2)** | | **Fluxo de Caixa das Atividades de investimentos** |
| | (-) | Compra de investimentos, imobilizado e intangível |
| | (+) | Venda de investimentos, imobilizado e intangível |
| | (-) | Empréstimos ou adiantamentos de caixa feitos a terceiros |
| | (+) | Recebimento de empréstimos ou adiantamentos a terceiros |
| | (+) | Dividendos e juros sobre capital próprio recebidos |
| | (=) | Caixa consumido (gerado) pelas atividades de investimentos |
| **3)** | | **Fluxo de Caixa das Atividades de Financiamentos** |
| | (+) | Integralizações de capital |
| | (-) | Dividendos pagos |
| | (+) | Caixa recebido de financiamentos a pagar e debentures curto e longo prazo |
| | (-) | Amortização de financiamentos a pagar e debentures de curto e longo prazo |
| | (-) | Pagamento de arrendamentos mercantis a pagar |
| | (=) | Caixa Líquido Consumido (Gerado) pelas Atividades de Financiamentos |
| | (=) | Aumento Líquido de Caixa e Equivalentes de Caixa |
| | | Caixa e equivalentes de caixa no início do período |
| | | Caixa e equivalentes de caixa no final do período |

## 3.2 MÉTODO INDIRETO

Esta sistemática concilia o lucro líquido ou prejuízo do exercício e o caixa gerado pelas operações, através da variação das contas patrimoniais utilizando-se o regime de competência com base no balanço patrimonial e demonstração do resultado do exercício devidamente encerrados. Em síntese:

**1.** Ajustamos os valores do lucro líquido ou prejuízo apurado no exercício, mas que não geram efeito no caixa, tal como depreciação (despesa sem desembolso),

**2.** Ajustamos as atividades de investimentos e financiamentos realizados,

**3.** Ajuste no ganho ou perda na venda de bens de capital,

**4.** Ajuste nas contas patrimoniais de ativo e passivo circulante.

Silvério das Neves (2011, P. 274) conceitua o método como:

> Este método efetua uma reconciliação entre o lucro líquido do exercício e o fluxo de caixa operacional, partindo do primeiro, efetuando ajustes para:
>
> a) Adicionar ao lucro todas as despesas que não representam desembolso (depreciação, gastos com constituição de provisões, perdas na venda de ativo imobilizado, receita negativa da equivalência patrimonial etc.) e deduzir todas as receitas que não impliquem entrada de numerário (reversão de provisões, ganho na venda de imobilizado, receita positiva de equivalência patrimonial etc.);
>
> b) Excluir do lucro a parcela que foi aplicada no aumento de outros bens e direitos do ativo circulante (exceto o disponível) ou na diminuição das obrigações do passivo circulante e somar a ele os recursos advindos da diminuição do ativo circulante (exceto o disponível) e do aumento do passivo circulante. As variações do ativo e passivo circulante devem ter caráter operacional.

De acordo com o Manual da FIPECAFI, a regra básica para elaboração da DFC pelo método indireto consiste (2010, p. 576, 577) em:

a) Registrar o lucro líquido da DRE;

b) Somar ou subtrair os lançamentos que afetam o lucro, mas, que não tem efeito no caixa, ou cujo efeito no caixa se reconhece em outro lugar da demonstração ou num prazo muito longo (depreciação, amortização, resultado de equivalência patrimonial etc.);

c) Somar ou subtrair os lançamentos que, apesar de afetarem o caixa, não pertencem às atividades operacionais (ganho e perda na venda, a vista, de imobilizado ou de um outro ativo não pertencente ao grupo circulante);

d) Somar as reduções nos saldos das contas de Ativo Circulante e Realizável a Longo Prazo vinculadas às operações;

e) Subtrair os acréscimos nos saldos das contas do ativo circulante e Realizável a longo prazo vinculados ás operações;

f) Somar os acréscimos nos saldos das contas do Passivo Circulante e Exigível a Longo Prazo vinculados ás operações;

g) Subtrair as reduções nos saldos das contas do Passivo Circulante e Exigível a longo Prazo vinculadas às operações.

Com a finalidade de aclarar o entendimento do referido método indireto, demonstramos abaixo o exemplo de estrutura modelo de DFC elaborado por Schmidt (2015, p. 490):

| | | **FLUXO DAS ATIVIDADES OPERACIONAIS** |
|---|---|---|
| 1) | | **LUCRO LÍQUIDO ANTES DO IRPJ E CSLL AJUSTADO POR** |
| 2) | (+) | Despesas com depreciação |
| 3) | (+) (-) | Resultado da equivalência patrimonial |
| 4) | (+) | Variação monetária passiva e juros passivos |
| 5) | (-) | Variação monetária ativa e juros ativos |
| 6) | (+) (-) | Ganhos e perdas de capital |
| 7) | (+) (-) | Ajustes de reclassificação |
| **8)** | **(=)** | **Resultado do período ajustado** |

| | | **FLUXO DAS ATIVIDADES OPERACIONAIS** |
|---|---|---|
| 9) | (+) (-) | Redução (aumento) nas contas a receber |
| 10) | (+) (-) | Redução (aumento) nos estoques |
| 11) | (+) (-) | Redução (aumento) nas despesas do exercício seguinte |
| 12) | (+) (-) | Aumento (redução) nas contas a pagar |
| **13)** | **(=)** | **Caixa Gerado pelas operações** |
| 14) | (+) (-) | Juros pagos e recebidos |
| 15) | (-) | Imposto de Renda e CSLL pagos |
| **16)** | **(=)** | **Caixa Líquido gerado pelas atividades operacionais** |
| | | **FLUXO DE CAIXA DAS ATIVIDADES DE INVESTIMENTOS** |
| 17) | (-) | Compra de investimentos, imobilizado e intangível |
| 18) | (+) | Venda de investimentos, imobilizado e intangível |
| 19) | (-) | Empréstimos ou adiantamentos de caixas feitos a terceiros |
| 20) | (+) | Recebimento de empréstimos ou adiantamentos feitos a terceiros |
| 21) | (+) | Dividendos e juros sobre o capital próprio recebidos |
| **22)** | **(=)** | **Fluxo de caixa consumido (gerado) pelas atividades de investimentos** |
| | | **FLUXO DAS ATIVIDADES DE FINANCIAMENTOS** |
| 23) | (+) | Integralizações de capital |
| 24) | (-) | Dividendos pagos |
| 25) | (+) | Caixa recebido de financiamentos a pagar e debentures de curto e longo prazo |
| 26 | (-) | Amortização de financiamentos a pagar e debentures de curto e longo prazo |
| 27) | (-) | Pagamento de arrendamentos mercantis a pagar |
| 28) | (=) | Caixa consumido (gerado) pelas atividades de financiamentos |
| 29) | (=) | **Aumento Líquido de Caixa e Equivalentes de Caixa** |
| 30) | | Caixa e equivalentes de caixa no início do período |
| 31) | | Caixa e equivalentes de caixa no fim do período |

Com o objetivo de abrir o entendimento deste método que, sem sombra de dúvida, envolve uma certa complexidade, podemos citar como exemplo: um aumento da conta de "recebíveis" em determinado mês causa um impacto negativo na DFC, pois neste caso a empresa está financiando os seus clientes. Destacando outro evento em sentido oposto, podemos citar o aumento das "contas a pagar de fornecedores" que causa um impacto positivo na DFC, pois neste caso a empresa está sendo financiada pelo seu provedor (capital de terceiros[62]). Nesse mesmo sentido, não podemos deixar de mencionar a conta de Depreciação, que também causa um impacto positivo, pois a mesma é somada na DFC. O motivo deste efeito é que a Depreciação é uma despesa sem desembolso, levando-se em conta que ela foi lançada na DRE (está contida) como despesa ou custo, e, portanto, deve ser somada.

## 3.3 FLUXO DE CAIXA DIRETO FINANCEIRO

Consiste em uma projeção financeira elaborada pelo departamento financeiro, utilizando o regime de caixa, contrapondo recebimentos e pagamentos de forma diária, semanal e mensal, com o objetivo de determinar de forma antecipada o excesso ou falta de recursos financeiros para gestão financeira diária da empresa.

## 3.4 FLUXO DE CAIXA DESCONTADO (FCD)

A sistemática tem como objetivo trazer a valor presente os valores de *cash flow* líquidos futuros nas previsões financeiras, sejam estas pelo método direto ou indireto, utilizando para isto, uma taxa de desconto[63] ou retorno (ou ainda custo de oportunidade previsto). A escolha da taxa de desconto deve ser feita pelo sócio do empreendimento ou gestor de forma que melhor remunere seu capital. Geralmente utiliza-se as taxas praticadas pelo mercado financeiro (captação ou aplicação de recursos financeiros), como também, taxa Selic, custo do capital próprio ou capital de terceiros, variação de moeda estrangeira etc.

Basicamente é utilizado para previsões financeiras, cálculos de retorno de investimentos (alavancagem financeira), avaliação para compra e venda de empresas baseado na expectativa de geração de fluxo de caixa positivo futuro (ou até negativo).

---

62 Capital de terceiros – O mesmo que capital de crédito, é a parte do capital constando no patrimônio que representa as dívidas de uma azienda, ou seja, as suas responsabilidades de pagamento para com outra pessoa física ou jurídica. SÁ, Antônio Lopes, SÁ, Maria Lopes. *Dicionário de contabilidade*. São Paulo: Atlas, 2000.

63 Taxa de desconto – Taxa de Juro utilizada para calcular o valor presente de fluxos de caixa futuros. ASSAF NETO, Alexandre. *Finanças Corporativas e Valor*. São Paulo: Atlas, 703.

A obra Finanças Corporativas – Série Gestão empresarial define o Fluxo de Caixa Descontado como:

> Esta categoria entende que o valor de um ativo está relacionado com sua capacidade de geração de caixa no futuro. Assim, o avaliador precisa prever ou projetar a geração futura de caixa para o ativo e calcular seu valor presente na data zero. Além disso, para o cálculo do valor presente, o avaliador tem de considerar uma taxa de juros de desconto, que depende do tipo de ativo. No caso de investimentos em ações ou análises de projetos do ponto de vista do acionista, a taxa de desconto deve levar em conta a taxa livre de risco adicionada de uma taxa que represente o nível de risco do ativo em relação a outros ativos da economia. No caso de avaliação de empresas, essa taxa de desconto deve ser a taxa média dos juros que financiam as atividades da empresa em estudo. [64]

Hoog[65]entende o método de avaliação pelo Fluxo de Caixa Descontado como:

> Tem como pressuposto básico que o valor de uma empresa (ou mesmo de um ativo) é o seu valor presente de todos os fluxos de caixa líquidos projetados a serem recebidos ao longo da vida útil dos ativos, somados a um complemento pela suposta perpetuidade do negócio, pois, via de regra uma empresa foi criada para sempre existir.
>
> O fluxo de caixa descontado é o método mais citado nas literaturas que tratam de avaliação de empresas.
>
> O entendimento desta metodologia determina que o valor econômico de uma empresa ou de um ativo (ou o seu valor justo) é determinado pela consideração de três variáveis básicas: (i) a projeção de fluxo de caixa no período relevante; (ii) a taxa de desconto usada para trazer os fluxos de caixa

64 ABREU FILHO, José Carlos Franco de, CRISTOVÃO, Pereira de, DANILO, Américo, CURY, Marcos Vinicius Quintella. *Finanças corporativas*. Rio de Janeiro: FGV Editora, 2012, p. 136

65 HOOG, Wilson Roberto Zappa, CARLIN, Everson Luiz Breda. *Valuation – Manual de avaliação teoria e prática*. Curitiba: Juruá, 2015, p. 136,136.

projetados para o valor presente e (iii) a determinação da magnitude da taxa de desconto ou retorno, a fim de corresponder de modo adequado os riscos envolvidos. O modelo de fluxo de caixa descontado significa que é possível atribuir a cada ativo um valor intrínseco, obtido por meio da análise dos fundamentos do ativo. O valor da empresa é determinado pelo desconto dos fluxos de caixa para os proprietários, ou seja, o fluxo de caixa para os acionistas refere-se apenas aos fluxos de caixa residuais a serem distribuídos para os acionistas, deduzidos dos pagamentos de juros e do principal para os credores, descontados pelo custo médio do capital WACC (*weighted average cost of capital).*

Dependo da finalidade a que se destina a previsão, o gestor pode adotar diversos modelos para cálculo do fluxo de caixa descontado, tais como *EBITDA*, lucros futuros, cálculo do retorno de um investimento, enfim, são diversas as formas de utilização, como também, a sistemática de efetuar o referido cálculo.

Nos itens a seguir (5.3), será apresentado um modelo simplificado de Fluxo de Caixa Descontado.

## 4 GERENCIAMENTO DO *CASH FLOW* E PROBLEMAS NA EXECUÇÃO

Analisando a DFC projetada (por qualquer método) poderemos identificar se haverá excesso de recursos disponíveis, ocasião em que o administrador financeiro deverá aplicar esta sobra no mercado financeiro ou em outras possibilidades de investimento, e, caso ocorra falta, deverá prover os recursos necessários para o giro da empresa com a devida antecedência, pois quem busca recursos de última hora no mercado financeiro certamente pagará mais caro por eles. Nesta mesma análise, o gestor deverá observar se os recursos a serem tomados ou aplicados no mercado devem ser a curto ou longo prazo.

O que se observa na prática é que o administrador financeiro deverá possuir um excelente conhecimento técnico do mercado financeiro nacional e internacional e de técnicas de administração de caixa, para assim, poder maximizar resultados para a empresa ou ainda, assegurar o fluxo de capitais para o giro do negócio, pois entendemos que sua função abrange: a) o planejamento, análise e controle das finanças, b) captação de recursos no mercado financeiro, c) realização de investimentos.

É de conhecimento público que o mercado financeiro brasileiro é agressivo e pratica uma das maiores taxas de juros e *spread* [66] do mundo. Portanto, nessa ambiência, alguns fatores devem ser analisados previamente com cautela, assim como providências devem ser tomadas, tais como [67]:

**1** - Elaboração da DFC prevista, com no mínimo 30 dias de antecedência. O objetivo é saber se haverá excesso ou falta de recursos financeiros. Essa previsão é obtida na análise do fluxo de caixa previsto;

**2** - Negociação prévia de todas as tarifas bancárias em virtude do relacionamento da empresa com o Banco;

**3** - Calcular a taxa nominal e efetiva de cada operação financeira. Entendemos como taxa nominal a que consta no contrato e a taxa efetiva a taxa nominal acrescida de outros custos que envolveram a operação financeira, tais como: taxa de abertura de crédito, taxa de cobrança, taxa de cadastro etc.;

**4** - Negociar as garantias contratuais da forma mais favorável possível para a empresa. Essas garantias são fornecidas pela empresa ao Banco, e, via de regra, consistem em: aval, fiança, penhor mercantil, duplicatas, estoques e garantias reais[68];

**5** - Definir estratégias de curto e longo prazo, tanto para captação como para aplicação de recursos financeiros;

6- Otimizar o capital de giro[69] junto a fornecedores e clientes, ou seja, diminuir o prazo de pagamento para os clientes e aumentar os prazos com os fornecedores;

---

66 *Spread* – Opção para vender e comprar títulos, margem de lucro, distribuição, diferença. Migliavacca, Paulo N. *Business dictionary*. Edicta, 1999.

67 CAROTA, José Carlos, DOMANICO FILHO, Roberto. *Riscos empresariais contemporâneos*. São Paulo: Allprint, 2011, p. 84-87.

68 Garantia Real é a que se funda no oferecimento ou entrega de um bem móvel ou imóvel, para que nele se cumpra a exigência ou execução da obrigação, quando não é cumprida ou paga pelo devedor. SILVA, De Plácido. *Vocabulário Jurídico*. Rio de Janeiro: Forense, 1994.

69 Capital de Giro - Ativo Circulante menos Passivo Circulante. ROSS, A. Stephen; WESTERFIELD, Randolph W.; JAFFE, Jeffrey. *Administração Financeira – Corporate*

7 - Evitar a imobilização de recursos financeiros;

8 - Buscar fontes de recursos financeiros a longo prazo, subsidiadas, tais como BNDES, Finame, Financiamentos incentivados pelo governo, *Leaseback*[70] etc.;

9 - Utilizar fontes de financiamento com menor custo financeiro;

10 - Utilizar capitais de terceiros que é a soma do passivo circulante com o passivo exigível a longo prazo;

11 - Reduzir despesas e custos e aumentar as receitas;

12 - Explorar novas modalidades de empréstimos que possam vir a contribuir com o planejamento tributário da empresa;

13 - Reduzir estoques de matéria-prima e produtos acabados, ou até adotar o sistema de produção *Just in time (na hora certa);*

14 - Vender ativos não operacionais, tais como imóveis, aviões;

15 - Vender unidades de negócios que não fazem parte do negócio principal e que não gerem resultados;

16 - Aumentar o capital social, ou até, abrir o capital na bolsa de valores.

## 5 CASO PRÁTICO CASH-FLOW - ANÁLISES E PROPOSIÇÕES - FLUXO DE CAIXA - MÉTODO DIRETO, INDIRETO, DESCONTADO E FINANCEIRO

Para melhor entendimento do tema, será preliminarmente apresentado um *case study*[71] **simplificado** efetuando a preparação de 05 tipos de fluxo de caixa a seguir descritos:

5.1 - Fluxo de Caixa Realizado - Método Indireto

5.2 - Fluxo de Caixa Realizado - Método Direto

---

*Finance*. São Paulo: Atlas, 2007, p. 25,737.

70 *Leaseback* – Venda e posterior arrendamento de um mesmo bem pelo antigo proprietário. MIGLIAVACA, Paulo N. *Business Dictionary*. São Paulo: Edicta, 1999.

71 *Case Study:* Estudo de caso. MIGLIAVACCA, Paulo N. *Business Dictionary*. São Paulo: Edicta, 1999.

5.3 – Fluxo de Caixa Descontado

5.4 – Fluxo de Caixa Financeiro - Previsto

5.5 – Fluxo de Caixa Financeiro - Realizado

5.6 – Fluxo de Caixa Financeiro - Comparado

Na sequência destacamos os respectivos:

## *5.1 – FLUXO DE CAIXA REALIZADO – MÉTODO INDIRETO*

Inicialmente apresentamos as Demonstrações Financeiras Balanço Patrimonial **(BP)** e Demonstração do Resultado do Exercício **(DRE)**, da empresa Spartacus para em seguida baseado nestes dados, elaborarmos a respectiva DFC neste método, como também, no método a seguir, ou seja, o método direto:

| **BALANÇO PATRIMONIAL EMPRESA SPARTACUS LTDA** | **EXPRESSO EM REAIS R$** | |
|---|---|---|
| **ATIVO** | **2018** | **2017** |
| **CIRCULANTE** | | |
| Caixa e Equivalentes | 10.000 | 20.000 |
| Duplicatas a Receber | 40.000 | 30.000 |
| Estoques de Mercadorias | 60.000 | 50.000 |
| TOTAL CIRCULANTE | 110.000 | 100.000 |
| **NÃO CIRCULANTE** | | |
| REALIZÁVEL A LONGO PRAZO | | |
| Investimentos Financeiros | 70.000 | 80.000 |
| Imobilizado | 100.000 | 90.000 |
| (-) Depreciação Acumulada | -20.000 | -10.000 |
| TOTAL NÃO CIRCULANTE | 150.000 | 160.000 |
| **TOTAL DO ATIVO** | **260.000** | **260.000** |

| BALANÇO PATRIMONIAL EMPRESA SPARTACUS LTDA | EXPRESSO EM REAIS | R$ |
|---|---|---|
| **PASSIVO** | **2018** | **2017** |
| **CIRCULANTE** | | |
| Fornecedores | 30.000 | 20.000 |
| Salários a Pagar | 50.000 | 40.000 |
| Pró-Labore | 30.000 | 60.000 |
| TOTAL PASSIVO CIRCULANTE | 110.000 | 120.000 |
| **NÃO CIRCULANTE** | | |
| Empréstimos Bancários | 50.000 | 50.000 |
| **PATRIMÔNIO LÍQUIDO** | | |
| Capital Social | 70.000 | 80.000 |
| Reservas de Lucros | 30.000 | 10.000 |
| TOTAL PATRIMÔNIO LÍQUIDO | 100.000 | 90.000 |
| **PASSIVO TOTAL** | **260.000** | **260.000** |

| DEMONSTRAÇÃO DO RESULTADO DO EXERCÍCIO - EMPRESA SPARTACUS | 2.018 R$ |
|---|---|
| VENDA BRUTA | 130.000 |
| (-) CMV | -30.000 |
| (=) LUCRO BRUTO | 100.000 |
| (-) DESPESAS ADMINISTRATIVAS | -10.000 |
| (-) PRÓ-LABORE | -30.000 |
| (-) SALARIOS | -12.000 |
| (-) DESPESAS FINANCEIRAS | -8.000 |
| (-) DEPRECIAÇÃO | -20.000 |
| **LUCRO LÍQUIDO** | **20.000** |

| BALANÇO PATRIMONIAL | EXPRESSO EM |
|---|---|
| EMPRESA SPARTACUS LTDA | REAIS R$ |

| INFORMAÇÕES COMPLEMENTARES | R$ |
|---|---|
| DIMINUIÇÃO DO CAPITAL SOCIAL | 10.000 |
| DIMINUIÇÃO DE INVESTIMENTOS | 10.000 |
| COMPRA DE IMOBILIZADO | 10.000 |
| AUMENTO DE FORNECEDORES | 10.000 |
| CUSTO DA MERCADORIA VENDIDA | |
| ENERGIA ELETRICA 20.000 | |
| MATERIA PRIMA 10.000 - FORNEC. | |

| | DEMONSTRAÇÃO DO FLUXO DE CAIXA<br>EMPRESA SPARTACUS LTDA<br>MÉTODO INDIRETO - 2018 | R$ | TOTAL |
|---|---|---|---|
| **1** | **ATIVIDADES OPERACIONAIS** | | |
| 1-A | Lucro Líquido do Exercício - DRE | 20.000 | |
| | Depreciação - DRE | 10.000 | **30.000** |
| 1-B | Variação de Ativos Circulantes Operacionais - BP | | |
| | Aumento de Duplicatas a Receber | -10.000 | |
| | Aumento de Estoques | -10.000 | **-20.000** |
| 1-C | Variação de Passivos Circulantes Operacionais - BP | | |
| | Aumento de Fornecedores | 10.000 | |
| | Diminuição de Pró-Labore | -30.000 | |
| | Aumento de Salários a Pagar | 10.000 | **-10.000** |
| | **TOTAL ATIVIDADES OPERACIONAIS - 1-A + 1-B + 1-C =** | | **0** |
| **2** | **ATIVIDADADES DE INVESTIMENTO – BP** | | |
| 2 - A | Diminuição de Investimentos | 10.000 | |
| 2 - B | Compra de Ativo Imobilizado | -10.000 | |

| | DEMONSTRAÇÃO DO FLUXO DE CAIXA<br>EMPRESA SPARTACUS LTDA<br>MÉTODO INDIRETO - 2018 | R$ | TOTAL |
|---|---|---|---|
| | **TOTAL ATIVIDADES DE INVESTIMENTO =** | | **0** |
| | | | |
| **3** | **ATIVIDADES DE FINANCIAMENTO** | | |
| 3 - A | Diminuição de Capital Social – BP | -10.000 | |
| | | | |
| | **TOTAL DE ATIVIDADES DE INVESTIMENTO =** | | **-10.000** |
| | | | |
| (+) | **TOTAL GERADO NOS FLUXOS - 1 + 2 + 3** | | -10.000 |
| (+) | **SALDO DE CAIXA E EQUIVALANTES NO INÍCIO DO PERÍODO - 2017** | | **20.000** |
| (=) | **SALDO DE CAIXA E EQUIVALANTES NO FINAL DO PERÍODO - 2018** | | **10.000** |

| ANALÍTICO DOS AJUSTES NO DFC - INDIRETO | |
|---|---|
| **DUPLICATAS A RECEBER - BP** | |
| Saldo em 2018 | -40.000 |
| Saldo em 2017 | 30.000 |
| AUMENTO NA CONTA | **-10.000** |
| | |
| **ESTOQUES - BP** | |
| Saldo em 2018 | -60.000 |
| Saldo em 2017 | 50.000 |
| AUMENTO NA CONTA | **-10.000** |
| | |
| **FORNECEDORES - BP** | |
| Saldo em 2018 | 30.000 |
| Saldo em 2017 | -20.000 |
| AUMENTO NA CONTA | **10.000** |
| | |
| **PRÓ LABORE A PAGAR - BP** | |
| Saldo em 2018 | 30.000 |
| Saldo em 2017 | -60.000 |
| DIMINUIÇÃO NA CONTA | **-30.000** |

| DEMONSTRAÇÃO DO FLUXO DE CAIXA<br>EMPRESA SPARTACUS LTDA<br>MÉTODO INDIRETO - 2018 | R$ | TOTAL |
|---|---|---|
| **SALÁRIOS A PAGAR- BP** | | |
| Saldo em 2018 | 50.000 | |
| Saldo em 2017 | -40.000 | |
| AUMENTO NA CONTA | **10.000** | |
| | | |
| **INVESTIMENTOS FINANCEIROS - BP** | | |
| Saldo em 2018 | -70.000 | |
| Saldo em 2017 | 80.000 | |
| REDUÇÃO NA CONTA | **10.000** | |
| | | |
| **IMOBILIZADO - BP** | | |
| Saldo em 2018 | -100.000 | |
| Saldo em 2017 | 90.000 | |
| AUMENTO NA CONTA | **-10.000** | |
| | | |
| **CAPITAL SOCIAL - BP** | | |
| Saldo em 2018 | 70.000 | |
| Saldo em 2017 | -80.000 | |
| DIMINUIÇÃO NA CONTA | **-10.000** | |

## *5.2 – FLUXO DE CAIXA REALIZADO – MÉTODO DIRETO*

| | DEMONSTRAÇÃO DE FLUXO DE CAIXA - DFC<br>EMPRESA SPARTACUS LTDA<br>MÉTODO DIRETO - 2018 | R$ |
|---|---|---|
| **1** | **ATIVIDADES OPERACIONAIS** | |
| | Recebimento de Vendas - A - 1 | 120.000 |
| | Pagamento de despesas - A - 3 | -110.000 |
| | **TOTAL =** | **10.000** |
| | | |
| **2** | **ATIVIDADES DE INVESTIMENTO** | |
| | Venda de Investimentos - BP | 10.000 |
| | Compra de Ativo Imobilizado - BP | -10.000 |

| | DEMONSTRAÇÃO DE FLUXO DE CAIXA - DFC<br>EMPRESA SPARTACUS LTDA<br>MÉTODO DIRETO - 2018 | R$ |
|---|---|---|
| | **TOTAL =** | **0** |
| | | |
| **3** | **ATIVIDADES DE FINANCIAMENTO** | |
| | Diminuição de Capital Social - BP | -10.000 |
| | **TOTAL =** | **-10.000** |
| | | |
| (+) | **TOTAL GERADO NOS FLUXOS 1 + 2 + 3** | -10.000 |
| (+) | **SALDO DE CAIXA E EQUIVALANTES NO INÍCIO DO PERÍODO** | **20.000** |
| (=) | **SALDO DE CAIXA E EQUIVALANTES NO FINAL DO PERÍODO** | **10.000** |

**ANALÍTICO DOS AJUSTES - DFC DIRETO**

| | | |
|---|---|---|
| **A - 1** | **RECEBIMENTO DE VENDAS** | |
| (+) | Saldo de Duplicatas a Receber em 2017 - BP | 30.000 |
| (+) | Vendas em 2018 - DRE | 130.000 |
| (-) | Duplicatas a Receber em 2018 - BP | -40.000 |
| | TOTAL RECEBIDO | **120.000** |
| | | |
| **A - 2** | **COMPOSIÇÃO DAS DESPESAS PAGAS** | |
| | | |
| (+) | Pró-Labore em 2017 - BP | 60.000 |
| (+) | Pró-Labore pago do ano 2018 - DRE | 30.000 |
| (-) | Pró-Labore em 2018 a Pagar - BP | -30.000 |
| (=) | TOTAL PAGO | 60.000 |
| | | |
| (+) | Salários a Pagar em 2017 - BP | 40.000 |
| (+) | Salários a Pagar pago do ano 2018 - DRE | 12.000 |
| (-) | Salários a Pagar em 2018 - BP | -50.000 |
| (=) | TOTAL PAGO | 2.000 |
| | | |
| | TOTAL PAGO - A-2 | **62.000** |
| | | |
| A - 3 | **QUADRO RESUMO DAS DESPESAS PAGAS NO EXERCÍCIO** | |

| DEMONSTRAÇÃO DE FLUXO DE CAIXA - DFC<br>EMPRESA SPARTACUS LTDA<br>MÉTODO DIRETO - 2018 | R$ |
|---|---|
| DEPESAS ADMINISTRATIVAS - DRE | 10.000 |
| PRÓ-LABORE - A - 2 | 60.000 |
| SALARIOS - A - 2 | 2.000 |
| AUMENTO DE FORNECEDORES - BP | 10.000 |
| DESPESAS FINANCEIRAS - DRE | 8.000 |
| ENERGIA ELÉTRICA -INFORMAÇÕES COMPLEMENTARES | 20.000 |
| **TOTAL DESPESAS PAGAS NO EXERCÍCIO** | **110.000** |

## *5.3 – FLUXO DE CAIXA DESCONTADO*

A seguir demonstramos um exemplo simples de fluxo de caixa descontado, trazendo a valor presente o fluxo gerado em períodos futuros. Vale a pena relembrar que esta sistemática pode ser utilizada por diversas formas de cálculos, portanto, não se limita só e exclusivamente ao modelo apresentado.

Basicamente se traz a valor presente a geração de fluxo de caixa dos anos futuros utilizando uma taxa anual de retorno, demonstrando inclusive a sistemática dos juros compostos.

O objetivo é saber o valor presente do investimento ou da geração de fluxo de caixa futuro.

| FLUXO DE CAIXA DESCONTADO<br>EMPRESA: RICK LTDA | PREVISAO | PREVISAO | PREVISAO | PREVISAO | TOTAL |
|---|---|---|---|---|---|
| | ANO -0 | ANO - 01 | ANO - 02 | ANO - 03 | |
| CONTA | 2019 | 2020 | 2021 | 2022 | |
| RECEITA BRUTA DE VENDAS | 7.000.000,00 | 7.000.000,00 | 7.000.000,00 | 7.000.000,00 | 28.000.000,00 |
| LUCRO PREVISTO | 2.000.000,00 | 2.000.000,00 | 2.000.000,00 | 2.000.000,00 | 8.000.000,00 |
| GERAÇÃO DE FLUXO DE CAIXA ANUAL PREVISTA | 1.000.000,00 | 1.000.000,00 | 1.000.000,00 | 1.000.000,00 | 4.000.000,00 |
| CUSTO DE OPORTUNIDADE OU TAXA DE DESCONTO | 12% a.a. | 12% a.a. | 12% a.a. | 12% a.a. | 12% a.a. |
| VALOR DO CUSTO FINANCEIRO | 0,00 | -120.000,00 | -250.000,00 | -400.000,00 | -770.000,00 |
| VALOR PRESENTE LIQUIDO | 1.000.000,00 | 880.000,00 | 750.000,00 | 600.000,00 | **3.230.000,00** |
| DEMONSTRAÇÃO DO CÁLCULO - FÓRMULA | | 1.000.000,00 X 12% aa = | 1.000.000,00 x ( 1.12 x 1.12) = | 1.000.000,00 x ( 1.12 x1.12X1.12) = | |
| TOTAL DO CÁLCULO | | = 120.000,00 | = 250.000,00 | = 400.000,00 | |
| SISTEMÁTICA : JUROS COMPOSTOS | | 12% aa | $12^2$ = 25 % aa | $12^3$ = 40 % aa | |

## *5.4 – FLUXO DE CAIXA DIRETO FINANCEIRO – PREVISTO*

Neste item, será demonstrada a elaboração de um fluxo de caixa financeiro, utilizando o método direto.

### *5.4.1 PREMISSAS MÉTODO DIRETO FINANCEIRO – DFC PROJETADA –EMPRESA CRASSUS LTDA* [72]

Inicia-se a preparação de uma DFC projetada (prevista) com os dados abaixo descritos para o mês seguinte (AGO-X1); inicialmente dia a dia com fechamento semanal. Sequencialmente se apresentam as premissas da DFC realizada com os eventos ocorridos (realizado item 5.5) relativo ao mês de agosto-x1, e, por fim, uma comparação entre o previsto e o realizado do mês de agosto (5.6) indicando as principais divergências ocorridas entre previsto x realizado.

### *5.4.2 Data base de elaboração do fluxo previsto ou projetado: AGO-X1*

### *5.4.3 Saldo inicial do caixa em AGO-X1– R$ 200.000*

### *5.4.4 Faturamento em Reais (R$):*

| Previsão para Agosto : 50.000 por dia (de segunda a sexta feira) |
|---|
| Condição de Venda : A vista, portanto, os lançamentos de ingressos financeiros devem ser diários no *cash flow* |
| Inadimplência Prevista – Não há previsão |

### *5.4.5 Valor total da Folha de Pagamento e Encargos Sociais para o mês de agosto:*

| Adiantamento de salário dia 15 – Valor R$ 40.000 |
|---|
| Pagamento de Salários dia 30 – Valor R$ 60.000 |
| FGTS – Pagamento dia 05 – Valor R$ 8.000 |
| INSS - Pagamento dia 20 – Valor R$ 20.000 |
| Benefícios (Assistência Médica, Vale Refeição e Vale Transporte) valor mensal R$ 5.000, pagos todo dia 30. |

72 Empresa comercial de auto- peças para veículos (nome fictício)

### *5.4.6 – Compra de Autopeças para revenda:*

| Agosto : R$ 35.000 por dia |
| --- |
| Condição de Pagamento : A Vista |

### *5.4.7 Impostos e contribuições*

| ICMS : Valor a pagar todo dia 25 de cada mês R$ 3.000. |
| --- |
| PIS/COFINS : Valor a pagar todo mês dia 20 R$ 2.000 |
| IPTU : a ser pago no dia primeiro de cada mês R$ 100 |

### *5.4.8 Rateio Previsto de despesas mensais*

| Água / Luz: R$ 5.000 mensais – pagamento todo dia 5 |
| --- |
| Telefone: R$ 12.000 mensais – pagamento todo dia 7 |
| Despesas bancárias: R$ 15 por dia |
| Serviços Profissionais: advogado & Contador – R$ 3.000 mensais pagos no dia 30 |

**EMPRESA CRASSUS LTDA**
**FLUXO DE CAIXA PREVISTO**

AGO-X1

| | | | | | 01-ago | SEM.1 | 04-ago | 05-ago | 06-ago | 07-ago | 08-ago | SEM.2 |
|---|---|---|---|---|---|---|---|---|---|---|---|---|
| NTRADAS DE CAIXA | 0 | 0 | 0 | 0 | | 0 | 50.000 | 50.000 | 50.000 | 50.000 | 50.000 | 250.000 |
| COBRANÇA DE DUPLICATAS | | | | | | 0 | | | | | | 0 |
| ENDA A VISTA | 0 | 0 | 0 | 0 | 50.000 | 50.000 | 50.000 | 50.000 | 50.000 | 50.000 | 50.000 | 250.000 |
| UTRAS CONTAS A RECEBER | | | | | | 0 | | | | | | 0 |
| UROS RECEBIDOS | | | | | | 0 | | | | | | 0 |
| | | | | | | 0 | | | | | | 0 |
| AIDAS DE CAIXA | 0 | 0 | 0 | 15 | 35.115 | 35.130 | 35.015 | 48.015 | 35.015 | 47.015 | 35.015 | 200.075 |
| ESPESAS COM PESSOAL | 0 | 0 | 0 | 0 | 0 | 0 | 0 | 8.000 | 0 | 0 | 0 | 8.000 |
| ALARIOS & ENCARGOS SOCIAIS | | | | | | 0 | | 8.000 | | | | 8.000 |
| ENEFICIOS - VALE TRANSP / ASSIST MED / TR | | | | | | 0 | | | | | | 0 |
| REINAMENTO | | | | | | 0 | | | | | | 0 |
| | | | | | | 0 | | | | | | 0 |
| ORNECEDORES | 0 | 0 | 0 | 0 | 0 | 0 | 0 | 0 | 0 | 0 | 0 | 0 |
| EASING / FINANCIAMENTOS | | | | | | 0 | | | | | | 0 |
| EGUROS | | | | | | 0 | | | | | | 0 |
| ORREIO | | | | | | 0 | | | | | | 0 |
| | | | | | | 0 | | | | | | 0 |
| MPOSTOS & TAXAS | 0 | 0 | 0 | 0 | 100 | 100 | 0 | 0 | 0 | 0 | 0 | 0 |
| SS/PIS/COFINS | | | | | | 0 | | | | | | 0 |
| PTU | | | | | 100 | 100 | | | | | | 0 |
| MPOSTO DE RENDA | | | | | | 0 | | | | | | 0 |
| CMS | | | | | | 0 | | | | | | 0 |
| ORNECEDORES DE MATERIA PRIMA | 0 | 0 | 0 | 0 | 35.000 | 35.000 | 35.000 | 35.000 | 35.000 | 35.000 | 35.000 | 175.000 |
| | | | | | | | | | | | | |
| ERVIÇOS PROFISSIONAIS | 0 | 0 | 0 | 0 | 0 | 0 | | | | | | 0 |
| | | | | | | | | | | | | |
| UTRAS DESPESAS | 0 | 0 | 0 | 15 | 15 | 30 | 15 | 5.015 | 15 | 12.015 | 15 | 17.075 |
| NERGIA ELETRICA / AGUA | | | | | | 0 | | 5.000 | | | | 5.000 |
| ELEFONES | | | | | | 0 | | | | 12.000 | | 12.000 |
| EEMBOLSO RELATORIOS DESPESAS VIAGEM | | | | | | 0 | | | | | | 0 |
| OMBUSTIVEL | | | | | | 0 | | | | | | 0 |
| NVESTIMENTOS | | | | | | 0 | | | | | | 0 |
| ESPESAS BANCÁRIAS | | | | 15 | 15 | 30 | 15 | 15 | 15 | 15 | 15 | 75 |
| | | | | | | 0 | | | | | | 0 |
| | | | | | | 0 | | | | | | 0 |
| ALDO INICIAL DO DIA | 200.000 | 200.000 | 200.000 | 200.000 | 199.985 | 200.000 | 164.870 | 179.855 | 181.840 | 196.825 | 199.810 | 164.870 |
| ALDO FINAL DO DIA | 200.000 | 200.000 | 200.000 | 199.985 | 164.870 | 164.870 | 179.855 | 181.840 | 196.825 | 199.810 | 214.795 | 214.795 |

**EMPRESA CRASSUS LTDA**
**FLUXO DE CAIXA PREVISTO**

AGO-X1

| | 11-ago | 12-ago | 13-ago | 14-ago | 15-ago | SEM.3 | 18-ago | 19-ago | 20-ago | 21-ago | 22-ago | SEM.4 | 25-ago | 26-ago | 27-ago | 28-ago | 29-ago | SEM.5 | TOTAL |
|---|---|---|---|---|---|---|---|---|---|---|---|---|---|---|---|---|---|---|---|
| NTRADAS DE CAIXA | 50.000 | 50.000 | 50.000 | 50.000 | 50.000 | 250.000 | 50.000 | 50.000 | 50.000 | 50.000 | 50.000 | 250.000 | 50.000 | 50.000 | 50.000 | 50.000 | 50.000 | 250.000 | 1.050.000 |
| COBRANÇA DE DUPLICATAS | | | | | | 0 | | | | | | 0 | | | | | | 0 | 0 |
| ENDA A VISTA | 50.000 | 50.000 | 50.000 | 50.000 | 50.000 | 250.000 | 50.000 | 50.000 | 50.000 | 50.000 | 50.000 | 250.000 | 50.000 | 50.000 | 50.000 | 50.000 | 50.000 | 250.000 | 1.050.000 |
| UTRAS CONTAS A RECEBER | | | | | | 0 | | | | | | 0 | | | | | | 0 | 0 |
| UROS RECEBIDOS | | | | | | 0 | | | | | | 0 | | | | | | 0 | 0 |
| | | | | | | 0 | | | | | | 0 | | | | | | 0 | 0 |
| AIDAS DE CAIXA | 35.015 | 35.015 | 35.015 | 35.015 | 75.015 | 215.075 | 35.015 | 35.015 | 57.015 | 35.015 | 35.015 | 197.075 | 38.015 | 35.015 | 35.015 | 35.015 | 103.015 | 246.075 | 893.430 |
| ESPESAS COM PESSOAL | 0 | 0 | 0 | 0 | 40.000 | 40.000 | 0 | 0 | 20.000 | 0 | 0 | 20.000 | 0 | 0 | 0 | 0 | 65.000 | 65.000 | 133.000 |
| ALARIOS & ENCARGOS SOCIAIS | | | | | 40.000 | 40.000 | | | 20.000 | | | 20.000 | 0 | | | | 60.000 | 60.000 | 128.000 |
| ENEFICIOS - VALE TRANSP / ASSIST MED / TR | | | | | | 0 | | | | | | 0 | | | | | 5.000 | 5.000 | 5.000 |
| REINAMENTO | | | | | | 0 | | | | | | 0 | | | | | | 0 | 0 |
| | | | | | | 0 | | | | | | 0 | | | | | | 0 | 0 |
| ORNECEDORES | 0 | 0 | 0 | 0 | 0 | 0 | 0 | 0 | 0 | 0 | 0 | 0 | 0 | 0 | 0 | 0 | 0 | 0 | 0 |
| EASING / FINANCIAMENTOS | | | | | | 0 | | | | | | 0 | | | | | | 0 | 0 |
| EGUROS | | | | | | 0 | | | | | | 0 | | | | | | 0 | 0 |
| ORREIO | | | | | | 0 | | | | | | 0 | | | | | | 0 | 0 |
| | | | | | | 0 | | | | | | 0 | | | | | | 0 | 0 |
| MPOSTOS & TAXAS | 0 | 0 | 0 | 0 | 0 | 0 | 0 | 0 | 2.000 | 0 | 0 | 2.000 | 3.000 | 0 | 0 | 0 | 0 | 3.000 | 5.100 |
| SS/PIS/COFINS | | | | | | 0 | | | 2.000 | | | 2.000 | | | | | | 0 | 2.000 |
| PTU | | | | | | 0 | | | | | | 0 | | | | | | 0 | 100 |
| MPOSTO DE RENDA | | | | | | 0 | | | | | | 0 | | | | | | 0 | 0 |
| CMS | | | | | | 0 | | | | | | 0 | 3.000 | | | | | 3.000 | 3.000 |
| ORNECEDORES DE MATERIA PRIMA | 35.000 | 35.000 | 35.000 | 35.000 | 35.000 | 175.000 | 35.000 | 35.000 | 35.000 | 35.000 | 35.000 | 175.000 | 35.000 | 35.000 | 35.000 | 35.000 | 35.000 | 175.000 | 735.000 |
| | | | | | | | | | | | | | | | | | | | |
| ERVIÇOS PROFISSIONAIS | | | | | | 0 | | | | | | 0 | 0 | | | | 3.000 | 3.000 | 3.000 |
| | | | | | | | | | | | | | | | | | | | |
| UTRAS DESPESAS | 15 | 15 | 15 | 15 | 15 | 75 | 15 | 15 | 15 | 15 | 15 | 75 | 15 | 15 | 15 | 15 | 15 | 75 | 17.330 |
| NERGIA ELETRICA / AGUA | | | | | | 0 | | | | | | 0 | | | | | | 0 | 5.000 |
| ELEFONES | | | | | | 0 | | | | | | 0 | | | | | | 0 | 12.000 |
| EEMBOLSO RELATORIOS DESPESAS VIAGEM | | | | | | 0 | | | | | | 0 | | | | | | 0 | 0 |
| OMBUSTIVEL | | | | | | 0 | | | | | | 0 | | | | | | 0 | 0 |
| NVESTIMENTOS | | | | | | 0 | | | | | | 0 | | | | | | 0 | 0 |
| ESPESAS BANCÁRIAS | 15 | 15 | 15 | 15 | 15 | 75 | 15 | 15 | 15 | 15 | 15 | 75 | 15 | 15 | 15 | 15 | 15 | 75 | 330 |
| | | | | | | 0 | | | | | | 0 | | | | | | 0 | 0 |
| | | | | | | 0 | | | | | | 0 | | | | | | 0 | 0 |
| ALDO INICIAL DO DIA | 214.795 | 229.780 | 244.765 | 259.750 | 274.735 | 214.795 | 249.720 | 264.705 | 279.690 | 272.675 | 287.660 | 249.720 | 302.645 | 314.630 | 329.615 | 344.600 | 359.585 | 302.645 | 200.000 |
| ALDO FINAL DO DIA | 229.780 | 244.765 | 259.750 | 274.735 | 249.720 | 249.720 | 264.705 | 279.690 | 272.675 | 287.660 | 302.645 | 302.645 | 314.630 | 329.615 | 344.600 | 359.585 | 306.570 | 306.570 | 356.570 |

## *5.5 – FLUXO DE CAIXA DIRETO FINANCEIRO – REALIZADO*

Neste tópico será apresentado o *cash flow* financeiro realizado do mês ago-x1:

### *5.5.1 PREMISSAS MÉTODO DIRETO – DFC REALIZADA – DO MÊS DE AGO-X1 – EMPRESA CRASSUS LTDA*

### *5.5.2 Data base de elaboração do fluxo de caixa realizado: SET-X1*

### *5.5.3 Saldo inicial do caixa em AGO-X1: R$ 200.000*

### *5.5.4 FATURAMENTO:*

| Faturamento Real ocorrido em Agosto: 50.000 por dia (de segunda a sexta feira ),porém, nos dois últimos dias úteis do mês foram faturados R$ 100.000 por dia respectivamente. |
|---|
| Condição de Venda : A Vista |
| Inadimplência ocorrida: Não ocorreu |

### *5.5.5 0 Valor total da Folha de Pagamento e Encargos Sociais de Agosto:*

| Pagamento dos Salários dia 30 – R$ 65.000 |
|---|
| adiantamento de Salários dia 08 – R$ 45.000 |
| INSS dia 20 – R$ 20.000 |
| FGTS dia 05 – R$ 8.000 |
| Benefícios (Assistência Médica, TR e VT) dia 29 – R$ 5.000 |
| Treinamento dia 01 – R$ 7.000 |

### *5.5.6 Compra de Autopeças para Revenda:*

R$ 35.000 diário até o dia 27.08.14. Nos dias 28 e 29 foram comprados 70.000 por dia respetivamente.

### *5.5.7 Impostos e contribuições*

| ICMS Pago dia 25 : R$ 3.000 |
|---|
| PIS/COFINS – Pago dia 20 : R$ 2.000 |
| IPTU Pago no primeiro dia do mês: R$ 100 |

### *5.5.8 Rateio Previsto de despesas*

| Água / Luz: R$ 5.000 mensais – pagamento todo dia 5 |
|---|
| Telefone: R$ 12.000 mensais – pagamento todo dia 7 |
| Despesas bancárias : R$ 20 por dia |
| Serviços Profissionais: advogado & Contador R$ 3.000 mensais pagos no dia 29 |

EMPRESA CRASSUS LTDA

FLUXO DE CAIXA REALIZADO

AGO-X1

EMPRESA CRASSUS LTDA

FLUXO DE CAIXA REALIZADO

AGO-X1

| | | | | | 01-ago | SEM.1 | 04-ago | 05-ago | 06-ago | 07-ago | 08-ago | SEM.2 |
|---|---|---|---|---|---|---|---|---|---|---|---|---|
| ENTRADAS DE CAIXA | 0 | 0 | 0 | 0 | 50.000 | 60.000 | 50.000 | 50.000 | 50.000 | 50.000 | 50.000 | 250.000 |
| COBRANÇA DE DUPLICATAS | | | | | | 0 | | | | | | 0 |
| VENDA A VISTA | | | | | 50.000 | 60.000 | 50.000 | 50.000 | 50.000 | 50.000 | 50.000 | 250.000 |
| OUTRAS CONTAS A RECEBER | | | | | | 0 | | | | | | 0 |
| JUROS RECEBIDOS | | | | | | 0 | | | | | | 0 |
| | | | | | | 0 | | | | | | 0 |
| SAIDAS DE CAIXA | 0 | 0 | 0 | 0 | 42.120 | 42.120 | 35.020 | 48.020 | 35.020 | 47.020 | 80.020 | 245.100 |
| DESPESAS COM PESSOAL | 0 | 0 | 0 | 0 | 7.000 | 7.000 | 0 | 8.000 | 0 | 0 | 45.000 | 53.000 |
| SALARIOS & ENCARGOS SOCIAIS | | | | | | 0 | | 8.000 | | | 45.000 | 53.000 |
| BENEFICIOS VALE TRANSP/ASSIST MED/TR | | | | | | 0 | | | | | | 0 |
| TREINAMENTO | | | | | 7.000 | 7.000 | | | | | | 0 |
| | | | | | | 0 | | | | | | 0 |
| FORNECEDORES | 0 | 0 | 0 | 0 | 0 | 0 | 0 | 0 | 0 | 0 | 0 | 0 |
| LEASING/FINANCIAMENTO | | | | | | 0 | | | | | | 0 |
| SEGUROS | | | | | | 0 | | | | | | 0 |
| CORREIO | | | | | | 0 | | | | | | 0 |
| | | | | | | 0 | | | | | | 0 |
| IMPOSTOS & TAXAS | 0 | 0 | 0 | 0 | 100 | 100 | 0 | 0 | 0 | 0 | 0 | 0 |
| ISS/PIS/COFINS | | | | | | 0 | | | | | | 0 |
| IPTU | | | | | 100 | 100 | | | | | | 0 |
| IMPOSTO DE RENDA | | | | | | 0 | | | | | | 0 |
| ICMS | | | | | | 0 | | | | | | 0 |
| FORNECEDORES DE MATERIA PRIMA | 0 | 0 | 0 | 0 | 35.000 | 35.000 | 35.000 | 35.000 | 35.000 | 35.000 | 35.000 | 175.000 |
| SERVIÇOS PROFISSIONAIS | | | | | 0 | 0 | | | | | | 0 |
| OUTRAS DESPESAS | 0 | 0 | 0 | 0 | 20 | 20 | 20 | 5.020 | 20 | 12.020 | 20 | 17.100 |
| ENERGIA ELETRICA / AGUA | | | | 0 | | 0 | | 5.000 | | | | 5.000 |
| TELEFONE | | | | | | 0 | | | | 12.000 | | 12.000 |
| REEMBOLSO RELATORIOS DESPESAS VIAGEM | | | | | | 0 | | | | | | 0 |
| COMBUSTIVEL | | | | | | 0 | | | | | | 0 |
| INVESTIMENTOS | | | | | | 0 | | | | | | 0 |
| DESPESAS BANCARIAS | 0 | 0 | 0 | 0 | 20 | 20 | 20 | 20 | 20 | 20 | 20 | 100 |
| | | | | | | 0 | | | | | | 0 |
| | | | | | | 0 | | | | | | 0 |
| SALDO INICIAL DO DIA | 200.000 | 200.000 | 200.000 | 200.000 | 200.000 | 200.000 | 207.880 | 222.860 | 224.840 | 239.820 | 242.800 | 207.880 |
| SALDO FINAL DO DIA | 200.000 | 200.000 | 200.000 | 200.000 | 207.880 | 207.880 | 222.860 | 224.840 | 239.820 | 242.800 | 212.780 | 212.780 |

| | 11-ago | 12-ago | 13-ago | 14-ago | 15-ago | SEM.3 | 18-ago | 19-ago | 20-ago | 21-ago | 22-ago | SEM.4 | 25-ago | 26-ago | 27-ago | 28-ago | 29-ago | SEM.5 | TOTAL |
|---|---|---|---|---|---|---|---|---|---|---|---|---|---|---|---|---|---|---|---|
| ENTRADAS DE CAIXA | 50.000 | 50.000 | 50.000 | 50.000 | 50.000 | 250.000 | 50.000 | 50.000 | 50.000 | 50.000 | 50.000 | 250.000 | 50.000 | 50.000 | 50.000 | 100.000 | 100.000 | 360.000 | 1.150.000 |
| COBRANÇA DE DUPLICATAS | | | | | | 0 | | | | | | 0 | | | | | | 0 | 0 |
| VENDA A VISTA | 50.000 | 50.000 | 50.000 | 50.000 | 50.000 | 250.000 | 50.000 | 50.000 | 50.000 | 50.000 | 50.000 | 250.000 | 50.000 | 50.000 | 50.000 | 100.000 | 100.000 | 360.000 | 1.150.000 |
| OUTRAS CONTAS A RECEBER | | | | | | 0 | | | | | | 0 | | | | | | 0 | 0 |
| JUROS RECEBIDOS | | | | | | 0 | | | | | | 0 | | | | | | 0 | 0 |
| | | | | | | 0 | | | | | | 0 | | | | | | 0 | 0 |
| SAIDAS DE CAIXA | 35.020 | 35.020 | 35.020 | 35.020 | 35.020 | 175.100 | 35.020 | 35.020 | 57.020 | 35.020 | 35.020 | 197.100 | 38.020 | 35.020 | 35.020 | 70.020 | 143.020 | 321.100 | 980.520 |
| DESPESAS COM PESSOAL | 0 | 0 | 0 | 0 | 0 | 0 | 0 | 0 | 20.000 | 0 | 0 | 20.000 | 0 | 0 | 0 | 0 | 70.000 | 70.000 | 150.000 |
| SALARIOS & ENCARGOS SOCIAIS | | | | | | 0 | | | 20.000 | | | 20.000 | | | | | 65.000 | 65.000 | 138.000 |
| BENEFICIOS VALE TRANSP/ASSIST MED/TR | | | | | | 0 | | | | | | 0 | | 0 | | | 5.000 | 5.000 | 5.000 |
| TREINAMENTO | | | | | | 0 | | | | | | 0 | | 0 | | | | 0 | 7.000 |
| | | | | | | 0 | | | | | | 0 | | | | | | 0 | 0 |
| FORNECEDORES | 0 | 0 | 0 | 0 | 0 | 0 | 0 | 0 | 0 | 0 | 0 | 0 | 0 | 0 | 0 | 0 | 0 | 0 | 0 |
| LEASING/FINANCIAMENTO | | | | | | 0 | | | | | | 0 | | | | | | 0 | 0 |
| SEGUROS | | | | | | 0 | | | | | | 0 | | | | | | 0 | 0 |
| CORREIO | | | | | | 0 | | | | | | 0 | | | | | | 0 | 0 |
| | | | | | | 0 | | | | | | 0 | | | | | | 0 | 0 |
| IMPOSTOS & TAXAS | 0 | 0 | 0 | 0 | 0 | 0 | 0 | 0 | 2.000 | 0 | 0 | 2.000 | 3.000 | 0 | 0 | 0 | 0 | 3.000 | 5.100 |
| ISS/PIS/COFINS | | | | | | 0 | | | 2.000 | | | 2.000 | | | | | | 0 | 2.000 |
| IPTU | | | | | | 0 | | | | | | 0 | | | | | | 0 | 100 |
| IMPOSTO DE RENDA | | | | | | 0 | | | | | | 0 | | | | | | 0 | 0 |
| ICMS | | | | | | 0 | | | | | | 0 | 3.000 | | | | | 3.000 | 3.000 |
| FORNECEDORES DE MATERIA PRIMA | 35.000 | 35.000 | 35.000 | 35.000 | 35.000 | 175.000 | 35.000 | 35.000 | 35.000 | 35.000 | 35.000 | 175.000 | 35.000 | 35.000 | 35.000 | 70.000 | 70.000 | 245.000 | 805.000 |
| SERVIÇOS PROFISSIONAIS | | | | | | 0 | | | | | | 0 | 0 | | | | 3.000 | 3.000 | 3.000 |
| OUTRAS DESPESAS | 20 | 20 | 20 | 20 | 20 | 100 | 20 | 20 | 20 | 20 | 20 | 100 | 20 | 20 | 20 | 20 | 20 | 100 | 17.420 |
| ENERGIA ELETRICA / AGUA | | | | | | 0 | | | | | | 0 | | | | | | 0 | 5.000 |
| TELEFONE | | | | | | 0 | | | | | | 0 | | | | | | 0 | 12.000 |
| REEMBOLSO RELATORIOS DESPESAS VIAGEM | | | | | | 0 | | | | | | 0 | | | | | | 0 | 0 |
| COMBUSTIVEL | | | | | | 0 | | | | | | 0 | | | | | | 0 | 0 |
| INVESTIMENTOS | | | | | | 0 | | | | | | 0 | | | | | | 0 | 0 |
| DESPESAS BANCARIAS | 20 | 20 | 20 | 20 | 20 | 100 | 20 | 20 | 20 | 20 | 20 | 100 | 20 | 20 | 20 | 20 | 20 | 100 | 420 |
| | 0 | | | | | 0 | | | | | | 0 | | | | | | 0 | 0 |
| | | | | | | 0 | | | | | | 0 | | | | | | 0 | 0 |
| SALDO INICIAL DO DIA | 212.780 | 227.760 | 242.740 | 257.720 | 272.700 | 212.780 | 287.680 | 302.660 | 317.640 | 310.620 | 325.600 | 287.680 | 340.580 | 352.560 | 367.540 | 382.520 | 412.500 | 340.580 | 200.000 |
| SALDO FINAL DO DIA | 227.760 | 242.740 | 257.720 | 272.700 | 287.680 | 287.680 | 302.660 | 317.640 | 310.620 | 325.600 | 340.580 | 340.580 | 352.560 | 367.540 | 382.520 | 412.500 | 369.480 | 369.480 | 369.480 |

## *5.6 – FLUXO DE CAIXA DIRETO FINANCEIRO – COMPARADO*

Por fim, neste item compara-se o item 5.4 Previsto com o item 5.5 Realizado

### *5.6.1 PREMISSAS MÉTODO DIRETO – DFC COMPARADA – ENTRE PREVISTO X REALIZADO DO MÊS DE AGO-X1 – EMPRESA CRASSUS LTDA*

Os dados da DFC prevista e realizada são comparados semanalmente e as divergências identificadas no respectivo relatório. Com estes dados concretos, o administrador deverá tomar as providências para corrigir eventuais desvios da previsão.

**EMPRESA CRASSUS LTDA**
FLUXO COMPARATIVO
**FLUXO COMPARATIVO SEMANAL**
**PREVISTO X REAL**

**AGO-X1**

| | 1a.SEMANA | | | 2a.SEMANA | | | 3a.SEMANA | | | 4a.SEMANA | | | 5a.SEMANA | | | ACUM MÊS | | |
|---|---|---|---|---|---|---|---|---|---|---|---|---|---|---|---|---|---|---|
| | REAL | PREVISTO | VAR. | REAL | PREVISTO | VAR. | REAL | PREVISTO | VAR. | REAL | PREVISTO | VAR. | REAL | PREVISTO | VAR. | REAL | PREVISTO | VAR. |
| ENTRADAS DE CAIXA | 50.000 | 50.000 | 0 | 250.000 | 250.000 | 0 | 250.000 | 250.000 | 0 | 250.000 | 250.000 | 0 | 350.000 | 250.000 | -100.000 | 1.150.000 | 1.050.000 | -100.000 |
| COBRANÇA DE DUPLICATAS | 0 | 0 | 0 | 0 | 0 | 0 | 0 | 0 | 0 | 0 | 0 | 0 | 0 | 0 | 0 | 0 | 0 | 0 |
| VENDA A VISTA | 50.000 | 50.000 | 0 | 250.000 | 250.000 | 0 | 250.000 | 250.000 | 0 | 250.000 | 250.000 | 0 | 350.000 | 250.000 | -100.000 | 1.150.000 | 1.050.000 | -100.000 |
| OUTRAS CONTAS A RECEBER | 0 | 0 | 0 | 0 | 0 | 0 | 0 | 0 | 0 | 0 | 0 | 0 | 0 | 0 | 0 | 0 | 0 | 0 |
| JUROS RECEBIDOS | 0 | 0 | 0 | 0 | 0 | 0 | 0 | 0 | 0 | 0 | 0 | 0 | 0 | 0 | 0 | 0 | 0 | 0 |
| | 0 | 0 | 0 | 0 | 0 | 0 | 0 | 0 | 0 | 0 | 0 | 0 | 0 | 0 | 0 | 0 | 0 | 0 |
| SAIDAS DE CAIXA | 42.120 | 35.130 | -6.990 | 245.100 | 200.075 | -45.025 | 175.100 | 215.075 | 39.975 | 197.100 | 197.075 | -25 | 321.100 | 246.075 | -75.025 | 980.520 | 893.430 | -87.090 |
| DESPESAS COM PESSOAL | 7.000 | 0 | -7.000 | 53.000 | 8.000 | -45.000 | 0 | 40.000 | 40.000 | 20.000 | 20.000 | 0 | 70.000 | 65.000 | -5.000 | 150.000 | 133.000 | -17.000 |
| SALARIOS & ENCARGOS | 0 | 0 | 0 | 53.000 | 8.000 | -45.000 | 0 | 40.000 | 40.000 | 20.000 | 20.000 | 0 | 65.000 | 60.000 | -5.000 | 138.000 | 128.000 | -10.000 |
| BENEFICIOS VALE TRANSP/ASSIST MED/TR | 0 | 0 | 0 | 0 | 0 | 0 | 0 | 0 | 0 | 0 | 0 | 0 | 5.000 | 5.000 | 0 | 5.000 | 5.000 | 0 |
| TREINAMENTO | 7.000 | 0 | -7.000 | 0 | 0 | 0 | 0 | 0 | 0 | 0 | 0 | 0 | 0 | 0 | 0 | 7.000 | 0 | -7.000 |
| | 0 | 0 | 0 | 0 | 0 | 0 | 0 | 0 | 0 | 0 | 0 | 0 | 0 | 0 | 0 | 0 | 0 | 0 |
| FORNECEDORES | 0 | 0 | 0 | 0 | 0 | 0 | 0 | 0 | 0 | 0 | 0 | 0 | 0 | 0 | 0 | 0 | 0 | 0 |
| LEASING/FINANCIAMENTOS | 0 | 0 | 0 | 0 | 0 | 0 | 0 | 0 | 0 | 0 | 0 | 0 | 0 | 0 | 0 | 0 | 0 | 0 |
| SEGUROS | 0 | 0 | 0 | 0 | 0 | 0 | 0 | 0 | 0 | 0 | 0 | 0 | 0 | 0 | 0 | 0 | 0 | 0 |
| CORREIO | 0 | 0 | 0 | 0 | 0 | 0 | 0 | 0 | 0 | 0 | 0 | 0 | 0 | 0 | 0 | 0 | 0 | 0 |
| | 0 | 0 | 0 | 0 | 0 | 0 | 0 | 0 | 0 | 0 | 0 | 0 | 0 | 0 | 0 | 0 | 0 | 0 |
| IMPOSTOS & TAXAS | 100 | 100 | 0 | 0 | 0 | 0 | 0 | 0 | 0 | 2.000 | 2.000 | 0 | 3.000 | 3.000 | 0 | 5.100 | 5.100 | 0 |
| ISS/PIS/COFINS | 0 | 0 | 0 | 0 | 0 | 0 | 0 | 0 | 0 | 2.000 | 2.000 | 0 | 0 | 0 | 0 | 2.000 | 2.000 | 0 |
| IPTU | 100 | 100 | 0 | 0 | 0 | 0 | 0 | 0 | 0 | 0 | 0 | 0 | 0 | 0 | 0 | 100 | 100 | 0 |
| IMPOSTO DE RENDA | 0 | 0 | 0 | 0 | 0 | 0 | 0 | 0 | 0 | 0 | 0 | 0 | 0 | 0 | 0 | 0 | 0 | 0 |
| ICMS | 0 | 0 | 0 | 0 | 0 | 0 | 0 | 0 | 0 | 0 | 0 | 0 | 3.000 | 3.000 | 0 | 3.000 | 3.000 | 0 |
| FORNECEDORES DE MATERIA PRIMA | 35.000 | 35.000 | 0 | 175.000 | 175.000 | 0 | 175.000 | 175.000 | 0 | 175.000 | 175.000 | 0 | 245.000 | 175.000 | -70.000 | 805.000 | 735.000 | -70.000 |
| SERVIÇOS PROFISSIONAIS | 0 | 0 | 0 | 0 | 0 | 0 | 0 | 0 | 0 | 0 | 0 | 0 | 3.000 | 3.000 | 0 | 3.000 | 3.000 | 0 |
| OUTRAS DESPESAS | 20 | 30 | 10 | 17.100 | 17.075 | -25 | 100 | 75 | -25 | 100 | 75 | -25 | 100 | 75 | -25 | 17.420 | 17.330 | -90 |
| ENERGIA ELETRICA / AGUA | 0 | 0 | 0 | 5.000 | 5.000 | 0 | 0 | 0 | 0 | 0 | 0 | 0 | 0 | 0 | 0 | 5.000 | 5.000 | 0 |
| TELEFONE | 0 | 0 | 0 | 12.000 | 12.000 | 0 | 0 | 0 | 0 | 0 | 0 | 0 | 0 | 0 | 0 | 12.000 | 12.000 | 0 |
| REEMBOLSO RELATORIOS DESPESA VIAGEM | 0 | 0 | 0 | 0 | 0 | 0 | 0 | 0 | 0 | 0 | 0 | 0 | 0 | 0 | 0 | 0 | 0 | 0 |
| COMBUSTIVEL | 0 | 0 | 0 | 0 | 0 | 0 | 0 | 0 | 0 | 0 | 0 | 0 | 0 | 0 | 0 | 0 | 0 | 0 |
| INVESTIMENTOS | 0 | 0 | 0 | 0 | 0 | 0 | 0 | 0 | 0 | 0 | 0 | 0 | 0 | 0 | 0 | 0 | 0 | 0 |
| DESPESAS BANCARIAS | 20 | 30 | 10 | 100 | 75 | -25 | 100 | 75 | -25 | 100 | 75 | -25 | 100 | 75 | -25 | 420 | 330 | -90 |
| | 0 | 0 | 0 | 0 | 0 | 0 | 0 | 0 | 0 | 0 | 0 | 0 | 0 | 0 | 0 | 0 | 0 | 0 |
| | 0 | 0 | 0 | 0 | 0 | 0 | 0 | 0 | 0 | 0 | 0 | 0 | 0 | 0 | 0 | 0 | 0 | 0 |
| SALDO INICIAL DA SEMANA | 200.000 | 200.000 | 0 | 207.880 | 164.870 | -43.010 | 212.780 | 214.795 | 2.015 | 287.680 | 249.720 | -37.960 | 340.580 | 302.645 | -37.935 | 200.000 | 200.000 | 0 |
| SALDO FINAL DA SEMANA | 207.880 | 164.870 | -43.010 | 212.780 | 214.795 | 2.015 | 287.680 | 249.720 | -37.960 | 340.580 | 302.645 | -37.935 | 369.480 | 306.570 | -62.910 | 369.480 | 356.570 | -12.910 |

## 6 CONCLUSÕES

Para a elaboração da DFC pelo método indireto é necessário preliminarmente encerrar a DRE e o Balanço Patrimonial com todas as contas devidamente reconciliadas e analisadas por um profissional da área de contabilidade. Após o fechamento contábil, a DFC do período encerrado (realizado) deve ser preparada nos moldes dos princípios contábeis e Normas Brasileiras de Contabilidade (CPC-3) dentro do regime de competência, com a finalidade de comparar o que foi realizado com a DFC prevista (projetada) elaborada anteriormente. Entendemos que o mais importante nesta análise é detectar e entender os desvios ocorridos e tomar as ações necessárias para sua correção.

No caso da elaboração da DFC pelo método direto, ela deve ser elaborada preferencialmente por um profissional contábil, utilizando-se das entradas e saídas financeiras dentro do regime de caixa, baseados principalmente na movimentação bancária conciliada com os extratos bancários e de movimentação caixa.

Adicionalmente foi demonstrado o fluxo de caixa direto financeiro confeccionado pelo departamento financeiro da empresa que se constitui como uma ferramenta dinâmica que permite um acompanhamento diário entre previsto e realizado, ao contrário do método direto ou indireto que via de regra é feito mensalmente.

Com relação ao método do fluxo de caixa descontado, o mesmo, via de regra é utilizado para trazer a valor presente a geração futura de fluxos (ou até resultados) de caixa. Costumeiramente é utilizado na elaboração avaliação de retorno de investimentos, alavancagem financeira e principalmente no processo de compra e venda de empresas, onde a geração de fluxo de caixa influi sensivelmente na precificação do ativo. Vale a pena destacar que esta sistemática depende de uma taxa de retorno a ser definida pelo empreendedor, como também, existem diferentes formas de elaboração de cálculo.

Qualquer método utilizado possibilitará ao administrador o controle financeiro da empresa, porém, de acordo com as normas e convenções vigentes a contabilidade obrigatoriamente deverá preparar a DFC pelo método indireto ou direto, e adicional e opcionalmente poderá elaborar outra DFC pelo método direto financeiro. Na prática do cotidiano a empresa utiliza os dois métodos na condução dos seus negócios.

Observamos que a correta interpretação e análise da DFC se refletem nas decisões econômicas e financeiras da empresa, pois permite analisar os resultados já realizados, e projetar cenários futuros com o objetivo de melhorar resultados econômicos e financeiros, estabelecendo inclusive, metas a serem cumpridas. Não podemos deixar de alertar que pode existir uma empresa que tenha um excelente produto com margens elevadas de lucro, porém, se não houver capital de giro para assegurar o negócio, certamente esta empresa não logrará êxito e não conseguirá levar adiante seu plano de negócios. [73]

Evidente que o objetivo principal da previsão de fluxo de caixa é saber com antecedência se haverá falta ou excesso de recursos financeiros para a gestão dos negócios, lembrando que as decisões tomadas com antecedência se refletem no custo das operações financeiras.

Destacamos também os riscos da operação denominada alavancagem financeira[74], pois não podemos deixar de considerar que a margem de lucro do projeto deve obrigatoriamente cobrir as despesas financeiras do custo do capital de terceiros investido no plano, caso contrário, haverá uma descapitalização da empresa, podendo tornar o empreendimento inviável e a empresa inadimplente. Evidente que o excesso de alavancagem e endividamento podem comprometer os resultados para o pagamento dos juros.

Para comentar, e tão somente para comentar, atualmente muitas empresas estrangeiras e nacionais efetuam o pagamento de bônus anual para seus principais executivos baseado no resultado financeiro (lucro) e metas individuais cumpridas, porém, já por alguns anos condiciona-se o pagamento do bônus integral somente se houver a geração de fluxo de caixa livre (*free cash flow*).

Concluímos que a correta preparação, análise e gestão da DFC deve ser levada em consideração pela direção da empresa como instrumento de tomada de decisões financeiras, pois se uma empresa supostamente obtém lucro, ela deve estar gerando caixa e, se estiver apresentando prejuízo, estará consumindo recursos financeiros ou sendo financiada por capitais de terceiros ou próprios. Portanto, o gestor financeiro deve estar atento às movimentações e geração de caixa, assim como, eventuais incorreções nos procedimentos contábeis financeiros adotados.

---

73 CAROTA, José Carlos, DOMANICO FILHO, Roberto. *Riscos empresariais contemporâneos*. São Paulo: Allprint, 2011, p. 86.

74 Alavancagem Financeira: utilização de recursos de terceiros com a finalidade de incrementar a rentabilidade de um investimento. ASSAF NETO, Alexandre. *Finanças Corporativas e Valor*. São Paulo: Atlas, 2008, p. 691.

# 10 ORÇAMENTO EMPRESARIAL - PLANEJAMENTO E CONTROLE DE RESULTADOS


**RESUMO**

Trata-se de um estudo do conceito do **orçamento** empresarial **previsto, realizado** e comparado, sua elaboração e problemáticas da administração com relação à gestão e execução do respectivo. Também demonstra-se com um **caso prático** a elaboração de um orçamento previsto definindo-se as premissas e elaborando-se uma previsão financeira em termos de demonstração do resultado do exercício e balanço patrimonial.



**PALAVRAS-CHAVE**: orçamento, previsto, realizado, caso prático.



**ABSTRACT**

This is a study of the concept of corporate **forecast** budget, carried out and compared, their preparation and management problems with respect to the administration and execution of its. It also shows up with a practical case to prepare a projected budget defining the assumptions and elaborating a financial forecast in terms of the income statement and balance sheet for the year.



**KEYWORDS:** budget, forecast, carried out, practical case.


**SUMÁRIO:** 1. Introdução, 2. Conceito, 3. Principais Contas orçamentárias e áreas envolvidas, 4. Problemas na Elaboração e Controle, 5. Caso Prático – análises e proposições, 6. Conclusões.

## 1 INTRODUÇÃO

O presente artigo busca abrir o entendimento dos principais conceitos do orçamento empresarial como ferramenta de planejamento e controle de resultados financeiros, para na sequência efetuar uma aplicação prática da teoria referenciada. O objetivo é capacitar o leitor no sentido de elaborar, analisar e entender o processo de confecção e gestão de um orçamento dentro de um contexto empresarial.

Pretendemos primeiramente discutir de forma breve o conceito de orçamento e as principais áreas que integram sua preparação. Posteriormente, se apresentam os principais problemas que surgem na sua composição, controle e gestão. Na sequência, desenvolve-se um caso prático de elaboração de orçamento, e por fim, as conclusões finais, as quais devem ser de utilidade prática por parte dos administradores, empresários e estudantes.

As reflexões em torno do tema irão contribuir com o planejamento da gestão empresarial no sentido de prever, analisar e controlar as atividades econômicas e financeiras futuras e os respectivos resultados.

## 2 CONCEITO

Todas as sociedades empresárias[75], não empresárias, governos e organizações não governamentais, sejam elas de pequeno, médio ou grande porte, ou ainda nacionais e multinacionais devem, obrigatoriamente no mínimo, uma vez por ano elaborar um orçamento ou *budge*t [76] para o próximo período de tempo subsequente, que poderá ser de um ano ou mais. Geralmente, no caso das empresas brasileiras este período de tempo segue o calendário Gregoriano[77] e Fiscal, porém, exceções existem no caso de empresas estrangeiras em que o ano fiscal não coincide com o calendário civil.

---

75 De acordo com o artigo 966 do Código Civil – Considera-se empresário quem exerce profissionalmente atividade econômica organizada para a produção ou a circulação de bens ou serviços. Parágrafo único não se considera empresário quem exerce profissão intelectual de natureza científica, literária ou artística, ainda como o concurso de auxiliares ou colaboradores, salvo se o exercício da profissão constituir elemento de empresa. FIUZA, Ricardo. *Código civil comentado*. São Paulo: Saraiva, 2010.

76 Budget: orçamento. MIGLIAVACCA, Paulo N. *Business dictionary*. São Paulo: Edicta, 1999.

77 Os dois calendários mais vulgares são: Juliano e Gregoriano. O calendário Juliano foi introduzido por Júlio César em todo o Império Romano. Os cristãos, adotaram-no, mas, no lugar das letras mundiais, para mostrar as feiras ou jogos dos romanos, puseram outras, para indicar os domingos e festas do ano. O calendário Gregoriano é o que foi estabelecido por Gregório XIII, que reformou o existente cortando dez dias que se haviam introduzido a maior no computo ordinário. Silva, De Plácido E. *Vocabulário jurídico*. Rio de Janeiro: Forense, 1984.

O objetivo da administração é: prever os resultados financeiros futuros projetados em um ou mais cenários econômicos e de mercado, bem como estabelecer metas, estratégicas e táticas baseado geralmente em um plano de negócios.

Glenn A. Welsh (1983, 15-18), define que o orçamento de uma empresa (plano de lucro) consiste em um plano administrativo abrangendo todas as fases das operações para um período futuro. É uma expressão formal das políticas, planos, objetivos e metas da alta administração para a empresa como um todo. Os objetivos de receita são expressos no orçamento de vendas; as metas de despesas são expressas no orçamento de despesas. Ambos devem ser alcançados para que se possa obter o lucro líquido e o retorno sobre o investimento planejado (ROI)[78].

Nessa ambiência, entendemos que o orçamento empresarial é um instrumento de planejamento financeiro utilizado para avaliação/controle e gestão da empresa que segue os princípios contábeis projetando um resultado contábil financeiro futuro dentro de um determinado cenário previsto. Esta projeção é realizada com base em dados históricos financeiros anteriores, bem como, previsões futuras envolvendo riscos e oportunidades.

Dentro deste contexto, podemos afirmar que existem cinco tipos de orçamentos diferentes em uma mesma empresa:

**A - Orçamento Previsto** – É uma previsão financeira (BP e DRE) para o próximo exercício financeiro. Deverá conter para o exercício seguinte: a previsão de todas as receitas, custos, despesas, investimentos, despesas financeiras, necessidade de capital de giro, estoque etc., enfim, é uma peça contábil financeira que deve prever um resultado futuro para que o administrador possa se antecipar aos fatos, tomando as ações necessárias, estabelecendo metas, detectando riscos e oportunidades, e assim, garantir e melhorar o resultado da empresa.

**B - Orçamento Realizado** – É o balanço patrimonial (BP), demonstração do resultado do exercício (DRE) e demonstração de fluxo de caixa (DFC) do período que já ocorreu. É o resultado apurado do período decorrido, que pode ser mensal ou anual.

78 *ROI – Return on Investment* – Retorno sobre o investimento. Migliavaca, Paulo N. *Business dictionary*. São Paulo: Edicta, 1999.

C - **Orçamento Comparado** - É a análise do período que foi previsto com o que efetivamente ocorreu na empresa. Em síntese, é a comparação entre o orçamento previsto e o balanço - BP, DRE e DFC realizado.

D - **Orçamento de Capital** - É a definição para compra de bens de capital para o período futuro. A finalidade é prever se haverá necessidade de aquisição deste tipo de bem, bem como, definir como serão obtidos os recursos para aquisição e realização dos investimentos necessários. Roos Westerfield Jaffer (2007, p. 24,25) define em sua obra Administração Financeira - *Corporate Finance* o orçamento de capital como "Usamos os termos orçamento de capital e dispêndios de capital para descrever o processo de realização e gestão de investimentos em ativos a longo prazo."

E - **Orçamento de Caixa** - É uma ferramenta básica de planejamento financeiro a curto prazo. Permite ao administrador financeiro identificar necessidades e oportunidades de financiamento a curto prazo. Pode dizer ao administrador qual é o financiamento necessário para o curto prazo. Consiste em um modo de identificar o hiato em termos de fluxo de caixa na linha de tempo dos fluxos. A ideia por trás do orçamento de caixa é simples: registrar as estimativas de entradas e saídas de caixa. [79]

Consideram-se importantes as previsões para os **excedentes** e **déficits** de caixa, como segue:

- Esperando um excesso de caixa, a administração pode planejar seus investimentos de curto prazo, como: pagamento de fornecedor antecipado com descontos, investimento no mercado de capitais etc.
- Prevendo déficits de caixa, é preciso planejar o financiamento de curto prazo ou negociação da dívida: descontos de duplicatas, notas promissórias, negociar data de vencimento junto ao fornecedor etc.

O orçamento de caixa condensa, num só relatório, as várias entradas e saídas de disponibilidades durante um determinado período de tempo.

79 JAFFE, Ross Westerfield. *Administração financeira – corporate finance*. São Paulo: Atlas, 2007, p. 609.

É muito comum um orçamento anual, detalhado mês a mês. Exemplo:

| | Jan. | Fev. | Mar. | Abr. | Mai. | Jun. |
|---|---|---|---|---|---|---|
| (+) Recebimento | | | | | | |
| (-) Pagamentos | | | | | | |
| (=) Fluxo Líquido de caixa | | | | | | |
| (+) Saldo inicial de caixa | | | | | | |
| (=) Saldo final de caixa | | | | | | |
| (+) Financiamentos necessários | | | | | | |
| (-) Aplicações | | | | | | |
| (=) Saldo final de Caixa após financiamento ou aplicações | | | | | | |

O orçamento deve ser preparado pelo *controller* ou gerente/diretor financeiro sob a supervisão de um Diretor Geral, que, por sua vez, deve apresentar o orçamento ou *budget* aos sócios ou acionistas para aprovação e, por fim, executá-lo, garantindo assim aos investidores o seu respectivo retorno.

Após aprovação, o orçamento deve ser comunicado para todas as áreas da empresa (centros de responsabilidade), pois ele contém o objetivo de todos os setores, em razão de ser uma fonte de informação para tomada decisões, e, além do mais, é um instrumento de autorização para liberação e contratação de recursos.

Também é solicitado por Bancos, Instituições Financeiras e Governamentais para captação de recursos financeiros para investimento, capital de giro, expansão dos negócios ou abertura de capital.

Portanto, o orçamento deve ser a bússola do gestor, ou melhor, o livro sagrado que deve ser seguido por todos os funcionários da empresa; afinal, todos eles contribuíram para a construção do *budget*, como exemplificado abaixo:

- a diretoria comercial efetuou a previsão de vendas, a diretoria de produção estimou os custos de produção e a necessidade de estoques;
- a diretoria de marketing elaborou um orçamento de gastos de propaganda e publicidade para o período, a diretoria de recursos humanos elaborou um orçamento para os gastos com salários, benefícios, treinamento e aumento de quadro, a diretoria financeira previu a necessidade ou excesso de recursos financeiros para o período, além de ser encarregada de montar o *budget* fazendo as respectivas análises entre o que foi previsto e o que foi efetivamente realizado;
- por último, a diretoria geral, que forneceu as diretrizes financeiras gerais da empresa para que todos caminhem num mesmo sentido e possam atingir o resultado esperado neste planejamento[80].;

## 3 PRINCIPAIS CONTAS ORÇAMENTÁRIAS E AREAS ENVOLVIDAS

O Orçamento é basicamente composto e formulado por todas as áreas da empresa, e o gestor ou diretor de cada divisão deverá fornecer os dados futuros para a elaboração do orçamento previsto. Estas informações devem ser baseadas em dados históricos anteriores com as devidas projeções futuras devidamente documentadas e fundamentadas.

80 Planejamento: um requisito fundamental do planejamento é que ele seja empreendido sobre um plano estabelecido e aceito de premissas coerentes de planejamento que o planejador compreende e concorda em utilizar. Cumpre traçar de imediato uma distinção entre previsões que são premissas de planejamento e previsões que se traduzem em futuras expectativas, habitualmente em termos financeiros, a partir de planos efetivamente desenvolvidos. (KONTZ, Harold. *Princípios de administração* – vol. 1. São Paulo: Pioneira, 1980, p. 129.)

Abaixo descrevemos as principais áreas da empresa e um breve resumo do tipo de informação a ser fornecida para a elaboração do orçamento. Evidente que cada empresa tem um negócio e produto diferente, portanto, a descrição abaixo não pretende esgotar o tema, e sim fornecer ao leitor a informação básica a ser inserida no contexto orçamentário:

**A - VENDAS** - É a informação mais importante a ser fornecida, pois toda a estrutura de custos, despesas e logística deverá ser construída baseada no volume de vendas previstas. Portanto, os dados mínimos a serem fornecidos devem ser os seguintes: quantidade, preço de venda, condições de pagamento, descontos condicionais e incondicionais, região destino das vendas (localidade), exportações, abertura de novos mercados, lançamento de novos produtos, estratégias de vendas, promoções, comissões sobre vendas, estrutura de vendas, despesas com vendas, data prevista para o faturamento. Em vista disso, é uma peça essencial, pois é através do orçamento de vendas que serão elaboradas as demais peças orçamentárias.

**B - PROPAGANDA & MARKETING** - Deverá fornecer os valores a serem gastos com propaganda, marketing, brindes, promoções e eventos para que as vendas sejam efetivamente alcançadas. Também deverá fornecer dados relativos à participação da empresa no mercado em relação à concorrência.

**C - PRODUÇÃO OU COMERCIALIZAÇÃO** - A industrialização ou comercialização deverá ser baseada na projeção de vendas, portanto, as informações devem abranger: quantidade de compra de matéria prima ou material para comercialização, período de estocagem, custo indireto de fabricação, manutenção de máquinas e equipamentos, preço da matéria prima e condições de pagamento, importações, desenvolvimento de novos produtos, mão de obra direta e indireta, certificações de qualidade, garantia, assistência técnica, tratamento da recuperação de tributos ICMS, IPI, PIS, COFINS. Referido orçamento tem como objetivo determinar a quantidade dos produtos fabricados/comercializados e políticas de estocagem em função do orçamento de vendas projetado.

**D - LOGÍSTICA** - Baseado nas vendas e produção os gastos a serem informados devem abranger: armazenagem e distribuição dos produtos ou serviços.

**E - ADMINISTRAÇÃO** - Deverá fornecer os gastos administrativos previstos, tais como: Segurança, Limpeza, Informática, Pró Labore, Dividendos e demais dispêndios necessários para o exercício da atividade principal da empresa.

**F - RECURSOS HUMANOS** - Os gastos deveram abranger: a folha de pagamento, encargos sociais, benefícios sociais, treinamento, aumento ou diminuição do quadro de funcionários em função do volume de vendas, dissídio anual, provisões para férias e décimo terceiro salário, indenizações e eventuais contingências.

**G - CONTROLADORIA** - Além de preparar o orçamento, deverá inserir as seguintes informações: tributos incidentes sobre as vendas, imposto de renda e contribuição social sobre o lucro e demais tributos incidentes na empresa, incentivos fiscais e demais gastos da controladoria, bem como o planejamento tributário.

**H - FINANCEIRO** - Deverá informar os gastos relativos às despesas ou receitas financeiras, necessidade de capital de giro, financiamentos para aquisição de bens de capital, financiamentos em geral, leasing, inadimplência, provisão para devedores duvidosos.

I - **JURÌDICO** - Eventuais contingências legais futuras ou possibilidade de perda de demandas, devem ser mensuradas e inseridas no orçamento.

**J - INVESTIMENTOS DE CAPITAL** - Tem como finalidade definir as necessidades de investimentos para aquisição de bens do imobilizado e intangíveis,

## 4 PROBLEMAS NA ELABORAÇÃO E CONTROLE

Podemos afirmar que, se o orçamento for cumprido, certamente haverá um *bônus*[81] para todos os gestores envolvidos, porém, caso isso não ocorra, não haverá o pagamento desta gratificação, além do que, provavelmente, cabeças vão rolar, dependendo do grau de gravidade dos números negativos apresentados.

A partir deste momento, começa a surgir a nossa problemática, pois todos nós sabemos que o *budget* é preparado pelos próprios funcioná-

81 *Bônus*: abono, prêmio, ágio, bonificação. MIGLIAVACCA, Paulo N. *Business Dictionary*. São Paulo: Edicta, 1999.

rios, gerentes e diretores, sob a orientação de um diretor geral, que, por sua vez, é o seu superior hierárquico. Portanto, considerando que todos respeitam e cumprem a hierarquia, aliado ao instinto de auto preservação e levando-se em consideração o fato de que a pressão exercida por parte dos acionistas para apresentação de resultados melhores é grande, observamos que alguns fatos podem começar a ocorrer, tais como: [82]

**4.1** A pressão exercida pelos sócios por resultados imediatos e melhores é tão grande que os gestores inserem no *budget* números que já sabem de antemão que não conseguirão cumprir, pois temem ser taxados de incompetentes, ou ainda, entrar em confronto com acionistas s superiores.

**4.2** A diretoria de vendas, com receio de não cumprir as metas estabelecidas, fornece um número de vendas aquém do que efetivamente pode vender, pois se ele vender menos será penalizado, mas se vender mais será premiado.

**4.3** Com relação às despesas e custos, geralmente as diretorias costumam superestimar os valores, pois se não gastarem o que foi previsto, serão recompensadas por essa suposta economia.

**4.4** Elaboração do *budget* sem dados técnicos e sem envolvimento de todos os funcionários na preparação do respectivo, ou seja, grande parte dos funcionários nem toma conhecimento de qual é a sua participação nos resultados.

**4.5** A fim de melhorar os resultados, alguns índices futuros e de mercado também podem ser previstos de maneira mais conveniente, ou ainda manipulados, por exemplo: taxa de juros, variação cambial da moeda estrangeira, índices de reajustes etc.

**4.6** As contingências legais, fiscais e trabalhistas não são tecnicamente interpretadas, dando ênfase ao pensamento subjetivo de que isto é pouco provável que ocorra.

**4.7** Planos sensacionais para reversão de um resultado negativo em positivo em um curto espaço de tempo. Geralmente é uma forma de tentar dar sobrevida a um negócio que não tem mais perspectiva futura e não se tem coragem, ou interesse, em revelar tal fato.

---

82 CAROTA, José Carlos, DOMANICO FILHO, Roberto. *Riscos empresariais contemporâneos*. São Paulo: Allprint, 2011, p. 69, 70.

**4.8** Falta de conhecimento técnico e prático do pessoal envolvido na preparação do *budget*, ocasionando cálculos incorretos na determinação do resultado.

**4.9** Excesso de conhecimento na manipulação de números para apresentar o que o acionista quer ver, e não necessariamente o que vai acontecer.

Como se observa acima, são muitos os fatores que podem interferir na elaboração de uma projeção financeira futura, devendo o gestor permanecer atento a todos eles.

Mas felizmente, ou infelizmente, nosso assunto não termina aqui, pois até agora falamos do *budget* previsto e o que eventualmente pode ocorrer. Agora, vamos falar do orçamento realizado e comparado, e suas consequências.

O *budget* previsto deve ser comparado com o resultado realizado, ou seja, o que efetivamente ocorreu - o balanço patrimonial e DRE realizado. Por exemplo, o resultado previsto do mês de janeiro (e acumulado do ano) deve ser comparado com o que realmente ocorreu (balanço de janeiro), e suas diferenças devem ser analisadas e as devidas providências tomadas para correção de rumo.

Primeiramente, devemos lembrar que os resultados são apurados pelo departamento financeiro/contabilidade que está subordinado a uma diretoria financeira, que, por sua vez, responde a uma diretoria geral e, costumeiramente, todos os gestores recebem bônus por desempenho dos resultados empresariais alcançados.

Nesse passo, considerando as pressões existentes, bem como o interesse do funcionário pela gratificação, aliado ao receio da perda do emprego, ou ainda ao encerramento das atividades empresariais, o gestor ou acionista deverá ficar atento aos seguintes fatos com referência aos resultados apresentados:[83]

**A** - Custos e despesas do mês corrente lançados no mês seguinte, não obedecendo ao regime de competência;

**B** - Antecipação de receitas, notas fiscais de vendas emitidas em um mês, porém com as mercadorias sendo entregues no mês seguinte;

83 CAROTA, José Carlos. DOMANICO FILHO, Roberto. *Riscos empresariais contemporâneos*. São Paulo: Allprint, 2011, p. 71-73.

**C** - Notas fiscais de vendas emitidas no fim do mês e canceladas no início do mês subsequente;

**D** - Não contabilização de provisões de contingências, despesas diversas e juros passivos;

**E** - Eventuais ajustes sem explicação nas provisões mensais de férias e décimo terceiro salário;

**F** – Lançamento contábeis de estornos sem justificativa;

**G** - Lançamento de custos e despesas na conta de ativo imobilizado, intangível ou investimentos;

**H** - Não reconhecimento da perda na contabilidade de estoques de produtos acabados ou matéria prima obsoletos, ou ainda sem movimentação há mais de seis meses ou um ano;

**I** - Não reconhecimento de perdas com operações de derivativos e swap[84];

**J** - Falta de tempo por parte dos executores para análise do resultado;

**K** - Não contabilização das devoluções de mercadorias ou serviços cancelados;

**L** - Falta de conciliação nas contas contábeis.

Observamos que o resultado realizado também poderá ser objeto de erro ou manipulação por parte dos envolvidos, considerando a complexidade e o volume de transações envolvendo o orçamento como um todo, como também eventual conflito de interesses.

Em face de tudo o que observamos até agora, podemos concluir que o *budget* é uma peça contábil financeira essencial para toda a empresa, porém, fica o alerta de que o mesmo poderá ser eventualmente manipulado de acordo com o interesse dos envolvidos, sejam eles sócios, acionistas, funcionários, diretores e gerentes.

Também se observa que mesmo as grandes corporações também têm esse problema, pois apesar de serem auditadas por empresas externas independentes, a auditoria geralmente não abrange no escopo o orçamento previsto e o realizado, limitando-se a um escopo de trabalho

84 SWAP – Troca, permuta – MIGLIAVACCA, Paulo N. *Business Dictionary.* São Paulo; Edicta, 1999.

limitado pré-definido que, evidentemente, sofre limitações em função do custo.

Podemos citar algumas sugestões para assegurar a fidelidade do *budget*, tais como:

- contratação de uma auditoria externa independente para revisão e controle do orçamento previsto e realizado;
- exigência de suporte documental para todos os dados inseridos no orçamento;
- participação ativa de todos os envolvidos;
- transparência dos números;
- inserção de metas que sejam possíveis de serem cumpridas no mundo real;
- desenvolvimento de programas de governança corporativa, controle interno, transparência, publicidade e envolvimento de todos os funcionários na gestão do orçamento.

Enfim, esses são alguns dos fatores relativos ao *budget* que poderão levar a empresa ao sucesso ou fracasso e caberá ao administrador ou acionista interpretar os fatos e tomar a sua decisão com firmeza no momento correto.

## 5 CASO PRÁTICO – ANÁLISES E PROPOSIÇÕES

É preciso considerar, que o objetivo deste trabalho é possibilitar o entendimento do orçamento empresarial e sua aplicação prática na empresa como ferramenta de previsão, gestão, controle e tomada de decisão.

Neste contexto, será apresentado um *case study*[85] efetuando a preparação de um orçamento empresarial com todas as premissas (autoexplicativas) e cálculos, incluindo o balanço patrimonial e demonstrativo de resultado de exercício previsto de uma empresa fictícia.

Inicialmente, é necessário estabelecer as premissas de elaboração dos cálculos orçamentários para posteriormente preparar os números

85 *Case Study* : Estudo de caso. MIGLIAVACCA, Paulo N. *Business Dictionary*. São Paulo: Edicta, 1999.

no formato do balanço patrimonial e demonstração do resultado do exercício projetados. Sequencialmente, estes números serão inseridos em duas fases (BP e DRE) em uma planilha (Excel), dentro dos princípios contábeis e apresentados no final das premissas do caso prático.

## PREMISSAS PARA ELABORAÇÃO DO ORÇAMENTO - ANO 2018

## FASE I - DEMONSTRAÇÃO DO RESULTADO DO EXERCÍCIO (DRE) PROJETADA

**5.1** Empresa: Papelaria Metatron Ltda.

**5.2** Localidade: SP - Capital

**5.3** Início das atividades empresariais: 01.01.2019

**5.4** Sistema de apuração de Tributos: Lucro Real. [86]

**5.5** Objeto Social : A empresa irá operar somente com uma divisão de produtos para Papelaria - materiais de escritório para revenda.

**5.6** Para fins didáticos e exemplificativos, os encargos sociais e tributos foram calculados por uma média geral, que não necessariamente representa o setor específico. Todos os números constantes nesta premissa são expressos em Reais (R$).

**5.7** Todos os eventos abaixo descritos deverão ser inseridos na planilha de orçamento (Excel) com a finalidade de elaboração da demonstração do resultado do exercício (DRE), apurando-se o lucro projetado do ano, em bases mensais.

**5.7.1 Previsão de Faturamento Bruto Mensal em Reais (impostos inclusos) do ano 2019, fornecida pela área comercial:**

86 Lucro Real – é a base de cálculo do imposto sobre a renda apurada segundo os registros contábeis e fiscais efetuados sistematicamente, contrapondo-se receitas e despesas de acordo com as leis comerciais e fiscais. Em outras palavras, é o lucro ou o prejuízo apurado contabilmente com os ajustes adicionados e excluídos, além de compensações permitidas pela legislação fiscal do imposto de renda. NEVES, Silvério das; VICECONTI, Paulo E.V. *Curso prático de imposto de renda e tributos conexos*. São Paulo: Frase, 2007.

| MÊS | FATURAMENTO PREVISTO – R$ |
|---|---|
| JANEIRO | 100.000,00 |
| FEVEREIRO | 100.000,00 |
| MARÇO | 100.000,00 |
| ABRIL | 200.000,00 |
| MAIO | 200.000,00 |
| JUNHO | 200.000,00 |
| JULHO | 200.000,00 |
| AGOSTO | 200.000,00 |
| SETEMBRO | 200.000,00 |
| OUTUBRO | 300.000,00 |
| NOVEMBRO | 300.000,00 |
| DEZEMBRO | 300.000,00 |
| **TOTAL PREVISTO 2019** | **2.400.000,00** |

**5.7.2 Devoluções de Clientes previstas para o ano : R$ -0-**

**5.7.3 Tributos Incidentes sobre as vendas e sua forma de apuração** : (Tributos não cumulativos

ICMS 18,00 % sobre as vendas mensais

PIS 1,65 % sobre as vendas mensais

Cofins 7,60 % sobre as vendas mensais

**5.7.4** Cálculo da **base mensal do débito** de Tributos relativos ao **Faturamento das vendas (ver item 5.7.1)** de artigos de papelaria

| Período | ICMS | PIS | COFINS |
|---|---|---|---|
| **Janeiro a Março** | 18.000 | 1.650 | 7.600 |
| **Abril a Junho** | 36.000 | 3.300 | 15.200 |
| **Julho a Setembro** | 36.000 | 3.300 | 15.200 |
| **Outubro a Dezembro** | 54.000 | 4.950 | 22.800 |
| **Total do Ano** | 432.000 | 39.600 | 182.400 |

TOTAL GERAL → 654.000

**5.7.5** Cálculo da **Base mensal do crédito** de **tributos relativo às Compras**. Crédito Tributário oriundo da compras de material para revenda (ver item 5.7.8 - o valor das compras mensais)

| Período | ICMS | PIS | COFINS |
|---|---|---|---|
| **Janeiro a Março** | 9.000 | 825 | 3.800 |
| **Abril a Junho** | 18.000 | 1.650 | 7.600 |
| **Julho a Setembro** | 18.000 | 1.650 | 7.600 |
| **Outubro a Dezembro** | 27.000 | 2.475 | 11.400 |
| **Total do Ano** | 216.000 | 19.800 | 91.200 |

**TOTAL GERAL → 327.000**

**5.7.6** Imposto devido a pagar ou Imposto liquido devido (**Vendas Débito sobre Faturamento e Crédito sobre Compras, ou melhor, Item 5.7.4 - 5.7.5 = 5.7.6**)

| Período | ICMS | PIS | COFINS |
|---|---|---|---|
| **Janeiro a Março** | 9.000 | 825 | 3.800 |
| **Abril a Junho** | 18.000 | 1.650 | 7.600 |
| **Julho a Setembro** | 18.000 | 1.650 | 7.600 |
| **Outubro a Dezembro** | 27.000 | 2.475 | 11.400 |
| **Total do Ano** | 216.000 | 19.800 | 91.200 |

**TOTAL GERAL → 327.000**

**5.7.7** Total receita líquida de vendas[87] prevista para o do ano 2019 = R$ 2.073.000

### 5.7.8 Compra de material de Papelaria para Revenda (Custo)

| MÊS | COMPRAS PREVISTAS EM REAIS - R$ |
|---|---|
| **JANEIRO** | 50.000,00 |
| **FEVEREIRO** | 50.000,00 |
| **MARÇO** | 50.000,00 |
| **ABRIL** | 100.000,00 |
| **MAIO** | 100.000,00 |
| **JUNHO** | 100.000,00 |

87 Receita liquida vendas = Receita Bruta – devoluções – tributos incidentes sobre a venda

| MÊS | COMPRAS PREVISTAS EM REAIS – R$ |
|---|---|
| JULHO | 100.000,00 |
| AGOSTO | 100.000,00 |
| SETEMBRO | 100.000,00 |
| OUTUBRO | 150.000,00 |
| NOVEMBRO | 150.000,00 |
| DEZEMBRO | 150.000,00 |
| **TOTAL PREVISTO 2019** | **1.200.000,00** |

**5.7.9 Custo do Pessoal envolvido na operação do negócio, ou seja,** mão de obra direta → **Custo de Mão de Obra (MOD).**

### 5.7.9.1 PERÍODO DE JANEIRO A JUNHO

| | | |
|---|---|---|
| Salário mensal Encarregado loja | 3.000 | |
| 3 Auxiliares – valor total mensal | 3.000 | |
| Total Salários - mensal | 6.000 | |
| Encargos do mês – 44,3% | 2.658 | Vide demonstrativo abaixo 5.7.9.3 |
| Provisão para férias e 13º salário | 1.620 | Utilizar multiplicador 27% 5.7.9.4 |
| **Total Custo Mensal** | **10.278** | |

### 5.7.9.2 PERÍODO DE JULHO A DEZEMBRO

| | | |
|---|---|---|
| Salário mensal Encarregado loja | 3.000 | |
| 4 Auxiliares – valor total mensal | 4.000 | |
| Total Salários | 7.000 | |
| Encargos do mês – 44,3% | 3.101 | Vide demonstrativo abaixo 5.7.9.3 |
| Provisão para férias e 13º salário | 1.890 | Utilizar multiplicador 27% 5.7.9.4 |
| **Total Mensal** | **11.991** | |

**TOTAL GERAL ANUAL MOD - (CUSTOS):**

| | |
|---|---|
| Salários | R$ 78.000 |
| Encargos | R$ 34.554 |
| Provisão Férias e 13º Salário | R$ 21.060 |

**5.7.9.3** Demonstrativo de cálculo dos Encargos Sociais aplicados sobre os salários do mês:

| | |
|---|---|
| INSS | 27,8% Alíquota |
| FGTS | 8,0% Alíquota |
| Benefícios estimados | 8,5% ( Exemplo: VR, TR, Assistência médica etc.) |
| **Total no total dos salários** | **44,3%[88] → O multiplicador encontrado será aplicado** |

**5.7.9.4** Demonstrativo do Multiplicador (cálculo aproximado) de provisão de férias e 13º Salário que são calculados mensalmente:

| **Exemplo: Salário mensal R$ 1.000 (exemplificativo)** | | | |
|---|---|---|---|
| **Base mensal devida 13º Salário** | **R$** | **Base mensal devida Férias** | **R$** |
| 13º Salário 1/12 | 83 | Férias 1/12 + 1/3 | 110 |
| INSS 27,8% | 23 | INSS 27,8 % | 30 |
| FGTS 8 % | 7 | FGTS 8 % | 9 |
| **Total mensal** | **113** | Total | **149** |
| **CÁLCULO DO FATOR MULTIPLICADOR:** | | | |
| 113 + 149 = 262 → 262/1.000 = **27 %** → Multiplicador que será aplicado no total dos salários de cada mês para fins de cálculo da provisão de Férias e 13º Salário | | | |

## 5.7.10 Despesas com alugueis, água, eletricidade e telefone.

Serão rateadas pelo critério de metro quadrado de área ocupada do imóvel, conforme discriminado abaixo:

| **GASTO MENSAL** | **R$** |
|---|---|
| Aluguel mensal | 3.000 |
| Eletricidade/Água | 1.000 |
| Telefone | 1.000 |
| **Total mensal** | **5.000** |

88 Os valores aqui apresentados representam uma média geral do mercado brasileiro, como também o leitor deve levar em consideração que existe uma variação das percentagens para cada tipo de empresa e negócio.

Critério de rateio adotado pela empresa, foi baseado nos metros quadrados ocupados por cada área:

| | |
|---|---|
| 90 % para Custo | 4.500 |
| 10 % Despesas Administrativas | 500 |
| TOTAL | **5.000** |

### 5.7.11 Despesas Administrativas com Salários, Encargos e Provisões

| PERÍODO DE JANEIRO A DEZEMBRO - R$ | | |
|---|---|---|
| Salário mensal administrador | 4.000 | |
| 01 Assistente | 1.000 | |
| Total Salários | 5.000 | |
| Encargos do mês – 44,3% | 2.215 – Vide item - 5.7.9.3 | |
| Provisão para férias e 13º salário – 27% | 1.350 - Vide Item – 5.7.9.4 | |
| **Total Mensal** | **8.565** | |
| | Total Anual R$ - | Administração |
| | Salários | 60.000 |
| | Encargos | 26.580 |
| | Provisões | 16.200 |

### 5.7.12 Outras Despesas Administrativas, com base mensal:

| | |
|---|---|
| Material de Escritório | R$ 200 |
| Despesas Bancárias | R$ 300 |
| Contador/Advogado | R$ 400 |

**5.7.13 Móveis para Escritório e Computadores - A empresa optou por alugar os referidos, ao invés de comprar. Portanto, o custo mensal de locação dos moveis e utensílios é definido da seguinte forma:**

| | |
|---|---|
| Custo – relativo a operação Comercial | - R$ 2.000 mensal |
| Administração | - R$ 1.000 mensal |

**5.7.14 Compra de Equipamentos (imobilizado) a serem utilizados na área comercial, no dia 18 de Janeiro no valor de R$ 12.000,00, condição de pagamento 20 dias.**

**Efetuar o registro da depreciação no Balanço Patrimonial e DRE**

Considerando:

Valor do Equipamento : R$ 12.000,00

Período de Depreciação: 10 anos ou 120 meses

Portanto, valor da despesa de depreciação mensal é: R$ 12.000,00 / 120 = R$ 100,00 mensais a serem lançados:

A - DRE/Custo base mensal

B - Balanço Patrimonial – ativo não circulante - equipamentos, e simultaneamente lançar a depreciação do equipamento mês a mês de forma **cumulativa**

Ao mesmo tempo deverá ser lançado no passivo circulante Fornecedores no mês de Janeiro o valor de R$ 12.000,00 e excluído no mês de Fevereiro (que é o mês do pagamento)

**5.7.15 Despesas Comerciais – A empresa para assegurar-se que as metas de vendas serão cumpridas, decidiu contratar uma empresa de publicidade para veicular propaganda em jornais e revistas especializadas, prevendo gastar R$ 7.000,00 mensais de Janeiro a Dezembro.**

Condição de Pagamento do fornecedor: 30 dias.

A - Lançar na DRE base mensal

B - Lançar na conta de Fornecedores o valor de R$ 7.000,00 mensal, pois, a fatura do mês é paga no mês seguinte, e assim, sucessivamente, portanto, exclui-se no mês o pagamento e insere-se a nova fatura

**5.7.16** Cálculo da provisão de Imposto de Renda Pessoa (IRPJ) e Contribuição Social sobre o Lucro Líquido (CSLL) da Jurídica

Com base na legislação do Imposto de Renda a alíquota básica do IRPJ[89] é de 15% e 10% de adicional sobre o valor do lucro líquido que exceder a R$ 20.000,00 por mês. A CSLL possui um alíquota de 9%.

Devido à complexidade do tema aliado ao fato que os tributos devidos devem ainda ser calculados no Livro de Apuração do Lucro Real (LALUR), efetuando-se as adições, exclusões e compensações, iremos realizar em nosso caso somente uma provisão direta de 25% mensal de IRPJ e 9% de CSLL. Respectivos valores não serão considerados para efeito dos cálculos financeiros do BP.

| MÊS | IRPJ | CSLL |
|---|---|---|
| JANEIRO | 383,00 | 137,88 |
| FEVEREIRO | 383,00 | 137,88 |
| MARÇO | 383,00 | 137,88 |
| ABRIL | 9.476,75 | 3.411,63 |
| MAIO | 9.476,75 | 3.411,63 |
| JUNHO | 9.476,75 | 3.411,63 |
| JULHO | 9.048,50 | 3.257,46 |
| AGOSTO | 9.048,50 | 3.257,46 |
| SETEMBRO | 9.048,50 | 3.257,46 |
| OUTUBRO | 18.142,25 | 6.531,21 |
| NOVEMBRO | 18.142,25 | 6.531,21 |
| DEZEMBRO | 18.142,25 | 6.431,21 |
| TOTAL | **111.151,50** | **40.014,54** |

TOTAL GERAL → **151.166,04**

### 5.7.17 Lucro Líquido previsto para o ano 2019 após a realização da provisão IRPJ e CSLL no valor total de R$ 151.166,04 = R$ 293.439,96

JANEIRO

O VALOR DO LUCRO APURADO NA DRE DEVERÁ SER TRANSFERIDO AUTOMATICAMENTE PARA O BALANÇO PATRIMONIAL NO GRUPO DO PATRIMÔNIO LIQUIDO – CONTA RESULTADO DO EXERCÍCIO

89 Lei 9.249/95.

## 5.8 PREMISSAS PARA ELABORAÇÃO DO ORÇAMENTO - ANO 2019 – BALANÇO PATRIMONIAL – FASE II

Primeiramente serão inseridos os dados na planilha de acordo com as premissas abaixo, e posteriormente será encerrado o balanço patrimonial – mês a mês.

### 5.8.1 ATIVO

**5.8.1.1** Contas a Receber

Todas as vendas da empresa são efetuadas a vista (em dinheiro ou cheques à vista), portanto, o valor do contas a receber no final do mês deverá ser sempre zero.

**5.8.1.2** Estoque

A empresa adotou como política sempre manter um estoque de um mês de vendas, conforme previsão descrita abaixo, portanto, os valores deverão ser inseridos mensalmente na Conta Estoque no ativo circulante

| | |
|---|---|
| **Janeiro a Março** | **100.000** |
| **Abril a Junho** | **200.000** |
| **Julho a Setembro** | **200.000** |
| **Outubro a Dezembro** | **300.000** |

**5.8.1.3** Caixa/Bancos – A ser definido pela diferença entre o ativo total (circulante e não circulante) e o passivo total (circulante, não circulante e PL) **após o lançamento de todos os itens das premissas do ativo/passivo**. Portanto, **lançar o valor somente no final** após a finalização de todos os lançamentos da fase I e II.

Em síntese: a formula: (AC + ANC) – (PC + PNC +PL) – após o lançamento de todos os eventos. No final AT = PT

### 5.8.2 PASSIVO

**5.8.2.1** Todas as compras são pagas à vista dentro do próprio mês, portanto não há saldo de fornecedores a pagar no final de cada mês.

Exceção ocorreu na compra de imobilizado e despesas com vendas descritas anteriormente, conforme itens 5.7.14 e 5.7.15.

**5.8.2.2** Tributos devidos incidentes sobre a venda (apurados) do mês são pagos no mês seguinte pelo regime de competência, portanto segue abaixo os valores a serem inseridos nos meses respectivos.

Ver item 5.7.6 das premissas anteriores.

| | |
|---|---|
| JANEIRO | 13.625 |
| FEVEREIRO | 13.625 |
| MARÇO | 13.625 |
| ABRIL | 27.250 |
| MAIO | 27.250 |
| JUNHO | 27.250 |
| JULHO | 27.250 |
| AGOSTO | 27.250 |
| SETEMBRO | 27.250 |
| OUTUBRO | 40.875 |
| NOVEMBRO | 40.875 |
| DEZEMBRO | 40.875 |
| **Total** | **327.000** |

**5.8.2.3** Salários: São pagos todo dia 30 dentro do mesmo mês de apuração, portanto, não deve ser provisionado o seu pagamento no balanço patrimonial para o mês seguinte.

**5.8.2.4** Encargos Sociais são apurados pelo regime de competência e sempre pagos no mês seguinte. Segue abaixo o cálculo do valor total (apurado no custo e despesa) e o valor a ser lançado no **mês respectivo**. Ver itens 5.7.9 e 5.7.11 das premissas anteriores.

| | | |
|---|---|---|
| Janeiro a Março | 2215 + 2658 = 4.873 | ( Adm. e Custos ) |
| Abril a Junho | 2215 + 2658 = 4.873 | ( Adm. e Custos ) |
| Julho a Setembro | 2215 + 3.101 = 5.316 | ( Adm. e Custos ) |
| Outubro a Dezembro | 2215 + 3.101 = 5.316 | ( Adm. e Custos ) |

**5.8.2.5** Provisão de férias e 13º salário acumulam-se até o fim do ano mês a mês

Ver itens 5.7.9 e 5.7.11 das Premissas anteriores

| | | |
|---|---|---|
| Janeiro | 1.350 + 1.620 | = 2.970 ( Adm. + Custos ) |
| Fevereiro | 1.350 + 1.620 + 2.970 | = 5.940 |
| Março | 1.350 + 1.620 + 5.940 | = 8.910 |
| Abril | 1.350 + 1.620 + 8.910 | = 11.880 |
| Maio | 1.350 + 1.620 + 11.880 | = 14.850 |
| Junho | 1.350 + 1.620 + 14.850 | = 17.820 |
| Julho | 1.350 + 1.890 = 3.240 + 17.820 | = 21.060 |
| Agosto | 1.350 + 1.890 + 21.060 | = 24.300 |
| Setembro | 1.350 + 1.890 + 24.300 | = 27.540 |
| Outubro | 1.350 + 1.890 + 27.540 | = 30.780 |
| Novembro | 1.350 + 1.890 + 30.780 | = 34.020 |
| Dezembro | 1.350 + 1.890 + 34.010 | = 37.260 |

**5.8.2.6 Exclusivamente para fins didáticos**, a provisão total de férias e 13º salário no valor de R$ 37.260,00 constante na planilha deverá ser baixada na proporção de 40% em novembro R$ 14.880,00 e 60% em dezembro R$ 22.380,00. O valor desta conta deverá ser zero no final do exercício, pois considera-se que as férias e 13 salário foram pagos integralmente em novembro e dezembro.

**5.8.2.7** Capital Social Subscrito = R$ 100.000,00. Este valor deverá ser repetido de Janeiro à Dezembro, considerando o fato que nenhuma alteração deverá ocorrer durante o ano.

**5.8.2.8** Apresentação da planilha do BP e DRE com os resultados projetados

## 6 CONCLUSÕES

Em face do que se apresentou neste artigo, concluímos que o orçamento empresarial ou *budget* é uma ferramenta obrigatória para todas as empresas, pois possibilita aos administradores, investidores e sócios do empreendimento uma visão futura dos cenários econômicos, financeiros, contábeis, fiscais para fins de tomada de decisão. No caso da captação de recursos financeiros para investimentos em bens de capital ou capital de giro ele é uma peça que é obrigatoriamente requisitada pelo mercado financeiro e instituições governamentais de fomento, como também, em caso de abertura de capital, Bovespa e CVM irão demandar este tipo de informação.

Portanto, deve ser elaborado por profissionais habilitados e qualificados obedecendo os princípios contábeis geralmente aceitos e apresentados de maneira clara, objetiva e transparente. Depois de aprovado pela administração da empresa, o orçamento deverá ser divulgado para todos os funcionários da empresa, levando-se ao conhecimento de todos as metas de cada área específica.

Destacamos que um fator importante é controlar a execução do orçamento. Controlar é essencialmente acompanhar a execução de atividades previstas e comparar o desempenho efetivo com o planejado. Há de se ressaltar que, para a administração lograr pleno êxito na gestão do orçamento, a mesma deve observar o momento de exercer o controle, que via de regra, deve tentar se antecipar aos fatos com a finalidade de garantir o cumprimento das metas estabelecidas.

No caso de eventuais divergências entre o budget previsto e o realizado, o administrador deverá formalmente tomar as providências para corrigir os desvios ocorridos. Para tanto, poderá até criar um comitê interno de gestão orçamentária, ou ainda, contratar uma empresa independente para acompanhar as correções a serem feitas nas respectivas áreas.

Enfim, a informação fornecida pelo budget deve ser utilizada pelo administrador para fins de tomada de decisão, constituindo-se uma ferramenta imprescindível de gestão empresarial.

| DEMONSTRAÇÃO DE RESULTADO DO EXERCÍCIO | Janeiro | Fevereiro | Março | Abril | Maio | Junho | Julho | Agosto | Setembro | Outubro | Novembro | Dezembro | Acumulado |
|---|---|---|---|---|---|---|---|---|---|---|---|---|---|
| RECEITA BRUTA DE VENDAS | 100.000,00 | 100.000,00 | 100.000,00 | 200.000,00 | 200.000,00 | 200.000,00 | 200.000,00 | 200.000,00 | 200.000,00 | 300.000,00 | 300.000,00 | 300.000,00 | 2.400.000,00 |
| PRODUTOS DE PAPELARIA | 100.000,00 | 100.000,00 | 100.000,00 | 200.000,00 | 200.000,00 | 200.000,00 | 200.000,00 | 200.000,00 | 200.000,00 | 300.000,00 | 300.000,00 | 300.000,00 | 2.400.000,00 |
| PRODUTO B | 0,00 | 0,00 | 0,00 | 0,00 | 0,00 | 0,00 | 0,00 | 0,00 | 0,00 | 0,00 | 0,00 | 0,00 | 0,00 |
| PRODUTO C | 0,00 | 0,00 | 0,00 | 0,00 | 0,00 | 0,00 | 0,00 | 0,00 | 0,00 | 0,00 | 0,00 | 0,00 | 0,00 |
| ... | | | | | | | | | | | | | 0,00 |
| ... | | | | | | | | | | | | | 0,00 |
| (-) DEVOLUÇÕES | 0,00 | 0,00 | 0,00 | 0,00 | 0,00 | 0,00 | 0,00 | 0,00 | 0,00 | 0,00 | 0,00 | 0,00 | 0,00 |
| PRODUTOS DE PAPELARIA | 0,00 | 0,00 | 0,00 | 0,00 | 0,00 | 0,00 | 0,00 | 0,00 | 0,00 | 0,00 | 0,00 | 0,00 | 0,00 |
| PRODUTO B | 0,00 | 0,00 | 0,00 | 0,00 | 0,00 | 0,00 | 0,00 | 0,00 | 0,00 | 0,00 | 0,00 | 0,00 | 0,00 |
| PRODUTO C | 0,00 | 0,00 | 0,00 | 0,00 | 0,00 | 0,00 | 0,00 | 0,00 | 0,00 | 0,00 | 0,00 | 0,00 | 0,00 |
| ... | | | | | | | | | | | | | 0,00 |
| ... | | | | | | | | | | | | | 0,00 |
| (-) IMPOSTOS | -13.625,00 | -13.625,00 | -13.625,00 | -27.250,00 | -27.250,00 | -27.250,00 | -27.250,00 | -27.250,00 | -27.250,00 | -40.875,00 | -40.875,00 | -40.875,00 | -327.000,00 |
| PRODUTOS DE PAPELARIA | -13.625,00 | -13.625,00 | -13.625,00 | -27.250,00 | -27.250,00 | -27.250,00 | -27.250,00 | -27.250,00 | -27.250,00 | -40.875,00 | -40.875,00 | -40.875,00 | -327.000,00 |
| IPI | 0,00 | 0,00 | 0,00 | 0,00 | 0,00 | 0,00 | 0,00 | 0,00 | 0,00 | 0,00 | 0,00 | 0,00 | 0,00 |
| PIS - 1,65 % | -825,00 | -825,00 | -825,00 | -1.650,00 | -1.650,00 | -1.650,00 | -1.650,00 | -1.650,00 | -1.650,00 | -2.475,00 | -2.475,00 | -2.475,00 | [illegible] |
| COFINS 7,60 % | -3.800,00 | -3.800,00 | -3.800,00 | -7.600,00 | -7.600,00 | -7.600,00 | -7.600,00 | -7.600,00 | -7.600,00 | -11.400,00 | -11.400,00 | -11.400,00 | -91.200,00 |
| ICMS - 10% | -9.000,00 | -9.000,00 | -9.000,00 | -18.000,00 | -18.000,00 | -18.000,00 | -18.000,00 | -18.000,00 | -18.000,00 | -27.000,00 | -27.000,00 | -27.000,00 | -216.000,00 |
| ISS | 0,00 | 0,00 | 0,00 | | | | | | | | | | 0,00 |
| PRODUTO B | 0,00 | 0,00 | 0,00 | 0,00 | 0,00 | 0,00 | 0,00 | 0,00 | 0,00 | 0,00 | 0,00 | 0,00 | 0,00 |
| IPI | 0,00 | 0,00 | 0,00 | 0,00 | 0,00 | 0,00 | 0,00 | 0,00 | 0,00 | 0,00 | 0,00 | 0,00 | 0,00 |
| PIS | 0,00 | 0,00 | 0,00 | 0,00 | 0,00 | 0,00 | 0,00 | 0,00 | 0,00 | 0,00 | 0,00 | 0,00 | 0,00 |
| COFINS | 0,00 | 0,00 | 0,00 | 0,00 | 0,00 | 0,00 | 0,00 | 0,00 | 0,00 | 0,00 | 0,00 | 0,00 | 0,00 |
| ICMS | 0,00 | 0,00 | 0,00 | 0,00 | 0,00 | 0,00 | 0,00 | 0,00 | 0,00 | 0,00 | 0,00 | 0,00 | 0,00 |
| ISS | | | | | | | | | | | | | 0,00 |
| PRODUTO C | 0,00 | 0,00 | 0,00 | 0,00 | 0,00 | 0,00 | 0,00 | 0,00 | 0,00 | 0,00 | 0,00 | 0,00 | 0,00 |
| IPI | 0,00 | 0,00 | 0,00 | 0,00 | 0,00 | 0,00 | 0,00 | 0,00 | 0,00 | 0,00 | 0,00 | 0,00 | 0,00 |
| PIS | 0,00 | 0,00 | 0,00 | 0,00 | 0,00 | 0,00 | 0,00 | 0,00 | 0,00 | 0,00 | 0,00 | 0,00 | 0,00 |
| COFINS | 0,00 | 0,00 | 0,00 | 0,00 | 0,00 | 0,00 | 0,00 | 0,00 | 0,00 | 0,00 | 0,00 | 0,00 | 0,00 |
| ICMS | 0,00 | 0,00 | 0,00 | 0,00 | 0,00 | 0,00 | 0,00 | 0,00 | 0,00 | 0,00 | 0,00 | 0,00 | 0,00 |
| ISS | | | | | | | | | | | | | 0,00 |
| = RECEITA LÍQUIDA DE VENDAS | 86.375,00 | 86.375,00 | 86.375,00 | 172.750,00 | 172.750,00 | 172.750,00 | 172.750,00 | 172.750,00 | 172.750,00 | 259.125,00 | 259.125,00 | 259.125,00 | 2.073.000,00 |
| (-) CUSTO DOS PRODUTOS VENDIDOS | -66.878,00 | -66.878,00 | -66.878,00 | -116.878,00 | -116.878,00 | -116.878,00 | -118.591,00 | -118.591,00 | -118.591,00 | -168.591,00 | -168.591,00 | -168.591,00 | -1.412.814,00 |
| PRODUTOS DE PAPELARIA | -66.878,00 | -66.878,00 | -66.878,00 | -116.878,00 | -116.878,00 | -116.878,00 | -118.591,00 | -118.591,00 | -118.591,00 | -168.591,00 | -168.591,00 | -168.591,00 | -1.412.814,00 |
| Material de papelaria para revenda | -50.000,00 | -50.000,00 | -50.000,00 | -100.000,00 | -100.000,00 | -100.000,00 | -100.000,00 | -100.000,00 | -100.000,00 | -150.000,00 | -150.000,00 | -150.000,00 | -1.200.000,00 |
| Depreciação | [illegible] | -100,00 | [illegible] | [illegible] | [illegible] | [illegible] | [illegible] | [illegible] | [illegible] | [illegible] | [illegible] | [illegible] | [illegible] |
| Mão de Obra Direta | [illegible] | [illegible] | [illegible] | [illegible] | [illegible] | [illegible] | [illegible] | [illegible] | [illegible] | [illegible] | [illegible] | [illegible] | [illegible] |
| Encargos Sociais | [illegible] | [illegible] | [illegible] | [illegible] | [illegible] | [illegible] | [illegible] | [illegible] | [illegible] | [illegible] | [illegible] | [illegible] | -34.554,00 |
| Provisão para férias e décimo terceiro salário | [illegible] | [illegible] | [illegible] | [illegible] | [illegible] | [illegible] | [illegible] | [illegible] | [illegible] | [illegible] | [illegible] | [illegible] | [illegible] |
| Aluguel, Água, Luz e Telefone - rateio 90 % | [illegible] | [illegible] | [illegible] | [illegible] | [illegible] | [illegible] | [illegible] | [illegible] | [illegible] | [illegible] | [illegible] | [illegible] | [illegible] |
| Locação de Móveis e Computadores | [illegible] | [illegible] | [illegible] | [illegible] | [illegible] | [illegible] | [illegible] | [illegible] | [illegible] | [illegible] | [illegible] | [illegible] | [illegible] |
| | 0,00 | 0,00 | 0,00 | 0,00 | 0,00 | 0,00 | 0,00 | 0,00 | 0,00 | 0,00 | 0,00 | 0,00 | 0,00 |
| | 0,00 | 0,00 | 0,00 | 0,00 | 0,00 | 0,00 | 0,00 | 0,00 | 0,00 | 0,00 | 0,00 | 0,00 | 0,00 |
| | 0,00 | 0,00 | 0,00 | 0,00 | 0,00 | 0,00 | 0,00 | 0,00 | 0,00 | 0,00 | 0,00 | 0,00 | 0,00 |
| ... | | | | | | | | | | | | | |
| PRODUTO B | 0,00 | 0,00 | 0,00 | 0,00 | 0,00 | 0,00 | 0,00 | 0,00 | 0,00 | 0,00 | 0,00 | 0,00 | 0,00 |
| Matéria-Prima | 0,00 | 0,00 | 0,00 | 0,00 | 0,00 | 0,00 | 0,00 | 0,00 | 0,00 | 0,00 | 0,00 | 0,00 | 0,00 |
| Materiais Indiretos | 0,00 | 0,00 | 0,00 | 0,00 | 0,00 | 0,00 | 0,00 | 0,00 | 0,00 | 0,00 | 0,00 | 0,00 | 0,00 |
| Mão de Obra Direta | 0,00 | 0,00 | 0,00 | 0,00 | 0,00 | 0,00 | 0,00 | 0,00 | 0,00 | 0,00 | 0,00 | 0,00 | 0,00 |
| Mão de Obra Indireta | 0,00 | 0,00 | 0,00 | 0,00 | 0,00 | 0,00 | 0,00 | 0,00 | 0,00 | 0,00 | 0,00 | 0,00 | 0,00 |
| Encargos Sociais | 0,00 | 0,00 | 0,00 | 0,00 | 0,00 | 0,00 | 0,00 | 0,00 | 0,00 | 0,00 | 0,00 | 0,00 | 0,00 |
| Água | 0,00 | 0,00 | 0,00 | 0,00 | 0,00 | 0,00 | 0,00 | 0,00 | 0,00 | 0,00 | 0,00 | 0,00 | 0,00 |
| Luz | 0,00 | 0,00 | 0,00 | 0,00 | 0,00 | 0,00 | 0,00 | 0,00 | 0,00 | 0,00 | 0,00 | 0,00 | 0,00 |
| Telefone | 0,00 | 0,00 | 0,00 | 0,00 | 0,00 | 0,00 | 0,00 | 0,00 | 0,00 | 0,00 | 0,00 | 0,00 | 0,00 |
| Aluguel | 0,00 | 0,00 | 0,00 | 0,00 | 0,00 | 0,00 | 0,00 | 0,00 | 0,00 | 0,00 | 0,00 | 0,00 | 0,00 |
| Outros Custos | 0,00 | 0,00 | 0,00 | 0,00 | 0,00 | 0,00 | 0,00 | 0,00 | 0,00 | 0,00 | 0,00 | 0,00 | 0,00 |
| ... | | | | | | | | | | | | | |
| PRODUTO C | 0,00 | 0,00 | 0,00 | 0,00 | 0,00 | 0,00 | 0,00 | 0,00 | 0,00 | 0,00 | 0,00 | 0,00 | 0,00 |
| Matéria-Prima | 0,00 | 0,00 | 0,00 | 0,00 | 0,00 | 0,00 | 0,00 | 0,00 | 0,00 | 0,00 | 0,00 | 0,00 | 0,00 |
| Materiais Indiretos | 0,00 | 0,00 | 0,00 | 0,00 | 0,00 | 0,00 | 0,00 | 0,00 | 0,00 | 0,00 | 0,00 | 0,00 | 0,00 |
| Mão de Obra Direta | 0,00 | 0,00 | 0,00 | 0,00 | 0,00 | 0,00 | 0,00 | 0,00 | 0,00 | 0,00 | 0,00 | 0,00 | 0,00 |
| Mão de Obra Indireta | 0,00 | 0,00 | 0,00 | 0,00 | 0,00 | 0,00 | 0,00 | 0,00 | 0,00 | 0,00 | 0,00 | 0,00 | 0,00 |
| Encargos Sociais | 0,00 | 0,00 | 0,00 | 0,00 | 0,00 | 0,00 | 0,00 | 0,00 | 0,00 | 0,00 | 0,00 | 0,00 | 0,00 |
| Água | 0,00 | 0,00 | 0,00 | 0,00 | 0,00 | 0,00 | 0,00 | 0,00 | 0,00 | 0,00 | 0,00 | 0,00 | 0,00 |
| Luz | 0,00 | 0,00 | 0,00 | 0,00 | 0,00 | 0,00 | 0,00 | 0,00 | 0,00 | 0,00 | 0,00 | 0,00 | 0,00 |
| Telefone | 0,00 | 0,00 | 0,00 | 0,00 | 0,00 | 0,00 | 0,00 | 0,00 | 0,00 | 0,00 | 0,00 | 0,00 | 0,00 |
| Aluguel | 0,00 | 0,00 | 0,00 | 0,00 | 0,00 | 0,00 | 0,00 | 0,00 | 0,00 | 0,00 | 0,00 | 0,00 | 0,00 |
| Outros Custos | 0,00 | 0,00 | 0,00 | 0,00 | 0,00 | 0,00 | 0,00 | 0,00 | 0,00 | 0,00 | 0,00 | 0,00 | 0,00 |
| ... | | | | | | | | | | | | | |
| = LUCRO BRUTO | 19.497,00 | 19.497,00 | 19.497,00 | 55.872,00 | 55.872,00 | 55.872,00 | 54.159,00 | 54.159,00 | 54.159,00 | 90.534,00 | 90.534,00 | 90.534,00 | 660.186,00 |

| DESPESAS OPERACIONAIS | -17.965,00 | -17.965,00 | -17.965,00 | -17.965,00 | -17.965,00 | -17.965,00 | -17.965,00 | -17.965,00 | -17.965,00 | -17.965,00 | -17.965,00 | -17.965,00 | -215.580,00 |
|---|---|---|---|---|---|---|---|---|---|---|---|---|---|
| (-) DESPESAS COM VENDAS | -7.000,00 | -7.000,00 | -7.000,00 | -7.000,00 | -7.000,00 | -7.000,00 | -7.000,00 | -7.000,00 | -7.000,00 | -7.000,00 | -7.000,00 | -7.000,00 | -84.000,00 |
| Salários e encargos | 0,00 | 0,00 | 0,00 | 0,00 | 0,00 | 0,00 | 0,00 | 0,00 | 0,00 | 0,00 | 0,00 | 0,00 | 0,00 |
| Propaganda & Marketing | -7.000,00 | -7.000,00 | -7.000,00 | -7.000,00 | -7.000,00 | -7.000,00 | -7.000,00 | -7.000,00 | -7.000,00 | -7.000,00 | -7.000,00 | -7.000,00 | -84.000,00 |
| Água/Luz/Telecomunicações | 0,00 | 0,00 | 0,00 | 0,00 | 0,00 | 0,00 | 0,00 | 0,00 | 0,00 | 0,00 | 0,00 | 0,00 | 0,00 |
| Material de escritório | 0,00 | 0,00 | 0,00 | 0,00 | 0,00 | 0,00 | 0,00 | 0,00 | 0,00 | 0,00 | 0,00 | 0,00 | 0,00 |
| Despesas de Viagens ou Hospedagens | 0,00 | 0,00 | 0,00 | 0,00 | 0,00 | 0,00 | 0,00 | 0,00 | 0,00 | 0,00 | 0,00 | 0,00 | 0,00 |
| Manutenção ou Conservação | 0,00 | 0,00 | 0,00 | 0,00 | 0,00 | 0,00 | 0,00 | 0,00 | 0,00 | 0,00 | 0,00 | 0,00 | 0,00 |
| Seguros | 0,00 | 0,00 | 0,00 | 0,00 | 0,00 | 0,00 | 0,00 | 0,00 | 0,00 | 0,00 | 0,00 | 0,00 | 0,00 |
| Depreciações | 0,00 | 0,00 | 0,00 | 0,00 | 0,00 | 0,00 | 0,00 | 0,00 | 0,00 | 0,00 | 0,00 | 0,00 | 0,00 |
| Outras Despesas de Vendas | 0,00 | 0,00 | 0,00 | 0,00 | 0,00 | 0,00 | 0,00 | 0,00 | 0,00 | 0,00 | 0,00 | 0,00 | 0,00 |
| (-) DESPESAS GERAIS E ADMINISTRATIVAS | -10.965,00 | -10.965,00 | -10.965,00 | -10.965,00 | -10.965,00 | -10.965,00 | -10.965,00 | -10.965,00 | -10.965,00 | -10.965,00 | -10.965,00 | -10.965,00 | -131.580,00 |
| Salários | -5.000,00 | -5.000,00 | -5.000,00 | -5.000,00 | -5.000,00 | -5.000,00 | -5.000,00 | -5.000,00 | -5.000,00 | -5.000,00 | -5.000,00 | -5.000,00 | -60.000,00 |
| Encargos Sociais | -2.215,00 | -2.215,00 | -2.215,00 | -2.215,00 | -2.215,00 | -2.215,00 | -2.215,00 | -2.215,00 | -2.215,00 | -2.215,00 | -2.215,00 | -2.215,00 | -26.580,00 |
| Provisão para férias e décimo terceiro salário | -1.350,00 | -1.350,00 | -1.350,00 | -1.350,00 | -1.350,00 | -1.350,00 | -1.350,00 | -1.350,00 | -1.350,00 | -1.350,00 | -1.350,00 | -1.350,00 | -16.200,00 |
| Aluguel, Água, Luz e Telefone - Rateio 10% | -500,00 | -500,00 | -500,00 | -500,00 | -500,00 | -500,00 | -500,00 | -500,00 | -500,00 | -500,00 | -500,00 | -500,00 | -6.000,00 |
| Material de Escritório | -200,00 | -200,00 | -200,00 | -200,00 | -200,00 | -200,00 | -200,00 | -200,00 | -200,00 | -200,00 | -200,00 | -200,00 | -2.400,00 |
| Despesas Bancárias | -300,00 | -300,00 | -300,00 | -300,00 | -300,00 | -300,00 | -300,00 | -300,00 | -300,00 | -300,00 | -300,00 | -300,00 | -3.600,00 |
| Contador e Advogado | -400,00 | -400,00 | -400,00 | -400,00 | -400,00 | -400,00 | -400,00 | -400,00 | -400,00 | -400,00 | -400,00 | -400,00 | -4.800,00 |
| Locação de Móveis e Computadores | -1.000,00 | -1.000,00 | -1.000,00 | -1.000,00 | -1.000,00 | -1.000,00 | -1.000,00 | -1.000,00 | -1.000,00 | -1.000,00 | -1.000,00 | -1.000,00 | -12.000,00 |
| Depreciação | 0,00 | 0,00 | 0,00 | 0,00 | 0,00 | 0,00 | 0,00 | 0,00 | 0,00 | 0,00 | 0,00 | 0,00 | 0,00 |
| Despesas de Viagens ou Hospedagens | 0,00 | 0,00 | 0,00 | 0,00 | 0,00 | 0,00 | 0,00 | 0,00 | 0,00 | 0,00 | 0,00 | 0,00 | 0,00 |
| Manutenção ou Conservação | 0,00 | 0,00 | 0,00 | 0,00 | 0,00 | 0,00 | 0,00 | 0,00 | 0,00 | 0,00 | 0,00 | 0,00 | 0,00 |
| Seguros | 0,00 | 0,00 | 0,00 | 0,00 | 0,00 | 0,00 | 0,00 | 0,00 | 0,00 | 0,00 | 0,00 | 0,00 | 0,00 |
| | 0,00 | 0,00 | 0,00 | 0,00 | 0,00 | 0,00 | 0,00 | 0,00 | 0,00 | 0,00 | 0,00 | 0,00 | 0,00 |
| RECEITAS FINANCEIRAS | 0,00 | 0,00 | 0,00 | 0,00 | 0,00 | 0,00 | 0,00 | 0,00 | 0,00 | 0,00 | 0,00 | 0,00 | 0,00 |
| Juros Ativos | 0,00 | 0,00 | 0,00 | 0,00 | 0,00 | 0,00 | 0,00 | 0,00 | 0,00 | 0,00 | 0,00 | 0,00 | 0,00 |
| Descontos Obtidos | 0,00 | 0,00 | 0,00 | 0,00 | 0,00 | 0,00 | 0,00 | 0,00 | 0,00 | 0,00 | 0,00 | 0,00 | 0,00 |
| Variações Monetárias | 0,00 | 0,00 | 0,00 | 0,00 | 0,00 | 0,00 | 0,00 | 0,00 | 0,00 | 0,00 | 0,00 | 0,00 | 0,00 |
| Variações Cambiais | 0,00 | 0,00 | 0,00 | 0,00 | 0,00 | 0,00 | 0,00 | 0,00 | 0,00 | 0,00 | 0,00 | 0,00 | 0,00 |
| (-) DESPESAS FINANCEIRAS | 0,00 | 0,00 | 0,00 | 0,00 | 0,00 | 0,00 | 0,00 | 0,00 | 0,00 | 0,00 | 0,00 | 0,00 | 0,00 |
| IOF | 0,00 | 0,00 | 0,00 | 0,00 | 0,00 | 0,00 | 0,00 | 0,00 | 0,00 | 0,00 | 0,00 | 0,00 | 0,00 |
| CPMF | 0,00 | 0,00 | 0,00 | 0,00 | 0,00 | 0,00 | 0,00 | 0,00 | 0,00 | 0,00 | 0,00 | 0,00 | 0,00 |
| PIS e COFINS s/Receitas Financeiras | 0,00 | 0,00 | 0,00 | 0,00 | 0,00 | 0,00 | 0,00 | 0,00 | 0,00 | 0,00 | 0,00 | 0,00 | 0,00 |
| Juros Passivos | 0,00 | 0,00 | 0,00 | 0,00 | 0,00 | 0,00 | 0,00 | 0,00 | 0,00 | 0,00 | 0,00 | 0,00 | 0,00 |
| Descontos Concedidos | 0,00 | 0,00 | 0,00 | 0,00 | 0,00 | 0,00 | 0,00 | 0,00 | 0,00 | 0,00 | 0,00 | 0,00 | 0,00 |
| Variações Monetárias | 0,00 | 0,00 | 0,00 | 0,00 | 0,00 | 0,00 | 0,00 | 0,00 | 0,00 | 0,00 | 0,00 | 0,00 | 0,00 |
| Variações Cambiais | 0,00 | 0,00 | 0,00 | 0,00 | 0,00 | 0,00 | 0,00 | 0,00 | 0,00 | 0,00 | 0,00 | 0,00 | 0,00 |
| (-) OUTRAS DESPESAS OPERACIONAIS | 0,00 | 0,00 | 0,00 | 0,00 | 0,00 | 0,00 | 0,00 | 0,00 | 0,00 | 0,00 | 0,00 | 0,00 | 0,00 |
| OUTRAS RECEITAS OPERACIONAIS | 0,00 | 0,00 | 0,00 | 0,00 | 0,00 | 0,00 | 0,00 | 0,00 | 0,00 | 0,00 | 0,00 | 0,00 | 0,00 |
| = LUCRO OU PREJUÍZO OPERACIONAL | 1.532,00 | 1.532,00 | 1.532,00 | 37.907,00 | 37.907,00 | 37.907,00 | 36.194,00 | 36.194,00 | 36.194,00 | 72.569,00 | 72.569,00 | 72.569,00 | 444.606,00 |
| ± RESULTADO NÃO OPERACIONAL | 0,00 | 0,00 | 0,00 | 0,00 | 0,00 | 0,00 | 0,00 | 0,00 | 0,00 | 0,00 | 0,00 | 0,00 | 0,00 |
| = RESULTADO ANTES DAS PROVISÕES IR E CS | 1.532,00 | 1.532,00 | 1.532,00 | 37.907,00 | 37.907,00 | 37.907,00 | 36.194,00 | 36.194,00 | 36.194,00 | 72.569,00 | 72.569,00 | 72.569,00 | 444.606,00 |
| (-) Imposto de Renda | -383,00 | -383,00 | -383,00 | -9.476,75 | -9.476,75 | -9.476,75 | -9.048,50 | -9.048,50 | -9.048,50 | -18.142,25 | -18.142,25 | -18.142,25 | -111.151,50 |
| (-) Contribuição Social | -137,88 | -137,88 | -137,88 | -3.411,63 | -3.411,63 | -3.411,63 | -3.257,46 | -3.257,46 | -3.257,46 | -6.531,21 | -6.531,21 | -6.531,21 | -40.014,54 |
| = LUCRO OU PREJUÍZO LÍQUIDO DE EXERCÍCIO | 1.011,12 | 1.011,12 | 1.011,12 | 25.018,62 | 25.018,62 | 25.018,62 | 23.888,04 | 23.888,04 | 23.888,04 | 47.895,54 | 47.895,54 | 47.895,54 | 293.439,96 |
| | -141.479,12 | -133.460,24 | -137.441,36 | -179.854,98 | -207.045,60 | -235.032,22 | -262.603,26 | -289.731,30 | -316.959,34 | -381.619,69 | -417.875,42 | -446.630,96 | |

| BALANÇO PATRIMONIAL | Janeiro | Fevereiro | Março | Abril | Maio | Junho | Julho | Agosto | Setembro | Outubro | Novembro | Dezembro |
|---|---|---|---|---|---|---|---|---|---|---|---|---|
| **ATIVO** | **141.479,12** | **133.460,24** | **137.441,36** | **179.054,98** | **207.043,60** | **235.032,22** | **262.603,26** | **289.731,30** | **316.859,34** | **381.619,88** | **417.875,42** | **446.630,96** |
| *CIRCULANTE* | 129.579,12 | 121.660,24 | 125.741,36 | 167.454,98 | 195.543,60 | 223.632,22 | 251.303,26 | 278.531,30 | 305.759,34 | 370.619,88 | 406.975,42 | 435.830,96 |
| Disponível | 29.579,12 | 21.660,24 | 25.741,36 | -32.545,02 | -4.456,40 | 23.632,22 | 51.303,26 | 78.531,30 | 105.759,34 | 70.619,88 | 106.975,42 | 135.830,96 |
| Caixa | 0,00 | 0,00 | 0,00 | 0,00 | 0,00 | 0,00 | 0,00 | 0,00 | 0,00 | 0,00 | 0,00 | 0,00 |
| Bancos Conta Movimento | 29.579,12 | 21.660,24 | 25.741,36 | -32.545,02 | -4.456,40 | 23.632,22 | 51.303,26 | 78.531,30 | 105.759,34 | 70.619,88 | 106.975,42 | 135.830,96 |
| Contas a Receber | 0,00 | 0,00 | 0,00 | 0,00 | 0,00 | 0,00 | 0,00 | 0,00 | 0,00 | 0,00 | 0,00 | 0,00 |
| Clientes | 0,00 | 0,00 | 0,00 | 0,00 | 0,00 | 0,00 | 0,00 | 0,00 | 0,00 | 0,00 | 0,00 | 0,00 |
| Funcionários | 0,00 | 0,00 | 0,00 | 0,00 | 0,00 | 0,00 | 0,00 | 0,00 | 0,00 | 0,00 | 0,00 | 0,00 |
| Crédito de Impostos | 0,00 | 0,00 | 0,00 | 0,00 | 0,00 | 0,00 | 0,00 | 0,00 | 0,00 | 0,00 | 0,00 | 0,00 |
| Outros Recebíveis | 0,00 | 0,00 | 0,00 | 0,00 | 0,00 | 0,00 | 0,00 | 0,00 | 0,00 | 0,00 | 0,00 | 0,00 |
| Estoques | 100.000,00 | 100.000,00 | 100.000,00 | 200.000,00 | 200.000,00 | 200.000,00 | 200.000,00 | 200.000,00 | 200.000,00 | 300.000,00 | 300.000,00 | 300.000,00 |
| ESTOQUE PRODUTOS PAPELARIA | 100.000,00 | 100.000,00 | 100.000,00 | 200.000,00 | 200.000,00 | 200.000,00 | 200.000,00 | 200.000,00 | 200.000,00 | 300.000,00 | 300.000,00 | 300.000,00 |
| Produto B | 0,00 | 0,00 | 0,00 | 0,00 | 0,00 | 0,00 | 0,00 | 0,00 | 0,00 | 0,00 | 0,00 | 0,00 |
| Produto C | 0,00 | 0,00 | 0,00 | 0,00 | 0,00 | 0,00 | 0,00 | 0,00 | 0,00 | 0,00 | 0,00 | 0,00 |
| Materiais Produto A | 0,00 | 0,00 | 0,00 | 0,00 | 0,00 | 0,00 | 0,00 | 0,00 | 0,00 | 0,00 | 0,00 | 0,00 |
| Materiais Produto B | 0,00 | 0,00 | 0,00 | 0,00 | 0,00 | 0,00 | 0,00 | 0,00 | 0,00 | 0,00 | 0,00 | 0,00 |
| Materiais Produto C | 0,00 | 0,00 | 0,00 | 0,00 | 0,00 | 0,00 | 0,00 | 0,00 | 0,00 | 0,00 | 0,00 | 0,00 |
| Materiais Auxiliares | 0,00 | 0,00 | 0,00 | 0,00 | 0,00 | 0,00 | 0,00 | 0,00 | 0,00 | 0,00 | 0,00 | 0,00 |
| Outros Créditos | 0,00 | 0,00 | 0,00 | 0,00 | 0,00 | 0,00 | 0,00 | 0,00 | 0,00 | 0,00 | 0,00 | 0,00 |
| Adiantamento a Fornecedores | 0,00 | 0,00 | 0,00 | 0,00 | 0,00 | 0,00 | 0,00 | 0,00 | 0,00 | 0,00 | 0,00 | 0,00 |
| Adiantamentos Diversos | 0,00 | 0,00 | 0,00 | 0,00 | 0,00 | 0,00 | 0,00 | 0,00 | 0,00 | 0,00 | 0,00 | 0,00 |
| Despesas Antecipadas | 0,00 | 0,00 | 0,00 | 0,00 | 0,00 | 0,00 | 0,00 | 0,00 | 0,00 | 0,00 | 0,00 | 0,00 |
| *ATIVO NÃO CIRCULANTE* | 11.900,00 | 11.800,00 | 11.700,00 | 11.600,00 | 11.500,00 | 11.400,00 | 11.300,00 | 11.200,00 | 11.100,00 | 11.000,00 | 10.900,00 | 10.800,00 |
| Ativo Imobilizado (Fixo) | 11.900,00 | 11.800,00 | 11.700,00 | 11.600,00 | 11.500,00 | 11.400,00 | 11.300,00 | 11.200,00 | 11.100,00 | 11.000,00 | 10.900,00 | 10.800,00 |
| Bens em Operação (Custo) | 12.000,00 | 12.000,00 | 12.000,00 | 12.000,00 | 12.000,00 | 12.000,00 | 12.000,00 | 12.000,00 | 12.000,00 | 12.000,00 | 12.000,00 | 12.000,00 |
| Imobilizado em Andamento | 0,00 | 0,00 | 0,00 | 0,00 | 0,00 | 0,00 | 0,00 | 0,00 | 0,00 | 0,00 | 0,00 | 0,00 |
| (-) Depreciação Acumulada | -100,00 | -200,00 | -300,00 | -400,00 | -500,00 | -600,00 | -700,00 | -800,00 | -900,00 | -1.000,00 | -1.100,00 | -1.200,00 |
| Ativo Diferido (Custo) | 0,00 | 0,00 | 0,00 | 0,00 | 0,00 | 0,00 | 0,00 | 0,00 | 0,00 | 0,00 | 0,00 | 0,00 |
| Intangíveis | 0,00 | 0,00 | 0,00 | 0,00 | 0,00 | 0,00 | 0,00 | 0,00 | 0,00 | 0,00 | 0,00 | 0,00 |
| (-) Amortização | 0,00 | 0,00 | 0,00 | 0,00 | 0,00 | 0,00 | 0,00 | 0,00 | 0,00 | 0,00 | 0,00 | 0,00 |
| **PASSIVO** | -40.468,00 | -31.438,00 | -34.408,00 | -51.003,00 | -53.973,00 | -56.943,00 | -60.626,00 | -63.866,00 | -67.106,00 | -83.971,00 | -72.331,00 | -53.191,00 |
| *CIRCULANTE* | -40.468,00 | -31.438,00 | -34.408,00 | -51.003,00 | -53.973,00 | -56.943,00 | -60.626,00 | -63.866,00 | -67.106,00 | -83.971,00 | -72.331,00 | -53.191,00 |
| Fornecedores | -19.000,00 | -7.000,00 | -7.000,00 | -7.000,00 | -7.000,00 | -7.000,00 | -7.000,00 | -7.000,00 | -7.000,00 | -7.000,00 | -7.000,00 | -7.000,00 |
| Nacionais | -19.000,00 | -7.000,00 | -7.000,00 | -7.000,00 | -7.000,00 | -7.000,00 | -7.000,00 | -7.000,00 | -7.000,00 | -7.000,00 | -7.000,00 | -7.000,00 |
| Estrangeiros | 0,00 | 0,00 | 0,00 | 0,00 | 0,00 | 0,00 | 0,00 | 0,00 | 0,00 | 0,00 | 0,00 | 0,00 |
| Outros Valores a Pagar | -18.498,00 | -18.498,00 | -18.498,00 | -32.123,00 | -32.123,00 | -32.123,00 | -32.566,00 | -32.566,00 | -32.566,00 | -46.191,00 | -46.191,00 | -46.191,00 |
| *Salários e Encargos a Pagar* | -4.873,00 | -4.873,00 | -4.873,00 | -4.873,00 | -4.873,00 | -4.873,00 | -5.316,00 | -5.316,00 | -5.316,00 | -5.316,00 | -5.316,00 | -5.316,00 |
| Salários | 0,00 | 0,00 | 0,00 | 0,00 | 0,00 | 0,00 | 0,00 | 0,00 | 0,00 | 0,00 | 0,00 | 0,00 |
| Encargos | -4.873,00 | -4.873,00 | -4.873,00 | -4.873,00 | -4.873,00 | -4.873,00 | -5.316,00 | -5.316,00 | -5.316,00 | -5.316,00 | -5.316,00 | -5.316,00 |
| Obrigações Fiscais | -13.625,00 | -13.625,00 | -13.625,00 | -27.250,00 | -27.250,00 | -27.250,00 | -27.250,00 | -27.250,00 | -27.250,00 | -40.875,00 | -40.875,00 | -40.875,00 |
| Outras Obrigações | 0,00 | 0,00 | 0,00 | 0,00 | 0,00 | 0,00 | 0,00 | 0,00 | 0,00 | 0,00 | 0,00 | 0,00 |
| Empréstimos e Financiamentos | 0,00 | 0,00 | 0,00 | 0,00 | 0,00 | 0,00 | 0,00 | 0,00 | 0,00 | 0,00 | 0,00 | 0,00 |
| Retenções Contratuais | 0,00 | 0,00 | 0,00 | 0,00 | 0,00 | 0,00 | 0,00 | 0,00 | 0,00 | 0,00 | 0,00 | 0,00 |
| Provisões | -2.970,00 | -5.940,00 | -8.910,00 | -11.880,00 | -14.850,00 | -17.820,00 | -21.060,00 | -24.300,00 | -27.540,00 | -30.780,00 | -19.140,00 | 0,00 |
| Provisões Férias/13º Sal. e Encargos | -2.970,00 | -5.940,00 | -8.910,00 | -11.880,00 | -14.850,00 | -17.820,00 | -21.060,00 | -24.300,00 | -27.540,00 | -30.780,00 | -19.140,00 | 0,00 |
| Provisões Diversas | 0,00 | 0,00 | 0,00 | 0,00 | 0,00 | 0,00 | 0,00 | 0,00 | 0,00 | 0,00 | 0,00 | 0,00 |
| *PASSIVO NÃO CIRCULANTE* | 0,00 | 0,00 | 0,00 | 0,00 | 0,00 | 0,00 | 0,00 | 0,00 | 0,00 | 0,00 | 0,00 | 0,00 |
| Outras Obrigações a Pagar | 0,00 | 0,00 | 0,00 | 0,00 | 0,00 | 0,00 | 0,00 | 0,00 | 0,00 | 0,00 | 0,00 | 0,00 |
| Empréstimos e Financiamentos | 0,00 | 0,00 | 0,00 | 0,00 | 0,00 | 0,00 | 0,00 | 0,00 | 0,00 | 0,00 | 0,00 | 0,00 |
| **PATRIMÔNIO LÍQUIDO** | -101.011,12 | -102.022,24 | -103.033,36 | -128.051,98 | -153.070,60 | -178.089,22 | -201.977,26 | -225.865,30 | -249.753,34 | -297.648,88 | -345.544,42 | -393.439,96 |
| *CAPITAL SOCIAL* | -100.000,00 | -100.000,00 | -100.000,00 | -100.000,00 | -100.000,00 | -100.000,00 | -100.000,00 | -100.000,00 | -100.000,00 | -100.000,00 | -100.000,00 | -100.000,00 |
| Capital Subscrito | -100.000,00 | -100.000,00 | -100.000,00 | -100.000,00 | -100.000,00 | -100.000,00 | -100.000,00 | -100.000,00 | -100.000,00 | -100.000,00 | -100.000,00 | -100.000,00 |
| Capital a Integralizar (+) | 0,00 | 0,00 | 0,00 | 0,00 | 0,00 | 0,00 | 0,00 | 0,00 | 0,00 | 0,00 | 0,00 | 0,00 |
| | | | | | | | | | | | | |
| *LUCROS/(+)PREJUÍZOS ACUMULADOS* | -1.011,12 | -2.022,24 | -3.033,36 | -28.051,98 | -53.070,60 | -78.089,22 | -101.977,26 | -125.865,30 | -149.753,34 | -197.648,88 | -245.544,42 | -293.439,96 |
| Resultado Anos Anteriores | 0,00 | 0,00 | 0,00 | 0,00 | 0,00 | 0,00 | 0,00 | 0,00 | 0,00 | 0,00 | 0,00 | 0,00 |
| Resultado do Exercício | -1.011,12 | -2.022,24 | -3.033,36 | -28.051,98 | -53.070,60 | -78.089,22 | -101.977,26 | -125.865,30 | -149.753,34 | -197.648,88 | -245.544,42 | -293.439,96 |
| | OK | OK | OK | OK | OK | OK | OK | OK | OK | OK | OK | OK |

| NECESSIDADE DE CAPITAL DE GIRO | Janeiro | Fevereiro | Março | Abril | Maio | Junho | Julho | Agosto | Setembro | Outubro | Novembro | Dezembro |
|---|---|---|---|---|---|---|---|---|---|---|---|---|
| Ativo Circulante - Passivo Circulante | 89.111,12 | 90.222,24 | 91.333,36 | 116.451,98 | 141.570,60 | 166.689,22 | 190.677,26 | 214.665,30 | 238.653,34 | 286.648,88 | 334.644,42 | 382.639,96 |

| DAYS SALES OUTSTANDING - DSO | Janeiro | Fevereiro | Março | Abril | Maio | Junho | Julho | Agosto | Setembro | Outubro | Novembro | Dezembro |
|---|---|---|---|---|---|---|---|---|---|---|---|---|
| Clientes+Funcionários+Adto.Fornecedores / Receita de Serviços Trimestre x 4 / 365 | - | - | - | - | - | - | - | - | - | - | - | - |

# 11 CONVERSÃO DE DEMONSTRAÇÕES FINANCEIRAS – FASB-52


**RESUMO**

Tendo como fundamento a internacionalização da economia, a expansão das empresas multinacionais e o mercado de capitais, o presente texto visa fornecer ao leitor um *case* simplificado de **conversão** de moeda local para moeda estrangeira das demonstrações financeiras, utilizando a sistemática do ***FASB-52.*** O objetivo é fornecer ao leitor o conhecimento teórico e prático básico das conversões das **demonstrações financeiras** utilizadas pelas empresas estrangeiras para **consolidação** de resultados em suas matrizes no exterior, buscar recursos financeiros externos, ou participar de processos de fusões e aquisições com empresas estrangeiras.



**PALAVRAS-CHAVE:** conversão, *fasb-52,* consolidação, demonstrações financeiras.



**ABSTRACT**

Based on the internationalization of the economy and the expansion of multinational companies and the capital market, this paper has the intention to provide to the reader a simplified case of **conversion** from local currency to foreign currency of financial statements using the systematic of **FASB - 52**. The goal is to provide the reader with the basic theoretical and practical knowledge of conversion of **financial statements** that are used by foreign companies to **consolidate** results at their headquarters abroad, seek external financial funding or participate in mergers and acquisitions process with foreign companies.



**KEYWORDS**: conversion, fasb-52, consolidate, financial statements.


**SUMÁRIO:** 1. Introdução, 2.Principais órgãos regulamentadores, 3.Objetivos da conversão das demonstrações financeiras para moeda estrangeira, 4.Taxas de conversão, 5.Métodos de conversão, 6.Caso Prático – conversão SFAS 52, 7.Conclusões.

## 1 INTRODUÇÃO

Com o advento da globalização da economia grandes empresas estrangeiras têm se estabelecido em outros países através dos processos de fusão, aquisição de empresas locais ou criação de *joint-ventures*[90] em diversos continentes. Por sua vez, as companhias locais passaram a ter acesso às principais bolsas de valores e investidores do mundo inteiro.

Como consequência deste processo de internacionalização, a Contabilidade tem a função de superar as barreiras de linguagem, moeda e diferenças existentes entre as práticas e procedimentos contábeis adotados em cada país. A finalidade é possibilitar a compreensão e interpretação dos diferentes resultados das demonstrações financeiras gerados pelas filiais no exterior para fins de consolidação na matriz e prover informações padronizadas para o mercado financeiro/investidores.

Dessa forma, as filiais, coligadas e controladas de empresas norte americanas (ou de outros países) localizadas fora dos Estados Unidos devem converter suas demonstrações financeiras de acordo com os princípios e regras específicas do *US GAAP*, para fins de consolidação de resultados na matriz. O mesmo procedimento também deve ser aplicado para empresas nacionais que tem suas ações disponibilizadas nas bolsas de valores em outros países, tais como, Bolsa de Nova York, Shangai, Frankfurt, Tokyo etc.

Devido à complexidade e abrangência do tema, limitamos o escopo deste artigo no sentido de fornecer ao leitor somente as informações básicas para o entendimento e desenvolvimento de um *case* de conversão de balanço e demonstração do resultado do exercício expresso em Reais (R$) para dólares americanos (US$), utilizando a sistemática do FASB-52.

## 2 PRINCIPAIS ÓRGÃOS REGULAMENTADORES NA CONVERSÃO DE BALANÇOS

Neste item, serão descritos os principais órgãos normatizadores que orientam a conversão das demonstrações financeiras em moeda local para moeda estrangeira dentro das regras do US GAAP:

---

90 Joint ventures – empreendimento em participação, contrato em participação, empreendimento conjunto. MIGLIAVACCA, Paulo N. Business Dictionary. São Paulo: Edicta, 1999.

## *2.1 IASC* – INTERNATIONAL ACCOUNTING STANDARDS COMMITTEE *(COMITÊ DE NORMAS INTERNACIONAIS DE CONTABILIDADE)*

Foi constituído em 1973 por acordo feito entre entidades profissionais da Austrália, Canadá, França, Alemanha, Japão, México, Holanda, Reino Unido, Irlanda e Estados Unidos da América. Entre 1983 e 2001, os membros do IASC incluíram todas as entidades de profissionais contábeis que são membros da Federação Internacional de Contadores (IFAC).

Em transição para o novo IASB, o IASC emitiu 41 IAS, dos quais, após uma série de revisões, 34 permanecem em vigor. A nova constituição da Fundação do IASC, uma corporação sem fins lucrativos, criada para supervisionar o recém-criado IASB, aprovada em maio de 2000 pelos membros do IASC e revisada pelas *Trustees* da Fundação IASC em Março de Julho de 2002, ampliou seus objetivos, que hoje englobam:[91]

- Desenvolver, no interesse público, um conjunto único de normas contábeis globais de alta qualidade, exigindo informações transparentes e comparáveis nas demonstrações financeiras para auxiliar os participantes nos mercados de capitais e outros usuários na tomada de decisões econômicas;
- promover o uso e a rigorosa aplicação dessas normas;
- promover a convergência entre as normas contábeis locais e as normas internacionais de contabilidade com soluções de alta qualidade.

Dessa forma, a ênfase anterior aprovada em 1992 foi modificada de uma mera harmonização para uma real convergência entre os vários padrões de contabilidade nacionais e internacionais, que passaram a ser denominados como padrões de relatórios financeiros internacionais *IFRS – International Financial Reporting Standards.*

91 SANTOS, José Luiz dos, SCHMIDT, Paulo, FERNANDES, Luciane Alves. Introdução à contabilidade internacional. São Paulo: Atlas, 2006, p. 20.

## 2.2 *AICPA* – AMERICAN INSTITUTE OF CERTIFIED PUBLIC ACCOUNTANTS *(INSTITUTO AMERICANO DE CONTADORES PÚBLICOS CERTIFICADOS)*

Possui um comitê técnico sênior denominado comitê executivo de padrões de contabilidade (AcSEC) que está autorizado a formular padrões de contabilidade, bem como representar o AICPA em matéria de contabilidade. O comitê emite pronunciamentos de posição (SOPS), guias de auditoria e contabilidade os quais são revisados e chancelados pelo FASB.

Os SOPS fornecem orientação para a contabilidade financeira e emissão de relatórios e as guias de auditoria e contabilidade (*Industry audit and accounting guides*) orientam os auditores no exame e apresentação das demonstrações financeiras das entidades em segmentos específicos, bem como fornecem padrões de contabilidade para problemas específicos em uma empresa em particular.

O AcSEC também emite auxílios técnicos de prática contábil (*Technical practice aids*) e pesquisas (*papers*).[92]

## 2.3 *FASB* – FINANCIAL ACCOUNTING STANDARDS BOARD *(JUNTA DE NORMAS DE CONTABILIDADE FINANCEIRA)*

Em 1º de junho de 1973, foi criada a FASB, caracteriza-se por ser uma entidade independente, cujos membros componentes devem ser totalmente desvinculados do mercado de capitais. Todavia, historicamente a maioria dos membros do Conselho foram anteriormente auditores, funcionários de grandes corporações, servidores governamentais e membros da academia, isso porque para o desempenho dessa função é exigido conhecimento.

Antes de emitir um novo pronunciamento (SFAS), o FASB frequentemente trabalha com uma força tarefa composta por contadores públicos (*CPA - Certified public Accountant*) representativos da indústria, acadêmicos e usuários das demonstrações financeiras para desenvolver um memorando de discussão. Após receber comentários públicos e ouvir suas opiniões, essa assessoria prepara uma proposta de padrões de contabilidade e a disponibiliza para comentários públicos. Esse ins-

92 SANTOS, José Luiz dos, SCHMIDT, Paulo, FERNANDES, Luciane Alves. Introdução à contabilidade internacional. São Paulo: Atlas, 2006, p. 27.

trumento confere ao público uma oportunidade para comentar sobre o projeto antes de ele ser finalizado e emitido como um pronunciamento do FASB.

A base conceitual para o US-GAAP está incluída nos pronunciamentos-conceitos do FASB denominados SFAC, que criaram uma espécie de estrutura conceitual básica usada pelo Conselho para o estabelecimento de padrões de contabilidade. [93]

O FASB é um órgão independente, reconhecido pelo principal órgão que regulamenta o mercado americano de capitais (*SEC – Securities and Exchange Commission*), com o objetivo de determinar e aperfeiçoar os procedimentos, conceitos e normas contábeis.

Até 31 de agosto de 2005, a FASB emitiu 154 Pronunciamentos sobre Normas Contábeis Financeiras (SFAS – *Statements of Financial Accounting Standards*), conhecidos simplesmente como SFAS.[94]

Além dos FAS, a FASB também emite os seguintes pronunciamentos complementares:

- Interpretações de FAS;
- Pronunciamentos sobre Conceitos de Contabilidade Financeira (Statement of Financial Accounting Concepts);
- Boletins Técnicos (Technical Bulletins);
- Resumos das Opiniões do Comitê de Assuntos Emergentes (EITF – Emerging Issues Task Force)

## *2.4 SEC* – SECURITIES AND EXCHANGE COMMISSION *(COMISSÃO DE VALORES MOBILIÁRIOS E CÂMBIO)*

Tal como ocorre no Brasil, onde a Comissão de Valores Mobiliários (CVM) atua como agente regulador do mercado de títulos e valores mobiliários, a SEC desempenha a mesma função nos Estados Unidos.

A SEC acompanha o processo de elaboração de pronunciamentos em *US GAAP* [95] e influencia a forma como os mesmos devem ser apli-

93 SANTOS, José Luiz dos, SCHMIDT, Paulo, FERNANDES, Luciane Alves. Introdução à contabilidade internacional. São Paulo: Atlas, 2006, p. 26.

94 PEREZ JR. José Hernandez. Conversão das demonstrações contábeis. São Paulo: Atlas, 2005, p.7.

95 *US GAAP* – Princípios de contabilidade geralmente aceitos, regras de contabiliza-

cados por empresas registradas na medida em que produz uma grande quantidade de interpretações sobre o assunto além de regras que definem o conteúdo das demonstrações financeiras. Estas regras e interpretações podem ocorrer de diferentes formas, tais como:[96]

- Regras (Rules) e regulamentações (Regulations) dentre as quais deve ser destacada a Regulations S-X que centraliza os requerimentos de apresentação e divulgação de demonstrações financeiras registradas junto à SEC;
- Financial Reporting Releases (FRR) utilizados para emitir novas regras, emendar as existentes e formalizar a posição da SEC quanto a questões relacionadas às demonstrações financeiras;
- Staff Accounting Bulletins (SAB) são interpretações da equipe da SEC (SEC STAFF) sobre requerimentos de contabilização e divulgação aplicados pela Divisão de Finanças Corporativas (Division of Corporation Finance) e pelo departamento de contabilidade da SEC;
- Opiniões de equipe da SEC na forma de referências (além das SABs), tais como: manual de práticas da SEC (SEC pratices manual); declarações da equipe da SEC (SEC Staff Speeches), cartas e guias para indústrias (industry);
- Opiniões expressadas em reuniões do EITF (Emerging issues task forces)

## 2.5 *IFRS* – INTERNATIONAL FINANCE REPORT STANDARDS *(NORMAS INTERNACIONAIS DE RELATÓRIOS FINANCEIROS)*

São as normas internacionais de contabilidade, que:

Até 2001 – as normas eram emitidas pelo IASC e eram representadas pelas normas IAS (*International Accounting Standards* – Normas Con-

ção emitidas pelo FASB Estados Unidos. MIGLIAVACCA, Paulo N. *Business dictionary*. São Paulo: Edicta 1999.

96 *LIMA, Luiz Murilo Turbe. IFRS entendendo e aplicando as normas internacionais de contabilidade. São Paulo: Atlas, 2010, p.6,7.*

tábeis Internacionais) e SIC (Standing *Interpretations Commitee* que fornecia aconselhamento técnico sobre as normas emitidas pelo IASB).

De 2001 até o presente – as normas passaram a ser emitidas pelo IASB e são chamadas de *IFRS e IFRIC (International Financial Reporting Interpretations Commitee* – Comitê de Interpretações das Normas Internacionais de Contabilidade. Interpreta as normas emitidas pelo IASB e os seus representantes são nomeados pelo IASC).

## *2.6 BRASIL – CVM – COMISSÃO DE VALORES MOBILIÁRIOS, IBRACON – INSTITUTO DOS AUDITORES INDEPENDENTES DO BRASIL, CFC – CONSELHO FEDERAL DE CONTABILIDADE, CPC – COMITE DE PRONUNCIAMENTOS CONTÁBEIS*

A deliberação 539/08 CVM – aprova o pronunciamento do CPC para elaboração e apresentação das demonstrações contábeis em IFRS - lei 11.638/07 e 11.941/09.

Deliberação 457/07 – CVM – Empresas abertas – IFRS para aplicação em 2010.

## *2.7* THE INTERNATIONAL FEDERATION OF ACCOUNTS – *IFAC – FEDERAÇÃO INTERNACIONAL DE CONTADORES*

Trata-se de uma organização mundial não governamental, sem fins lucrativos e não política que representa a profissão contábil. Está sediada em Nova York, com participação de 159 membros, representando 124 países e quase 2,5 milhões de contadores.

O IFAC publica padrões profissionais e guias de recomendação por intermédio de seus comitês, a saber:[97]

a) Comitê de padrões de auditoria e asseguração internacional
b) Comitê de educação contábil internacional
c) Comitê de padrões de ética internacional
d) Comitê de contadores profissionais para atividades empresariais
e) Comitê de padrões para contabilidade pública internacional

97 NIYAMA, Jorge Batumi. *Contabilidade Internacional*. São Paulo: Atlas, 2010, p.42-44.

f) Comitê de auditores transnacionais

g) Comitê de prática para pequenas e médias empresas

h) Comitê de indicações

## 3 OBJETIVOS DA CONVERSÃO DE DEMONSTRAÇÕES CONTÁBEIS PARA MOEDA ESTRANGEIRA

Como decorrência da expansão das empresas transnacionais, bem como dos investimentos internacionais que são realizados por diversos países e grupos financeiros, surge à necessidade de padronização das demonstrações financeiras, com os seguintes objetivos:

- Obter demonstrações contábeis em moeda forte, não sujeita aos efeitos da inflação;
- Permitir ao investidor estrangeiro melhor acompanhamento de seu investimento, já que as demonstrações convertidas estarão expressas na moeda corrente de seu próprio país;
- Possibilitar a aplicação do método da equivalência patrimonial sobre os investimentos efetuados em diversos países;
- Possibilitar a consolidação e combinação de demonstrações contábeis de empresas situadas em diversos países.

Como exemplo podemos mencionar uma empresa americana que tem sua matriz nos Estados Unidos da América e possui filiais em diversos países na América Latina, Europa e Ásia. Evidente que para efetuar o processo de consolidação das demonstrações financeiras, todos os países deverão adotar a moeda da matriz US$ dólar para converter suas demonstrações financeiras e enviar os relatórios para a casa matriz.

Devido ao lapso de tempo para encerramento e consolidação das demonstrações financeiras, geralmente a matriz define um país em cada continente para ser o escritório regional (*Regional Office)* para fins de consolidação do continente, pois este país encontra-se mais perto dos demais países e conhece melhor as características regionais e cultura local. Portanto, os países daquele continente enviam suas demonstrações convertidas para o Escritório Regional que por sua vez, confere e consolida os resultados da região, e por fim envia para a matriz nos Estados Unidos.

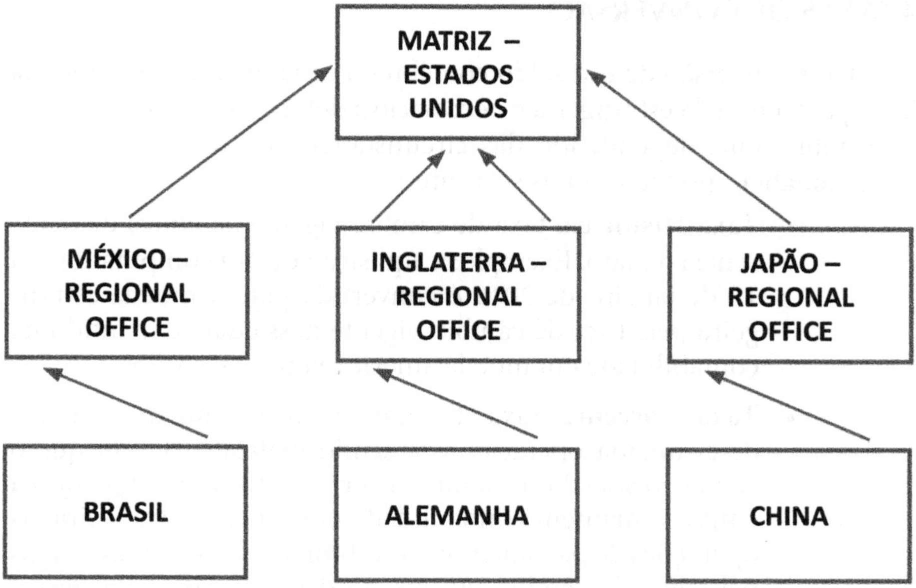


A título de informação existe uma diferença entre conversão de demonstrações contábeis e contabilidade em moeda estrangeira, que, apesar dos termos serem parecidos, possuem significados distintos, a saber:

a) Na Conversão de Demonstrações Contábeis a empresa mantém sua contabilidade em moeda local Reais (R$) de acordo com os princípios contábeis brasileiros e somente no final do exercício, após o encerramento das demonstrações contábeis em moeda nacional, aplica os procedimentos de conversão para moeda estrangeira, ou seja, aplica o procedimento de conversão a partir deste momento;

b) Na Contabilidade em Moeda Estrangeira, as operações são convertidas para a moeda estrangeira à medida que ocorrem e registradas em sistema contábil próprio já em moeda estrangeira, apurando ao término do exercício as demonstrações contábeis em moeda estrangeira, não havendo a necessidade de qualquer conversão.

Observa-se que no item "a", existe a Conversão das Demonstrações em Moeda Local para a Moeda Estrangeira e, no segundo caso, ocorre a Conversão das Operações para a Moeda Estrangeira e sua contabilização já nessa moeda.

## 4 TAXAS DE CONVERSÃO

Para conversão de um saldo contábil ou uma operação em moeda local para a moeda estrangeira é necessário à determinação de uma taxa de câmbio, que, dependendo das circunstâncias e características dos itens contábeis, poderão ser as seguintes: [98]

- **Taxa Histórica:** taxa de câmbio vigente na época de ocorrência do fato. Exemplo: a aquisição de um computador em 18 de janeiro de 2019 é convertida para a moeda estrangeira pela taxa de câmbio vigente nessa data e mantido na contabilidade em moeda americana por esse valor.
- **Taxa Corrente**: taxa de câmbio vigente no dia em que determinada operação está sendo realizada ou em que o exercício social está sendo encerrado. Exemplo: Quando a empresa mantém contabilidade em moeda estrangeira, as operações de pagamentos e recebimentos serão convertidas pela taxa de câmbio vigente na data de cada uma dessas operações.
- **Taxa de Fechamento**: taxa de câmbio vigente na data de encerramento do exercício das demonstrações contábeis. Exemplo: O saldo das contas do balanço patrimonial será convertido pela taxa de câmbio vigente nessa data para representar o equivalente em moeda estrangeira.
- **Taxa Média**: média aritmética das taxas de câmbio vigentes durante determinado período de tempo, normalmente um mês. Apurada por média aritmética ponderada, de forma que melhor represente a evolução das taxas de câmbio durante o período. Exemplo: As vendas e despesas do mês são convertidas pela taxa média desse mesmo mês.
- **Taxa Projetada ou Prevista**: apesar de não prevista no FAS 52, algumas empresas utilizam taxas projetadas para datas futuras. Essas taxas são utilizadas para converter itens com valor fixo em moeda nacional e vencimento futuro, ou ainda, para a elaboração do *budget* [99]do próximo exercício financeiro.

98 IAS 21-Os efeitos das mudanças nas taxas de câmbio

99 *Budget* ou orçamento – é uma peça contábil financeira que deve prever um resultado futuro para que o administrador possa se antecipar aos fatos, tomando as ações necessárias e assim melhorar o resultado da empresa. CAROTA, José Carlos, DOMANICO FILHO, Roberto. *Riscos empresariais contemporâneos*. São Paulo: Allprint, 2011, p. 67.

Há de se ressaltar que no Brasil, especificamente no caso da cotação da moeda americana US$ dólar, existem três cotações diárias diferentes que são praticadas pelo mercado financeiro/câmbio brasileiro:

- **Dólar Turismo** - utilizado para compra ou venda de moeda estrangeira para viagens ao exterior, utilização do cartão de crédito internacional, emissão de cheques de viagens e compras internacionais realizadas via cartão de crédito.
- **Dólar Comercial** - utilizado amplamente pelo mercado financeiro para operações de importação e exportação e demais transações comerciais internacionais.
- **Dólar PTax** - cotação realizada pelo Banco Central do Brasil, que apura a média praticada pelo mercado no dia anterior e divulga uma série histórica no site. É geralmente utilizada para realização do fechamento contábil.

## 5 MÉTODOS DE CONVERSÃO

A aplicação do FAS 52 é obrigatória para conversão de demonstrações, preparadas de acordo com os princípios contábeis norte-americanos (*US-GAAP),* que serão incluídas nas demonstrações contábeis de empresas norte-americanas naquele país por meio de:[100]

- consolidação das demonstrações financeiras[101] (matriz mais subsidiárias);
- combinação (fusão ou incorporação de duas ou mais empresas);
- avaliação de investimento pelo método da equivalência patrimonial (coligadas).

100 PEREZ JR, José Hernandez. *Conversão das demonstrações contábeis*. São Paulo: Atlas,1998, p. 30.

101 De acordo com o IAS-1 Apresentação das demonstrações contábeis – o conjunto de demonstrações contábeis compreende: uma demonstração da posição financeira, uma demonstração do resultado abrangente, uma demonstração das mutações do patrimônio líquido, uma demonstração do fluxo de caixa, notas compreendendo um sumário as políticas contábeis significativas e outras informações explicativa. LEMES, Sirlei, CARVALHO, L. Nelson. *Contabilidade internacional para graduados*. São Paulo: Atlas, 2010, p. 9.

Não há obrigatoriedade da aplicação dos procedimentos de conversão pelo FAS 52 quando o objetivo é a obtenção de recursos no exterior ou para apresentação a investidores, a menos que haja exigência específica por parte do credor ou investidor. Também não há obrigatoriedade quando o fim for gerencial.

São três os métodos de conversão das demonstrações contábeis financeiras: [102]

- Câmbio de Fechamento - todos os itens são convertidos pela taxa de cambio vigente na data do encerramento do exercício pela taxa corrente. Método utilizado em países com inflação baixa.
- Monetário e Não Monetário[103] – nesta sistemática os itens patrimoniais são classificados em: a) **Monetários,** que serão convertidos pela taxa corrente – são as disponibilidades e direitos ou obrigações que serão realizados em dinheiro: Exemplo: caixa, bancos, duplicatas a receber, provisão para devedores duvidosos, outras contas a receber, aplicações financeiras etc. b) **Não Monetários** serão convertidos pela taxa histórica – são os bens realizáveis ou permanentes e direitos ou obrigações que serão realizados ou exigidos em bens ou serviços. Exemplo: estoques em geral, despesas pagas antecipadas, adiantamentos a fornecedores, participações societárias realizáveis ou permanentes, ativo permanente, adiantamento de clientes, resultados de exercícios futuros e patrimônio líquido. .
- Temporal – por este método, os itens patrimoniais são classificados de acordo com a base de valor adotada para avaliação, que pode ser: valor passado, valor presente ou valor futuro.

A utilização dos métodos vai depender do nível de inflação do país. Para países com inflação acumulada em três anos superior a 100%, o FASB prevê a utilização dos métodos monetário, não monetário e temporal. Já para países com inflação acumulada inferior a 100%, o modelo que deve ser adotado é o do cambio de fechamento.

---

102 PEREZ JR, José Hernandez. *Conversão das demonstrações contábeis*. São Paulo: Atlas, 1998, p.33.

103 IAS – 21.

Os principais procedimentos a serem adotados no MÉTODO MONETÁRIO E NÃO MONETÁRIO, que será objeto de estudo próximo item, podem ser resumidos da seguinte maneira:

1 - Segregação dos componentes do balanço patrimonial em dois grupos: Itens monetários e Itens não monetários;

2 - **Itens monetários** são convertidos em dólar de acordo com a taxa cambial na data do balanço, ou seja, utiliza-se a taxa corrente (taxa de cambio vigente no dia em que determinada operação está sendo realizada ou em que o exercício social está sendo encerrado);

3 - **Itens não monetários** são convertidos com base na base na taxa da moeda estrangeira da data da transação, ou seja, a taxa histórica;

4 - São desprezados os efeitos da correção monetária;

5 - Os ganhos e perdas da conversão devem ser apurados;

6 - Não existe necessidade de efetuar cálculos de ajuste a valor presente ou futuro;

7 - Os Estoques devem ser controlados em dólar histórico, como os demais itens não monetários;

8 - Receitas e Despesas monetárias são convertidas, normalmente, pela taxa média do dólar do mês que ocorreram. Exemplo: Vendas, despesas com vendas, despesas administrativas, financeiras nominais, juros de empréstimos em dólar etc.

A taxa média representa a média aritmética das taxas de câmbio vigentes durante determinado período de tempo.

9 - O Custo da mercadoria vendida, do produto vendido ou do serviço prestado deve ser convertido pela taxa do dólar do dia em que os estoques foram adquiridos, porém, se a empresa não possuir controle de estoque em dólar, deve calcular o valor em moeda nacional - Reais (R$) das compras, utilizando a seguinte fórmula = Custo da Mercadoria Vendida (CMV) = Estoque inicial (EI) + Compras (C) - Estoque final (EF)[104], e dividir pelo dólar médio do mês.

104 A formula representa o Custo da mercadoria vendida - CMV = estoque inicial + compras – estoque final.

No caso do custo do produto, o acompanhamento de todos os elementos do custo deve ser mantido em dólares históricos.

No caso dos serviços prestados, os itens componentes devem ser mantidos pelo dólar da data em que os componentes do custo foram consumidos na prestação do serviço;

10 – O cálculo dos ganhos e perdas na conversão para dólar, deve ser feito da seguinte maneira:

- Somar todos os itens do balanço inicial, sujeitos a ganho e perdas em dólar, e transformá-los em quantidades de dólares;

- Calcular os aumentos e diminuições desse saldo, durante o período em análise, também em dólar;

- Comparar o saldo final para verificar se ocorreu ganho ou perda com a conversão.

11 – Para utilização deste método, primeiramente o contador deverá encerrar o balanço e demonstração do resultado do exercício local, para em seguida efetuar os lançamentos de adição e exclusão ao lucro real[105] (LALUR), e a partir daí, com os números devidamente ajustados, iniciar o procedimento de conversão.

## 6 CASO PRÁTICO – CONVERSÃO DO SFAS 52 DE ACORDO COM O MÉTODO MONETÁRIO E NÃO MONETÁRIO

Com o objetivo de facilitar o entendimento do tema, demonstramos a seguir um caso simplificado de conversão de balanço patrimonial (BP) e demonstração de resultado do exercício (DRE) abrangendo todas as fases do procedimento de conversão (destacando todas as sistemáticas de cálculo utilizadas) será desenvolvido neste item.

105 Para calcular o lucro real primeiramente é necessário conhecer o valor do lucro ou prejuízo líquido contábil do período apurado de acordo com a legislação comercial e os valores devem ser acrescidos, excluídos ou compensados a esse lucro, de acordo com a legislação fiscal e tudo devidamente registrado no livro denominado Livro de Apuração do Lucro Real – LALUR, o qual tem como finalidade conectar os números apurados do resultado contábil com as exigências adotadas pelo fisco para a apuração do resultado fiscal que foi instituído pelo decreto-lei 1.598/77 fundamentado no artigo 177 parágrafo segundo da lei das sociedades anônimas. CAROTA, José Carlos. *A função social das sociedades empresárias e o planejamento tributário federal*. São Paulo: Allprint, 2013, p. 83.

## 6.1 TAXAS DE CONVERSÃO UTILIZADAS – R$ – US$ – Exchange Rate

| DATA | R$ |
|---|---|
| 01.01.2009 | 0,80 |
| 31.12.2009 | 0,89 |
| 01.01.2010 | 0,89 |
| 31.10.2010 | 1,02 |
| 30.11.2010 | 1,04 |
| 31.12.2010 | 1,06 |
| **MÉDIA 2010** | **1,085** |
| 31.10.2011 | 1,10 |
| 30.11.2011 | 1,105 |
| 31.12.2011 | 1,11 |
| 31.01.2012 | 1,30 |

## 6.2 BALANÇO PATRIMONIAL E DRE APRESENTADOS EM MOEDA LOCAL – R$ – REAIS

| CONTA | 31.12.2010 | 31.12.2011 |
|---|---|---|
| **DISPONIBILIDADES** | 4.000 | 6.000 |
| **CONTAS A RECEBER** | 40.000 | 60.000 |
| **ESTOQUES** | 30.000 | 44.000 |
| **IMOBILIZADO** | 50.000 | 50.000 |
| **DEPREC. ACUMULADA** | (10.000) | (20.000) |
| **TOTAL ATIVO** | **114.000** | **140.000** |
| **FORNECEDORES** | 40.000 | 36.000 |
| **CAPITAL SOCIAL** | 60.000 | 70.000 |
| **LUCRO ACUMULADO** | 14.000 | 34.000 |
| **TOTAL PASSIVO** | **114.000** | **140.000** |

DEMONSTRAÇÃO DO RESULTADO DO EXERCICIO 2011

| CONTA | VALOR R$ |
|---|---|
| VENDAS | 720.000 |
| CMV | (640.000) |
| LUCRO BRUTO | 80.000 |
| DESP. ADMINISTRATIVAS | (20.000) |
| DESP. VENDAS | (16.000) |
| DESP. DEPRECIAÇÃO | (10.000) |
| LUCRO LÍQUIDO | **34.000** |

## *6.3 INFORMAÇÕES COMPLEMENTARES*

*6.3.1 Os estoques foram adquiridos em 30.11.2010 e 30.11.2011 respectivamente;*

*6.3.2 O Imobilizado foi adquirido em 01.01.2010;*

*6.3.3 O Capital Social foi integralizado em 01.01.2009 e o aumento de capital de R$ 10.000 ocorreu em 31.10.2011;*

*6.3.4 Período de depreciação do imobilizado 5 anos .*

## *6.4 BALANÇO PATRIMONIAL (BP) CONVERTIDO NO MODELO MONETÁRIO E NÃO MONETÁRIO*

| CONTA | 31.12.2010 | US$ | 31.12.2011 | US$ |
|---|---|---|---|---|
| DISPONIBILIDADES | 4.000/1,06 | 3,773 | 6.000/1,11 | 5,405 |
| CONTAS A RECEBER | 40.000/1,06 | 37,735 | 60.000/1,11 | 54,054 |
| ESTOQUES | 30.000/1,04 | 28,846 | 44.000/1,105 | 39,819 |
| IMOBILIZADO | 50.000/0,89 | 56,179 | 50.000/0,89 | 56,179 |
| DEPRECIAÇÃO ACUMULADA | 56,179 x 20% | (11,235) | 56,179 x 40% | (22,470) |
| TOTAL ATIVO | | **115,298** | | **132,987** |
| FORNECEDORES | 40.000/1,06 | 37,735 | 36.000/1,11 | 32,432 |
| CAPITAL SOCIAL | 60.000/0,80 | 75,000 | 60.000/0,80 | 75,000 |
| CAPITAL SOCIAL – AUMENTO | | | 10.000/1,10 | 9,090 |
| LUCRO ACUMULADO | | 2,563 | | 16,465 |
| TOTAL PASSIVO | | **115,298** | | **132,987** |

**Observações:**

1 – O lucro acumulado do ano 2010 foi obtido em um primeiro momento pela diferença entre o ativo, passivo e capital social; (US$ 2.563)

2 – O lucro acumulado do ano 2011 foi obtido conforme cálculos nos itens a seguir **descrito:** Lucro do Ano 2011 = US$ 13,902 (16,465 – 2,563).

DEMONSTRAÇÃO DO RESULTADO DO EXERCICIO (DRE) – CONVERTIDA 2011

| CONTA | CÁLCULO | VALOR US$ |
|---|---|---|
| **VENDAS** | 720.000/1,085 | 663,594 |
| **CMV** | VER OBSERVAÇÕES ABAIXO | (591,791) |
| **LUCRO BRUTO** | 663,594 – 591,791 | 71,803 |
| **DESP. ADMINISTRATIVAS** | 20.000/1,085 | (18,433) |
| **DESP. VENDAS** | 16.000/1,085 | (14,746) |
| **DESP. DEPRECIAÇÃO** | BP EM US$ 2011 | (11,235) |
| | | |
| **PERDA CONVERSÃO** | VER ITEM 6.5.3 | (13,487) |
| **LUCRO LIQUIDO ANO 2011** | US$ | **13,902** |

**A – CMV em US$** = EI + COMPRAS – EF

CMV = US$ 28,846[106] EI + US$ 602,764[107] C - US$ 39,819 EF = (US$ 591,791)

**B – CMV em Reais**[108] - CMV 640,000[109] = 30.000 EI+ compras – 44.000 EF →

INVERTENDO

Compras = CMV 640,000 + EI 30,000 – EF 44.000 → = COMPRAS 654.000/1,085 = US$ 602,764

106 Dados obtidos no Balanço Patrimonial em US$

107 Inicia-se a apuração do CMV em dólares, porém para se encontrar o valor das compras anuais em dólar é necessário apurar o CMV em reais e posteriormente converter pelo dólar médio.

108 O CMV em Reais deve ser utilizado unicamente para se apurar o valor das compras, o qual, deve ser convertido em dólar pela taxa média.

109 Dados obtidos no BP e DRE em Reais – R$

## 6.5 DEMONSTRATIVO DE GANHO OU PERDA NA CONVERSÃO

### 6.5.1 Saldo Inicial do ano 2011 em US$

| | |
|---|---|
| DISPONIBILIDADES | 3,773 |
| CONTAS A RECEBER | 37,735 |
| FORNECEDORES | (37,735) |
| **SALDO LIQUIDO** | **3,773** |

### 6.5.2 Movimentação do Período – ano 2011 em US$

| | |
|---|---|
| **SALDO LIQUIDO INICIAL** | **3,773** |
| + VENDAS | 663,594 |
| (-) COMPRAS | (602,764) |
| (-) DESP. ADM | (18,433) |
| (-) DESP. VENDAS | (14,746) |
| (+) AUMENTO CAPITAL | 9,090 |
| **SALDO QUE DEVERIA EXISTIR** | **40,514** |

### 6.5.3 Saldo Existente no final do ano 2011 em US$

| | | |
|---|---|---|
| DISPONIBILIDADES | 5,405 | |
| CONTAS A RECEBER | 54,054 | |
| FORNECEDORES | (32,432) | |
| SALDO EXISTENTE | 27,027 | |
| SALDO QUE DEVERIA EXISTIR | 40,514 | VER ITEM 6.5.2 |
| **PERDA NA CONVERSÃO** | **(13,487)** | **LANÇAR NA DRE CONVERTIDA** |

# 7 CONCLUSÕES

Com o processo de internacionalização da economia mundial, a contabilidade e os organismos nacionais e internacionais tiveram que encontrar formas de superar as diferenças das moedas estrangeiras e legislação contábil, existentes em diversos países. Para tanto, criaram procedimentos padronizados de conversão e normas internacionais que facilitaram o entendimento das demonstrações contábeis financeiras em qualquer parte do mundo.

Na aplicação destes procedimentos no *case* desenvolvido neste artigo, observa-se que o resultado obtido na contabilidade local é diferente após a aplicação do processo de conversão, isto se deve ao fato que o processo de conversão leva em consideração os ganhos monetários e não monetários decorrentes da variação cambial ocorrida no período. Devemos também levar em conta que, para o investidor ou sócio estrangeiro que efetuou um investimento em moeda estrangeira em outro país, torna-se imprescindível a informação se efetivamente a valorização ou desvalorização da moeda local exerceu influência no seu investimento, além do mais, este ganho ou perda deve ser reconhecido no balanço da matriz no exterior, e certamente irá influenciar o resultado consolidado no exterior.

Estes procedimentos de conversão também podem ser adotados por empresas nacionais, e certamente podem trazer os seguintes benefícios:

**a)** Análise das demonstrações financeiras em moeda constante ao longo do tempo com o objetivo de efetuar uma comparação com outras empresas internacionais do mesmo segmento, ou ainda, analisar os efeitos da moeda estrangeira sobre o patrimônio do acionista;

**b)** Possibilidade de ingressar no mercado internacional de capitais podendo participar da bolsa de valores em diversos países;

**c)** Acesso ao crédito internacional, inclusive de organismos internacionais, tais como o Banco Mundial;

**d)** Possibilidades de participação em processos de fusões e aquisições com empresas estrangeiras;

**e)** Criação de *Joint-Ventures.*

Concluímos que o procedimento de conversão de demonstrações contábeis financeiras em moeda local para moeda estrangeira é complexo e deve ser elaborado dentro das regras nacionais e internacionais por profissionais habilitados e qualificados. Especificamente no caso brasileiro, a complexidade é ainda maior devido à legislação tributária existente, como também as constantes alterações que ocorrem na legislação societária e civil, porém, a conversão é obrigatória para as empresas estrangeiras localizadas no Brasil e facultativa (na maioria dos casos) para as empresas de origem nacional.

Evidente que existem muitos benefícios e custos envolvidos no procedimento, portanto, os administradores que tem a pretensão que suas empresas ingressem do mercado internacional devem analisar o custo benefício de utilizar este procedimento de conversão.

# 12 IMPOSTO DE RENDA PESSOA JURÍDICA – LUCRO REAL OU PRESUMIDO

## A OPÇÃO A SER EXERCIDA ANUALMENTE PELA SOCIEDADE EMPRESÁRIA

**RESUMO**

O presente texto tem como objetivo abrir o entendimento do **Imposto de Renda** Pessoa Jurídica, especificamente quanto à opção anual de tributação pelo **lucro real**, ou **lucro presumido**, que deve ser obrigatoriamente exercida pelas sociedades empresárias no mês de janeiro. A administração da empresa deverá efetuar anualmente a correta opção de tributação, baseada no orçamento previsto e dados anteriores que, certamente, irá resultar numa redução legal na carga tributária.

**PALAVRAS-CHAVE**: imposto de renda, lucro real, lucro presumido.

**ABSTRACT**

This paper aims to open the understanding of the Corporate **Income tax,** specifically the annual option to tax the **actual, presumed income**, that may be exercised by business companies on january. The company management must make annually the correct taxation option based on previous data and estimated budget that will surely result in a reduction in the statutory tax rate.

**KEYWORDS**: income tax, real profit, presumed profit.

**SUMÁRIO**: 1. Introdução, 2. Imposto de renda pessoa jurídica, 3. Lucro Real, 4. Lucro Presumido, 5. Aplicação de caso prático, 6. Conclusões

## 1 INTRODUÇÃO

O presente ensaio tem como finalidade apresentar de forma breve e objetiva o imposto de renda pessoa jurídica e a modalidade de tributação pelo lucro real e presumido, definindo o conceito, fundamentação legal, base de cálculo, alíquotas e também, demonstrar, com exemplos, a sistemática de cálculo e apuração nos casos de maior complexidade. A finalidade é compreender e analisar a opção anual da aplicação da tributação pelo lucro real ou presumido nas sociedades empresárias, tendo como objetivo auxiliar o entendimento da possibilidade de redução da carga tributária avaliando problemas atuais, e, por fim efetuando um demonstrativo de cálculo através de um caso prático.

## 2 IMPOSTO DE RENDA PESSOA JURÍDICA

Conforme definido pelo artigo 43 do Código Tributário Nacional, o Imposto de Renda Pessoa Jurídica é um tributo devido à União que incide sobre rendimentos, ganhos e lucros resultantes de operações industriais, mercantis ou de prestação de serviços, além dos acréscimos patrimoniais decorrentes de ganhos de capital, obtidos pelos contribuintes considerados como pessoas jurídicas[110], equiparados à pessoa jurídica e empresas individuais.

### *2.1 FATO GERADOR*

O fato gerador do imposto é a aquisição de disponibilidade econômica ou jurídica, ou seja, é a obtenção de renda, um conjunto de bens, valores e/ou títulos por uma pessoa jurídica, passíveis de serem transformados ou convertidos em numerário e tem, como princípios constitucionais[111]: o critério da generalidade, devendo alcançar todas as pessoas; da universalidade, alcançando todas as rendas em bases universais e da progressividade, isto é, na medida em que aumentam os ganhos, aumenta proporcionalmente.

---

110 Pessoa Jurídica de Direito Privado – *Código Civil* artigo 44 - Complementando o artigo 44 do Código Civil, Ricardo Fiúza, esclarece nas páginas 55-56 de sua obra denominada *Código Civil Comentado*, que a Pessoa Jurídica de Direito Privado se divide em: Fundações Particulares, Associações Civis, Sociedades Simples, Sociedades Empresarias e Partidos Políticos.

111 *Constituição Federal,* artigo 153, parágrafo 2, inciso I.

O ano-calendário para apuração do imposto foi estabelecido pela lei 9.430/96, artigo primeiro, e, a partir de 01 de janeiro de 1997, o período de incidência para a apuração do resultado e pagamento do imposto passa a ser trimestral, ou seja, encerramento em 31 de março, 30 de junho, 30 de setembro e 31 de dezembro[112].

## *2.2 BASE DE CÁLCULO*

A base de cálculo do imposto, conforme previsto no artigo 44 do Código Tributário Nacional, é o montante do lucro real, arbitrado ou presumido, da renda ou dos proventos tributáveis, a qual é determinada segundo a legislação vigente na data de ocorrência do fato gerador, podendo o contribuinte optar pelo Lucro Real, Lucro Presumido ou até o Lucro Arbitrado.

Conforme determinado pela lei 9.430/96, o contribuinte, a seu critério, poderá exercer a opção pela tributação pelo lucro presumido[113] por meio do pagamento da quota do imposto devido correspondente ao primeiro período de apuração de cada ano calendário, devendo esta opção ser obrigatoriamente aplicada a todo o ano calendário, porém, se a pessoa jurídica se enquadrar em qualquer dos incisos do artigo 14 da lei 9.718/98, terá de, obrigatoriamente, ser tributada com base no lucro real.

## *2.3 ALÍQUOTAS*

De acordo com a lei 9.249/95, artigo terceiro, alterada pela lei 9.430/96, para os fatos geradores ocorridos a partir de 01 de janeiro de 1996, foi estabelecida a alíquota do imposto de renda de 15% (quinze por cento) sobre a base de cálculo expressa em moeda nacional, Reais (R$).

Ocorre, também, a incidência de um adicional de 10% (dez por cento) sobre a parcela do lucro real, presumido ou arbitrado, que exceder o valor resultante da multiplicação de R$ 20.000,00 (vinte mil reais) pelo número de meses do respectivo período de apuração do imposto, conforme determinado pelo artigo terceiro parágrafo primeiro da mesma lei.

112 NEVES, Silvério das e VICECONTI, Paulo E.V. *Curso Prático de Imposto de Renda Pessoa Jurídica e Tributos Conexos.* São Paulo: Saraiva, 2007, p. 1-2.

113 Levando-se em consideração o limite estabelecido pela lei 12.814/13.

## 2.4 PRAZO DE RECOLHIMENTO

Via de regra, o prazo de recolhimento do imposto é até o último dia útil do mês subsequente ao do trimestre encerrado.

Opcionalmente, o imposto poderá ser parcelado em até três quotas mensais iguais e sucessivas, vencíveis no último dia útil dos três meses subsequentes ao encerramento do trimestre, desde que, nenhuma dessas quotas tenha valor inferior a R$ 1.000,00 (mil reais), sendo acrescidas de juros equivalentes:

a) à taxa referencial do Sistema Especial de Liquidação e Custódia -SELIC acumulada mensalmente a partir do primeiro dia do segundo mês subsequente ao do encerramento do período de apuração, até o último dia do mês anterior ao pagamento;

b) a 1% (um por cento) no mês do pagamento.

Caso o contribuinte exerça a opção por **recolhimentos mensais** do imposto de renda devido, determinado mensalmente sobre a base de cálculo estimada, ou apurado em balanço ou balancete de suspensão ou redução, o mesmo deve ser pago até o último dia útil do mês subsequente àquele a que se referir conforme determinam os artigos 5º e 6º da Lei nº 9.430/96.

No tocante ao saldo do imposto de renda apurado pela sistemática do lucro estimado na data de 31 de dezembro do ano-calendário, o respectivo deverá ser pago em quota única até o último dia útil do mês de março do ano subsequente. O saldo do imposto deve ser acrescido de juros equivalentes à taxa referencial do Sistema Especial de Liquidação e Custódia - SELIC, para títulos federais, acumuladas mensalmente, a partir de 1º de fevereiro do ano subsequente até o último dia do mês anterior ao do pagamento e de 1% (um por cento) no mês do pagamento.[114]

O imposto inferior a R$ 2.000,00 (dois mil reais) deverá ser pago em cota única.

## 2.5 EXEMPLO PRÁTICO DE CÁLCULO DO IMPOSTO DE RENDA E ADICIONAL

Para melhor entendimento da sistemática de cálculo do imposto descrevemos abaixo, de maneira simplificada, um exemplo contem-

114 NEVES, Silvério das e VICECONTI, Paulo E.V., op. cit., p. 2.

plando o cálculo da tributação [115]., aplicando o adicional do imposto de renda.

A Comercial Atacadista Exemplar Limitada é uma sociedade empresária de direito privado, regularmente registrada na Junta Comercial do Estado de São Paulo e demais órgãos estatais e optante pela sistemática de apuração do lucro real. Esta empresa apresentou no 1º trimestre do ano de 2019, lucro real equivalente a R$ 72.000,00 (setenta e dois mil reais), portanto, o cálculo do tributo devido é efetuado utilizando-se da seguinte sistemática:

| Imposto devido: Alíquota 15% x R$ 72.000,00 | R$ 10.800,00 |
|---|---|
| Adicional devido: Alíquota 10%[116]<br><br>(R$ 72.000,00 – R$ 60.000,00) x 10% | R$ 1.200,00 |
| **Total do Imposto Devido** | **R$ 12.000,00** |

## 3 LUCRO REAL

É a base de cálculo do imposto sobre a renda apurada segundo os registros contábeis e fiscais efetuados sistematicamente, contrapondo-se receitas e despesas de acordo com as leis comerciais e fiscais, em outras palavras, é o lucro ou prejuízo apurado contabilmente com os ajustes adicionados e excluídos e compensações permitidas pela legislação fiscal do imposto de renda[117].

A renda é o resultado do período de apuração, antes de computar a provisão para o próprio imposto de renda.

Para tanto, é necessário primeiramente apurar o valor do resultado líquido, ou seja, se efetivamente ocorreu lucro ou prejuízo no período de apuração, de acordo com o que estabelece o artigo 187 da Lei nº 6.404/76 e com os princípios contábeis geralmente aceitos[118]. O Decreto

115 Idem, p 2.

116 Pela regra do artigo 3, parágrafo primeiro da lei 9.430/96, na sistemática de cálculo do exemplo multiplica-se o número de meses por vinte mil reais, R$ 60.000,00 e exclui-se do lucro obtido no período que é de R$72.000,00, portanto adiciona-se a base de cálculo R$ 12.000,00.

117 NEVES, Silvério das e VICECONTI, Paulo E.V. op. cit., p 3.

118 São os princípios da realização da Receita e da confrontação das Despesas, (regime de competência) conforme estabelecido pela resolução 750/93 do Conselho Federal de Contabilidade – CFC.

9.580, de 22 de novembro de 2018 (RIR/2018), em seu artigo 258, define: "lucro real é o lucro líquido do período de apuração, ajustado pelas adições, exclusões e compensações prescritas ou autorizadas por este Regulamento."

Dessa forma, para calcular o lucro real, primeiramente é necessário conhecer o valor do lucro ou prejuízo líquido do período apurado de acordo com a legislação comercial e os valores que devem ser acrescidos, excluídos ou compensados a esse lucro, de acordo com a legislação fiscal, e tudo devidamente registrado no livro denominado Livro de Apuração do Lucro Real – LALUR (ECF), o qual tem como finalidade conectar os números apurados do resultado contábil com as exigências adotadas pelo fisco para a apuração do resultado fiscal que foi instituído pelo decreto-lei 1.598/77 fundamentado no artigo 177, parágrafo segundo da lei das sociedades anônimas.

As pessoas jurídicas tributadas com base no lucro real são obrigadas a manter, em boa ordem e guarda, os livros com a escrituração comercial e fiscal demonstrando os saldos apurados pertinentes, conforme definido nos artigos 262 a 266 e 279 a 281 do Regulamento do Imposto de Renda, sendo, portanto, uma forma de tributação complexa para apuração do imposto, exigindo dos contribuintes maiores gastos com controles contábeis e fiscais.

## *3.1 OBRIGATORIEDADE*

De acordo com a lei 9.718/98, artigo 14, com redação dada pela lei 10.637/02, estão obrigadas ao regime de tributação com base no lucro real, as pessoas jurídicas:

a) cuja receita total, no ano-calendário anterior, seja superior ao limite de R$ 78.000.000,00 ou de R$ 6.500.000,00 multiplicado pelo número de meses do período, quando inferior a doze meses;

b) cujas atividades sejam de bancos comerciais, bancos de investimentos, bancos de desenvolvimento, caixas econômicas, sociedades de crédito, financiamento e investimento, sociedades de crédito imobiliário, sociedades corretoras de títulos, valores mobiliários e câmbio, distribuidoras de títulos e valores mobiliários, empresas de arrendamento mercantil, cooperativas de crédito, empresas de seguros privados e de capitalização e entidades de previdência privada aberta;

c) que tiverem lucros, rendimentos ou ganhos de capital oriundos do exterior;

d) que, autorizadas pela legislação tributária, usufruam benefícios fiscais relativos à isenção ou redução do imposto;

e) que, no decorrer do ano-calendário, tenham efetuado pagamento mensal do imposto de renda, determinado sobre a base de cálculo estimada, na forma do art. 2º da Lei nº 9.430 de 1996;

f) que explorem as atividades de prestação cumulativa e contínua de serviços de assessoria creditícia, mercadológica, gestão de crédito, seleção e riscos, administração de contas a pagar e a receber, e compras de direitos creditórios resultantes de vendas mercantis a prazo ou de prestação de serviços de *factoring*;[119]

g) que explorem as atividades de securitização de créditos imobiliários, financeiros e do agronegócio;

h) que tenham sido constituídas como sociedades de propósito específico, formadas por microempresas e empresas de pequeno porte, observado o disposto no artigo 56 da lei complementar 123/2006 alterada pela LC 147/14;

i) que emitam ações nos termos estabelecidos no art. 16 da lei 13.043/2014; §1º as pessoas jurídicas não enquadradas no disposto do *caput* poderão apurar os seus resultados tributáveis com base nas disposições deste título, § 2º as pessoas jurídicas que tratam os incisos I, III, IV e V do *caput* poderão optar, durante o período em que submetidas ao Programa de Recuperação Fiscal - REFIS, pelo regime de tributação com base no lucro presumido, observado o disposto na lei 9.964/2000 artigo 4º Lei de Recuperação Fiscal.

## *3.2 PERÍODO DE APURAÇÃO – TRIMESTRAL E ANUAL*

Para efeito da incidência do imposto sobre a renda, o lucro real das pessoas jurídicas deverá ser apurado na data de encerramento do período de apuração conforme determinado pela Lei nº 9.430, de 1996, artigos 1º e 2º, portanto, o período de apuração encerra-se:

119 Significa a compra de títulos a receber das empresas para posterior cobrança junto aos devedores. MIGLIAVACCA, Paulo N. *Business Dictionary*. São Paulo: Edicta, 1999.

a) nos dias 31 de março, 30 de junho, 30 de setembro e 31 de dezembro, no caso de apuração trimestral do imposto de renda;
b) no dia 31 de dezembro de cada ano-calendário, no caso de apuração anual do imposto de renda;
c) na data da extinção da pessoa jurídica, assim entendida a destinação total de seu acervo líquido;
d) na data do evento, nos casos de incorporação, fusão ou cisão da pessoa jurídica.

A pessoa jurídica que optar pelo lucro real anual terá que pagar mensalmente o IRPJ e CSLL, calculados de forma estimada ou com base no balancete, de que tratam o artigo 225 e 227 do RIR Decreto 9.580/18

## *3.3 ALÍQUOTAS*

A alíquota do imposto de renda em vigor, de acordo com a lei 9.249/95, no ano-calendário, é de 15% (quinze por cento) sobre o lucro real apurado pelas pessoas jurídicas em geral.

A parcela do lucro real que exceder ao resultado da multiplicação de R$ 20.000,00 (vinte mil reais) pelo número dos meses do respectivo período de apuração se sujeita à incidência do adicional, à alíquota de 10% (dez por cento). Também se encontra sujeita ao adicional a parcela da base de cálculo estimada mensal, no caso das pessoas jurídicas que optaram pela apuração anual do imposto de renda, que exceder a R$ 20.000,00 (vinte mil reais).

Opcionalmente, as pessoas jurídicas tributadas com base no lucro real podem efetuar, mensalmente, o pagamento do imposto de renda devido no curso do ano-calendário calculado sobre base de cálculo estimada (a base estimada será analisada no próximo tópico), realizando a apuração definitiva apenas ao final do ano-calendário ou na data do evento, caso ocorram determinadas situações, tais como: fusão, cisão, incorporação ou extinção da pessoa jurídica.

Esta opção alcança, inclusive, as pessoas jurídicas que, em qualquer trimestre do ano-calendário tenham lucro arbitrado ou tenham se utilizado da faculdade de suspender ou reduzir o valor dos pagamentos mensais, mediante a elaboração de balanços ou balancetes de suspensão ou redução, conforme art. 37, § 5º, e art. 57, § 1º da Lei nº 8.981, de 1995, com a nova redação dada pela Lei nº 9.065, de 1995.

### 3.4 BASE DE CÁLCULO ESTIMADA ANUAL

A pessoa jurídica sujeita à tributação com base no lucro real, alternativamente à sistemática de sua apuração trimestral, poderá optar pelo pagamento mensal do imposto por estimativa e determinar o lucro real apenas em 31 de dezembro do ano calendário (artigo 218 e 219 decreto 9.580/18) e, a diferença entre o imposto apurado devido e a somatória das importâncias recolhidas pelo estimado, serão pagas até o último dia do mês de março do ano subsequente.[120]

De acordo com a lei 9.249/95, artigo 15, e Decreto 9.580/18 artigo 220 a base de cálculo do imposto estimado, em cada mês, é determinada mediante a aplicação dos seguintes percentuais sobre o faturamento nas seguintes atividades que trata este artigo será de (Lei nº 9.249, de 1995, art. 15, § 1º; e Lei nº 10.194, de 14 de fevereiro de 2001, art. 1º, *caput*, inciso I):

I - um inteiro e seis décimos por cento, para a atividade de revenda, para consumo, de combustível derivado de petróleo, álcool etílico carburante e gás natural;

II - dezesseis por cento:

a) para a atividade de prestação de serviços de transporte, exceto o de carga, para o qual se aplicará o percentual previsto no *caput*; e

b) para as pessoas jurídicas cujas atividades sejam de bancos comerciais, bancos de investimentos, bancos de desenvolvimento, caixas econômicas, sociedades de crédito, financiamento e investimento, sociedades de crédito imobiliário, sociedades corretoras de títulos, valores mobiliários e câmbio, sociedades de crédito ao microempreendedor e à empresa de pequeno porte, distribuidoras de títulos e valores mobiliários, empresas de arrendamento mercantil, cooperativas de crédito, empresas de seguros privados e de capitalização e entidades abertas de previdência complementar, observado o disposto no art. 223; e

III - trinta e dois por cento, para as atividades de:

a) prestação de serviços em geral, exceto a de serviços hospitalares e de auxílio diagnóstico e terapia, patologia clínica, imagenologia, anatomia patológica e citopatologia, medicina nuclear e análises e patologias clínicas, desde que a prestadora desses serviços seja organizada

120 NEVES, Silvério das e VICECONTI, Paulo, E.V., op. cit., p. 10.

sob a forma de sociedade empresária e atenda às normas da Agência Nacional de Vigilância Sanitária - Anvisa;

b) intermediação de negócios;

c) administração, locação ou cessão de bens imóveis, móveis e direitos de qualquer natureza;

d) prestação cumulativa e contínua de serviços de assessoria creditícia, mercadológica, gestão e crédito, seleção de riscos, administração de contas a pagar e a receber, compra de direitos creditórios resultantes de vendas mercantis a prazo ou de prestação de serviços ( factoring ); e

e) prestação de serviços de construção, recuperação, reforma, ampliação ou melhoramento de infraestrutura vinculados a contrato de concessão de serviço público.

§ 2º Na hipótese dos serviços excetuados na alínea "a" do inciso III do § 1º aplica-se o percentual previsto no *caput* (Lei nº 9. 249, de 1995, art. 15, § 1º, inciso III, alínea "a" ).

§ 3º Na hipótese de atividades diversificadas, será aplicado o percentual correspondente a cada atividade (Lei nº 9.249, de 1995, art. 15, § 2º ).

§ 4º A base de cálculo mensal do imposto das pessoas jurídicas prestadoras de serviços em geral, cuja receita bruta anual seja de até R$ 120.000,00 (cento e vinte mil reais), será determinada por meio da aplicação do percentual de dezesseis por cento sobre a receita bruta auferida mensalmente, observado o disposto nos art. 208, art. 222 e art. 224 ( Lei nº 9.250, de 1995, art. 40, *caput*).

§ 5º O disposto no § 4º não se aplica ( Lei nº 9.250, de 1995, art. 40, parágrafo único ):

I - às pessoas jurídicas que prestam os serviços excetuados na alínea "a" do inciso III do § 1º e de transporte; e

II - às sociedades prestadoras de serviços de profissões legalmente regulamentadas.

§ 6º As receitas provenientes de atividade incentivada não comporão a base de cálculo do imposto sobre a renda, na proporção do benefício a que a pessoa jurídica, submetida ao regime de tributação com base no lucro real, fizer jus (Lei nº 9.249, de 1995, art. 15, § 3º ).

§ 7º O percentual de que trata o *caput* também será aplicado sobre a receita financeira da pessoa jurídica que explore atividades imobiliárias relativas a loteamento de terrenos, incorporação imobiliária, construção de prédios destinados a venda, e venda de imóveis construídos ou adquiridos para revenda, quando decorrente da comercialização de imóveis e for apurada por meio de índices ou coeficientes previstos em contrato (Lei nº 9.249, de 1995, art. 15, § 4º).

## *3.5 BASE DE CÁLCULO TRIMESTRAL*

Para apuração da base de cálculo trimestral do lucro real do período, que ocorre após a apuração do resultado contábil, e antes da elaboração final das demonstrações financeiras, deve ser elaborado o seguinte demonstrativo mencionando expressamente[121]:

a ) Lucro ou Prejuízo líquido sem o Imposto de Renda, apurado contabilmente no período;

b) Adições na Base de Cálculo: discriminadas e agrupadas de acordo com natureza;

c) Exclusões da Base de Cálculo: discriminadas e agrupadas de acordo com a natureza;

d) Subtotal, compreendendo a soma algébrica do Lucro ou Prejuízo líquido do período com as adições e exclusões;

e) Compensações de prejuízos fiscais cujos valores não excedam 30% do valor positivo do item anterior;

f) Resultado Final representado pelo lucro real ou prejuízo fiscal no período, compensável em períodos subsequentes.

Portanto, a sistemática de apuração do lucro real deverá obedecer ao formato exemplificado abaixo, como também, as definições dos termos utilizados:

| Resultado Lucro ou Prejuízo apurado no período sem o IRPJ | 100.000,00 |
|---|---|
| (+) Adições na base de cálculo | 10.000,00 |
| (-) Exclusões da base de cálculo | (5.000,00) |
| (=) Subtotal | 105.000,00 |
| (-) Compensação de prejuízos anteriores | (20.000,00) |
| **(=) Lucro real ou prejuízo fiscal (base de cálculo)** | **85.000,00** |

121 NEVES, Silvério das e VICECONTI, Paulo E.V., op. cit. p. 535, 537.

## ADIÇÕES NA BASE DE CÁLCULO

De acordo com a legislação fiscal artigo 260 Decreto 9.580/18, somente são dedutíveis as despesas necessárias para a atividade da empresa e a manutenção da fonte produtora. Portanto, as despesas não dedutíveis, embora registradas na contabilidade, não são aceitas pelo fisco, e, por este motivo, são somadas, ou melhor, adicionadas ao resultado contábil para a determinação do lucro tributável[122]. Exemplo: multas de trânsito. A multa não é uma despesa necessária ao desenvolvimento da atividade normal da empresa.

## EXCLUSÕES NA BASE DE CÁLCULO

De acordo com a legislação fiscal artigo 271 Decreto 9.580/18, são os valores reconhecidos como ganho pela empresa aumentando o resultado contábil, mas não exigido pelo fisco que permite a sua não tributação, ou melhor, tecnicamente denominam-se receitas não tributadas. Exemplo: Receita com participação em empresas controladas e coligadas no Brasil, avaliadas pelo método da equivalência patrimonial.[123] A razão da exclusão é que esta receita já foi tributada naquela empresa.

Vale destacar que no caso de despesas ou provisões contábeis não dedutíveis que foram tributadas anteriormente, e caso as mesmas por algum motivo tiverem que ser estornadas, as respectivas devem retornar como Receitas Não Tributadas.

Como exemplo podemos citar uma provisão para Reclamação Trabalhista que é indedutível, onde o Contador efetua o lançamento de: Débito - Despesas com Provisão Trabalhista e Crédito - Passivo Circulante Provisão para Reclamações Trabalhistas e posteriormente adiciona o valor na base de cálculo do IRPJ/CSLL no ECF Lalur. Caso esta provisão não seja utilizada por qualquer motivo, a mesma deverá ser estornada como Receita Não Tributável, pois já foi tributada anteriormente quando da elaboração da provisão.

## COMPENSAÇÕES NA BASE DE CÁLCULO

De acordo com a lei 9.065/95, artigo 15 e Decreto 9.580/18 artigo 26 os prejuízos fiscais apurados no livro de apuração do Lucro Real na parte A e controlados na parte B, são limitados a 30% do lucro real líquido ajustado, do período de apuração, pelas adições e exclusões.

---

122 PÊGAS, Paulo Henrique. *Manual de Contabilidade Tributária*. Rio de Janeiro. Freitas Bastos Editora: 2006, p. 519.

123 Idem, p. 519.

## 3.6 EXEMPLO DE DETERMINAÇÃO DO LUCRO REAL E CÁLCULO DO IMPOSTO[124]

Para melhor compreensão do tema lucro real, é demonstrado abaixo um exemplo simplificado, primeiramente envolvendo a apuração do lucro contábil e, posteriormente, partindo-se para a apuração do lucro real e seu cálculo. [125]

A Revendedora de Artigos de Papelaria Acme Limitada é uma sociedade empresária de direito privado, regularmente registrada na Junta Comercial do Estado de São Paulo e demais órgãos estatais e optante pela sistemática de apuração do lucro real trimestral. A empresa apresentou a seguinte demonstração do resultado do exercício relativa ao primeiro trimestre do ano-calendário 2019[126]:

| | |
|---|---|
| Receita bruta de vendas | 10.000,00 |
| (-) Deduções da receita e impostos | ( 2.000,00) |
| (=) Receita líquida de vendas | 8.000,00 |
| (-) Custo das mercadorias vendidas | ( 3.000,00) |
| (=) Lucro bruto | 5.000,00 |
| (=) Despesas operacionais | (1.300,00) |
| (-) Salários e encargos | (1.000,00) |
| (-) Multas de trânsito | ( 100,00) |
| (-) Despesas financeiras | ( 200,00) |
| Outras receitas/despesas operacionais | |
| (+) Dividendos recebidos de participações societárias | 1.000,00 |
| (=) Lucro operacional líquido | 4.700,00 |
| (+) Ganho na venda de ativo imobilizado | 2.000,00 |
| (=) Resultado antes das participações | 6.700,00 |
| (-) Participações nos lucros empregados | (3.000,00) |
| (=) Resultado antes da contribuição social sobre o lucro | 3.700,00 |
| (-) Contribuição social sobre o lucro - 9% | ( 333,00) |
| (=) Resultado do período antes do imposto de renda | 3.367,00 |

124 NEVES, Silvério das e VICECONTI, Paulo E.V., op. cit., p. 6-7.

125 CAROTA, José Carlos. *Revista autônoma de direito*. Curitiba: Juruá, 2008, p. 229-245.

126 O modelo de DRE – Demonstração do Resultado do Exercício, adotado neste exercício encontra-se na obra *Contabilidade Empresarial* de José Carlos Marion, Editora Atlas, ano de publicação 2005, bem como os termos técnicos utilizados constam no decreto lei 1.598/77.

Na sequência do exemplo acima descrito segue abaixo a demonstração da apuração do imposto de renda pessoa jurídica que será escriturado no livro de apuração do lucro real – LALUR-ECF, levando-se em conta que a referida empresa apresentou um prejuízo fiscal acumulado de R$ 840,00 que será compensado integralmente, pois não ultrapassou o limite de 30% do lucro real antes da compensação do prejuízo.

| Demonstração da apuração do lucro real do 1º trimestre | | |
|---|---|---|
| Resultado do Período | | 3.367,00 |
| (+) Adições ao lucro | | |
| Multas de trânsito | | 100,00 |
| CSLL | 333,00 | 433,00 |
| (-) Exclusões do lucro | | |
| Dividendos recebidos | | (1.000,00) |
| (=) Lucro real antes da compensação de prejuízos | | 2.800,00 |
| (-) Compensação de prejuízos | | ( 840,00) |
| (=) Lucro real apurado | | 1.960,00 |
| Cálculo do imposto de renda devido | | |
| Lucro real do 1º trimestre | | 1.960,00 |
| Alíquota (se o lucro real no trimestre fosse superior a | | |
| R$ 60.000,00, haveria ainda o adicional de 10%) | | 15% |
| (=) Imposto de renda devido | | 294,00 |

A pessoa jurídica ainda poderá diminuir do imposto devido[127]:

a) o valor dos incentivos fiscais de dedução do imposto, observados os limites e prazos da legislação vigente;

b) o valor dos incentivos fiscais de redução e isenção do imposto, calculados com base no lucro da exploração;

c) o imposto de renda pago ou retido na fonte, incidente sobre as receitas computadas no lucro real; e

d) o imposto de renda pago indevidamente ou a maior em períodos anteriores.

## 4 LUCRO PRESUMIDO

O lucro presumido é uma forma de tributação simplificada que utiliza apenas um percentual das receitas da empresa para apuração do

127 NEVES, Silvério das e VICECONTI, Paulo E.V., op. cit., p. 7.

resultado tributável do imposto de renda e contribuição social sobre o lucro. Com isso, estes tributos são calculados por meio de um resultado estimado, encontrado por percentuais definidos pela lei. Uma característica relevante desta modalidade de tributação consiste em ser uma forma simples de apuração, e, consequentemente, menos onerosa para o contribuinte, exigindo menos gastos com controles contábeis e fiscais. As regras básicas constam nos artigos 587 a 601 do Decreto 9.580/18.

As pessoas jurídicas permitidas para opção do lucro presumido, de acordo com o artigo 600 do Regulamento do Imposto de Renda/18, estão dispensadas apenas pela legislação do imposto de renda da escrituração contábil, exceto da escrituração dos livros registro de inventários e do livro caixa, no qual deverá ser escriturada toda a movimentação financeira, inclusive a bancária, porém, o artigo 1.179 e seguintes do Código Civil, obrigam a sociedade empresária a manter a escrituração e documentação contábil, sendo dispensada somente a pequena empresa conforme a lei 9.317/96, que instituiu o regime tributário para Microempresas - ME, que passou a abranger as empresas de pequeno porte - EPP.

De acordo com a lei 9.718/98 artigo 13, com redação dada pela lei 10.637/02, podem optar pela tributação com base no lucro presumido as pessoas jurídicas que, não estando obrigadas ao regime de tributação pelo lucro real, tenham auferido, no ano-calendário anterior, receita total igual ou inferior a R$ 78.000.000,00[128].

Considera-se receita total o somatório da receita bruta de vendas, dos ganhos de capital, das demais receitas e dos resultados positivos decorrentes de receitas não compreendidas na atividade.

No caso de início de atividade, o limite será proporcional, à razão de R$ 6.500.000,00 multiplicado pelo número de meses do período.

Podem também optar pela tributação com base no lucro presumido as pessoas jurídicas que iniciarem atividades ou que resultarem de incorporação, fusão ou cisão, desde que não estejam obrigadas à tributação pelo lucro real.

As pessoas jurídicas, tributadas pelo lucro presumido, e que, em qualquer trimestre do ano-calendário, tiverem seu lucro arbitrado, podem permanecer no regime de tributação com base no lucro presumido relativamente aos demais trimestres do ano-calendário, desde que atendidas às disposições legais pertinentes na lei nº 8.981, de 1.995, artigo 47, § 2º; lei nº 9.430, de 1.996, artigo1º; IN SRF nº 93, de 1.997, artigo 47.

128 Limite alterado pela lei 12.814/13.

Cabe ainda destacar que a **tributação do IRPJ pelo lucro presumido implica na tributação cumulativa**[129] **do PIS conforme o artigo oitavo, inciso II, da Lei 10.637/02 e também da COFINS** artigo 10, inciso II, da Lei 10.833/03.

## *4.1 PERÍODO DE APURAÇÃO*

Para os fatos geradores ocorridos a partir de 01 de janeiro de 1997, o imposto de renda será determinado com base no lucro presumido por períodos de apuração **trimestrais,** encerrados nos dias 31 de março, 30 de junho, 30 de setembro e 31 de dezembro, de cada ano-calendário.[130]

## *4.2 ALÍQUOTA E ADICIONAL*

A alíquota e o adicional são os mesmos vistos anteriormente no Lucro Real.

## *4.3 BASE DE CÁLCULO*

De acordo com a lei 9.249/95 artigo 15, os percentuais de presunção são:

> A base de cálculo do imposto, em cada mês, será determinada mediante a aplicação do percentual de 8% (oito por cento) sobre a receita bruta auferida mensalmente, observado o disposto no art. 12 do Decreto-Lei no1.598, de 26 de dezembro de 1977, deduzida das devoluções, vendas canceladas e dos descontos incondicionais concedidos, sem prejuízo do disposto nos artigos. 30, 32, 34 e 35 da Lei no 8.981, de 20 de janeiro de 1995. (Redação dada pela Lei nº 12.973, de 2014) (Vigência)
>
> § 1º Nas seguintes atividades, o percentual de que trata este artigo será de:
>
> I - um inteiro e seis décimos por cento, para a atividade de revenda, para consumo, de combustível derivado de petróleo, álcool etílico carburante e gás natural;

129 Imposto cumulativo – cobrado a cada período de tempo o valor integral sem aproveitar o crédito da etapa anterior.

130 NEVES, Silvério das e VICECONTI, Paulo E.V., op. cit., p. 668.

II - dezesseis por cento:

a) para a atividade de prestação de serviços de transporte, exceto o de carga, para o qual se aplicará o percentual previsto no *caput* deste artigo;

b) para as pessoas jurídicas a que se refere o inciso III do art. 36 da Lei nº 8.981, de 20 de janeiro de 1995, observado o disposto nos §§ 1º e 2º do art. 29 da referida Lei;

III - trinta e dois por cento, para as atividades de: (Vide Medida Provisória nº 232, de 2004)

a) prestação de serviços em geral, exceto a de serviços hospitalares e de auxílio diagnóstico e terapia, patologia clínica, imagenologia, anatomia patológica e citopatologia, medicina nuclear e análises e patologias clínicas, desde que a prestadora destes serviços seja organizada sob a forma de sociedade empresária e atenda às normas da Agência Nacional de Vigilância Sanitária – Anvisa; (Redação dada pela Lei nº 11.727, de 2008)

b) intermediação de negócios;

c) administração, locação ou cessão de bens imóveis, móveis e direitos de qualquer natureza;

d) prestação cumulativa e contínua de serviços de assessoria creditícia, mercadológica, gestão de crédito, seleção de riscos, administração de contas a pagar e a receber, compra de direitos creditórios resultantes de vendas mercantis a prazo ou de prestação de serviços (*factoring*).

e) prestação de serviços de construção, recuperação, reforma, ampliação ou melhoramento de infraestrutura vinculados a contrato de concessão de serviço público. (Incluído pela Lei nº 12.973, de 2014) (Vigência)

IV - 38,4% (trinta e oito inteiros e quatro décimos por cento), para as atividades de operação de empréstimo, de financiamento e de desconto de títulos de crédito realizadas por Empresa Simples de Crédito (ESC). (Incluído pela Lei Complementar nº 167, de 2019)

§ 2º No caso de atividades diversificadas será aplicado o percentual correspondente a cada atividade.

§ 3º As receitas provenientes de atividade incentivada não comporão a base de cálculo do imposto, na proporção do benefício a que a pessoa jurídica, submetida ao regime de tributação com base no lucro real, fizer jus.

§ 4º O percentual de que trata este artigo também será aplicado sobre a receita financeira da pessoa jurídica que explore atividades imobiliárias relativas a loteamento de terrenos, incorporação imobiliária, construção de prédios destinados à venda, bem como a venda de imóveis construídos ou adquiridos para a revenda, quando decorrente da comercialização de imóveis e for apurada por meio de índices ou coeficientes previstos em contrato. (Incluído pela Lei nº 11.196, de 2005)

Com a finalidade de facilitar o entendimento descrevemos abaixo uma tabela resumida com os percentuais de presunção que são aplicados para formação da base de cálculo do lucro presumido e CSLL:

| **RECEITAS** | **ALIQUOTA DE PRESUNÇÃO DO IRPJ - %** | **ALIQUOTA DE PRESUNÇÃO DA CSLL- %** |
|---|---|---|
| VENDA OU REVENDA DE PRODUTOS | **8** | **12** |
| PRESTAÇÃO DE SERVIÇOS | **32** | **32** |
| ADM, LOCAÇÃO OU CESSÃO DE BENS E DIREITOS DE QUALQUER NATUREZA INCLUSIVE MÓVEIS /IMÓVEIS, INTERMEDIAÇÃO DE NEGÓCIOS E ASSESSORIA CREDITÍCIA | **32** | **32** |
| TRANSPORTE DE CARGAS | **8** | **12** |
| TRANSPORTE DE PASSAGEIROS | **16** | **12** |
| SERVIÇOS HOSPITALARES | **8** | **12** |

| RECEITAS | ALIQUOTA DE PRESUNÇÃO DO IRPJ - % | ALIQUOTA DE PRESUNÇÃO DA CSLL- % |
|---|---|---|
| REVENDA PARA CONSUMO DE COMBUSTÍVEL DERIVADO DE PETRÓLEO, ALCOOL ETÍLICO CARBURANTE E GÁS NATURAL | 1,6 | 12 |
| OUTRAS RECEITAS NÃO DEFINDAS NO CONTRATO OU ESTATUTO SOCIAL | 100 | 100 |
| PRESTAÇÃO DE SERVIÇOS DE ATÉ R$ 120.000,00 ANUAIS DE ATIVIDADES NÃO REGULAMENTADAS LEI 9250/95 – ARTIGO 40 | 12 | 32 |

Os seguintes itens integram a base de cálculo da Receita Total igual ou inferior a R$ 78.000.000,00:

a) as receitas da prestação de serviços, da venda de produtos de fabricação própria, da revenda de mercadorias, do transporte de cargas, da industrialização de produtos em que a matéria-prima, o produto intermediário e o material de embalagem tenham sido fornecidos por quem encomendou a industrialização, da atividade rural, e de outras atividades compreendidas nos objetivos sociais da pessoa jurídica;

b) as receitas de quaisquer outras fontes não relacionadas diretamente com os objetivos sociais da pessoa jurídica e os ganhos de capital;

c) os ganhos líquidos obtidos em operações realizadas nos mercados de renda variável;

d) os rendimentos nominais auferidos em aplicações financeiras de renda fixa;

e) a parcela das receitas auferidas nas exportações às pessoas vinculadas ou aos países com tributação favorecida que exceder ao valor já apropriado na escrituração da empresa, em decorrência dos ajustes dos métodos de preços de transferências.

Não integram a Receita Total igual ou inferior a R$ 78.000.000,00.[131]

131 PÊGAS, Paulo Henrique, op. cit., p. 476. Limite alterado pela lei 12.814/13.

a) as vendas canceladas, as devoluções de vendas, os descontos incondicionais concedidos e os impostos não cumulativos (IPI) cobrados destacadamente do comprador ou contratante e do qual o vendedor dos bens ou o prestador dos serviços seja mero depositário;

b) as saídas que não decorram de vendas, a exemplo das transferências de mercadorias para outros estabelecimentos da mesma empresa;

c) receitas de dividendos ou de participações em empresas coligadas e controladas avaliadas pelo método da equivalência patrimonial (MEP) ou custo de aquisição;

d)) ICMS substituição tributária – ST, quando registrado como receita de vendas.

## *4.4 EXEMPLO DE DETERMINAÇÃO DO LUCRO PRESUMIDO E CÁLCULO DO IMPOSTO* [132]

Para facilitar o entendimento do cálculo do lucro presumido, segue abaixo um curto exemplo, no qual, primeiramente, apresentam-se os dados exemplificativos de uma sociedade empresária, para, em seguida, demonstrar-se a apuração e cálculo do imposto de renda.

| Dados financeiros Relativos ao Primeiro Trimestre de 2019 | | |
|---|---|---|
| Receita Bruta | | |
| Revenda de Mercadorias | R$ | 100.000,00 |
| Prestação de Serviços em geral | R$ | 200.000,00 |
| TOTAL | R$ | 300.000,00 |
| Rendimento de aplicação financeira | R$ | 6.000,00 |
| Demais Juros e Descontos Obtidos | R$ | 1.000,00 |
| Ganhos de Capital da venda do Ativo Imobilizado | R$ | 1.000,00 |

| Demonstração do Lucro Presumido e Cálculo do Imposto | | |
|---|---|---|
| Vendas: 8% de R$ 100.000,00 | R$ | 8.000,00 |
| Serviços: 32% de R$ 200.000,00 | R$ | 64.000,00 |
| (=) Subtotal | R$ | 72.000,00 |
| Acréscimos: | | |
| (+) Rendimentos de Aplicação Financeira | R$ | 6.000,00 |
| (+) Demais Juros e Descontos Obtidos | R$ | 1.000,00 |

132 NEVES, Silvério das e VICECONTI, Paulo E.V., op. cit., p. 686,687.

| | | |
|---|---|---|
| (+) Ganhos de capital na venda de bens | R$ | 1.000,00 |
| (=) Base de cálculo do Imposto de Renda | R$ | 80.000,00 |
| Cálculo do Imposto de Renda | | |
| Lucro Presumido do 1º trimestre de 2019 | R$ | 80.000,00 |
| Alíquota 15% x R$ 80.000,00 | R$ | 12.000,00 |
| (+) Adicional 10% x (R$ 80.000,00 – R$ 60.000,00) | R$ | 2.000,00 |
| (=) Imposto de Renda devido | R$ | 14.000,00 |
| CSLL – BASE DE CÁLCULO | | |
| Vendas: 12% de R$ 100.000,00 | R$ | 12.000,00 |
| Serviços: 32% de R$ 200.000,00 | R$ | 128.000,00 |
| Outras Receitas: R$ 6.000,00 + R$ 1.000,00 + R$ 1.000.00 | R$ | 8.000,00 |
| (=) Base de Cálculo da CSLL | R$ | 148.000,00 |
| Alíquota de 9% | R$ | 13.320,00 |
| (=) CSLL Devida | R$ | 13.320,00 |

## *4.5 DEDUÇÕES DO IMPOSTO DEVIDO*

A pessoa jurídica optante pelo lucro presumido pode deduzir do imposto de renda apurado[133]:

a) o imposto de renda pago ou retido na fonte sobre receitas que integram a base de cálculo do imposto devido;

b) o imposto de renda retido na fonte por órgãos públicos, conforme artigo 64 da lei nº 9.430, de 1996;

c) o imposto de renda retido na fonte por Entidades da Administração Pública Federal (lei nº 10.833/2003, artigo 34);

d) o imposto de renda pago incidente sobre ganhos no mercado de renda variável.

Observação: À pessoa jurídica tributada com base no lucro presumido não é permitida qualquer dedução a título de incentivo fiscal, porém, a pessoa jurídica pode efetuar as seguintes compensações:

I) pagamento indevido ou a maior que o devido de imposto de renda;

II) saldo negativo de imposto de renda de períodos anteriores;

133 HIGUCHI, Hiromi, HIGUCHI, Fabio Hiroshi e HIGUCHI, Celso Hiroyuki. *Imposto de Renda das Empresas - Interpretação e Prática*. São Paulo: IR Publicações, 2007, p. 58.

III) outras compensações efetuadas mediante Declaração de Compensação (Per/Dom) ou processo administrativo.

As compensações efetuadas devem ser informadas na Declaração de Confissão de Tributos Federais – DCTF.

## 5 HIPÓTESES E VARIÁVEIS RELATIVAS À APLICAÇÃO DA TRIBUTAÇÃO DE UMA SOCIEDADE LIMITADA – APLICAÇÃO DE CASO PRÁTICO

Neste tópico, apresentaremos dois casos envolvendo o desenvolvimento do cálculo da opção pelo lucro real e presumido, para em seguida efetuar uma análise com a finalidade de avaliar a melhor opção tributária para a empresa.

**5.1 CASO 01** - A Pinkelman Limitada é uma sociedade empresária que foi recentemente constituída na cidade de São Paulo e tem como objetivo definido em seu contrato social a comercialização de autopeças para veículos. A empresa pretende iniciar suas atividades empresariais em 01.01.2019 e seu plano de negócios e orçamento para o primeiro ano de atividade já foi definido, porém seus sócios precisam decidir qual a melhor opção em termos de tributação a ser aplicada na empresa, evitando-se um prejuízo econômico e social, e, para tanto, apresentam-se duas diferentes possibilidades de aplicação da tributação federal distintas, visando fornecer ao empresário a correta opção objetivando-se assegurar a competitividade e continuidade dos negócios, e também a função social do empreendimento.

Para iniciar o estudo relativo à tributação, seguem os dados preliminares previstos para o primeiro ano de atividade da Pinkelman:

| Vendas | R$ 2.400.000,00 |
|---|---:|
| Custo do produto vendido | R$ 1.500.000,00 |
| Outros custos de comercialização | R$ 300.000,00 |
| Despesas administrativas/comerciais | R$ 200.000,00 |
| Encargos INSS – folha de salários | R$ 100.000,00 |
| **Lucro previsto antes IRPJ/CSLL** | **R$ 300.000,00** |

### *5.1.1 Primeira opção – tributação pelo lucro real*

**PIS não cumulativo**

| | |
|---|---|
| Faturamento - 1,65% x R$ 2.400.000,00 | R$ 39.600,00 |
| (-) Custo da Mercadoria Vendida 1,65% x R$ 1.500.000,00 | R$ 24.750,00 |
| PIS Devido | R$ 14.850,00 |

**COFINS não cumulativo**

| | |
|---|---|
| Faturamento - 7,6 % x R$ 2.400.000,00 | R$ 182.400,00 |
| (-) Custo da mercadoria vendida 7,6 % x R$ 1.500.000,00 | R$ 114.000,00 |
| COFINS devido | R$ 68.400,00 |

**Cálculo da Contribuição Social sobre o lucro e Imposto de Renda**

| | |
|---|---|
| Lucro previsto no período | R$ 300.000,00 |
| (-) Despesas com PIS | R$ 14.850,00 |
| (-) Despesas com COFINS | R$ 68.400,00 |
| = Lucro apurado | R$ 216.750,00 |
| (-) CSLL devida - 9% | R$ 19.507,50 |
| Lucro após a CSLL | R$ 197.242,50 |
| Cálculo do imposto de renda devido | |
| (-) Alíquota de 15 % sobre R$ 216.750,00 | R$ 32.512,50 |
| Lucro líquido | R$ 164.730,00 |

Em síntese, na opção pelo lucro real, os tributos federais irão consumir **R$ 135.270,00,** especificamente a título de PIS R$ 14.850,00, COFINS R$ 68.400,00, CSLL R$ 19.507,50 e IRPJ R$ 32.512,50.

### *5.1.2 Segunda opção – Tributação pelo lucro presumido*

**PIS cumulativo**

| | | |
|---|---|---|
| Faturamento - 0,65% x R$ 2.400.000,00 | R$ | 15.600,00 |
| PIS Devido | R$ | 15.600,00 |

**COFINS cumulativo**

| | | |
|---|---|---|
| Faturamento - 3,0 % x R$ 2.400.000,00 | R$ | 72.000.00 |
| COFINS devido | R$ | 72.000,00 |

**Cálculo da Contribuição Social sobe o lucro líquido e Imposto de Renda**

| | | |
|---|---|---|
| Faturamento com revenda de mercadorias | R$ | 2.400.000,00 |
| Alíquota CSLL lucro presumido 12% | R$ | 288.000,00 |
| CSLL devida 9% | R$ | 25.920,00 |
| Alíquota lucro presumido 8 % sobe o faturamento | R$ | 192.000,00 |
| Alíquota do imposto de renda devido 15% | R$ | 28.800,00 |

Utilizando-se a sistemática do lucro presumido, os tributos federais consomem **R$ 143.320,00** a título de PIS R$ 15.600,00 COFINS R$ 72.000,00, CSLL R$ 25.920,00 e IRPJ R$ 28.800,00.

*5.1.3 Para efeito comparativo, sintetizamos no quadro abaixo o resumo do total das despesas decorrentes das opções tributárias que podem ser exercidas a critério do contribuinte:*

| Modalidade de Tributação | Custo anual da Tributação Federal |
|---|---|
| Lucro real | R$ 135.270,00 |
| Lucro presumido | R$ 143.320,00 |
| Economia Tributária | R$ 8.050,00 |

**Conclusão do Caso 01**: Analisadas as duas possibilidades de aplicação da tributação federal na empresa Pinkelman, podemos concluir que considera-se que a opção tributária mais favorável para a empresa é a tributação pela sistemática do lucro real, **pois a margem de lucro obtida pela empresa é menor que a presunção de lucro estabelecida em lei.**

**5.2 CASO 02** - A WHITE Limitada é uma sociedade empresária que foi recentemente constituída na cidade de São Paulo e tem como objetivo definido em seu contrato social a comercialização de artigos de papelaria em todo o território nacional. A empresa pretende iniciar suas atividades empresariais em 01.01.2019 e o seu plano de negócios e orçamento para o primeiro ano de atividade, incluindo somente a matriz em São Paulo, já foi definido, porém seus sócios precisam decidir qual a melhor opção em termos de tributação a ser aplicada na empresa, evitando um prejuízo econômico e social, e, para tanto, apresentam-se duas diferentes possibilidades de aplicação da tributação federal distintas, visando fornecer ao empresário a correta opção, objetivando-se assegurar a competitividade e continuidade dos negócios, e também a função social do empreendimento junto à sociedade.

Para iniciar o estudo relativo à tributação, seguem os dados previstos para o primeiro ano de atividade da White:

| | |
|---|---|
| Vendas | R$ 70.000.000,00 |
| Custo do produto vendido | R$ 50.000.000,00 |
| Outros custos de comercialização | R$ 3.000.000,00 |
| Despesas administrativas/comerciais | R$ 2.000.000,00 |
| Encargos sociais INSS – folha de salários | R$ 2.000.000,00 |
| **Lucro Previsto** | **R$ 13.000.000,00** |

*5.2.1 Primeira opção – tributação pelo lucro real*

**PIS não cumulativo**

Faturamento - 1,65% x R$ 70.000.000,00 R$ 1.155.000,00

(-) Custo da mercadoria vendida
1,65% x R$ 50.000.000,00 R$ 825.000,00

PIS devido R$ 330.000,00

**COFINS não cumulativo**

Faturamento - 7,6 % x R$ 70.000.000,00 R$ 5.320.000,00

(-) Custo da mercadoria vendida
7,6 % x R$ 50.000.000, R$ 3.800.000,00

COFINS devido R$ 1.520.000,00

**Cálculo da Contribuição Social sobre o lucro e Imposto de Renda**

| | |
|---|---|
| Lucro previsto no período | R$ 13.000.000,00 |
| (-)Despesas com PIS | R$ 330.000,00 |
| (-) Despesas com COFINS | R$ 1.520.000,00 |
| = Lucro apurado | R$ 11.150.000,00 |
| (-) CSLL devida - 9% | R$ 1.003.500,00 |
| Lucro após a CSLL | R$ 10.146.500,00 |
| Cálculo do imposto de renda devido | |
| (-) Alíquota de 15 % sobre R$11.150.000,00 | R$ 1.672.500,00 |
| (-) Adicional de 10% R$11.150.000,00 – 240.000,00 | R$ 1.091.000,00 |
| Lucro líquido | R$ 7.383.000,00 |

Pela sistemática do lucro real os tributos consumiram **R$ 5.617.000,00** a título de PIS R$ 330.000,00, COFINS R$ 1.520,000,00, CSLL R$ 1.003.500,00 e IRPJ R$ 2.763.500,00.

### *5.2.2 Segunda opção – tributação pelo lucro presumido*

**PIS cumulativo**

Faturamento - 0,65% x R$ 70.000.000,00 R$ 455.000,00

PIS Devido R$ 455.000,00

**COFINS cumulativo**

| | |
|---|---|
| Faturamento - 3,0 % x R$ 70.000.000,00 | R$ 2.100.000,00 |
| COFINS devido | R$ 2.100.000,00 |

**Cálculo da Contribuição Social sobre o lucro e Imposto de Renda**

| | | |
|---|---|---|
| Faturamento com revenda de mercadorias | R$ | 70.000.000,00 |
| Alíquota CSLL lucro presumido 12% | R$ | 8.400.000,00 |
| CSLL devida 9% | R$ | 756.000,00 |
| Alíquota lucro presumido 8 % sobe o faturamento | R$ | 5.600.000,00 |
| Alíquota do imposto de renda devido 15% | R$ | 840.000.00 |
| Adicional imposto de renda 10 % (840.000,- 240.000,00) | R$ | 600.000,00 |

Utilizando-se a opção do lucro presumido, os tributos federais consomem **R$ 4.751.000,00** a título de PIS R$ 455.000,00, COFINS R$ 2.100.000,00, CSLL R$ 756.000,00 e IRPJ R$ 1.440.000,00.

*5.2.3 Para efeito comparativo, sintetizamos no quadro abaixo o resumo do total das despesas decorrentes das opções tributárias que podem ser exercidas :*

| Modalidade de Tributação | Custo anual da Tributação Federal |
|---|---|
| Lucro real | R$ 5.617.000,00 |
| Lucro presumido | R$ 4.751.000,00 |
| Diferença | **R$ 866.000,00** |

**Conclusões do Caso 2**: analisadas as duas possibilidades de aplicação da tributação federal na empresa White, podemos concluir que:

a) considera-se primeiramente que a opção tributária mais favorável para a empresa é a tributação pela sistemática do lucro presumido, em seguida pelo lucro real;

b) neste caso, observa-se que a empresa em questão possui uma rentabilidade muito alta, e, por consequência, a opção pelo lucro presumido traz uma grande vantagem financeira em relação à tributação pelo lucro real, todavia, o limite para utilização da sistemática do lucro presumido limita-se a R$ 78.000.000,00 por ano, e a White já encontra-se próxima do referido limite legal. Exercendo a opção pelo lucro presumido a empresa também terá seus gastos com obrigações acessórias[134] reduzidas, em comparação com as exigências do lucro real;

c) deve-se atentar ao fato de que o limite de faturamento para o sistema do lucro presumido não seja ultrapassado durante o ano fiscal, pois, se isto ocorrer, a empresa, no próximo ano, terá de ingressar na sistemática do lucro real e terá gastos maiores com tributos no mesmo ano, além das despesas inconvenientes com o cumprimento das obrigações acessórias que são exigidas nesta sistemática;

d) dentro deste contexto de expansão do empreendimento, verifica-se, também, que a empresa em questão tem como objetivo abrir filiais em todo o território nacional e a expectativa dos sócios é que o limite definido em lei para o lucro presumido seja ultrapassado quando da abertura e funcionamento das filiais.

Neste cenário, em termos tributários existe uma possibilidade legal não convencional para que o limite não seja ultrapassado, pois nada obsta que a sociedade White seja tributada pelo lucro real ou presumido na matriz e eventualmente o sócio possa constituir uma sociedade em conta de participação[135] (SCP) para cada filial, optando pela sistemática

134 De acordo com o artigo 113, parágrafo II do CTN – É qualquer situação que na forma da legislação aplicável, impõe a prática ou abstenção de ato que não configure a obrigação principal. A natureza jurídica é obrigação de fazer, não fazer ou tolerar. São deveres administrativos.

135 A sociedade em conta de participação é um tipo societário previsto nos artigos 991 a 996 do Código Civil e artigos 325 e 326 do Código Comercial e a conta de participação é na realidade um contrato de investimento comum, em que existem sócios ostensivos que assumem a responsabilidade perante terceiros e os sócios participantes ou ocultos que são os investidores.

As principais características deste tipo societário são as seguintes: a) seu ato constitutivo não é registrado na Junta Comercial e, portanto, não adquire personalidade jurídica; b) não possui capital social; c) liquida-se com a prestação de contas; d) não possui nome; e) a atividade é exercida exclusivamente pelo sócio ostensivo; e f) a sociedade é tributada normalmente.

A Sociedade em conta de participação não está sujeita à inscrição no Cadastro Nacional de Pessoa Jurídica – CNPJ, (ver alteração legislativa IN 1470/2014) e compete ao sócio ostensivo a responsabilidade de apurar os resultados, apresentar declaração de informações e recolher o imposto devido, os quais deverão

do lucro presumido para cada uma delas, conforme previsto no artigo primeiro da instrução normativa 31/2001 expedida pela Secretaria da Receita Federal [136].

Nesse mesmo sentido, Bernardo Portugal, observa com pertinência, que, (2004, p. 163):

> Ressalte-se que a independência observada entre o sócio ostensivo e a própria sociedade em conta de participação também se revela na opção do regime de tributação quanto ao Imposto de Renda. Assim, poderá a SCP, por exemplo, optar pela apuração e tributação com base no lucro presumido, enquanto o sócio ostensivo sujeita-se à tributação pelo lucro real.

Faz-se necessário avaliar se efetivamente, no conjunto das duas entidades, haveria ganho na redução da base de cálculo do IRPJ e CSLL, comparando-se à sociedade empresária White e à SCP a ser constituída, levando-se em conta ainda que a opção pelo regime do lucro presumido implica na tributação monofásica do PIS e COFINS, como também os aspectos da legislação tributária estadual e municipal devem ser levados em consideração.

A título de informação a RFB editou no dia 30.05.2014 a Instru-

---

ser apurados em cada período, com observância da legislação federal aplicável às demais pessoas jurídicas tributadas pelo lucro real, porém, a partir do ano 2002, as sociedades em conta de participação que não estiverem obrigadas à tributação pelo lucro real poderão optar pela tributação com base pelo lucro presumido. A opção pelo lucro presumido não obriga à opção simultânea pelo sócio ostensivo e vice-versa.

Uma outra característica interessante deste tipo de sociedade é que a escrituração poderá, à opção do sócio ostensivo, ser efetuada nos livros do sócio ostensivo ou em livros próprios da SCP e o pagamento dos tributos devidos será efetuado pelo sócio ostensivo.

Este tipo de sociedade raramente tem sido adotado pelos empreendedores brasileiros, pois é uma modalidade em que praticamente os sócios investidores são mantidos em sigilo e não podem exercer nenhuma atividade sob pena de assumirem responsabilidades pessoais em caso de insucesso do empreendimento.

COELHO, Fábio Ulhoa, *Curso de direito comercial*. São Paulo: Atlas, 2007, p.477-478-479

NEVES, Silvério das, VICECONTI, Paulo E.V., op. cit., p.594-595-596.

136 A Instrução Normativa IN SRF 31/2001, menciona em seu artigo primeiro, parágrafo primeiro que "A opção da sociedade em conta de participação pelo regime de tributação com base no lucro presumido não implica a simultânea opção do sócio ostensivo, nem a opção efetuada por este implica a opção daquela'

ção Normativa (IN) 1470/2014, trazendo modificações no registro das empresas, as quais alteram as regras da SCP, de acordo com o seu artigo terceiro, abaixo descrito:

> **Art. 3º** Todas as pessoas jurídicas domiciliadas no Brasil, inclusive as equiparadas pela legislação do Imposto sobre a Renda, estão obrigadas a inscrever no CNPJ cada um de seus estabelecimentos localizados no Brasil ou no exterior, antes do início de suas atividades.

A sociedade em conta de participação não estava sujeita à inscrição no Cadastro Nacional de Pessoa Jurídica (CNPJ), porém, a instrução normativa IN-1470 da Receita Federal do Brasil (RFB) editada em Maio de 2014, passou a tornar obrigatória a inscrição no CNPJ, revogando o item 4 da SRF-179 de 30.12.1987, que mencionava que não seria exigida a inscrição da SCP no cadastro do Ministério da Fazenda, inclusive citando no anexo V da IN o código 212-7 para a Sociedade em Conta de Participação.

## 6 CONCLUSÕES

No decorrer deste trabalho teve-se a oportunidade de constatar a complexidade da legislação tributária, aliada a centenas de leis que integram a tributação federal que não se traduzem na linguagem do cotidiano, dificultando o entendimento por parte dos empresários, contadores e operadores do direito.

Na sistemática tributária atual do imposto de renda pessoa jurídica, quando uma sociedade empresária adota um sistema de tributação no mês de janeiro a mesma deverá seguir obrigatoriamente com o mesmo até o final do ano calendário, não sendo possível alterá-lo naquele exercício. Caso a opção exercida pela empresa seja incorreta ou ainda ocorram alterações significativas em seu plano de negócios, a mesma terá de arcar com o eventual ônus do aumento da carga tributária, que, por consequência, irá impactar negativamente seus resultados.

No primeiro caso apresentado constatou-se que o lucro real é a melhor opção, e por último o lucro presumido, e é fácil observar que, para um empreendimento com baixa rentabilidade, ou ainda, que esteja iniciando suas atividades a opção do lucro real deve ser considerada, pois, se não houver lucro, não há imposto a pagar.

No segundo caso, nota-se nitidamente que o lucro presumido é mais vantajoso, visto que a presunção do lucro prevista em lei é menor que o lucro efetivamente obtido pela empresa, portanto, podemos concluir que, se a rentabilidade de uma empresa for maior que a alíquota definida em lei para o lucro presumido, existe de fato uma vantagem tributária que deve ser adotada.

Concluímos que, para a empresa definir qual será sua opção tributária para o ano seguinte, ela deverá analisar os resultados anteriores previstos para o próximo exercício e analisar qual será a opção de tributação mais favorável. Não existe uma fórmula padrão para ser utilizada, portanto, o administrador deverá utilizar todos os meios que possui para planejar o futuro da empresa.

# 13 OS PRINCIPAIS TIPOS DE SOCIEDADES EMPRESÁRIAS BRASILEIRAS

**RESUMO**

O tema que pretendemos abordar é um estudo do conceito de **sociedades empresárias** e suas diversas **modalidades**, com a finalidade de fornecer informações relevantes para a correta escolha do modelo societário a ser adotado pelo empresário na gestão do empreendimento. Enfatizam-se os modelos mais adotados pelas empresas brasileiras e ao final, analisa as **vantagens** e desvantagens de cada padrão adotado.

**PALAVRAS-CHAVE:** sociedades empresárias, modalidades, vantagens.

**ABSTRACT**

The theme that we want to address is a study of the concept of **entrepreneurial companies** and their various forms, in order to provide relevant information to the correct choice of **model** to be adopted in the management of the enterprise. Emphasizes the models most used by Brazilian companies and analyzes the **advantages** and disadvantages of each model.

**KEYWORDS :** entrepreneurial, companies, model, Advantages.

**SUMÁRIO:** 1.Introdução. 2. Conceito de empresa e pessoa jurídica. 3. Obrigações dos empresários. 4. Tipos societários, 5. Conclusões.

## 1 INTRODUÇÃO

A finalidade deste texto é estudar de forma breve o conceito das sociedades empresárias e a pessoa jurídica, para em seguida analisar os principais tipos societários disponibilizados pelo Código Civil e Lei das Sociedades Anônimas, os quais são utilizados pelos empresários brasileiros, que assim devem optar por um modelo que melhor se adapte ao seu estilo de gestão. O tipo societário escolhido pelo empresário é um fator determinante no sucesso e sustentabilidade do empreendimento, pois a correta opção tem influência na administração do negócio, e, principalmente, na relação entre empresa e sócios ou acionistas, como também no planejamento financeiro, tributário, principalmente no tocante a responsabilidade civil e penal dos sócios e administradores.

## 2 CONCEITO DE EMPRESA E PESSOA JURÍDICA

Podemos definir a pessoa jurídica em oposição à pessoa natural, expressão adotada para indicação da individualidade jurídica constituída pelo homem. O termo é empregado para designar instituições, corporações, associações[137] e sociedades que, por força ou determinação da lei, se personalizam, tomam individualidade, para construir uma entidade jurídica, distinta das pessoas que a formam ou que a compõem. Diz-se jurídica porque se mostra "encarnação" da lei. Adquire vida ou existência legal somente quando cumpre as determinações fixadas em lei.

Dessa forma, ao contrário da pessoa natural, cuja existência legal se inicia por um fato natural (o nascimento), a pessoa jurídica somente tem existência quando o direito lhe imprime o sopro vital.

Há de se destacar a existência de sociedades não personificadas e personificadas. Neste caso, as não personificadas não gozam de per-

137 Rachel Sztain (2010, p. 566-567) define que: ao separar sociedades de associações o legislador teria, subjacente, essa visão de que associações, não participam de mercados econômicos, atuam em outros mercados. Comum às duas formas de organização é a perseguição de escopo comum entre os membros. Nas sociedades visa-se a resultados econômicos para posterior partilha entre os membros, portanto, visa-se obter lucros; nas associações, o resultado a ser partilhado terá outra natureza, nada obstante possam ser atribuídos aos membros benefícios de conteúdo patrimonial. Assim, a distinção básica entre sociedades e associações decorre de aquelas exercerem atividade econômica, entendida como perseguição de lucros, e estas atividades de outra natureza em que o lucro não é o móvel para sua organização e em que os benefícios da colaboração são, em regra, destinados a terceiros estranhos ao corpo ou quadro social. É óbvio que clubes esportivos e outras associações em que se impõe restrições ao gozo dos benefícios apenas pelos membros estão mais próximos da noção de cooperativas do que de puras instituições beneméritas. Vale dizer que, tal como se reconheceu que cooperativas são sociedades, embora lhes falte a perseguição e partilha dos lucros, e, considerando haver associações cujos benefícios ou vantagens criadas são restritos aos membros, o ganho ou compensação entre o que se paga a título de manutenção ou contribuição e o que se usufrui, daria conotação econômica a essas associações, da mesma forma que se as reconhece em face das cooperativas.

sonalidade jurídica, e as personificadas constituem-se por documento inscrito no Registro Público de Empresas. São entidades não personificadas as sociedades em comum - artigos 986 a 990 do CC - e as sociedades em conta de participação - artigos 991 a 996 do CC (NEGRÃO, 2011, p. 273).

Na literatura jurídica ainda são usadas outras expressões, em substituição à pessoa jurídica, como pessoa moral, pessoa social, pessoa coletiva, pessoa fictícia, pessoa legal etc.

Maria Helena Diniz (2006, p. 62, 90) conceitua a pessoa jurídica.

> Pessoa jurídica é a unidade de pessoas naturais ou de patrimônio que visa à obtenção de certas finalidades, reconhecidas pela ordem jurídica como sujeito de direitos e obrigações, afirmando também que a mesma tem direitos de personalidade, como o direito ao nome, à marca, à honra objetiva, à imagem, ao segredo, à boa reputação etc. e por serem entes dotados de personalidade pelo ordenamento jurídico positivo, podem sofrer dano moral.

Em síntese, as pessoas jurídicas são entes resultantes da criação da lei. Portanto, são uma ficção jurídica, ou seja, uma expressão do contrato que gera a sociedade, assumindo um caráter contratual. Não apresentam realidade física, mas realidade ideal, realidade das instituições, sendo dotadas de direitos e obrigações. Têm direito à personalidade, direitos reais[138], direitos industriais, direitos obrigacionais, direitos sucessórios, direitos autorais etc. Podem ser divididas nas seguintes categorias.

a) **Pessoas jurídicas de direito público interno e externo.** Desta divisão, podemos definir como direito público interno União, Estados, Distrito Federal, Municípios, autarquias e qualquer entidade criada por lei cujo regime seja de direito público. Definimos como direito público externo Estados Estrangeiros e todas as pessoas que forem regidas pelo direito internacional público (SILVA, 2007, p. 194).

---

138 Direitos Reais – Assim se diz da relação jurídica que atribui ou investe a pessoa, seja física ou jurídica, na posse, uso e gozo de uma coisa, corpórea ou incorpórea, que é de sua propriedade. SILVA, De Plácido. *Vocabulário jurídico*. Forense: Rio de Janeiro, 1994.

b) **Pessoas jurídicas de direito privado.** Dividem-se em sociedades empresárias, sociedades simples, organizações religiosas, sociedades em comum, fundações, partidos políticos, sociedade em conta de participação (que é um contrato de sociedade não reconhecido como pessoa jurídica), associações, cooperativas, microempresas e empresas de pequeno porte. Destaca-se ainda a empresa individual, uma empresa que não é sociedade, o que significa dizer que nem todo empresário é sociedade. Relativo ao direito de proteção da personalidade da pessoa jurídica e ao artigo 52 do Código Civil, Silvio Venosa (2010, p. 68) faz a seguinte afirmação.

> O que se protege é o conceito objetivo que envolve a pessoa jurídica como sua reputação negocial, a proteção de sua marca, de seus produtos, seus serviços, seus antecedentes financeiros etc. Nesse sentido deve ser entendida a Súmula 227 do STJ: "*a pessoa jurídica pode sofrer dano mor*al". Assim, há de ficar bem claro ao intérprete que os valores do dano moral, dos danos à personalidade do ser humano merecem outro raciocínio, que não se amolda às pessoas jurídicas.

Com referência à palavra **empresa**[139], sua etimologia deriva do latim *prehensus* de *prehendere*, adquirindo o sentido de empreendimento ou cometimento intentado para a realização de um objetivo (SILVA, 1994). Nos campos do Direito Civil e do Direito Comercial, **empresa** significa toda organização econômica instituída para a exploração de um ramo de negócio. Trata-se de um conjunto organizado de meios visando exercer uma atividade particular, pública ou ainda de economia mista. Soma capital e trabalho para produzir e oferecer bens e serviços, com o objetivo de atender às necessidades de consumo da sociedade. Sua consequência final é o lucro (o retorno esperado pelos seus inves-

139 O Dr. Newton de Lucca (2009, p. 313) apresenta a declaração dos professores Lamy Filho e José Luiz Bulhões Pedreira: "Hoje, a empresa – a grande empresa – é célula de base de toda economia industrial. Em economia de mercado, é, com efeito, no nível de empresa que se efetua a maior parte das escolhas que comandam o desenvolvimento econômico: definição de produtos, orientação de investimentos e repartição primária de rendas, esse papel motor da empresa é, por certo, um dos traços dominantes de nosso modelo econômico: por seu poder de iniciativa, a empresa está na origem da criação constante da riqueza nacional; ela é, também, o lugar da inovação e da renovação".

tidores). O empreendedor assume o risco de sucesso ou fracasso desta atividade econômica, tendo a obrigação de garantir a sustentabilidade do negócio. Desse modo, o conceito de empresa traz essencialmente a ideia de **organização**. Esta caracteriza-se por um conjunto de partes com funções específicas, constituídas artificialmente pelo engenho humano, com a finalidade de aperfeiçoar sua atuação no plano econômico, ou seja, de produzir riquezas. Opõe-se ao trabalho essencialmente individual, ainda que desempenhado em grupo, pois naquele não há divisão de categorias, não há ligação entre os coordenados, tampouco definição de procedimentos voltados para a concretização de resultados (MAMEDE, 2004 p. 42).

Com efeito, a empresa destaca-se por sua influência, dinamismo, poder de transformação e, pelo fato de grande parte da população ativa do país depender dela, consolida seu papel no cenário nacional. Sua importância justifica-se pelo fato de a empresa desenvolver tecnologias e produzir a maioria dos bens e serviços consumidos pela população. Adicionalmente, cria oportunidades de trabalho e paga salários, gerando renda para a classe trabalhadora. Vale lembrar que o Estado retira das empresas a maior parcela de suas receitas fiscais, e os investidores de capital, fornecedores e prestadores de serviço baseiam o desenvolvimento de suas atividades nesse tipo de organização (BLANCHET, 2004, p. 91). De acordo com Bruno Mattos e Silva (2007, p. 29-30), continua válida a definição de empresa dada por Alberto Asquini (1943 *apud* Silva, 2007), para quem o significado é poliédrico, compreendendo quatro sentidos, denominados **perfis**.

1. Perfil subjetivo – a empresa é o empresário, pois é ele quem exercita a atividade econômica organizada, de maneira continuada. Nesse sentido, a empresa pode ser uma pessoa física ou jurídica, pois ela é titular de direitos e obrigações.

2. Perfil funcional – a empresa é uma atividade de produção e circulação de bens e serviços, realizada mediante organização de fatores de produção (capital, trabalho, matéria-prima etc.).

3. Perfil objetivo (patrimonial) – a empresa é um conjunto de bens utilizados na atividade econômica. A palavra **em-**

> **presa** corresponde à expressão **estabelecimento**. Os bens estão unidos para uma atividade específica, que é o exercício da atividade econômica. De acordo com o Código Civil, artigo 1142, entende-se **estabelecimento** todo complexo de bens organizado para exercício da empresa, por empresário ou por sociedade empresária. Considera-se ainda o teor do artigo 90 do mesmo código: constitui-se universalidade de fato a pluralidade de bens singulares que, pertinentes à mesma pessoa, tenham destinação unitária. Portanto, podemos afirmar que o **estabelecimento** é composto por bens corpóreos e incorpóreos, os quais podem ser objeto de negócios jurídicos.
>
> 4. Perfil corporativo – a empresa é uma instituição, uma organização pessoal, formada pelo empresário e pelos colaboradores (empregados e prestadores de serviços), todos voltados para uma finalidade comum. Nesse sentido, a empresa seria um núcleo social organizado, em função de um fim econômico comum, bem como o empresário é o chefe da empresa.

Sob o aspecto jurídico, a palavra empresa pode ter os três primeiros significados (perfis), que são utilizados nos vários diplomas legais sem a menor homogeneidade. Cabe ao intérprete diferenciar corretamente os vários significados em cada texto legislativo. Já para os fins do artigo 966 do novo Código Civil, empresa é a atividade econômica organizada, ou seja, o perfil funcional. Neste mesmo sentido, Bruno Mattos e Silva (2007, p. 28) afirma o seguinte.

> De acordo com a teoria positivada pelo novo Código Civil, o que diferencia a atividade econômica regida pelo direito especial (direito comercial) é a existência de organização. Em regra, se a atividade econômica é realizada mediante a organização de fatores de produção, a regência será do direito comercial. Caso contrário, a regência será do direito civil. A palavra-chave é organização. Desloca-se, por essa teoria, o âmbito da parte geral do direito comercial, antes centrado nas figuras do comerciante e dos atos de comércio, para a figura do empresário e da empresa, entendida esta como a atividade econômica organizada e realizada de forma habitual.

Em síntese, de acordo com o artigo 966 do Código Civil, **considera-se empresário** "quem exerce profissionalmente atividade econômica organizada para a produção ou a circulação de bens ou serviços". Portanto, para a prática de atividades econômicas civis, não há enquadramento como empresário, ou seja, se alguém presta serviços diretamente, mas não organiza uma empresa, mesmo que o faça profissionalmente, não é considerado empresário. Assumirá regime civil (sociedade simples), que são as atividades profissionais dos intelectuais, cooperativas e dos empresários rurais não registrados na junta comercial. [140]

Nos termos do artigo 982, salvo casos expressos, considera-se **empresária** a sociedade que tem por objeto o exercício de atividade própria de empresário sujeito a registro; consideram-se **simples** as demais, independentemente de seu objeto. Denomina-se também **empresária** a sociedade por ações e **simples** a cooperativa[141]. Dessa maneira, a sociedade empresária é aquela que tem por finalidade o exercício de atividade empresarial, isto é, voltada para a produção ou circulação de bens ou serviços. Está sujeita a registro perante a junta comercial. A sociedade simples, por sua vez, é aquela que tem por objeto o exercício de atividade não empresarial, relacionada à profissão intelectual, de natureza científica, literária ou artística, desde que o exercício da profissão, em si, não constitua elemento de empresa. A sociedade simples está sujeita a registro perante o cartório de registro civil das pessoas jurídicas, e não perante a junta comercial.

A sociedade empresária deve constituir-se de acordo com um dos tipos descritos nos artigos 1.039 a 1.092 do Código Civil (sociedade em comandita simples ou por ações, sociedade limitada, sociedade anônima, sociedade em nome coletivo). A sociedade simples pode constituir-se em conformidade com qualquer um dos tipos de sociedades empresárias. Caso não o faça, subordina-se às normas que lhe são próprias, conforme o artigo 983 do Código Civil.

Qualquer que seja o tipo societário, para a prática dos atos jurídicos validamente, o Código Civil, no seu artigo 104, exige o preenchimento de três requisitos: a) agente capaz; b) objeto lícito, possível, determinado ou determinável; c) forma prescrita ou não defesa em lei. Somente são válidos os atos jurídicos praticados por empresários individuais e por

140 CAROTA, José Carlos. *A função social das sociedades empresárias e o planejamento tributário federal*. São Paulo: Allprint, 2013, p. 47.

141 A cooperativa, conforme o artigo quarto da Lei 5.764/71 refere-se à sociedade de pessoas, com forma e natureza jurídica próprias, de natureza civil. Equipara-se à sociedade simples, mas deve ser registrada perante a junta comercial, em função da Lei 8.934/94, artigo 32, II, a.

sociedades devidamente registradas, não podendo o empresário ser incapaz ou legalmente impedido nos moldes do artigo 973.

## 3 OBRIGAÇÕES DOS EMPRESÁRIOS

Os empresários estão sujeitos, às seguintes obrigações, de acordo com o Código Civil.

a) Antes do início de suas atividades, o empresário individual e as sociedades empresárias efetuam seu registro nas juntas comerciais e no Departamento Nacional de Registro do Comércio – (DNRC). A sociedade simples submete-se ao Registro Civil de Pessoas Jurídicas. A principal sanção imposta à sociedade empresária que explora irregularmente sua atividade econômica, isto é, que funciona sem registro na junta comercial, é a responsabilidade ilimitada dos sócios pelas obrigações da sociedade. Além disso, não tem legitimidade ativa para o pedido de falência de outro comerciante e não pode requerer a recuperação judicial. Destaca-se ainda que a falta de registro na junta comercial importa na aplicação de sanções de natureza fiscal e administrativa, pois o empresário estará impossibilitado de requerer sua inscrição no Cadastro Nacional de Pessoas Jurídicas (CNPJ), na Secretaria da Fazenda Estadual e Municipal e no Instituto Nacional do Seguro Social (INSS).

b) Manter escrituração regular de seus negócios (artigos 1.179 e 1.194, CC). O exercício regular da atividade empresarial pressupõe a organização de uma contabilidade, a cargo de profissional habilitado. Não há empresário regular que possa prescindir dos serviços do contador. A escrituração contábil possui três funções básicas: 1) serve de instrumento à tomada de decisões administrativas, financeiras e comerciais, por parte dos empresários e dos dirigentes da empresa; 2) serve de suporte para informações de interesse de terceiros, como sócios, investidores, parceiros empresariais, bancos credores ou órgão público licitante; 3) serve para a fiscalização do cumprimento das obrigações legais, inclusive e principalmente de natureza fiscal. Em suma, serve de controle interno e externo para o exercício da atividade empresarial (COELHO, 2007, p. 79-80).

c) Prestar contas, levantar demonstrações financeiras e contábeis periódicas, como também levantamento de inventário de bens (artigos 1.020, 1.065, e 1.071 CC). Quando se trata de sociedade limitada ou anônima, a obrigação resume-se ao levantamento do balanço patrimonial mencionando as contas do ativo, passivo e patrimônio líquido, além da demonstração do resultado do exercício e da demonstração do fluxo de caixa. A periodicidade para elaboração das demonstrações contábeis é em regra anual. Apenas as instituições financeiras e as sociedades anônimas que distribuem dividendos semestrais estão obrigadas a levantá-las em menor periodicidade. Há consequências para a falta das demonstrações contábeis periódicas, como as que seguem. O empresário terá dificuldade de acesso ao crédito bancário que se vale do balanço patrimonial como instrumento de aferição de idoneidade econômica e patrimonial de seus clientes; não poderá participar de licitação promovida pelo poder público, tendo em vista as exigências da legislação própria (Lei 8.666/93, art. 31, I); os administradores da sociedade anônima e da limitada responderão, perante os sócios, por eventuais prejuízos advindos da inexistência das demonstrações financeiras (COELHO, 2007, p. 93-94).

d) Inscrição no Cadastro Nacional da Pessoa Jurídica, inscrição como contribuinte estadual, inscrição municipal, alvará de licença, matrícula na previdência social, inscrição no cadastro de empresas do ministério do trabalho.

As obrigações citadas são de natureza formal, porém, a opção de não segui-las pode gerar sérias consequências. A razão de ser dessas formalidades, que o direito exige dos exercentes de atividade empresarial, diz respeito ao controle da própria atividade empresarial, que interessa não apenas aos sócios do empreendimento, mas também a seus credores e parceiros, ao fisco e, em certa medida, à própria comunidade. O empresário que não cumpre suas obrigações gerais torna-se irregular, simplesmente não consegue entabular e desenvolver negócios com empresários regulares, vender para a Administração Pública, contrair empréstimos bancários, requerer a recuperação judicial etc. Sua empresa será informal, clandestina e sonegadora de tributos (COELHO, 2007, p. 66).

## 4 TIPOS SOCIETÁRIOS

Neste item serão descritos de forma resumida os principais tipos societários disponibilizados pela legislação brasileira, os quais, podem ser livremente escolhidos pelos empresários. Frise-se que, de acordo com o DNRC 97% das empresas brasileiras, são sociedades limitadas, portanto, a ênfase deste tópico será dada neste tipo societário.

## 4.1 SOCIEDADE LIMITADA

O sucesso desse tipo societário no Brasil decorre basicamente de duas características: a limitação da responsabilidade pessoal dos sócios ao valor do capital social integralizado, preservando os bens pessoais destes em caso de falência ou insucesso do empreendimento (desde que não ocorram ilicitudes); a contratualidade das relações entre os sócios baseia-se na disposição de vontade destes, a qual é refletida no contrato social sem as regras do regime institucional da Lei das Sociedades Anônimas, que poderá ser adotado supletivamente, possibilitando maior margem de negociação entre os sócios da empresa. Nessa ambiência, Antônio Brunetti (1950, p. 31) faz a seguinte afirmação sobre a responsabilidade limitada.

> È stato osservato che *lo scopo del nostro legislatore fu quello di combinare il vantaggio della responsabilità limitada dei soci (come nelle società per azioni) col carattere personale della società ma lasciando liberi i fondatori di accentuare più o meno questo carattere senza stabilire un numero massimo di soci o un ammontare massimo di capitale, in modo che il nuovo tipo di società possa servire anche ai bisogni di una grande impresa con molti soci, ma a carattere personale; e nello stesso tempo in modo che quando invece il nuovo tipo debba servire ai bisogni di una piccola impresa, la veste e il funzionamento della società siano abbastanza più semplici di quelli della società per azioni.*

Esta categoria é a forma de sociedade mais utilizada no Brasil (ZANETTI, 2010, p. 22), sendo que 97% adotam essa opção, sobretudo, as pequenas e médias empresas. Contudo, não são elas que somam o maior faturamento - esse papel é desempenhado pelas sociedades anônimas, como por exemplo: Petrobrás, Cia Vale do Rio Doce.

### 4.1.1 Natureza da sociedade limitada

A sociedade limitada surge por meio de um contrato plurilateral ou multilateral, em que os sócios se obrigam mutuamente a combinar esforços no sentido de obter êxito em uma atividade comum entre eles. Este contrato, denominado **contrato social**, faz surgir um sujeito de direito dotado de personalidade jurídica, detentora de direitos e obrigações.

Tullio Ascarelli (1945, p. 295) define o contrato social como plurilateral do modo que segue.

> Essa categoria distingue-se, como efeito: a) pela possibilidade da participação de mais de duas partes; b) pelo fato de que quanto a todas essas partes, decorrem do contrato, quer obrigações, de um lado, quer direitos, de outro.

A sociedade de responsabilidade limitada é, assim, uma sociedade personificada. De acordo com a vontade de seus sócios, pode ser classificada como personalista ou capitalista, vontade esta que deve ser expressa no contrato social. Entretanto, caso o contrato seja omisso, o sócio pode ceder sua quota, total ou parcialmente, a outro sócio – independente de audiência dos demais – ou a estranho, se não houver oposição de mais de um quarto do capital social, conforme previsto no art. 1.057 do Código Civil. O contrato social, a critério dos sócios, poderá também estabelecer a livre alienabilidade das quotas para terceiros, conferindo à sociedade natureza capitalista, como também poderá prever que a alienação das quotas para estranhos requeira a anuência de todos os demais sócios (CALÇAS, 2003, p. 28-29).

Em síntese, a sociedade será considerada de capital quando, para sua constituição, com relação à composição do quadro societário, não se conferir importância aos atributos pessoais dos sócios, e, portanto, haverá plena liberdade na alienação da participação societária. Será considerada sociedade de pessoas quando, para sua constituição, os sócios levarem em conta os atributos pessoais de si mesmos, sendo este o principal motivo para o requerimento de anuência dos demais sócios efetuar a venda para terceiros. Egberto Lacerda Teixeira (2007, p. 25) revela uma posição singular a respeito do tema.

> A doutrina é hoje, no Brasil e fora dele, expressivamente contrária à bifurcação das sociedades em sociedade de pessoas e sociedade de capital. O critério é falho, ilógico e inócuo. Todas as sociedades são de pessoas e de capitais a um só tempo. Nas sociedades de capitais observam-se traços personalistas acentuados, como as limitações à circulação das ações em atenção à pessoa dos sócios, e nas sociedades de pessoas introduzem-se cláusulas permitindo a continuação da sociedade em caso de morte, falência ou incapacida-

de de um dos sócios, bem como a livre cessão das quotas a terceiros, obedecidas certas formalidades.

Em outro sentido, destaca-se ainda o entendimento de Bruno Mattos e Silva (2007, p. 315-316).

> Ao contrário do que ocorre nas chamadas sociedades de capitais, nas chamadas sociedades de pessoas há relevância e prevalência na atividade pessoal dos sócios para o sucesso dos negócios da sociedade.
>
> Nas sociedades de capitais, não é relevante a atividade ou conhecimento dos sócios a respeito dos negócios da sociedade. Com efeito, nas sociedades de capitais são os órgãos sociais que deliberarão e executarão os negócios. Assim, preponderante é o conhecimento e a atividade das pessoas componentes desses órgãos, que podem nem mesmo ser sócias da pessoa jurídica.
>
> Nas sociedades de pessoas, é relevante as características pessoais dos sócios. Exemplo: está previsto no contrato social, que o Senhor Fulano, sócio quotista da empresa XXX não pode ceder suas quotas sociais a outra pessoa sem expressa anuência dos demais sócios. O que os demais sócios da sociedade querem é que o Senhor Fulano seja sócio e não uma outra pessoa qualquer.

Como se observa, existe uma divergência entre os autores, porém, a presente pesquisa adota uma corrente intermediária. Efetivamente, é possível ter uma sociedade com sócios capitalistas que, ao mesmo tempo, tenha membros com *know-how* para gerir o empreendimento, como também podemos ter uma sociedade com sócios exclusivamente capitalistas (investidores) que é dirigida somente por funcionários que administram o empreendimento.

### *4.1.2 Constituição*

Conforme estabelecido pelos artigos 981 e 997 do Código Civil, a sociedade limitada se constitui por um contrato entre os sócios, o qual é disciplinado por normas dos direitos civil e comercial. Tais normas inspiram-se no direito contratual, assumindo o tipo de contrato plurilateral[142] ou multilateral, em que dois ou mais sócios assumem – um perante o outro – obrigações recíprocas relacionadas à exploração conjunta de uma ou mais atividades econômicas.

As sociedades contratuais devem obedecer às regras comuns aos contratos em geral, conforme o artigo 104 do Código Civil, ou seja, são os requisitos de validade de qualquer ato jurídico, pertinentes também ao contrato social. São eles: agente capaz, objeto lícito, possível, determinado ou determinável, e a forma prescrita ou não defesa em lei (NEGRÃO, 2011, p. 319).

O primeiro requisito refere-se à capacidade de o sócio ou administrador exercer direitos; portanto, o ato praticado por incapaz será nulo, e o ato praticado por relativamente incapaz será anulável. Da mesma forma, o sócio não deve estar legalmente impedido, nos termos do art. 972 e seguintes do Código Civil (FIUZA, 2002, p. 144). O segundo requisito de validade é a determinação do objeto social, ou seja, é nula a sociedade contratada para a exploração de atividade ilícita. O terceiro requisito é a forma adequada do contrato social, o qual deve ser elaborado por escrito, e os sócios podem optar pelo instrumento público ou particular. Cabe ressaltar que as sociedades contratadas oralmente são irregulares e não podem ser provadas pelos sócios. Somente terceiros têm o direito de provar a existência de sociedade de fato entre duas ou mais pessoas, para responsabilizá-las solidariamente.

Para a existência da sociedade, além dos requisitos acima descritos, existem os requisitos de validade decorrentes do contrato social, os quais estabelecem as exigências a seguir: a) que todos os sócios contribuam para a formação da sociedade com dinheiro, bens ou créditos, sendo vedada a contribuição apenas com prestação de serviços nos termos do art. 1.055 do Código Civil; b) que todos os sócios participem dos resultados sociais, sendo nula a cláusula contratual que exclua qualquer sócio de participar nos lucros e perdas, nos termos do art. 1.008 do

142 Egberto Lacerda Texeira cita na p.38 de sua obra a classificação de Túlio Ascarelli mencionada na obra *Considerazioni in tema di Società e personalità giuridica*, na: *Revista del Diritto Commerciale*, 1954, p. 245, em que o contrato de sociedade tem caráter eminentemente instrumental, constituindo premissa necessária de uma atividade posterior a que se propõem os sócios. Sendo várias as partes, e não duas, como habitualmente ocorre nos contratos tradicionais, é óbvio que cada parte tem obrigações não para com uma outra, mas para com todas as outras; adquire direitos não para com uma outra, mas para com todas as outras.

Código Civil[143]; c) pluralidade de sócios - a sociedade limitada só pode ser constituída originariamente por pelo menos duas pessoas, sejam elas físicas ou jurídicas, não sendo admitida a limitada unipessoal, conforme dispõe o art. 1.033, inciso IV, do Código Civil. Esse artigo foi modificado pela Lei nº 12.441/2011, modificação esta que permite a existência da sociedade limitada com apenas um responsável - EIRELI; d) *affectio societatis*,[144] que é a disposição dos sócios em formar e manter a sociedade uns com os outros. Quando não existe esse ânimo, a sociedade não se constitui ou deve ser dissolvida.[145]

Ainda em relação às cláusulas contratuais, cabe distingui-las entre as essenciais e as acidentais. Ricardo Negrão (2011, p. 331-332) menciona o seguinte.

> São chamadas essenciais as cláusulas indispensáveis ao registro do contrato de sociedade no órgão de Registro Público correspondente à natureza da atividade. São chamadas acidentais as cláusulas que não impedem o arquivamento do contrato social no órgão de registro e, especificadas pelos contratantes, regulam inúmeras situações da vida sócia.

Entende-se como cláusulas essenciais o tipo societário, objeto social, capital social, nome e qualificação dos sócios, nome empresarial, prazo de duração, responsabilidade dos sócios, designação do representante legal, sede e foro. As cláusulas acidentais são aquelas de interesse dos sócios, como valor do pró-labore dos sócios que trabalham, retirada de sócios e respectivo pagamento etc.

Acrescentem-se ainda, com relação ao contrato social, os princípios da boa fé e da função social do contrato, que surgem como parâmetros. A boa fé refere-se à posição e à conduta entre as partes. A função social diz respeito à intervenção do Estado e à repercussão do contrato na vida social (BULGARELLI, 1990, p. 22).

A boa fé tem vários significados. Etimologicamente, vem de *fides*, do latim, que significa **honestidade, confiança, lealdade, fidelidade**. É,

143 COELHO, Fabio Ulhoa, op. cit., p.385-386.

144 A *affectio societatis*, além de se constituir numa declaração de vontade formal e expressa, revela uma intensidade maior, um *plus*, em relação às dos demais contratos. Ela pressupõe não apenas a vontade de ingressar na sociedade, mas, também, de participar na comunhão do escopo comum. BULGARELLI, Waldirio. *Sociedades Comerciais*, São Paulo: Atlas, 1998, p.97.

145 COELHO, Fabio Ulhoa. op. cit., p.388.

por si só, um conceito essencialmente ético, que se pode definir como o entendimento de não prejudicar outras pessoas, ou ainda, uma proteção entre o que se fala e como se age.

Não se trata de um conceito novo. A boa fé está presente em todos os sistemas jurídicos ocidentais mais conhecidos. Mesmo que não esteja prevista em textos normativos expressos, é inadmissível que uma sociedade não fundamente seu direito em conceitos como honestidade, correção, cooperação entre as partes, prudência, lealdade etc. (SOARES, 2008, p. 97).

Nesse mesmo sentido, a boa-fé é mencionada diversas vezes no Código Civil, principalmente como regra de interpretação dos negócios jurídicos (artigo 113), atos ilícitos que excedem os limites impostos pela boa fé (artigo 187) e na execução dos contratos (artigo 422). O artigo 51, inciso quarto do Código de Defesa do Consumidor, também determina a nulidade das cláusulas contratuais abusivas. A regra de interpretação da boa-fé não é exclusiva do Direito Civil, sendo utilizada em outras áreas, como Direito Administrativo e Direito do Trabalho.

A boa fé, dessa maneira, é um conceito metajurídico, que as leis em geral não definem, deixando este trabalho à doutrina e à jurisprudência (SOARES, 2008, p.79). A boa fé pode ser dividida nessas categorias.

a) Objetiva, também denominada **concepção ética da boa-fé**, ou melhor, é uma regra de conduta, comportamento, que limita o direito subjetivo, contendo ainda fundamentação constitucional na cláusula geral da proteção da pessoa humana como parte integrante de uma coletividade, ao limitar a autonomia da vontade individual (ABRAHAM, 2007, p. 200).
b) Subjetiva, também denominada **concepção psicológica da boa-fé,** é uma crença íntima.

Cumpre ressaltar que a boa-fé subjetiva exerce função preponderante na interpretação dos negócios jurídicos e contratos. Já a boa-fé objetiva atua mais como fonte integrativa, isto é, criando direitos, deveres e obrigações não previstos expressamente, por exemplo, dever de informar, colaborar.

Claudia Lima Marques (2010, p. 203-204) destaca as funções tradicionais dos princípios da boa fé objetiva.

> O princípio da boa-fé objetiva na formação e execução das obrigações possui muitas funções na nova teoria contratual: 1) como fonte de novos deveres especiais de conduta durante o vínculo contratual, os chamados deveres anexos; 2) como fonte limitadora do exercício, antes lícito, hoje abusivo, dos direitos subjetivos; e 3) na concreção e interpretação dos contratos. A primeira função é uma função criadora, seja como fonte de novos deveres, de deveres de conduta anexos aos deveres de prestação contratual, como os deveres de informar, de cuidado e de cooperação, seja como fonte de responsabilidade por ato lícito ao impor riscos profissionais novos e agora indisponíveis por contrato. A segunda função é uma função limitadora, reduzindo a liberdade de atuação dos parceiros contratuais ao definir algumas condutas e cláusulas como abusivas, seja controlando a transferência dos riscos profissionais e libertando o devedor em face da não razoabilidade de outra conduta. A terceira é a função interpretadora, pois a melhor linha de interpretação de um contrato ou de uma relação de consumo deve ser a do princípio da boa-fé, o qual permite uma visão total e real do contrato sob exame.

Referindo-se à função social do contrato, dispõe o art. 421 do Código Civil que a liberdade de contratar será exercida em razão e nos limites da função social do contrato.

Nesse sentido, a palavra **função** origina-se do latim *funciona*, *functionis*, significando trabalho, exercício, cumprimento, execução. Associa-se ao verbo latino *fungi*, que representa cumprir, executar, desempenhar uma função, ou melhor, tem um vetor de atividade. Já **social** indica que a sociedade será a sua beneficiária. Portanto, o termo **função social** é um poder-dever que deve ser exercido em prol da sociedade.

O combate ao individualismo já era feito pelo princípio da supremacia da ordem pública. Com o advento do Código Civil de 2002, foi reforçado pela função social do contrato, limitando ainda mais a autonomia de vontade, porém, sem suprimi-la.

A lei não define o que é a função social do contrato, de modo que poderá ser interpretada de diversas formas, propiciando eventualmente a declaração de nulidade de cláusulas ou de todo o contrato. Certamente o legislador inspirou-se no art. 5º, XXIII, da CF, que limita o direito de propriedade ao atendimento de sua função social. Desse modo, considerando que o contrato é um meio natural de promover a circulação de riquezas, urge que os interesses individuais das partes sejam compatibilizados com os interesses sociais.

Nessa linha, o art. 5º da Lei de Introdução ao Código Civil destaca que, "na aplicação da lei, o juiz atenderá os fins sociais a que ela se dirige e as exigências do bem comum". Portanto, ao aplicá-la, o juiz não deve perder de vista o interesse social e o bem comum, num possível conflito entre os direitos do indivíduo e os da comunidade (ALVIM, 1968, p. 34).

A cláusula geral da função social do contrato disciplina não só o contrato em si, mas a liberdade de contratar. Pablo Malheiros de Cunha Frota (2008, p. 62) cita o seguinte.

> Cláusulas gerais são normas orientadoras sob a forma de diretrizes para o juiz. Ao mesmo tempo que o vinculam, dão-lhe liberdade para decidir. Nas cláusulas gerais, o julgador encontra campo para formular a solução que lhe parecer mais correta, concretizando os princípios gerais de Direito e da razoabilidade.

A conotação é mais ampla do que a mera limitação de liberdade. A função social tem um valor operativo, constitutivo do próprio contrato, cujas consequências alcançam a interpretação dos contratos. Por igual, tem o papel de concretização dos preceitos contratuais particularmente considerados, em uma atividade de integração que atribuiu ao juiz um papel ativo na formação do direito (BRANCO, 2009, p. 68-69).

Assim, o princípio da função social do contrato consiste na prevalência do interesse coletivo sobre os interesses individuais dos contratantes, considerando que a carência da maioria prevalece sobre a da minoria ou de um só, abrindo a possibilidade de que ao mesmo tempo seja útil e justo. Somam-se ainda os argumentos do parágrafo único do art. 2.035, do Código Civil, que destaca: "Nenhuma convenção prevalecerá se contrariar preceitos de ordem pública, tais como os estabelecidos por este Código para assegurar a função social da propriedade e dos contratos". Portanto, podemos concluir de maneira inequívoca que se ratifica a função social da propriedade e dos contratos. [146]

A constituição de sociedade limitada, para produzir todos os seus efeitos legais perante terceiros, em especial a limitação da responsabilidade dos sócios pelas obrigações sociais, deve ser registrada na junta comercial do estado sede da empresa, conforme o art. 967 do Código Civil. As sociedades que funcionam sem registro, ou, antes dele, são irregulares denominam-se **sociedades em comum** ou **não personificadas** nos termos do art. 986 do Código Civil. Tal fato ocasiona graves consequências para os sócios, trazendo sanções como ilegitimidade ativa para o pedido de falência, responsabilidade ilimitada dos sócios, inacessibilidade à recuperação judicial, falta de matrícula nos órgãos públicos, por exemplo, Receita Federal do Brasil e INSS.

Ainda com relação ao contrato social, o mesmo, por via de regra, nos termos do art. 1.076 do Código Civil, pode ser alterado por deliberação dos sócios, para atender às mudanças decorrentes das transformações do contexto econômico e social em que originariamente foi constituído, sendo necessária a concordância de três quartos dos titulares do capital social.[147]

O Código Civil define quatro hipóteses de alteração do contrato social nos termos do art. 1.061:

a) designação de administrador não sócio, cabível somente se houver permissão expressa no contrato social, e a alteração contratual depende de vontade unânime dos sócios, enquanto o capital social não estiver totalmente integralizado, mais aprovação de sócio ou sócios titulares de dois terços do capital social, após a integralização;
b) destituição de administrador sócio, se o objeto é a destituição do administrador sócio, exige-se a aprovação de titular ou titulares de quotas representativas de dois terços do capital social, salvo se o contrato preceituar outro *quórum*, maior ou menor, conforme previsto no art. 1.063, § 1º;
c) expulsão de minoritário. No que concerne à expulsão extrajudicial de sócio minoritário, a alteração contratual poderá ser

146 CAROTA, José Carlos. *A função social das sociedades empresárias e o planejamento tributário federal*. São Paulo: Allprint, 2013, p. 53, 54.
147 COELHO, Fabio Ulhoa, op. cit., p.396.

assinada por sócio ou sócios titulares de mais da metade do capital social, nos termos dos artigos. 1.004, parágrafo único, e 1.085 a seguir transcrito:

> Art. 1.085. Ressalvado o disposto no art. 1.030, quando a maioria dos sócios, representativa de mais da metade do capital social, entender que um ou mais sócios estão pondo em risco a continuidade da empresa, em virtude de atos de inegável gravidade, poderá excluí-los da sociedade, mediante alteração do contrato social, desde que prevista neste a exclusão por justa causa.
>
> Parágrafo único. Ressalvado o caso em que haja apenas dois sócios na sociedade, a exclusão de um sócio somente poderá ser determinada em reunião ou assembleia especialmente convocada para esse fim, ciente o acusado em tempo hábil para permitir seu comparecimento e o exercício do direito de defesa. (Redação dada pela Lei nº 13.792, de 2019)
>
> Art. 1.086. Efetuado o registro da alteração contratual, aplicar-se-á o disposto nos artigos 1.031 e 1.032.

d) as demais alterações dependem de aprovação de três quartos do capital social, conforme disposto nos artigos. 1.071, V, e 1.076, I.[148]

### *4.1.3 Espécies de sociedade limitada*

Existem três espécies de sociedade limitada no direito brasileiro. A primeira é a **sociedade limitada sujeita à regência das normas da sociedade simples.** Neste caso, o contrato social não elege a Lei das Sociedades Anônimas como norma de regência supletiva. Caracteriza-se por ser um instrumento contratual omisso nos termos do artigo 1.053 do CC quanto à disciplina supletiva ou adotando expressamente as normas da sociedade simples por parâmetro. Fabio Ulhoa (2007, p.376) denomina essa categoria **sociedades limitadas com vínculo societário instável.** Isso porque, quando contratadas por prazo indeterminado, qualquer sócio pode dela se desligar, sem motivos, por simples notificação aos demais, a qualquer tempo. Aplica-se, com efeito, a essa sociedade

148 COELHO, Fabio Ulhoa, op. cit., p.397.

limitada o disposto no art. 1.029 do CC. inserido no capítulo da sociedade simples, que assegura ao sócio o direito de retirar-se da sociedade sem prazo, mediante simples notificação aos demais, com antecedência de 60 dias. O sócio retirando tem direito ao reembolso de suas quotas pelo valor patrimonial.

O segundo tipo de sociedade refere-se àquelas **sujeitas à regência supletiva da Lei das Sociedades Anônimas** (1.052 a 1.057 CC). Para tanto, é necessário que o contrato social contemple cláusula expressa mencionando a opção dos sócios por essa disciplina supletiva. Sem a expressa eleição pelos sócios da Lei das Sociedades Anônimas como fonte supletiva de regência da sociedade, submete-se tal lei às regras da sociedade simples (COELHO, 2007, p. 376-377).

O terceiro tipo concerne à **Empresa Individual de Responsabilidade Limitada** (EIRELI), a qual foi instituída com a Lei 12.441/2011, tornando possível a empresa unipessoal desde que seja constituída por uma pessoa titular da totalidade do capital social (art.980-A), devidamente integralizado no valor não inferior a 100 salários mínimos. A referida lei também altera o artigo 44 do CC – incluindo o inciso VI – as empresas individuais de responsabilidade limitada.

Destaque-se também a possibilidade de conversão de sociedade limitada para EIRELI, no caso de a pluralidade de sócios de uma sociedade limitada não ser reconstituída no prazo de 180 dias. A lei não deixa dúvida de que a pessoa natural que constituir uma EIRELI somente poderá figurar em uma única empresa dessa modalidade, porém, não mencionava que uma pessoa jurídica possa constituir uma ou mais EIRELIs. Nesse sentido o DREI – Departamento de Registro Empresarial e de Integração alterou em março de 2017 o Manual de Registro da EIRELI, possibilitando que a Pessoa Jurídica possa ser titular de uma EIRELI.

Outra característica das sociedades empresárias aplicáveis à sociedade limitada (como também para a sociedade anônima) refere-se ao fato de quando a receita bruta anual da empresa for superior a R$ 300.000.000,00 ou possua um ativo total no valor superior a R$ 240.000.000,00, a mesma será considerada de grande porte no exercício seguinte, conforme a Lei 11.638/07. Como consequência, a empresa terá de se submeter às mesmas regras da sociedade anônima relativa à escrituração contábil, que inclui o balanço patrimonial, demonstrativo do resultado do exercício e, caso seu patrimônio líquido[149] supere R$

149 Marion (2009, p. 404,405) define que o patrimônio líquido pode ser visto como

2.000.000.000,00, será obrigatória a elaboração do demonstrativo de fluxo de caixa[150].

## 4.2 SOCIEDADE ANÔNIMA

A sociedade anônima, também denominada **companhia**, é a sociedade empresária com capital dividido em ações, espécie de valor mobiliário, no qual os sócios, designados **acionistas**, respondem pelas obrigações sociais até o limite do preço de emissão das ações[151] que possuem. Esse tipo de instituição é regido pela Lei 6.404/76, mesmo após a entrada em vigor do novo Código Civil. É utilizado para empreendimentos de grande porte: o capital empregado é de elevado valor, e suas operações têm um volume considerável.

Dessa forma, Cesare Vivante (1912, p. 198) define a sociedade anônima do modo a seguir.

> *Le società anonime esercitano oggidì le funzioni più complicate e più del credito e dell'industria. Costituite con grandi capitali e per una lunga durata, possono assumere le imprese più aleatorie e più ingenti, dividendone i rischi sovra un grande numero di interessati e una lunga serie di esercizi.*

### 4.2.1 Principais características

A sociedade anônima (S.A.) é uma sociedade de capital, pois a alienação das suas ações independe da anuência dos demais acionistas. Pode-se afirmar que seu conceito envolve valores mobiliários, capital e preço de emissão.

O valor mobiliário documenta um vínculo jurídico de natureza creditícia, definindo-se, neste caso, como alternativa de investimento,

---

uma obrigação da empresa com seus proprietários, embora estes não reclamem o reembolso de sua aplicação e, é constituído pelas seguintes contas: capital social, reservas de capital, ajustes de avaliação patrimonial, reservas de lucros, lucros ou prejuízos acumulados, reserva de incentivos fiscais e ações em tesouraria.

150 Marion (2009, p. 451) conceitua fluxo de caixa "Indica a origem de todo o dinheiro que entrou no caixa, bem como a aplicação de todo o dinheiro que saiu do caixa em determinado período, e, ainda o resultado do fluxo financeiro".

151 Ação – Parcela representativa do capital social de uma sociedade. ASSAF NETO, Alexandre. *Finanças corporativas e valor*. São Paulo: Atlas, 2008, p. 691.

ou seja, dar emprego remunerado ao dinheiro do investidor como participação societária.

O capital social da S.A. é fracionado em ações. É representado pelo conjunto desses valores mobiliários emitidos pela companhia, ou melhor, é a contribuição que os sócios dão para a sociedade desenvolver a atividade econômica. Com relação ao valor da ação, este é um tema relevante e complexo do direito societário, pois envolve critérios extrajurídicos, de natureza contábil e econômica em si mesmos altamente discutíveis. Dependendo das circunstâncias e dos objetivos da avaliação, o valor da participação societária varia de modo considerável.

O preço de emissão da ação é um dos valores atribuíveis à ação; corresponde ao valor desembolsado pelo seu subscritor, em favor da companhia emitente para titularizar a participação societária. Em outros termos, o preço de emissão da ação ou subscrição é o máximo que o acionista pode perder, caso a empresa explorada pela sociedade anônima não se revele frutífera e tenha sua falência decretada. Vale ressaltar que a responsabilidade do acionista é limitada ao valor do preço de emissão, portanto, se o pagamento do preço de emissão for parcelado, e a falência sobrevier antes do término das prestações, então o acionista será responsável pelo valor correspondente às faltantes. [152]

Dentre as características da sociedade anônima, Tullio Ascarelli (1945, p. 341-342) destaca dois princípios fundamentais.

> O primeiro indica, em suma, a responsabilidade limitada do acionista pelas dívidas da sociedade, podendo-se exprimir, hoje, pela afirmação de que o acionista, embora ilimitadamente responsável perante a sociedade pelo que prometeu, não é, porém responsável pelas dívidas sociais, pelas quais responde a sociedade. Sociedade e acionista constituem distintos sujeitos jurídicos; nem o acionista pode obrigar a sociedade, nem a sociedade pode obrigar o acionista. Nome e sede da sociedade diferem do nome e domicílio do acionista; separados, são os patrimônios respectivos; os créditos do acionista não são os da sociedade; as dívidas da sociedade não são as do acionista; os bens da sociedade não estão no condomínio dos acionistas. A responsabilidade limitada coaduna-se, pois, com a personalidade jurídica da so-

152 COELHO, Fábio Ulhoa, op. cit., p. 67.

ciedade e com a rigorosa distinção entre o patrimônio do acionista e o da sociedade. O segundo princípio decorre da irrelevância da pessoa do acionista no que respeito à identificação da sociedade: a mudança da pessoa do acionista não importa em modificação do contrato social, podendo, portanto, a participação do acionista ser representada por um título de crédito e, até por um título ao portador, que circula com a disciplina peculiar dos títulos desse gênero.

### *4.2.2 Constituição*

A constituição da sociedade anônima fechada desenvolve-se em três etapas, conforme o artigo 80 da lei 6.404/76.

a) Subscrição[153], pelo menos por duas pessoas (físicas ou jurídicas), de todas as ações em que se divide o capital social fixado no estatuto. Porém, no caso da sociedade anônima aberta, é obrigatória a existência do Conselho de Administração, que deve ser composto por no mínimo três acionistas como pessoa física.

b) Realização, como entrada, de 10% no mínimo, do preço de emissão das ações subscritas em dinheiro, e 50%, no mínimo, caso seja uma instituição financeira. A integralização do capital pode ser realizada mediante bens ou créditos.

c) Depósito em qualquer banco autorizado pela Comissão de Valores Mobiliários da parte do capital realizado em dinheiro, que somente será levantado após a sociedade adquirir personalidade jurídica.

Especificamente no caso da constituição da companhia fechada, o processo é realizado por um único ato que é a constituição por escritura pública ou assembleia geral, aprovando o respectivo estatuto social. Por ser constituída por um único ato, denomina-se **constituição simultânea.**

153 SUBSCRIÇÃO – Exprime, pois, a assinatura, a aposição da firma em qualquer espécie de escrito, com a finalidade de o reconhecer, de assumir as obrigações nele contidas, de o aprovar, ou de autenticar. Silva, De Plácido. *Vocabulário jurídico*. Rio de Janeiro, Forense, 1994.

No caso da constituição da sociedade anônima aberta, também designada **constituição sucessiva**, existem três fases a serem cumpridas antes do seu funcionamento (COELHO, 2012, p. 203-215), conforme previsto no artigo 82 da lei 6.404/76.

a) Registro na Comissão de Valores Mobiliários - CVM - o pedido de registro deve ser formulado junto à CVM, onde é preliminarmente apresentado um estudo de viabilidade econômica financeira do empreendimento, projeto do estatuto social e prospecto da companhia. Este é elaborado por uma instituição financeira, apresentando os elementos básicos da companhia: valor do capital, preço da ação etc.;
b) Oferta de ações - é a fase em que as ações são oferecidas aos investidores pelas instituições financeiras ou mercado de balcão[154]. A subscrição somente poderá ser efetuada com intermediação de uma instituição financeira;
c) Assembleia de constituição ou fundação - é realizada para formalizar a aprovação já concretizada pela CVM, sendo posteriormente documentada em duas vias: uma em poder da companhia e outra para registro na junta comercial.

### *4.2.3 Classificação*

A principal classificação é a que divide as sociedades anônimas em abertas e fechadas. Na primeira categoria, citam-se aquelas cujos valores mobiliários são admitidos à negociação nas bolsas de valores[155] ou mercado de balcão, porém, é essencial o registro na Comissão de Valores Mobiliários (CVM). A segunda categoria engloba as demais, isto é, que não emitem valores mobiliários negociáveis no mercado de capitais.

Ainda com relação às sociedades abertas, destaca-se a citação de Bruno Mattos e Silva (2007, p. 405).

---

154 Mercado de Balcão – Mercado aberto em que são negociados de forma organizada, valores mobiliários de companhias abertas não cotadas em Bolsas de Valores. O mercado de balcão não tem espaço físico definido (é virtual), sendo as transações realizadas por meios eletrônicos. O mercado de balcão foi disciplinado no Brasil pela CVM em 1996 (Instrução 243/96). ASSAF NETO, Alexandre. *Finanças corporativas e valor*. São Paulo: Atlas, 2008, p. 699.

155 Bolsa de Valores – Mercado organizado onde são negociados títulos e valores mobiliários. ASSAF NETO, Alexandre. *Finanças corporativas e valor*. São Paulo: Atlas, 2008, p. 693.

> As ações devem ser vistas sob dupla perspectiva: é o título de um sócio de uma companhia, mas é também um título de um investidor. Quem adquire ações adquire a condição de sócio, mas também está fazendo um investimento. Quem adquire ações quer ter lucro, seja na forma de recebimento de dividendos, seja na forma de posterior revenda dessas ações por valor mais elevado.

Na sociedade anônima aberta, é evidente a existência de mais liquidez das ações negociadas na bolsa de valores (Bovespa) ou mercado de balcão, porque a mensuração do valor das ações é acompanhada diariamente por analistas do mercado financeiro, ou seja, profissionais atentos às informações do interesse das empresas e da sociedade, de modo que o investidor se sente mais seguro para a aquisição das ações. Vale a pena destacar que a companhia aberta tem a vantagem de captar recursos financeiros junto ao público, e a companhia fechada capta seus recursos junto aos seus acionistas.

É evidente que quando uma empresa disponibiliza suas ações na Bovespa (ou até em outra bolsa de valores localizada no exterior), tais ações podem facilmente ser adquiridas por toda a sociedade brasileira (pessoa física ou jurídica) ou até estrangeira. Portanto, todos podem participar dos lucros ou prejuízos, além de auferir as vantagens de eventual valorização da ação e distribuição de dividendos, caso a empresa apresente bons resultados.

Ainda com referência ao tema BOVESPA, e com a finalidade de abrir o entendimento do assunto, destacamos abaixo o texto produzido no site da corretora Toro[156] que descreve de forma breve o funcionamento da Bolsa de Valores:

**O QUE É A BOLSA DE VALORES E COMO FUNCIONA**

A bolsa de valores é um mercado, onde pessoas e empresas se relacionam através da compra e venda de seus títulos e ações. Se você decide vender uma ação e outro investidor têm interesse em comprá-la, a bolsa será o ponto de encontro entre vocês.

O objetivo da Bolsa é organizar essas negociações em um ambiente seguro, garantindo que você irá receber o dinheiro pelas suas ações e o

156 www.tororadar.com.br/blog/bolsa-de-valores-como-funciona – acesso em 24.08.2019

investidor receberá as ações que comprou, de forma eficiente, segura e justa.

A bolsa também garante que suas ações sejam guardadas em um lugar 100% seguro, a CBLC - Companhia Brasileira de Liquidação e Custódia. Muitas pessoas acreditam que as ações ficam em custódia das corretoras, porém é a CBLC (empresa do grupo BM&F Bovespa) quem tem essa responsabilidade no Brasil.

Bolsa do Brasil é a BM&F Bovespa, que é uma união da BM&F (Bolsa de Mercadorias e Futuros) e da Bovespa (Bolsa de São Paulo). Todas as demais bolsas criadas no Brasil foram incorporadas por ela ao longo do tempo, assim como a Bolsa do Rio de Janeiro, a primeira criada no país.

Para investir nela você precisa ter uma conta em uma corretora de investimentos, ou corretora de valores. Elas são as instituições que distribuem as ofertas de ações, fundos ou títulos e fazem o intermédio das negociações entre compradores, vendedores e a bolsa.

Funciona da seguinte forma:

1) Uma empresa X resolve disponibilizar ações em troca de verba para realizar investimentos e projetos. Então ela "**abre capital**", se registrando na bolsa e "**listando**" suas ações.

2) As corretoras então oferecem essas ações no mercado aos primeiros investidores. Isso é o **mercado primário.**

3) A partir daí começa a surgir uma relação de oferta e demanda por estas ações, sendo que um investidor primário pode querer vender suas ações por acreditar que o preço delas irá cair ou por precisar do dinheiro, e outro investidor pode querer comprá-las, acreditando que o preço irá subir.

4) O investidor primário então lança uma ordem de venda de suas ações na corretora pelo valor que pretende obter em troca e automaticamente o sistema da corretora envia essa ordem para a Bovespa.

5) O segundo investidor, por sua vez, envia uma ordem de compra em sua corretora, pelo preço que considera interessante para comprar tais ações. Assim como no caso anterior essa ordem é automaticamente enviada da corretora para a bolsa.

6) Se a ordem de compra e a ordem de venda chegarem à Bolsa com o mesmo valor o negócio é fechado. Isto é o **mercado secundário**.

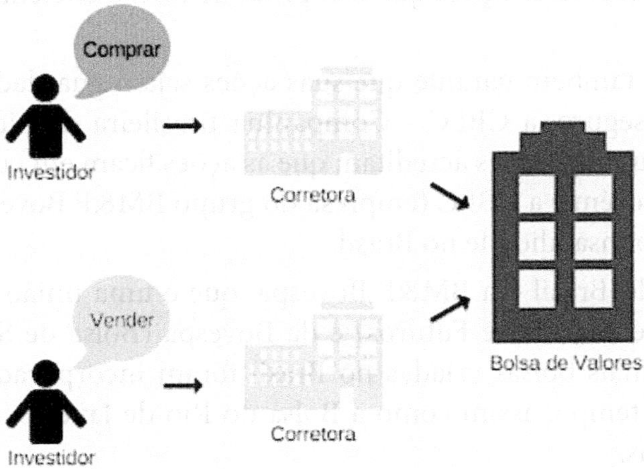


Pode parecer um pouco demorado, mas tudo isso acontece em uma fração de segundos e de forma extremamente prática, no conforto da sua casa, através de uma ferramenta chamada Home Broker. Aquela sala cheia de pessoas gritando e falando ao telefone, como imaginávamos que era a bolsa, não existe mais. As negociações são realizadas de forma eletrônica e automática e registradas em um grande computador da **BM&F Bovespa**.

Com a negociação feita, o valor das ações será debitado da conta do comprador 3 dias úteis após o negócio, e o vendedor consequentemente receberá o valor 3 dias úteis após.

Devido a essa forma de "liquidação" dos negócios, existem operações que são realizadas tão rápido que você não paga e nem recebe o valor total do negócio, mas apenas o lucro ou prejuízo, e por isso é permitido movimentar um valor até 30 vezes mais do que você possui, o que é conhecido como <u>alavancagem</u>.

Essa é a forma mais emocionante e lucrativa de investir, onde alguns investidores buscam **lucros de 2% a 4% POR DIA**. Vale lembrar que em investimentos na bolsa o risco e o retorno são sempre proporcionais. Essa alavancagem pode ser utilizada em dois tipos de operações:

- O <u>Day Trade</u> – Operações que duram entre minutos e horas, nunca ultrapassando o encerramento do pregão do dia.
- O <u>Mercado Futuro</u> – Operações que podem ser de curto prazo (1 a 5 dias) ou Day Trade, onde você investe em <u>contratos de commodities</u>, índices e moedas ao invés de ações.

## 4.3 SOCIEDADE EM CONTA DE PARTICIPAÇÃO

A sociedade em Conta de Participação é um tipo societário previsto nos artigos 991 a 996 do Código Civil. A conta de participação é, na realidade, um contrato de investimento comum, em que existem sócios ostensivos, que assumem a responsabilidade perante terceiros, e os sócios participantes ou ocultos, que são os investidores.

Com relação à responsabilidade dos sócios ostensivo e oculto, o STJ já firmou o entendimento jurisprudencial.

> Na sociedade em conta de participação, empreendimento hoteleiro denominado *flat*, os sócios participantes, conhecidos como sócios ocultos, não se obrigam para com terceiros - que não os conhecem nem com eles tratam -, mas os sócios ostensivos são os que se obrigam com terceiros pelos resultados das transações e obrigações sociais realizadas ou empreendimentos, nos termos precisos do contrato. A relação do sócio oculto se dá unicamente com o sócio ostensivo que gerencia o negócio. Sendo assim, os sócios ostensivos respondem pela duplicata levada a protesto pelos serviços eventualmente prestados.[157]

As principais características deste tipo societário são as seguintes: a) seu ato constitutivo não é registrado na junta comercial e, portanto, não adquire personalidade jurídica; b) não possui capital social; c) liquida-se com a prestação de contas; d) não possui nome; e) a atividade é exercida exclusivamente pelo sócio ostensivo; f) a sociedade é tributada normalmente.

A constituição da sociedade em conta de participação independe de qualquer formalidade e pode provar-se por todos os meios documentais e testemunhais. Se o contrato social existir, produz efeito somente entre os sócios, e sua eventual inscrição em registro público de títulos e documentos não confere personalidade jurídica à sociedade. (NEGRÃO, 2011, p.335-340).

A sociedade em conta de participação não estava sujeita à inscrição no Cadastro Nacional de Pessoa Jurídica (CNPJ), porém, a instrução normativa IN-1470 da Receita Federal do Brasil (RFB) editada em Maio de 2014, passou a tornar obrigatória a inscrição no CNPJ, revogando o

157 STJ – Resp 168.028-SP Rel. Min. Cesar Asfor Rocha, julgado em 07/08/2001.

item 4 da SRF-179 de 30.12.1987, que mencionava que não seria exigida a inscrição da SCP no cadastro do Ministério da Fazenda. Acreditamos que o CNPJ da SCP deverá ficar vinculado ao CNPJ ou CPF do sócio ostensivo considerando o fato de que ele é o responsável pelo recolhimento dos tributos. Compete também, ao sócio ostensivo a responsabilidade de apurar os resultados, apresentar declaração de informações e recolher o imposto devido. Esses dados deverão ser apurados em cada período, com observância da legislação federal aplicável às demais pessoas jurídicas tributadas pelo lucro real. Contudo, a partir do ano 2002, as sociedades em conta de participação que não estiverem obrigadas à tributação pelo lucro real poderão optar pela tributação com base pelo lucro presumido. A opção do lucro presumido não obriga à opção simultânea pelo sócio ostensivo e vice-versa.

Outra característica interessante desse tipo de sociedade é que a escrituração poderá, à opção do sócio ostensivo, ser efetuada nos livros do sócio ostensivo ou em livros próprios da SCP, e o pagamento dos tributos devidos será efetuado pelo sócio ostensivo (NEVES; VICECONTI, 2007, p. 594-596).

Aplica-se à sociedade em conta de participação, subsidiariamente e no que com ela for compatível, o disposto para a sociedade simples, e a sua liquidação rege-se pelas normas relativas à prestação de contas, na forma da lei processual. Este tipo de sociedade raramente tem sido adotado pelos empreendedores brasileiros, pois é uma modalidade em que praticamente os sócios investidores são mantidos em sigilo e não podem exercer nenhuma atividade, sob a pena de assumirem responsabilidades pessoais em caso de insucesso do empreendimento (COELHO, 2007, p. 477-479).

## 4.4 SOCIEDADE EM NOME COLETIVO

Conforme estabelecido nos artigos 1.039 a 1.044 do Código Civil a sociedade em nome coletivo é aquela em que todos os sócios respondem solidária e ilimitadamente pelas obrigações sociais do empreendimento. No seu quadro social são admitidas apenas pessoas físicas e a responsabilidade perante terceiros é ilimitada e solidária, podendo os sócios através do contrato social limitar a responsabilidade entre si, mas de qualquer forma sempre colocam em risco seu patrimônio pessoal em caso de insucesso dos negócios empresariais. [158]

158 COELHO, Fabio Ulhoa. *Curso de Direito Comercial*. São Paulo: Saraiva, 2007, v.2,

Neste tipo societário somente os sócios podem exercer a administração, sendo que o uso da firma é privativo dos que tenham os necessários poderes.[159]

Devido à característica de responsabilidade ilimitada e solidária dos sócios, este tipo de sociedade empresária não tem sido adotado pelos empreendedores brasileiros.

## 4.5 SOCIEDADE EM COMANDITA SIMPLES

Nos termos dos artigos 1.045 a 1.051 do Código Civil a sociedade em comandita simples é um tipo de sociedade cuja característica principal é a existência de sócios com responsabilidade ilimitada, e, no mesmo contato, de sócios com responsabilidade limitada ao aporte de capital que conferiu aos negócios. A lei brasileira permite somente ao sócio com responsabilidade ilimitada, denominado sócio comanditado, o exercício das operações mercantis, a gerência da sociedade e a atribuição de seu nome para constituição do nome empresarial. A violação dessas restrições pelos sócios comanditários acarreta a imposição da mesma responsabilidade atribuída aos sócios comanditados, porém, tem o direito de participar das deliberações e fiscalizar as operações da sociedade. [160]

Este tipo de sociedade empresária também não tem sido adotado pelos empreendedores brasileiros, pois os sócios comanditados que são os que efetivamente praticam os atos de gestão tem responsabilidade ilimitada, e, portanto, colocam em risco seu patrimônio pessoal em caso de insucesso do negócio.

## 4.6 SOCIEDADE EM COMANDITA POR AÇÕES

Regida pelos artigos 1.090 a 1.092 do Código Civil como também pela Lei 6.404/76, a sociedade em comandita por ações é um tipo societário em que existem duas categorias de sócios, os primeiros que são os administradores, que se responsabilizam pessoalmente pelas dividas sociais, e por fim, os sócios não administradores, que têm responsabilidade limitada ao preço das ações que subscreverem nos termos dos artigos 280 a 284 da referida lei.

---

p.478.

159 COELHO, Fabio Ulhoa. Ibidem, p. 478.

160 NEGRÃO, Ricardo. *Manual de direito comercial e de empresa*. São Paulo: Saraiva, 2011, p. 381.

São aplicáveis as sociedades em comandita por ações as regras da sociedade anônima, pois ambas as sociedades são de institucionais e de capital, mas existem normas especiais. Todos os acionistas, em princípio, se responsabilizam pela integralização das ações subscritas, e, após tal fato, a responsabilidade é aferida pelas funções que o acionista exerce. Se ele exercer a função de administrador, sua responsabilidade é ilimitada, solidária e subsidiária. Se o acionista não é gerente, sua responsabilidade é limitada ao preço de emissão da ação. Somente acionista pode ser gerente ou diretor dessa sociedade, conforme dispuser o estatuto, sempre por prazo indeterminado, sendo que sua destituição depende do voto de, no mínimo 2/3 do capital social.[161]

Este tipo de sociedade empresária também não tem sido adotado pelos empreendedores brasileiros, pois os sócios acionistas administradores que são os que efetivamente praticam os atos de gestão tem responsabilidade ilimitada, e, portanto, colocam em risco seu patrimônio pessoal em caso de insucesso do negócio.

## *4.7 SOCIEDADES COOPERATIVAS*

A Cooperativa é uma sociedade de pessoas com forma e natureza jurídica próprias, constituída para prestar serviços a seus associados, que são ao mesmo tempo donos e usuários da cooperativa, uma vez que administram e utilizam os serviços prestados pela cooperativa. Para a sua formação são necessárias no mínimo 20 pessoas físicas.

Nessa ambiência, descrevemos abaixo alguns conceitos relativos a cooperativa:

**Cooperar** - Deriva etimologicamente da palavra latina "*Cooperari*", formada por "*cum*" (com) e "*operati*" (trabalhar), e significa agir simultânea ou coletivamente com outros para um mesmo fim, ou seja, trabalhar em comum para o êxito de um mesmo propósito.

**Cooperação** - Método de ação pela qual indivíduos ou famílias com interesses comuns constituem um empreendimento. Neste, os direitos de todos são iguais e o resultado alcançado é repartido somente entre os integrantes, na proporção da participação societária nas atividades.

161 COELHO, Fabio Ulhoa. *Curso de Direito Comercial*. São Paulo: Saraiva, 2007, v.2, p.477-478

**Cooperativismo** – É uma doutrina, um sistema, um movimento ou simplesmente uma atitude ou disposição que considera as cooperativas com uma forma ideal de organização das atividades socioeconômicas da humanidade.

**Cooperado** – Cooperado é o produtor rural, o trabalhador urbano, ou outro profissional de qualquer atividade socioeconômica, que se associa para participar ativamente de uma cooperativa, cumprindo com os seus deveres e observando os seus direitos.

**Cooperativa** – Cooperativa é uma associação autônoma de pessoas que se unem, voluntariamente, para satisfazer aspirações e necessidades econômicas sociais e culturais comuns, por meio de uma empresa de propriedade conjunta, e democraticamente controlada.

**Valores do Cooperativismo** – As Cooperativas baseiam-se em valores de ajuda mútua e responsabilidade, democracia, igualdade, equidade e solidariedade. Na tradição dos seus fundadores, os membros das cooperativas acreditam nos valores éticos da honestidade, transparência, responsabilidade social e preocupação pelo seu semelhante.

A sociedade cooperativa é uma sociedade de pessoas, de finalidade mutualística, regida pelos artigos 1.093 a 1.096 do Código Civil, sem prejuízo das regras estabelecidas pela Lei 5.764/71. Subsidiariamente, aplicam-se a cooperativa as normas da sociedade simples, motivo pelo qual se afirma que a sociedade cooperativa é uma sociedade simples. Além disso, a cooperativa é regida pelos seus estatutos. [162]

A impossibilidade de obtenção e distribuição de lucro (apenas de sobras) é possivelmente a principal diferença entre a sociedade cooperativa e os demais tipos societários, sejam simples ou empresárias. Em síntese, a sociedade cooperativa tem por objeto o exercício de uma atividade econômica, pode praticar atos de empresa para a realização de seus fins, apenas não pode visar lucro. Em razão de sua natureza jurídica de não empresária, as cooperativas não estão sujeitas à falência. [163]

O artigo quarto da lei 5.764/71 apresenta rol de algumas diferenças entre a cooperativa e as demais sociedades:

---

162 SILVA, Bruno Mattos e. *Direito de empresa – teoria da empresa e direito societário*. São Paulo: Atlas, 2007, p.334.

163 SILVA, Bruno Mattos e. *op. cit.*, p.336, 337.

- Adesão voluntária, com número ilimitado de associados, salvo impossibilidade técnica de prestação de serviços;

- Variabilidade do capital social representado por quotas-partes;

- Limitação do número de quotas-partes do capital social para cada associado, facultado, porém o estabelecimento de critérios de proporcionalidade, se assim for mais adequado para o cumprimento dos objetivos sociais

- inacessibilidade das quotas-partes do capital a terceiros, estranhos à sociedade;

- singularidade do voto, podendo as cooperativas centrais, federações e confederações de cooperativas, com exceção das que exerçam atividade de crédito, optar por critério de proporcionalidade;

- Quórum para o funcionamento e deliberação da Assembleia geral baseado no número de associados e não do capital;

- retorno das sobras líquidas do exercício, proporcionalmente às operações realizadas pelo associado, salvo deliberação em contrário da Assembleia geral;

- indivisibilidade dos fundos de reserva e de assistência técnica educacional e social;

- neutralidade política e indiscriminação religiosa, racial e social;

- prestação de assistência aos associados, e, quando previsto nos estatutos, aos empregados da cooperativa;

- área de admissão de associados limitada às possibilidades de reunião, controle, operações e prestação de serviços.

A sociedade cooperativa constitui-se por deliberação da Assembleia Geral dos fundadores, constante da respectiva ata ou por instrumento público.

A aquisição de personalidade jurídica da cooperativa ocorre por ocasião do registro dos seus atos constitutivos na Junta Comercial e da respectiva publicação, tornando-se apta a funcionar.

## 5 CONCLUSÕES

Em face da análise que se elaborou ao longo do texto com referência a pessoa jurídica e sociedades empresárias, concluímos que:

1 - A grande maioria das empresas brasileiras adota como tipo societário a sociedade limitada, tendo como fundamento: a) a responsabilidade pessoal do sócio ser limitada ao valor do capital social integralizado, pois em caso de insucesso do empreendimento ele não responderá com seu patrimônio pessoal (exceto em casos de fraude ou excessos); b) a contratualidade, ou seja, as relações entre os sócios é regida por um contrato plurilateral denominado contrato social; c) eventual expulsão de sócio minoritário pode ser feita extrajudicialmente;

2 - A Sociedade Anônima de Capital Fechado (S. A.) possui grande semelhança, com a sociedade limitada, porém, a principal diferença consiste em que a responsabilidade pessoal do acionista é limitada ao valor do seu capital social subscrito[164].

3 - A Sociedade Anônima de Capital Aberto deve ser utilizada por empreendimentos de grande porte, basicamente devido ao seu elevado custo, principalmente no lançamento das ações no mercado financeiro e manutenção da estrutura para atender os requisitos da CVM e Bovespa, ou até bolsas de valores outros países.

O fator mais importante a ser considerado é que, quando a empresa abre o seu capital disponibilizando suas ações para toda a sociedade, ela na realidade está captando recursos financeiros para investimentos e giro do negócio. É uma captação de recursos financeiros onde a empresa pagará dividendos se houver lucro, e em caso de prejuízo este capital aplicado pelo acionista não terá nenhuma remuneração. Evidente que a expectativa de quem compra uma ação é a sua valorização, como também, os dividendos.

4 – Sociedade em Conta de Participação (SCP) é um tipo societário muito utilizado principalmente no setor de incorporação imobiliária, construção civil e empresas que somente são utilizadas para determina-

164 Capital subscrito – Título de conta que indica o valor do capital pelo qual os sócios se obrigam no ato da assinatura do contrato social ou pelos acionistas, no ato da subscrição das ações. SÁ, Antônio Lopes de, SÁ, Ana Maria Lopes de. *Dicionário de Contabilidade*. São Paulo: Atlas, 2009.

da temporada. A facilidade consiste em que o empreendimento pode com o devido amparo legal, iniciar e encerrar atividades sem a burocracia de abertura e fechamento de empresa. Destaca-se a instrução normativa 1470 da RFB de Maio de 2014, tornando obrigatória a inscrição da SCP no CNPJ.

5 - As Sociedades em nome Coletivo, Sociedades em Comandita Simples e Sociedades em Comandita por ações, via de regra não são utilizadas pelo empresariado, devido ao fato de que a responsabilidade dos sócios na maioria dos casos ser ilimitada, ou seja, em caso de insucesso do empreendimento ele, o sócio, deverá responder com os seus bens particulares;

6 – Cada tipo societário possibilita um estilo e regime de relacionamento diferente entre os sócios ou acionistas, principalmente no tocante à administração, às responsabilidades e tomada de decisão.

Concluímos que o empresário, antes de iniciar o seu empreendimento, deve analisar todos estes fatores que aqui foram objeto de estudo, com a finalidade de exercer a correta opção de tipo societário, podendo assim evitar futuros conflitos societários e até obter benefícios no mercado financeiro nacional e internacional.

# 14 ASPECTOS RELEVANTES DA LEI 11.101/05 – LEI DE FALÊNCIAS E RECUPERAÇÃO DE EMPRESAS (LRF)


**RESUMO**

O presente texto busca tratar dos principais aspectos da aplicação da Lei de Falências e **Recuperação** de empresas, por parte dos empresários brasileiros que eventualmente se encontrem em dificuldades, seja a que título for, constituindo-se numa forma de alongar o prazo das obrigações financeiras. A referida lei possibilita diversas opções de recuperação empresarial, tornando-se um instrumento que permite a **continuidade** e recuperação dos negócios, preservando os empregos, contribuindo com a **sociedade** e permitindo que a empresa cumpra sua **função social**.



**PALAVRAS-CHAVE**: recuperação, continuidade, sociedade, função social.



**ABSTRACT**

This paper seeks to address the key aspects of the application of the bankruptcy law and **Recovery** companies, by Brazilian entrepreneurs who eventually find themselves in financial difficulties, whatever the title is, constituting a form of lengthening the term of financial obligations. The Law enables various business recovery options, making it a tool for the business **continuity** and recovery, preserving jobs, contributing to **society** and allowing the company to fulfill its **social function.**



**KEYWORDS:** recovery, continuity, society, social function.


**Sumário**: 1. Introdução. 2. Recuperação extrajudicial, 3. Recuperação judicial, 4. Falência, 5. Conclusões.

# 1 INTRODUÇÃO

A finalidade deste texto é estudar a legislação relativa a recuperação extrajudicial, judicial e falência segundo a Lei 11.101/05 (LRF) e sua possibilidade de aplicação no cotidiano empresarial, pois são diversas as opções que a lei disponibiliza para o empresário. Primeiramente se analisa a recuperação extrajudicial (onde todos os credores aderem ao plano de recuperação proposto pela empresa) e suas vantagens para o empresário, para em seguida estudar a recuperação judicial e os casos em que ela é possível. Por fim, analisa-se o instituto da falência e os casos onde é exigida.

Estuda-se também, as vantagens da nova legislação onde os bens da empresa podem ser vendidos judicialmente em hasta pública pela empresa livre de ônus e sucessões trabalhistas e tributárias para o comprador, ou ainda, arrendados ou colocados em usufruto para contribuir para a quitação dos débitos do devedor. Enfim, é uma forma de continuidade das atividades empresariais onde o empresário em dificuldades pode ter mais prazo para pagamento de suas dívidas e continuar contribuindo com o desenvolvimento da sociedade.

# 2 RECUPERAÇÃO EXTRAJUDICIAL

Com o objetivo de reerguer a empresa em dificuldades financeiras e possibilitar a continuidade de suas atividades econômicas e sociais, a LRF prevê a possibilidade da Recuperação Extrajudicial que consiste em um acordo entre o empresário[165] devedor e os seus credores sobre parte da totalidade dos créditos pendentes de pagamento (arts.161/167 LRF).

## *2.1 REQUISITOS DO PEDIDO*

A Recuperação Extrajudicial pode ser requerida pelo devedor empresário desde que atenda cumulativamente os requisitos do artigo 48 e 161 da LRF, a saber:[166]

165 Fábio Ulhoa Coelho define na p. 31 de sua obra *Manual de direito comercial que*: Empresário é definido como o profissional exercente de atividade econômica organizada para a produção ou circulação de bens ou serviços (art. 966 Código Civil). Destacam-se da definição as noções de profissionalismo, atividade econômica organizada e produção ou circulação de bens ou serviços.

166 MAMEDE, Gladston. *Falência e recuperação de empresas*. São Paulo: Atlas, 2009, p. 283.

A – Exercício regular da atividade empresária há mais de dois anos;

B – Não ser falido e, se foi, estejam declaradas extintas, por sentença transitada em julgado, as responsabilidades dela decorrentes;

C – Não ter, há pelo menos 8 anos, obtido concessão de recuperação judicial com base no plano especial para Microempresas e Empresas de Pequeno Porte;

D – Não ter sido condenado ou não ter, como administrador ou sócio controlador, pessoa condenada por qualquer dos crimes previstos na Lei de Falência e Recuperação de Empresas;

E – Não ter, há pelo menos 5 anos, obtido concessão de recuperação judicial.

## *2.2 PLANO DE RECUPERAÇÃO EXTRA JUDICIAL*

Na lei, há duas hipóteses de homologação em juízo do plano de recuperação extrajudicial. A primeira denomina-se **facultativa** – é a homologação do plano que conta com a adesão da totalidade dos credores atingidos pelas medidas nele previstas conforme o artigo 162 da LRF. Quando todos os credores cujos créditos são alcançados pelo plano aderirem ao respectivo, a homologação judicial não é obrigatória para sua implementação. Dois são os motivos que podem justificar a homologação: o primeiro é revestir o ato de maior solenidade, para chamar a atenção das partes para sua importância e o segundo é possibilitar a alienação por hasta judicial de filiais ou unidades produtivas isoladas, quando prevista a medida (art. 166 LRF). [167]

Na segunda hipótese, denominada **homologação obrigatória,** o devedor conseguiu obter a adesão de parte significativa dos seus credores ao plano de recuperação mas uma pequena minoria destes credores resiste a suportar suas consequências. Nesse caso, é injusto que a oportunidade de reerguimento da empresa do devedor se perca em razão da recusa de adesão ao plano por parte de parcela minoritária dos credores. Com a homologação judicial do plano de recuperação extrajudicial, estendem-se os efeitos do plano aos minoritários nele referidos, suprindo-se desse modo a necessidade de sua adesão voluntária.[168]

167 COELHO, Fábio Ulhoa. *Manual de direito comercial.* São Paulo: Saraiva, 2012, p.442.

168 COELHO, Fábio Ulhoa. *Manual de direito comercial.* São Paulo: Saraiva, 2012, p. 443.

Para ser homologado com base no art. 163 da LRF, o plano de recuperação extrajudicial deve obter a assinatura de pelo menos 3/5 (60%) de todos os créditos de cada espécie por ele abrangidos. Por espécies de credito se deve entender, para os fins de aplicação desse dispositivo, as classes referidas nos incisos, II, IV, V, VI e VIII do art. 83, a saber: a) crédito com garantia real; b) crédito com privilégio especial; c) crédito com privilégio geral; d) crédito quirografário; e) crédito subordinado.

Em ambos os casos, o plano não poderá contemplar o pagamento antecipado de dívidas, nem tratamento desfavorável aos credores que a ele não estejam sujeitos (art. 161).

Estão excluídos do plano de recuperação extrajudicial: 1) os titulares de créditos trabalhistas derivados da relação empregatícia ou de acidente de trabalho; 2) os créditos tributários; 3) proprietário fiduciário de bens móveis ou imóveis, do arrendador mercantil, do proprietário fiduciário, arrendador mercantil, vendedor ou promitente vendedor de imóvel cujos contratos contenham clausula de irrevogabilidade ou irretratabilidade, inclusive em incorporações imobiliárias, do proprietário em contrato de compra e venda com reserva de domínio; 4) instituição financeira credora por adiantamento de contrato de câmbio par exportação. [169]

O pedido de homologação do Plano não acarretará suspensão de direitos, ações ou execuções, nem a impossibilidade do pedido de decretação de falência pelos credores a ele não sujeitos. Após a distribuição do pedido de homologação, os credores não poderão desistir da adesão ao plano, salvo com anuência expressa dos demais credores signatários.

## 2.3 PROCEDIMENTO DA RECUPERAÇÃO EXTRAJUDICIAL

Para que o plano seja homologado, o devedor deverá juntar com o pedido os documentos constantes no parágrafo sexto do art. 163 da LRF, ou seja:

A – exposição da situação patrimonial do devedor;

B – as demonstrações contábeis relativas ao último exercício social e as levantadas especialmente para instruir o pedido, na forma do inciso II do *caput* do art. 51 desta Lei;

169 COELHO, Fábio Ulhoa. *Manual de direito comercial*. São Paulo: Saraiva, 2012, p. 444.

C – os documentos que comprovem os poderes dos subscritores[170] para novar ou transigir, relação nominal completa dos credores, com a indicação do endereço de cada um, a natureza, a classificação e o valor atualizado do crédito, discriminando sua origem, o regime dos respectivos vencimentos e a indicação dos registros contábeis de cada transação pendente.

Após, o protocolo do pedido de homologação em juízo, o procedimento da recuperação extrajudicial deverá seguir a seguinte rotina:

- Pedido de homologação do plano;
- Publicação do edital de convocação;
- Impugnações;
- Homologação do plano de Recuperação Extrajudicial.

Observe-se que, o indeferimento do pedido de homologação de plano de recuperação extrajudicial não tem como consequência necessária a falência da sociedade empresária devedora, ao contrário do que se passa com a ação de recuperação judicial, nos termos do artigo 56, parágrafo quarto da LRF. Aliás, segundo o parágrafo oitavo do art. 164, na hipótese de não homologação do plano o devedor poderá, cumpridas as formalidades, apresentar novo pedido de homologação de plano de recuperação judicial. [171]

## 3 RECUPERAÇÃO JUDICIAL

Nos termos do art. 47 da LRF, a recuperação judicial tem por objetivo viabilizar a superação da situação de crise econômica financeira do empresário devedor. A finalidade é permitir a manutenção da fonte produtora, do emprego, dos trabalhadores e do interesse dos credores promovendo, assim, a preservação da empresa, sua função social[172] e o

170 Subscritor – É a denominação apropriada para designar a pessoa que subscreve qualquer espécie de documento, na intenção de ligar-se obrigacionalmente a ele, ou para autentica-lo, ou ter como certo e verdadeiro o que nele se contém. Em regra, o subscritor de títulos e ordens de pagamento é igualmente denominado emissor, desde que, além de os subscrever afinal, é ele quem os cria, ou os emite. SILVA, De Plácido. *Vocabulário jurídico*. Rio de Janeiro, Forense 1994

171 MAMEDE, Gladston. *Falência e recuperação de empresas*. São Paulo: Atlas, 2009, p. 289.

172 José Carlos Carota define na p. 113 de sua obra *A função social das empresas e o planejamento tributário federal,* que: conclui-se que a função social da empresa ocorre quando ela cumpre suas obrigações e obedece à legislação vigen-

estimulo à atividade econômica.

Somente as empresas viáveis devem ser objeto de recuperação judicial, o sentido é justificar o sacrifício da sociedade brasileira presente, em maior ou menor extensão, em qualquer recuperação de empresa não derivada de solução de mercado, o empresário que a postula deve se mostrar digno do benefício. Deve mostrar, em outras palavras, que tem condições de devolver à sociedade brasileira, se e quando recuperado, pelo menos em parte o sacrifício feito para salvá-la. [173]

## 3.1 PRESSUPOSTOS PARA A CONCESSÃO DO BENEFÍCIO

### 3.1.1 Condição de empresário do devedor

- de acordo com artigo 2 da LRF, somente o empresário individual ou sociedades empresárias[174] poderão utilizar o benefício. Estão excluídos do regime da LRF a empresa pública e a sociedade de economia mista, e parcialmente a instituição financeira, a entidade de previdência complementar, a cooperativa de crédito, o consórcio, as operadoras de planos de saúde, a sociedade seguradora, a sociedade de capitalização.

### 3.1.2 Demonstração dos requisitos objetivos e subjetivos

#### 3.1.2.3 Requisitos subjetivos – artigo 48 LRF:

I - que no momento do pedido, a empresa exerce regulamente suas atividades há mais de 2 anos;

II - não ser falido e, se foi, estejam declaradas extintas, por sentença transitada em julgado, as responsabilidades decorrentes;

III - não ter, há menos de 5 anos, obtido concessão de recuperação judicial (art. 192);

---

te, seja ela, cível, comercial, trabalhista, tributária (inclusive pagando tributos), colaborando para melhorar a vida da sociedade.

173 COELHO, Fábio Ulhoa. *Manual de direito comercial*. São Paulo: Saraiva, 2012, p. 421.

174 Artigo 966 Código Civil – Considera-se empresário quem exerce profissionalmente atividade econômica organizada para a produção ou a circulação de bens ou serviços. Parágrafo único – Não se considera empresário quem exerce profissão intelectual, de natureza científica, literária ou artística, ainda com o concurso de auxiliares ou colaboradores, salvo se o exercício da profissão constituir elemento de empresa.

IV - não ter, há menos de 8 anos, obtido concessão de recuperação judicial com base no plano especial previsto no novo texto, relativo às microempresas e empresas de pequeno porte (art. 70/72);

V – não ter sido condenado, ou não ter, como administrador ou sócio controlador, pessoa condenada por qualquer dos crimes falimentares, previstos na LRF.

### *3.1.2.4 Requisitos objetivos – artigo 51 LRF*

A petição inicial deverá ser formulada por advogado, e ser instruída com:

I – a exposição das causas concretas da situação patrimonial do devedor e das razões da crise econômico-financeira;

II – as demonstrações contábeis relativas aos 3 (três) últimos exercícios sociais e as levantadas especialmente para instruir o pedido, confeccionadas com estrita observância da legislação societária aplicável e compostas obrigatoriamente de a) balanço patrimonial;[175] b) demonstração de resultados acumulados[176]; c) demonstração do resultado desde o último exercício social; d) relatório gerencial de fluxo de caixa e de sua projeção;

III – a relação nominal completa dos credores, inclusive aqueles por obrigação de fazer ou de dar, com a indicação do endereço de cada um, a natureza, a classificação e o valor atualizado do crédito, discriminando sua origem, o regime dos respectivos vencimentos e a indicação dos registros contábeis de cada transação pendente;

IV – a relação integral dos empregados, em que constem as respectivas funções, salários, indenizações e outras parcelas a que têm direito, com

175 O balanço tem por finalidade apresentar a posição financeira e patrimonial da empresa dm determinada data, representando, portanto, uma posição estática. *Manual de contabilidade societária*. IUDICÍBUS, Sérgio, MARTINS, Eliseu, GELBCKE, Ernesto Rubens, SANTOS, Ariovaldo. São Paulo: Atlas, 2010, p.2

176 A lei 6.404/76 define o conteúdo da Demonstração do resultado do Exercício, que deve ser apresentada na forma dedutiva, com os detalhes necessários das receitas, despesas, ganhos e perdas definindo claramente o lucro ou prejuízo líquido do exercício, e por ação, sem confundir-se com a conta de lucros acumulados, onde é feita a distribuição ou alocação do resultado. *Manual de contabilidade societária*. IUDICÍBUS, Sérgio, MARTINS, Eliseu, GELBCKE, Ernesto Rubens, SANTOS, Ariovaldo. São Paulo: Atlas, 2010, p.4

o correspondente mês de competência, e a discriminação dos valores pendentes de pagamento;

V - certidão de regularidade do devedor no Registro Público de Empresas, o ato constitutivo atualizado e as atas de nomeação dos atuais administradores;

VI - a relação dos bens particulares dos sócios controladores e dos administradores do devedor;

VII - os extratos atualizados das contas bancárias do devedor e de suas eventuais aplicações financeiras de qualquer modalidade, inclusive em fundos de investimento ou em bolsas de valores, emitidos pelas respectivas instituições financeiras;

VIII - certidões dos cartórios de protestos situados na comarca do domicílio ou sede do devedor e naquelas onde possui filial;

IX - a relação, subscrita pelo devedor, de todas as ações judiciais em que este figure como parte, inclusive as de natureza trabalhista, com a estimativa dos respectivos valores demandados.

§ 1º Os documentos de escrituração contábil e demais relatórios auxiliares, na forma e no suporte previstos em lei, permanecerão à disposição do juízo, do administrador judicial e, mediante autorização judicial, de qualquer interessado.

§ 2º Com relação à exigência prevista no inciso II do *caput* deste artigo, as microempresas e empresas de pequeno porte poderão apresentar livros e escrituração contábil simplificados nos termos da legislação específica.

§ 3º O juiz poderá determinar o depósito em cartório dos documentos a que se referem os §§ 1o e 2o deste artigo ou de cópia destes.

### *3.1.3 Decisão do juiz competente*

Caso o devedor apresente os documentos indispensáveis com a petição inicial, o juiz irá deferir o processamento da recuperação judicial, e no mesmo ato nos termos do art. 52 da LRF:

I - nomeará o administrador judicial;

II - determinará a dispensa da apresentação das certidões negativas para que o devedor exerça suas atividades, exceto para contratação com o Poder Público;

III - ordenará a suspensão de todas as ações ou execuções contra o devedor, exceto execuções fiscais;

IV - determinará ao devedor à apresentação de contas demonstrativas mensais enquanto perdurar a recuperação;

V - ordenará intimação ao Ministério Público e a comunicação às Fazendas Públicas Estadual, Federal e Municipal.

### *3.2 MEIOS DE RECUPERAÇÃO JUDICIAL*

O art. 50 da LRF trata das hipóteses não exaustivas, que podem ser propostas pelo empresário devedor no plano de recuperação. Se houver objeção ao plano, a proposta do empresário será submetida à Assembleia de Credores, que poderá aceita-la ou propor outro plano.

Como se trata de lista exemplificativa, outros meios de recuperação da empresa em crise podem ser examinados e considerados no plano de recuperação. Normalmente, aliás, os planos deverão combinar dois ou mais meios, tendo em vista a complexidade que cerca as recuperações judiciais.

#### *3.2.1 Meios de recuperação pelo plano comum – Para melhor entendimento, transcrevemos abaixo as hipóteses previstas no art. 50 da LRF:*

I – concessão de prazos e condições especiais para pagamento das obrigações vencidas ou vincendas;

II – cisão, incorporação, fusão ou transformação de sociedade, constituição de subsidiária integral, ou cessão de cotas ou ações, respeitados os direitos dos sócios, nos termos da legislação vigente;

III – alteração do controle societário;

IV – substituição total ou parcial dos administradores do devedor ou modificação de seus órgãos administrativos;

V - concessão aos credores de direito de eleição em separado de administradores e de poder de veto em relação às matérias que o plano especificar;

VI - aumento de capital social;

VII - trespasse ou arrendamento de estabelecimento, inclusive à sociedade constituída pelos próprios empregados;

VIII - redução salarial, compensação de horários e redução da jornada, mediante acordo ou convenção coletiva;

IX - Dação em pagamento ou novação de dívidas do passivo, com ou sem constituição de garantia própria ou de terceiros;

X - constituição de sociedade de credores;

XI - venda parcial dos bens;

XII - equalização de encargos financeiros relativos a débitos de qualquer natureza, tendo como termo inicial a data da distribuição do pedido de recuperação judicial, aplicando-se inclusive aos contratos de crédito rural, sem prejuízo do disposto em legislação específica;

XIII - usufruto da empresa;

XIV - administração compartilhada;

XV - emissão de valores mobiliários;

XVI - constituição de sociedade de propósito específico (SPE)[177] para adjudicar, em pagamento dos créditos, os ativos do devedor.

§ 1º Na alienação de bem objeto de garantia real, a supressão da garantia ou sua substituição somente serão admitidas mediante aprovação expressa do credor titular da respectiva garantia.

§ 2º Nos créditos em moeda estrangeira, a variação cambial será conservada como parâmetro de indexação da correspondente obrigação e só poderá ser afastada se o credor titular do respectivo crédito aprovar expressamente previsão diversa no plano de recuperação judicial.

---

177 SPE – Lei 11.079 de 30.12.2004 - instituiu normas para licitação e contratação de Parceria Público Privada, criando inclusive a Sociedade de Propósito Específico (SPE) para este fim.

### 3.2.2 Plano especial recuperação das microempresas e empresas de pequeno porte – art. 70/72 LRF

Estas podem elaborar um plano especial de recuperação judicial, desde que afirmem sua intenção de fazê-lo na petição inicial. Tal plano será apresentado pelo devedor em juízo no prazo improrrogável de 60 dias da publicação da decisão que deferir o processamento da recuperação judicial, sob pena de convolação em falência nos seguintes termos:

- abrangerá exclusivamente os créditos quirografários, excetuados os decorrentes de repasse de recursos oficiais e os relativos ao credor titular da posição de proprietário fiduciário de bens móveis ou imóveis, de arrendador mercantil, de proprietário ou promitente vendedor de imóvel cujos respectivos contratos contenham clausula de irrevogabilidade ou irretratabilidade, inclusive em incorporações imobiliárias, ou de proprietário em contrato de venda com reserva de domínio (art. 49, p. 3 e 4);

- preverá parcelamento em até 36 parcelas mensais, iguais e sucessivas, corrigidas monetariamente e acrescidas de juros de 12% a.a.;

- preverá o pagamento da primeira parcela no prazo máximo de 180 dias, contado da distribuição do pedido de recuperação judicial;

- estabelecerá a necessidade de autorização do juiz, após ouvido o administrador judicial e o comitê de credores, se houver, para o devedor aumentar despesas ou contratar empregados.

## 3.3 CLASSIFICAÇÃO DOS CRÉDITOS NA RECUPERAÇÃO JUDICIAL

A maioria dos créditos existente à época da distribuição do pedido está sujeita à recuperação judicial, porém a lei prevê algumas considerações e exceções:

**A - Créditos quirografários**[178] – São os créditos que não tem garantia.

178 Quirografário - é o vocábulo especialmente empregado para significar a ausência de garantia real do direito creditório ou do crédito de alguém, bem assim, a inexistência de qualquer preferência. Silva, De Plácido E. *Vocabulário jurídico*. Forense, 1994.

Via de regra são os fornecedores de bens e serviços do devedor. Entretanto, os fornecedores que continuarem a provê-los normalmente após o pedido de recuperação judicial terão privilégio geral de recebimento em caso de decretação de falência nos termos do artigo 67 e 84 inciso II da LRF, no limite dos bens ou serviços fornecidos durante o período de recuperação. Já os créditos de obrigações contraídas durante a recuperação judicial relativas a fornecedores, serão considerados extra concursais em caso de falência.

**B - Créditos trabalhistas** - Decorrem da relação de trabalho e de sentença da Justiça do Trabalho e, no caso de recuperação judicial, não poderá prever prazo superior a 01 ano para pagamento dos créditos derivados da legislação trabalhista ou decorrentes de acidentes de trabalho vencidos até a data do pedido de recuperação judicial. Também não poderá prever prazo superior a 30 dias para o pagamento, até o limite de 5 salários mínimos por trabalhador, dos créditos de natureza salarial vencidos nos 3 meses anteriores ao pedido de recuperação judicial, art. 54 LRF. Os créditos trabalhistas cedidos a terceiros serão considerados quirografários.

**C - Créditos com garantia real** [179]- Estão sujeitos à recuperação judicial, sendo sua garantia limitada até o valor do bem gravado - art. 83, inciso II LRF.

**D - Crédito de fiduciário, arrendador, proprietário ou de promitente vendedor** - Os contratos que tenham cláusula de irretratabilidade ou irrevogabilidade não se submeterão aos efeitos da recuperação judicial e prevalecerão os direitos de propriedade sobre a coisa e as condições contratuais art. 49 p. 3 LRF.

**E - Adiantamento de contrato de câmbio** - Não se sujeita aos efeitos da recuperação judicial a importância entregue por banco ao devedor, em moeda nacional decorrente de adiantamento de contrato de câmbio.

**F - Execuções fiscais**[180] - Não são suspensas pelo deferimento da recu-

179 Garantia Real – É a que se funda no oferecimento ou entrega de um bem móvel, imóvel ou semovente, para que nele se cumpra a exigência ou execução da obrigação, quando não é cumprida ou paga pelo devedor. Silva, De Plácido E. *Vocabulário jurídico*. Forense, 1994.

180 Denominação especial que se dá à ação que se utiliza a Fazenda Pública, para cobrar judicialmente, as suas dívidas ativas. Silva, De Plácido E. *Vocabulário jurídico.* Forense, 1994.

peração judicial, porém será possível a concessão de parcelamento nos termos do CTN art. 161 p. 2 LRF.

**G – Quantias ilíquidas** – O juiz competente para as ações em que se demandar quantia ilíquida ou crédito trabalhista poderá determinar a reserva da importância que estimar devida na recuperação judicial ou falência, e, uma vez reconhecido líquido o direito, será o crédito incluído na classe própria art. 6 parágrafo terceiro LRF.

**H – Créditos Subordinados** – Correspondem aos créditos pertencentes aos sócios e administradores sem vínculo empregatício com a empresa - art. 83, inciso VIII CTN.

**I – Créditos Extra concursais** – Conforme o art. 84 LRF serão pagos com precedência aos créditos mencionados no art. 83: a) remunerações devidas ao administrador judicial e seus auxiliares, e créditos derivados da legislação do trabalho ou decorrentes de acidentes de trabalho relativos a serviços prestados após a decretação da falência; b) quantias fornecidas à massa pelos credores; c) despesas com arrecadação, administração, realização do ativo e distribuição do seu produto, bem como custas do processo de falência; d) custas judiciais relativas às ações e execuções em que a massa falida tenha sido vencida; e) obrigações resultantes de atos jurídicos válidos praticados durante a recuperação judicial, nos termos do art. 67 desta Lei, ou após a decretação da falência, e tributos relativos a fatos geradores ocorridos após a decretação da falência, respeitada a ordem estabelecida no art. 83 desta Lei.

**J – Créditos com Privilégio Geral** – Constantes no inciso 5 do art. 83 da LRF, a saber: a) os previstos no art. 965[181] da Lei nº 10.406, de 10 de

181 Art. 965. Goza de privilégio geral, na ordem seguinte, sobre os bens do devedor:

I - o crédito por despesa de seu funeral, feito segundo a condição do morto e o costume do lugar;

II - o crédito por custas judiciais, ou por despesas com a arrecadação e liquidação da massa;

III - o crédito por despesas com o luto do cônjuge sobrevivo e dos filhos do devedor falecido, se foram moderadas;

IV - o crédito por despesas com a doença de que faleceu o devedor, no semestre anterior à sua morte;

V - o crédito pelos gastos necessários à mantença do devedor falecido e sua

janeiro de 2002 - Código Civil; b) os previstos no parágrafo único do art. 67 desta Lei; c) os assim definidos em outras leis civis e comerciais, salvo disposição contrária desta Lei;

**K - Créditos com Privilégio Especial** - Constantes no inciso IV do art. 83 LRF, a saber: a) os previstos no art. 964[182] da Lei nº 10.406, de 10 de janeiro de 2002 - Código Civil; b) os assim definidos em outras leis civis e comerciais, salvo disposição contrária desta Lei; c) aqueles a cujos titulares a lei confira o direito de retenção sobre a coisa dada em garantia;

## *3.4 PROCEDIMENTO COMUM NA RECUPERAÇÃO JUDICIAL*

A recuperação judicial deve seguir o procedimento judicial previsto nos artigos. 51/69 da LRF, e abrange as seguintes fases:

A - Pedido do devedor;

---

família, no trimestre anterior ao falecimento;

VI - o crédito pelos impostos devidos à Fazenda Pública, no ano corrente e no anterior;

VII - o crédito pelos salários dos empregados do serviço doméstico do devedor, nos seus derradeiros seis meses de vida;

VIII - os demais créditos de privilégio geral.

182 Art. 964. Têm privilégio especial:

I - sobre a coisa arrecadada e liquidada, o credor de custas e despesas judiciais feitas com a arrecadação e liquidação;

II - sobre a coisa salvada, o credor por despesas de salvamento;

III - sobre a coisa beneficiada, o credor por benfeitorias necessárias ou úteis;

IV - sobre os prédios rústicos ou urbanos, fábricas, oficinas, ou quaisquer outras construções, o credor de materiais, dinheiro, ou serviços para a sua edificação, reconstrução ou melhoramento;

V - sobre os frutos agrícolas, o credor por sementes, instrumentos e serviços à cultura, ou à colheita;

VI - sobre as alfaias e utensílios de uso doméstico, nos prédios rústicos ou urbanos, o credor de aluguéis, quanto às prestações do ano corrente e do anterior;

VII - sobre os exemplares da obra existente na massa do editor, o autor dela, ou seus legítimos representantes, pelo crédito fundado contra aquele no contrato da edição;

VIII - sobre o produto da colheita, para a qual houver concorrido com o seu trabalho, e precipuamente a quaisquer outros créditos, ainda que reais, o trabalhador agrícola, quanto à dívida dos seus salários.

B – Decisão de processamento;

C – Plano de recuperação;

D – Quadro geral de credores, que deverá incluir: procedimento das habilitações de crédito, procedimento das impugnações de crédito, consolidação do quadro geral de credores;

E – Objeções dos credores;

F – Concessão da recuperação;

G – Cumprimento das obrigações;

H – Encerramento.

### 3.5 *ALIENAÇÃO DE ESTABELECIMENTOS – RECUPERAÇÃO JUDICIAL E FALÊNCIA*

De acordo com o art. 1142 do Código Civil, considera-se estabelecimento[183] todo complexo de bens organizado para o exercício da empresa. Um ponto que merece distinção na LRF é o parágrafo único do art. 60, que prevê que havendo alienação judicial de filiais ou de unidades produtivas isoladas do empresário ou sociedade empresária em **recuperação judicial**, o objeto da alienação estará livre de qualquer ônus e não haverá sucessão do arrematante nas obrigações do devedor, inclusive de natureza tributária.

Outro ponto de destaque é o parágrafo segundo do artigo 142 da LRF, o qual, também prevê que a alienação do ativo da **empresa falida** dar-se-á pelo maior valor oferecido, ainda que seja inferior ao valor da avaliação, assim como, no artigo 141, inciso II também determina que o objeto da alienação estará livre de qualquer ônus e não haverá sucessão do arrematante nas obrigações do devedor, inclusive as de natureza tributária, as derivadas da legislação do trabalho e as decorrentes de acidentes de trabalho.[184]

183 Ricardo Negrão na p. 83 de sua obra *Manual de direito comercial e empresa*, define que: Estabelecimento – a definição legal sugere a reunião dos meios necessários para o exercício de atividade empresarial, isto é, um conjunto de bens que sirva de base econômica para o desenvolvimento da empresa.

184 MAMEDE, Gladston. *Falência e recuperação de empresas*. São Paulo: Atlas, 2009, p.247-252.

Todavia, os respectivos artigos definem que é obrigatória a alienação judicial, ou seja, um concurso público para interessados na aquisição da filial ou da unidade produtiva isolada.

Considerando a relevância do tema, transcrevemos abaixo os artigos 141 e 142 da LRF:

Art. 141. Na alienação conjunta ou separada de ativos, inclusive da empresa ou de suas filiais, promovida sob qualquer das modalidades de que trata este artigo:

I – todos os credores, observada a ordem de preferência definida no art. 83 desta Lei, sub-rogam-se no produto da realização do ativo;

II – o objeto da alienação estará livre de qualquer ônus e não haverá sucessão do arrematante nas obrigações do devedor, inclusive as de natureza tributária, as derivadas da legislação do trabalho e as decorrentes de acidentes de trabalho

§ 1º O disposto no inciso II do *caput* deste artigo não se aplica quando o arrematante for:

I – sócio da sociedade falida, ou sociedade controlada pelo falido;

II – parente, em linha reta ou colateral até o 4º (quarto) grau, consanguíneo ou afim, do falido ou de sócio da sociedade falida; ou

III – identificado como agente do falido com o objetivo de fraudar a sucessão.

§ 2º Empregados do devedor contratados pelo arrematante serão admitidos mediante novos contratos de trabalho e o arrematante não responde por obrigações decorrentes do contrato anterior.

Art. 142. O juiz, ouvido o administrador judicial e atendendo à orientação do Comitê, se houver, ordenará que se proceda à alienação do ativo em uma das seguintes modalidades:

I – leilão, por lances orais;

II – propostas fechadas;

III – pregão.

§ 1º A realização da alienação em quaisquer das modalidades de que trata este artigo será antecedida por publicação de anúncio em jornal de ampla circulação, com 15 (quinze) dias de antecedência, em se tratando de bens móveis, e com 30 (trinta) dias na alienação da empresa ou de bens imóveis, facultada a divulgação por outros meios que contribuam para o amplo conhecimento da venda.

§ 2º A alienação dar-se-á pelo maior valor oferecido, ainda que seja inferior ao valor de avaliação.

§ 3º No leilão por lances orais, aplicam-se, no que couber, as regras do Código de Processo Civil.

§ 4º A alienação por propostas fechadas ocorrerá mediante a entrega, em cartório e sob recibo, de envelopes lacrados, a serem abertos pelo juiz, no dia, hora e local designados no edital, lavrando o escrivão o auto respectivo, assinado pelos presentes, e juntando as propostas aos autos da falência.

§ 5º A venda por pregão constitui modalidade híbrida das anteriores, comportando 2 (duas) fases:

I – recebimento de propostas, na forma do § 3o deste artigo;

II – leilão por lances orais, de que participarão somente aqueles que apresentarem propostas não inferiores a 90% (noventa por cento) da maior proposta ofertada, na forma do § 2º deste artigo.

§ 6º A venda por pregão respeitará as seguintes regras:

I – recebidas e abertas às propostas na forma do § 5º deste artigo, o juiz ordenará a notificação dos ofertantes, cujas propostas atendam ao requisito de seu inciso II, para comparecer ao leilão;

II – o valor de abertura do leilão será o da proposta recebida do maior ofertante presente, considerando-se esse valor como lance, ao qual ele fica obrigado;

III – caso não compareça ao leilão o ofertante da maior proposta e não seja dado lance igual ou superior ao valor por ele ofertado, fica obrigado a prestar a diferença verificada, constituindo a respectiva certidão do juízo título executivo para a cobrança dos valores pelo administrador judicial;

§ 7º Em qualquer modalidade de alienação, o Ministério Público será intimado pessoalmente, sob pena de nulidade.

### 3.6 CONVOLAÇÃO DA RECUPERAÇÃO JUDICIAL EM FALÊNCIA

A recuperação judicial pode ser transformada em falência nas hipóteses do artigo 73 da LRF:

A - Por deliberação da assembleia geral de credores;

B - Pela não apresentação, pelo devedor, do plano de recuperação no prazo legal - art. 53 LRF - 60 dias;

C - Quando tiver sido rejeitado o plano de recuperação;

D - Se não forem apresentadas as certidões tributárias - Art. 55, 57 e 189 da LRF - O devedor apresentará em 5 dias as certidões negativas de débitos tributários;

E - Por descumprimento de qualquer obrigação assumida no plano de recuperação.

Convolada a recuperação judicial em falência, por qualquer razão, os credores quirografários posteriores à distribuição do pedido serão reclassificados como credores extra concursais (art. 67 LRF, *caput*), já os quirografários anteriores à recuperação judicial serão reclassificados, como privilegiados, desde que tenham continuado a conceder crédito à empresa em dificuldade (art. 67, p. 1 LRF). O objetivo destas reclassificações é estimular os agentes econômicos a continuar atendendo à demanda por crédito proveniente da empresa em recuperação judicial, apesar do agravamento do risco. [185]

## 4 FALÊNCIA

A falência é a execução concursal do devedor empresário. Quando o profissional exercente de atividade empresária é devedor de quantias superiores ao valor de seu patrimônio[186], o regime jurídico da execução

185 COELHO, Fabio Ulhoa. *Manual de direito comercial*. São Paulo: Saraiva, 2012, p. 439.

186 Patrimônio – no sentido jurídico, seja cível ou comercial, ou mesmo no sentido

concursal é diverso daquele que o direito prevê para o devedor civil, não empresário. Será abrangida a totalidade de seus credores e a totalidade de seus bens, todo o ativo e passivo do devedor.[187]

Estão excluídos do regime falimentar conforme previsto no art. 2 da LRF: a) empresa pública e sociedade de economia mista; b) instituição financeira pública ou privada, cooperativa de crédito, consórcio, entidade de previdência complementar, sociedade operadora de plano de assistência à saúde, sociedade seguradora, sociedade de capitalização e outras entidades legalmente equiparadas às anteriores.

A falência, ao promover o afastamento do devedor de suas atividades, visa a preservar e otimizar a utilização produtiva dos bens, ativos e recursos produtivos, inclusive os intangíveis, da empresa art. 75 LRF.

Os prazos previstos na LRF contam das publicações no Diário Oficial, e publicação em jornal, revista de circulação regional ou nacional ou periódicos que circulem em todo o país.

O juízo da falência é indivisível e competente para conhecer todas as ações sobre bens, interesses e negócios do falido, ressalvadas as causas trabalhistas (art. 114 CF), fiscais (art. 187 CTN) e aquelas não reguladas na respectiva lei em que o falido figurar como autor ou litisconsorte ativo. Destaca-se que as ações em que é interessada a União Federal serão julgadas pela Justiça Federal. Todas as ações, terão prosseguimento com o administrador judicial, que deverá ser intimado para representar a massa falida, sob pena de nulidade do processo, (art. 76 LRF).

No processo falimentar, inicialmente são ressarcidas ou pagas as despesas da massa (administrador judicial e seus auxiliares, créditos trabalhistas daqueles que prestam serviço a massa), bem como efetivadas as restituições, o pagamento dos créditos extra concursais. Em seguida são pagos os demais credores (trabalhistas, acidentários, com garantia real, tributários, com privilégio especial, com privilégio geral, os quirografários e os subordinados), conforme os artigos 83 e 84 da LRF.

O pedido de falência poderá ser apresentado: pelo próprio devedor denominando-se autofalência, pelo credor, cônjuge sobrevivente do

---

do direito público, patrimônio, entende-se o conjunto de bens e direitos e obrigações, apreciáveis economicamente, isto é, em dinheiro, pertencente a uma pessoa, natural ou jurídica, e constituindo uma universalidade. Silva, De Plácido E. *Vocabulário jurídico*. Forense, 1994.

187 COELHO, Fábio Ulhoa. *Manual de direito comercial*. São Paulo: Saraiva, 2012, p. 356.

empresário ou empresário individual ou por sócios da sociedade (art. 97 LRF).

O termo legal[188] da falência será fixado em até 90 dias contados do pedido de falência, do pedido de recuperação judicial ou do primeiro protesto.

A ineficácia de atos do falido poderá ser decretada de ofício pelo juiz ou alegada em defesa, sem prejuízo da possibilidade de ser pleiteada com ação própria ou incidental, no curso do processo (art. 129, p. único).

A LRF prevê a eventual de ocorrência dos seguintes crimes no processo falimentar: fraude a credores, contabilidade paralela (art. 168), violação de sigilo profissional (art. 169), divulgação de informações falsas (art. 170), indução a erro (art. 171), favorecimento de credores (art. 172), desvio, ocultação ou apropriação de bens (art. 173), aquisição, recebimento ou uso legal de bens (art. 174), habilitação ilegal de crédito (art. 175), exercício ilegal de atividade (art. 176), violação de impedimento (art. 177) e de omissão de documentos contábeis obrigatórios (art. 178).

## *4.1 PRESSUPOSTOS DA FALÊNCIA*

No direito brasileiro, para existir a falência, do ponto de vista jurídico, devem ocorrer três pressupostos: a condição de empresário do devedor, sua insolvência (impontualidade, execução frustrada, atos de falência) e a decisão judicial decretando a falência. [189]

O art. 94 da LRF, reproduzido abaixo, determina que será decretada a falência do devedor que:

I – sem relevante razão de direito, não paga, no vencimento, obrigação líquida materializada em título ou títulos executivos protestados cuja soma ultrapasse o equivalente a 40 (quarenta) salários-mínimos na data do pedido de falência;

---

188 O juiz, na sentença declaratória de falência, deve fixar, se for possível naquele momento, o termo legal da falência, indicando o período de seu início até 90 dias anteriores à data do primeiro protesto, da distribuição do pedido de falência ou do pedido de recuperação judicial (art. II, LRF). NEGRÃO, Ricardo. *Manual de direito comercial e de empresa*. São Paulo: Saraiva, 2011, p. 345.

189 NEGRÃO, Ricardo. *Manual de direito comercial e de empresa*. São Paulo: Saraiva, 2011, p.251,252.

II – executado por qualquer quantia líquida, não paga, não deposita e não nomeia a penhora bens suficientes dentro do prazo legal;

III – pratica qualquer dos seguintes atos, exceto se fizer parte de plano de recuperação judicial:

a) procede à liquidação precipitada de seus ativos ou lança mão de meio ruinoso ou fraudulento para realizar pagamentos;

b) realiza ou, por atos inequívocos, tenta realizar, com o objetivo de retardar pagamentos ou fraudar credores, negócio simulado ou alienação de parte ou da totalidade de seu ativo a terceiro, credor ou não;

c) transfere estabelecimento a terceiro, credor ou não, sem o consentimento de todos os credores e sem ficar com bens suficientes para solver seu passivo;

d) simula a transferência de seu principal estabelecimento com o objetivo de burlar a legislação ou a fiscalização ou para prejudicar credor;

e) dá ou reforça garantia a credor por dívida contraída anteriormente sem ficar com bens livres e desembaraçados suficientes para saldar seu passivo;

f) ausenta-se sem deixar representante habilitado e com recursos suficientes para pagar os credores, abandona estabelecimento ou tenta ocultar-se de seu domicílio, do local de sua sede ou de seu principal estabelecimento;

g) deixa de cumprir, no prazo estabelecido, obrigação assumida no plano de recuperação judicial.

§ 1º Credores podem reunir-se em litisconsórcio a fim de perfazer o limite mínimo para o pedido de falência com base no inciso I do *caput* deste artigo.

§ 2º Ainda que líquidos, não legitimam o pedido de falência os créditos que nela não se possam reclamar.

§ 3º Na hipótese do inciso I do *caput* deste artigo, o pedido de falência será instruído com os títulos executivos na forma do parágrafo único do art. 9º desta LRF, acompanhados, em qualquer caso, dos respectivos instrumentos de protesto para fim falimentar nos termos da legislação específica.

§ 4º Na hipótese do inciso II do *caput* deste artigo, o pedido de falência será instruído com certidão expedida pelo juízo em que se processa a execução.

§ 5º Na hipótese do inciso III do *caput* deste artigo, o pedido de falência descreverá os fatos que a caracterizam, juntando-se as provas que houver e especificando-se as que serão produzidas.

Frise-se, que o art. 95 determina que dentro do prazo de contestação, o devedor poderá pleitear sua recuperação judicial, evitando assim, a sua falência.

Destaca-se o art. 96, onde a falência requerida com base no art. 94, inciso I do *caput*, da LRF, não será decretada se o requerido provar:

I – falsidade de título;

II – prescrição;

III – nulidade de obrigação ou de título;

IV – pagamento da dívida;

V – qualquer outro fato que extinga ou suspenda obrigação ou não legitime a cobrança de título;

VI – vício em protesto ou em seu instrumento;

VII – apresentação de pedido de recuperação judicial no prazo da contestação, observados os requisitos do art. 51 desta Lei;

VIII – cessação das atividades empresariais a mais de 2 (dois) anos antes do pedido de falência, comprovada por documento hábil do Registro Público de Empresas, o qual não prevalecerá contraprova de exercício posterior ao ato registrado.

§ 1º Não será decretada a falência de sociedade anônima após liquidado e partilhado seu ativo nem do espólio após 1 (um) ano da morte do devedor.

§ 2º As defesas previstas nos incisos I a VI do *caput* deste artigo não obstam a decretação de falência se, ao final, restarem obrigações não atingidas pelas defesas em montante que supere o limite previsto naquele dispositivo.

## 4.2 ORGÃOS DO PROCESSO DE FALÊNCIA

Nos termos da LRF, a falência é gerida por 5 órgãos distintos, que são o Juízo universal, o Promotor de Justiça, o Administrador Judicial, o Comitê de Credores e a Assembleia-Geral de Credores, cada qual com suas próprias competências e atribuições:

### 4.2.1 Juízo universal

- Compete presidir a administração da falência, superintendendo as ações do administrador judicial. É o juiz, em última análise, o administrador da falência, cabendo-lhe autorizar a venda antecipada de ativos (art.113), o pagamento de salários dos auxiliares do administrador judicial (art. 22, III, h), aprovar a prestação de contas do administrador judicial (art.154) e outros atos definidos em lei (tais como a nomeação do administrador judicial, a lacração do estabelecimento ou continuidade dos negócios da massa falida, as habilitações de crédito, os pedidos de restituição e todos os demais atos processuais decisórios), de conteúdo exclusivamente administrativo. [190]

### 4.2.2 Ministério Público

- O órgão do Ministério Público intervém em todos os atos do processo no exercício de suas funções constitucionais de fiscal da lei. Após a decretação da quebra, deve manifestar-se favorável ou contrariamente, em relação aos pedidos do administrador judicial, do Comitê de Credores, dos credores e dos demais interessados, mas sempre em defesa do interesse público da massa. Caso verifique a ocorrência de qualquer crime falimentar, deverá promover de imediato a competente ação penal.[191]

### 4.2.3 Administrador Judicial

- É agente criado por lei para o desempenho de certas atribuições relacionadas exclusivamente com a administração da falência. É o agente auxiliar do juiz, que, em nome próprio (portanto, com responsabilidade), deve cumprir com as funções cometidas pela lei. Além

190 COELHO, Fábio Ulhoa. *Manual de direito comercial.* São Paulo: Saraiva, 2012, p. 377.

191 COELHO, Fábio Ulhoa. *Manual de direito comercial.* São Paulo: Saraiva, 2012, p. 377.

de auxiliar do juiz, o administrador judicial é, também, o representante da comunhão do interesse dos credores (massa falida). Para fins penais, o administrador judicial é considerado funcionário público, e também responde civilmente por má administração ou infração à lei.

A escolha cabe ao juiz, e deverá ser um profissional idôneo, preferencialmente advogado, economista, administrador de empresas, contador, ou pessoa jurídica credenciada. É o representante da massa falida, possuindo as funções de tomar todas as providências necessárias à proteção dos interesses envolvidos no processo.

Se o administrador judicial nomeado for pessoa jurídica, deverá ser declarado no termo de compromisso o nome do profissional responsável pela condução do processo de falência ou de recuperação judicial, que não poderá ser substituído sem autorização do juiz (art. 133).[192]

De acordo com o artigo 22 da LRF compete ao administrador judicial sob a fiscalização do juiz e do Comitê:

**I - na recuperação judicial e na falência:**

a) enviar correspondência aos credores constantes na relação de que trata o inciso III do *caput* do art. 51, o inciso III do *caput* do art. 99 ou o inciso II do *caput* do art. 105 desta Lei, comunicando a data do pedido de recuperação judicial ou da decretação da falência, a natureza, o valor e a classificação dada ao crédito;

b) fornecer, com presteza, todas as informações pedidas pelos credores interessados;

c) dar extratos dos livros do devedor, que merecerão fé de ofício, a fim de servirem de fundamento nas habilitações e impugnações de créditos;

d) exigir dos credores, do devedor ou seus administradores quaisquer informações;

e) elaborar a relação de credores de que trata o § 2º do art. 7º desta Lei;

f) consolidar o quadro-geral de credores nos termos do art. 18 desta Lei;

192 COELHO, Fábio Ulhoa. *Manual de direito comercial*. São Paulo: Saraiva, 2012, p. 377, 378.

g) requerer ao juiz convocação da assembleia-geral de credores nos casos previstos nesta Lei ou quando entender necessária sua ouvida para a tomada de decisões;

h) contratar, mediante autorização judicial, profissionais ou empresas especializadas para, quando necessário, auxiliá-lo no exercício de suas funções;

i) manifestar-se nos casos previstos nesta Lei;

**II – na recuperação judicial:**

a) fiscalizar as atividades do devedor e o cumprimento do plano de recuperação judicial;

b) requerer a falência no caso de descumprimento de obrigação assumida no plano de recuperação;

c) apresentar ao juiz, para juntada aos autos, relatório mensal das atividades do devedor;

d) apresentar o relatório sobre a execução do plano de recuperação, de que trata o inciso III do *caput* do art. 63 desta Lei;

**III – na falência:**

a) avisar, pelo órgão oficial, o lugar e hora em que, diariamente, os credores terão à sua disposição os livros e documentos do falido;

b) examinar a escrituração do devedor;

c) relacionar os processos e assumir a representação judicial da massa falida;

d) receber e abrir a correspondência dirigida ao devedor, entregando a ele o que não for assunto de interesse da massa;

e) apresentar, no prazo de 40 (quarenta) dias, contado da assinatura do termo de compromisso, prorrogável por igual período, relatório sobre as causas e circunstâncias que conduziram à situação de falência, no qual apontará a responsabilidade civil e penal dos envolvidos, observado o disposto no art. 186 desta Lei;

f) arrecadar os bens e documentos do devedor e elaborar o auto de arrecadação, nos termos dos artigos 108 e 110 desta Lei;

g) avaliar os bens arrecadados;

h) contratar avaliadores, de preferência oficiais, mediante autorização judicial, para a avaliação dos bens caso entenda não ter condições técnicas para a tarefa;

i) praticar os atos necessários à realização do ativo e ao pagamento dos credores;

j) requerer ao juiz a venda antecipada de bens perecíveis, deterioráveis ou sujeitos a considerável desvalorização ou de conservação arriscada ou dispendiosa, nos termos do art. 113 desta Lei;

k) praticar todos os atos conservatórios de direitos e ações, diligenciar a cobrança de dívidas e dar a respectiva quitação;

l) remir[193], em benefício da massa e mediante autorização judicial, bens apenhados, penhorados ou legalmente retidos;

m) representar a massa falida em juízo, contratando, se necessário, advogado, cujos honorários serão previamente ajustados e aprovados pelo Comitê de Credores;

n) requerer todas as medidas e diligências que forem necessárias para o cumprimento desta Lei, a proteção da massa ou a eficiência da administração;

o) apresentar ao juiz para juntada aos autos, até o 10º (décimo) dia do mês seguinte ao vencido, conta demonstrativa da administração, que especifique com clareza a receita e a despesa;

p) entregar ao seu substituto todos os bens e documentos da massa em seu poder, sob pena de responsabilidade;

193 REMIR – É o mesmo que redimir, resgatar, pagar, liberar, livrar. Remir de ônus é livrar de ônus. Remir a hipoteca é resgatar a hipoteca, ou liberar os bens dados em garantia hipotecária. Silva, De Plácido. Vocabulário jurídico. Rio de Janeiro, Forense, 1994.

q) prestar contas ao final do processo, quando for substituído, destituído ou renunciar ao cargo.

§ 1º As remunerações dos auxiliares do administrador judicial serão fixadas pelo juiz, que considerará a complexidade dos trabalhos a serem executados e os valores praticados no mercado para o desempenho de atividades semelhantes.

§ 2º Na hipótese da alínea d do inciso I do *caput* deste artigo, se houver recusa, o juiz, a requerimento do administrador judicial, intimará aquelas pessoas para que compareçam à sede do juízo, sob pena de desobediência, oportunidade em que as interrogará na presença do administrador judicial, tomando seus depoimentos por escrito.

### *4.2.4 Comitê de Credores*

– Visando ampliar a participação dos interessados nos processos de falência e recuperação judicial, a LRF criou o Comitê de Credores, cujas principais atribuições se referem à fiscalização do administrador judicial e a defesa dos interesses patrimoniais (art. 25/34). [194]

Nos termos do art. 26 o Comitê de Credores será constituído por deliberação de qualquer das classes de credores na assembleia-geral e terá a seguinte composição:

I – 1 (um) representante indicado pela classe de credores trabalhistas, com 2 (dois) suplentes;

II – 1 (um) representante indicado pela classe de credores com direitos reais de garantia ou privilégios especiais, com 2 (dois) suplentes;

III – 1 (um) representante indicado pela classe de credores quirografários e com privilégios gerais, com 2 (dois) suplentes.

§ 1º A falta de indicação de representante por quaisquer das classes não prejudicará a constituição do Comitê, que poderá funcionar com número inferior ao previsto no *caput* deste artigo.

§ 2º O juiz determinará, mediante requerimento subscrito por credores

194 COELHO, Fabio Ulhoa. *Manual de direito comercial*. São Paulo: Atlas, 2012, p.380, 381.

que representem a maioria dos créditos de uma classe, independentemente da realização de assembleia:

I - a nomeação do representante e dos suplentes da respectiva classe ainda não representada no Comitê; ou

II - a substituição do representante ou dos suplentes da respectiva classe.

§ 3º Caberá aos próprios membros do Comitê indicar, entre eles, quem irá presidi-lo.

O Comitê de Credores terá as seguintes atribuições (art. 27), além de outras previstas nesta Lei:

**I - na recuperação judicial e na falência:**

a) fiscalizar as atividades e examinar as contas do administrador judicial;

b) zelar pelo bom andamento do processo e pelo cumprimento da lei;

c) comunicar ao juiz, caso detecte violação dos direitos ou prejuízo aos interesses dos credores;

d) apurar e emitir parecer sobre quaisquer reclamações dos interessados;

e) requerer ao juiz a convocação da assembleia-geral de credores;

f) manifestar-se nas hipóteses previstas nesta Lei;

**II - na recuperação judicial:**

a) fiscalizar a administração das atividades do devedor, apresentando, a cada 30 (trinta) dias, relatório de sua situação;

b) fiscalizar a execução do plano de recuperação judicial;

c) submeter à autorização do juiz, quando ocorrer o afastamento do devedor nas hipóteses previstas nesta Lei, a alienação de bens do ativo permanente, a constituição de ônus reais e outras garantias, bem como atos de endividamento necessários à continuação da atividade empresarial durante o período que antecede a aprovação do plano de recuperação judicial.

§ 1° As decisões do Comitê, tomadas por maioria, serão consignadas em livro de atas, rubricado pelo juízo, que ficará à disposição do administrador judicial, dos credores e do devedor.

§ 2° Caso não seja possível à obtenção de maioria em deliberação do Comitê, o impasse será resolvido pelo administrador judicial ou, na incompatibilidade deste, pelo juiz.

### *4.2.5 Assembleia-Geral de Credores*

- É um órgão deliberativo que congrega todos os credores sujeitos à falência ou à recuperação judicial. É órgão integrado por todos os credores da massa falida.

O art. 35 define que a assembleia-geral de credores terá por atribuições deliberar sobre:

**I – na recuperação judicial:**

a) aprovação, rejeição ou modificação do plano de recuperação judicial apresentado pelo devedor;

b) a constituição do Comitê de Credores, a escolha de seus membros e sua substituição;

c) (VETADO)

d) o pedido de desistência do devedor, nos termos do § 4o do art. 52 desta Lei;

e) o nome do gestor judicial, quando do afastamento do devedor;

f) qualquer outra matéria que possa afetar os interesses dos credores;

**II – na falência:**

a) (VETADO)

b) a constituição do Comitê de Credores, a escolha de seus membros e sua substituição;

c) a adoção de outras modalidades de realização do ativo, na forma do art. 145 desta Lei;

d) qualquer outra matéria que possa afetar os interesses dos credores

A assembleia-geral de credores será convocada pelo juiz por edital publicado no órgão oficial e em jornais de grande circulação nas localidades da sede e filiais, com antecedência mínima de 15 (quinze) dias, o qual conterá (art. 36 LRF) :

I – local, data e hora da assembleia em 1ª (primeira) e em 2ª (segunda) convocação, não podendo esta ser realizada menos de 5 (cinco) dias depois da 1ª (primeira);

II – a ordem do dia;

III – local onde os credores poderão, se for o caso, obter cópia do plano de recuperação judicial a ser submetido à deliberação da assembleia.

§ 1º Cópia do aviso de convocação da assembleia deverá ser afixada de forma ostensiva na sede e filiais do devedor.

§ 2º Além dos casos expressamente previstos nesta Lei, credores que representem no mínimo 25% (vinte e cinco por cento) do valor total dos créditos de uma determinada classe poderão requerer ao juiz a convocação de assembleia-geral.

§ 3º As despesas com a convocação e a realização da assembleia-geral correm por conta do devedor ou da massa falida, salvo se convocada em virtude de requerimento do Comitê de Credores ou na hipótese do § 2º deste artigo.

A assembleia, nos moldes do art. 37, será presidida pelo administrador judicial, que designará 1 (um) secretário dentre os credores presentes.

§ 1º Nas deliberações sobre o afastamento do administrador judicial ou em outras em que haja incompatibilidade deste, a assembleia será presidida pelo credor presente que seja titular do maior crédito.

§ 2º A assembleia instalar-se-á, em 1a (primeira) convocação, com a presença de credores titulares de mais da metade dos créditos de cada classe, computados pelo valor, e, em 2ª (segunda) convocação, com qualquer número.

§ 3º Para participar da assembleia, cada credor deverá assinar a lista de presença, que será encerrada no momento da instalação.

§ 4º O credor poderá ser representado na assembleia-geral por mandatário ou representante legal, desde que entregue ao administrador judicial, até 24 (vinte e quatro) horas antes da data prevista no aviso de convocação, documento hábil que comprove seus poderes ou a indicação das folhas dos autos do processo em que se encontre o documento.

§ 5º Os sindicatos de trabalhadores poderão representar seus associados titulares de créditos derivados da legislação do trabalho ou decorrentes de acidente de trabalho que não comparecerem, pessoalmente ou por procurador, à assembleia.

§ 6º Para exercer a prerrogativa prevista no § 5º deste artigo, o sindicato deverá:

I – apresentar ao administrador judicial, até 10 (dez) dias antes da assembleia, a relação dos associados que pretende representar, e o trabalhador que conste da relação de mais de um sindicato deverá esclarecer, até 24 (vinte e quatro) horas antes da assembleia, qual sindicato o representa, sob pena de não ser representado em assembleia por nenhum deles; e

II – (VETADO)

§ 7º Do ocorrido na assembleia, lavrar-se-á ata que conterá o nome dos presentes e as assinaturas do presidente, do devedor e de 2 (dois) membros de cada uma das classes votantes, e que será entregue ao juiz, juntamente com a lista de presença, no prazo de 48 (quarenta e oito) horas.

O voto do credor será proporcional ao valor de seu crédito, ressalvado, nas deliberações sobre o plano de recuperação judicial, o disposto no § 2º do art. 45 desta Lei.

Art. 38 Parágrafo único. Na recuperação judicial, para fins exclusivos de votação em assembleia-geral, o crédito em moeda estrangeira será convertido para moeda nacional pelo câmbio da véspera da data de realização da assembleia.

Terão direito a voto na assembleia-geral as pessoas arroladas no quadro-geral de credores ou, na sua falta, na relação de credores apresentada pelo administrador judicial na forma do art. 7o, § 2º, da LRF, ou, ainda, na falta desta, na relação apresentada pelo próprio devedor nos termos dos artigos. 51, incisos III e IV do *caput*, 99, inciso III do *caput*, ou 105, inciso II do *caput*, desta Lei, acrescidas, em qualquer caso, das que estejam habilitadas na data da realização da assembleia ou que tenham créditos admitidos ou alterados por decisão judicial, inclusive as que tenham obtido reserva de importâncias, observado o disposto nos §§ 1º e 2º do art. 10 desta Lei – Art. 39 LRF.

§ 1º Não terão direito a voto e não serão considerados para fins de verificação do quórum de instalação e de deliberação os titulares de créditos excetuados na forma dos § 3º e 4º do art. 49 desta Lei.

§ 2º As deliberações da assembleia-geral não serão invalidadas em razão de posterior decisão judicial acerca da existência, quantificação ou classificação de créditos.

§ 3º No caso de posterior invalidação de deliberação da assembleia, ficam resguardados os direitos de terceiros de boa-fé, respondendo os credores que aprovarem a deliberação pelos prejuízos comprovados causados por dolo ou culpa.

De acordo com o art. 41 da LRF, a assembleia-geral será composta pelas seguintes classes de credores:

I – titulares de créditos derivados da legislação do trabalho ou decorrentes de acidentes de trabalho;

II – titulares de créditos com garantia real;

III – titulares de créditos quirografários, com privilégio especial, com privilégio geral ou subordinados.

§ 1º Os titulares de créditos derivados da legislação do trabalho votam com a classe prevista no inciso I do *caput* deste artigo com o total de seu crédito, independentemente do valor.

§ 2º Os titulares de créditos com garantia real votam com a classe prevista no inciso II do *caput* deste artigo até o limite do valor do bem gravado e com a classe prevista no inciso III do *caput* deste artigo pelo restante do valor de seu crédito.

Conforme o art. 42 considerar-se-á aprovada a proposta que obtiver votos favoráveis de credores que representem mais da metade do valor total dos créditos presentes à assembleia-geral, exceto nas deliberações sobre o plano de recuperação judicial nos termos da alínea a do inciso I do *caput* do art. 35 desta Lei, a composição do Comitê de Credores ou forma alternativa de realização do ativo nos termos do art. 145 desta Lei.

Nos termos do artigo 43 os sócios do devedor, bem como as sociedades coligadas, controladoras, controladas ou as que tenham sócio ou acionista com participação superior a 10% (dez por cento) do capital social do devedor ou em que o devedor ou algum de seus sócios detenham participação superior a 10% (dez por cento) do capital social, poderão participar da assembleia-geral de credores, sem ter direito a voto e não serão considerados para fins de verificação do quórum de instalação e de deliberação.

Parágrafo único. O disposto neste artigo também se aplica ao cônjuge ou parente, consanguíneo ou afim, colateral até o 2º (segundo) grau, ascendente ou descendente do devedor, de administrador, do sócio controlador, de membro dos conselhos consultivo, fiscal ou semelhantes da sociedade devedora e à sociedade em que quaisquer dessas pessoas exerçam essas funções.

## *4.3 PEDIDO DE RESTITUIÇÃO E EMBARGOS DE TERCEIROS*

Na falência serão arrecadados pelo administrador judicial todos os bens na posse do falido. Dentre estes, poderá ser encontrado um bem que, **embora possuído por ele, não seja de sua propriedade**, como por exemplo, bens em comodato. É claro que este bem não poderá ser objeto de alienação judicial para satisfação dos credores do falido, posto não se tratar de elemento de seu patrimônio. Para a defesa do proprietário do bem, há, na LRF, duas medidas judiciais: o pedido de restituição (art. 85) e os embargos de terceiro (art. 93). Dependendo das circunstâncias, uma destas medidas pode ser acionada pelo terceiro prejudicado pelo esbulho judicial. Assim, o locador ou o comodante do bem arrecadado devem pedir a sua restituição, enquanto aquele que não possui nenhuma relação jurídica com o falido, mas tem bens de seu patrimônio afetados, deve oferecer embargos de terceiro. Julgada procedente a medida proposta, destacar-se-á, da massa, o bem em questão.[195]

195 COELHO, Fabio Ulhoa. *Manual de direito comercial*. São Paulo: Atlas, 2012, p. 394,395.

O Art. 85, parágrafo único da LRF, prevê uma hipótese de pedido de restituição que tem fundamento diverso do referido no *caput* do mesmo dispositivo. Trata-se da reclamação de coisas vendidas a crédito e entregues ao falido nos 15 dias anteriores ao pedido de falência.

### *4.4 PROCEDIMENTO DO PROCESSO FALIMENTAR*

O procedimento judicial do pedido de falência deve seguir a seguinte ordem:

1 – Pedido de falência pelo empresário devedor (autofalência) ou Pedido de falência pelo credor;

2 – Citação do empresário;

3 – Defesa do devedor;

4 – Decisão de falência;

5 – Cumprimento de deveres pelo falido;

6 – Publicação do edital de falência;

7 – Assinatura do termo de compromisso pelo Administrador Judicial;

8 – Comunicações do Administrador Judicial;

9 – Arrecadação e custódia dos bens;

10 – Procedimento criminal;

11 – Realização do ativo;

12 – Quadro geral de credores;

13 – Pagamentos;

14 – Encerramento da falência;

15 – Extinção das obrigações do falido.

## 5. CONCLUSÕES

Em face do que se apresentou no presente artigo, destacamos abaixo as conclusões relativas à aplicação da LRF na empresa brasileira. A respectiva lei se constituiu efetivamente em um instrumento de recuperação e continuidade das atividades empresariais, como também, assegura a manutenção dos empregos e da fonte produtiva:

1 – A empresa tem a possibilidade (em caso de ocorrência de dificuldades financeiras e econômicas) em optar pela Recuperação Extrajudicial que pode ser adotada rapidamente com um custo relativamente baixo. Caso não haja concordância por parte de todos os credores com o plano de recuperação proposto pela empresa, a respectiva poderá adotar ainda a Recuperação Judicial.

2 – Na atual legislação os ativos da empresa, tais como, máquinas, equipamentos, e imóveis podem ser vendidos judicialmente em hasta pública desde que haja aprovação dos credores.

A grande vantagem para o comprador dos ativos em hasta pública,[196] é que os bens serão transferidos sem ônus e sucessão de obrigações tributárias e trabalhistas para o adquirente, portanto, totalmente livres e desembaraçados.

3 – Destaca-se ainda, que nos procedimentos de recuperação ou falência, que as unidades produtivas poderão ser arrendadas para terceiros, evitando-se assim que o patrimônio se deteriore, e o mais importante, que a unidade industrial continue produzindo bens necessários para a sociedade, mantendo os empregos e contribuindo para o desenvolvimento regional.

A lei também permite que o arrendatário contrate os ex-funcionários da empresa falida ou em recuperação, sem que ocorra a sucessão de obrigações trabalhistas.

4 – Evidente que o legislador quando da elaboração da LRF levou em conta a continuidade da atividade empresarial, pois uma empresa que encerra atividades ela: deixa de gerar empregos e pagar salários, não paga tributos, não produz os bens necessários para a população e não contribui com o desenvolvimento da sociedade.

5 – A referida lei também abre espaço no mercado de trabalho para os profissionais da área: jurídica, contábil, econômica e administrativa, no sentido de que, qualquer que seja o plano de recuperação, ele terá que ser elaborado tecnicamente por um profissional da área utilizando

196 Hasta Pública – É tida como a venda judicial feita pelo porteiro dos auditórios forenses ou por oficial de justiça designado para isso. Hasta pública ou leiloeiro publico são igualmente vendas ou praças públicas. E este leilão será judicial se autorizado ou determinado pelo juiz. Silva, De Plácido. Vocabulário jurídico. Rio de Janeiro: Forense, 1994.

os conhecimentos teóricos e práticos de administração e contabilidade para confecção dos relatórios, assim como, a lei exige em diversos casos que a gestão da empresa tenha a figura do administrador judicial.

Via de regra, o plano de recuperação demanda os seguintes relatórios: orçamento previsto, realizado e comparado, balanço patrimonial, demonstração do resultado do exercício, demonstração do fluxo de caixa, entre outros.

Em síntese, concluímos que a nova lei abriu uma nova possibilidade de continuidade das atividades empresariais, como também, evita que os ativos se deteriorem em função da demora do processo de recuperação judicial ou falimentar, abrindo ainda a possibilidade de que as empresas em dificuldades possam ser adquiridas por terceiros sem o ônus das dívidas e sucessão das obrigações fiscais e trabalhistas.

# 15 A OCORRÊNCIA DE ERROS E FRAUDES NAS SOCIEDADES EMPRESÁRIAS


**RESUMO**

O presente texto tem como objetivo abrir o entendimento com relação a possibilidade de ocorrência **fraudes** e **erros** que podem eventualmente acontecer diariamente nas sociedades **empresárias**, ocasionando perdas e comprometendo a sustentabilidade do negócio. Descreve-se de forma breve as áreas da empresa e os eventuais e possíveis eventos que podem comprometer o **resultado** e a sustentabilidade do empreendimento.



**PALAVRAS-CHAVE:** fraudes, erros, empresárias, resultado.



**ABSTRACT**

This paper aims to open the understanding regarding the possibility of **fraud** and **errors** that eventually can occur on daily basis in **business companies**, causing loses and undermining business sustainability. Describes briefly the areas of the company and any and possible events that could impair the **results** and sustainability of the project.



**KEYWORDS**: fraud, errors, business companies. results.


**SUMÁRIO**: 1. Introdução, 2. As principais fraudes no dia a dia da empresa, 3. As condutas ilícitas e a legislação vigente, 4. Conclusões.

## 1 INTRODUÇÃO

A sociedade brasileira tem passado, desde a segunda parte do século XX, por inúmeras transformações, tais como: explosão demográfica, informatização dos sistemas de gestão, criação de banco de dados eletrônicos, desenvolvimento das telecomunicações, popularização da Internet, industrialização, globalização, indústria 4G, privatização de empresas estatais e internacionalização da economia.

Essas novas conquistas tiveram como origem o crescimento das empresas brasileiras, que nos últimos trinta anos têm contribuído em todos os sentidos com a sociedade e também para com o Estado.

Estas empresas têm como objetivo principal o lucro, porém, exercem importante função social[197], pois é por intermédio do exercício dessa função que ela forma sua imagem perante a comunidade integrando e desenvolvendo o seu mercado de consumo.

Nesse sentido, a empresa passa a exercer um papel de destaque junto à sociedade, produzindo as mercadorias para o consumo da população, pagando tributos, gerando empregos e promovendo a distribuição de renda, pois é com o salário recebido que o empregado supre suas necessidades básicas e tem acesso ao mercado de consumo.

Nessa linha, podemos afirmar que, para a empresa desempenhar a sua função econômica, produtiva e social, a mesma necessita associar três componentes básicos que são: **capital, tecnologia e recursos humanos (trabalho).** Evidente que são as pessoas, ou melhor, os funcionários que produzem os bens e serviços gerados pela empresa, assim como administram o empreendimento, tomam decisões, enfim, efetuam o planejamento, execução e controle do negócio, envolvendo: clientes, fornecedores, Estado, empregados e principalmente recursos financeiros alocados para esse fim. [198]

Nesse ambiente, surge a necessidade de desenvolvimento de um sistema de controle que auxilie na gestão simultânea de todos estes recursos aplicados na empresa que podemos denominar como Controle Interno, conforme definição de Paulo N. Migliavacca:[199]

> Controle interno – define-se como o planejamento organizacional e todos os métodos e procedimentos adotados dentro de uma empresa a fim de salvaguardar seus ativos, verifi-

197 A função social da empresa ocorre quando ela cumpre suas obrigações e obedece à legislação vigente, seja ela cível, comercial, trabalhista, tributária (inclusive pagando tributos), colaborando para melhorar a vida da sociedade. CAROTA, José Carlos, *A função social das sociedades empresárias e o planejamento tributário federal.* São Paulo: Allprint, 2013, p. 113.

198 CAROTA, José Carlos, DOMANICO FILHO, Roberto. *Riscos empresariais contemporâneos.* São Paulo: Allprint, 2011, p.39-41.

199 MIGLIAVACCA, Paulo N. *Controles Internos nas Organizações.* São Paulo: Edicta, 2002, p. 17, 19.

car a adequação e o suporte dos dados contábeis, promover a eficiência operacional e encorajar a aderência às políticas definidas pela direção.

Obviamente, um sistema satisfatório de controle interno deve incluir:

A – Um planejamento organizacional que permita uma apropriada segregação de funções e responsabilidades de todos os funcionários, dirigentes e sócios do empreendimento;

B – Um sistema eficiente de autorizações e delegação de autoridade e responsabilidade, arquivamento de documentos, segurança das informações eletrônicas e de relatórios que permita um bom controle contábil sobre os ativos, obrigações, receitas e despesas;

C – Adequados controles físicos sobre os ativos e passivos da empresa;

D – Procedimentos adequados e por escrito, aliado ao mapeamento de processos a serem seguidos por todos os empregados e dirigentes no exercício das funções de cada departamento;

## 2 AS PRINCIPAIS FRAUDES NO DIA A DIA DA EMPRESA

Evidente que com o crescimento das empresas voltadas principalmente para o consumo massivo e em face da globalização e automação dos negócios, eventualmente podem ocorrer fraudes[200] e desvios na condução dos negócios.

Consideremos o fato de que uma empresa é composta e dirigida por empregados, os quais, atuando em diversos níveis e em diversas funções, com ou sem poder de tomada de decisão, realizam a gestão de diversas transações no seu ambiente de trabalho, ficando, portanto a empresa sujeita à ocorrência de fatos que se traduzem em problemas de fraudes, desvios, simulações de dados ou resultados que ocorrem em virtude de falta de gestão, governança corporativa, auditoria ou deficiência de Controle Interno.

200 Paulo N. Migliavacca cita em sua obra que nos Estados Unidos, o Departamento de Justiça estima que o montante de fraudes atinge 200 bilhões de dólares por ano. (MIGLIAVACCA, 2002.)

Nessa ambiência, a auditoria, seja ela interna ou externa pode contribuir de maneira significativa para que este tipo de fato não ocorra. Neste sentido podemos entender que:

> A auditoria é uma especialização contábil voltada a testar a eficiência e eficácia do controle patrimonial implantado com o objetivo de expressar uma opinião sobre determinado dado.
>
> A auditoria das demonstrações contábeis visa às informações contidas nessas afirmações, assim é evidente que todos os itens, formas e métodos que as influenciam estarão sendo examinados. O exame de auditoria engloba a verificação documental, os livros e registros com características controladoras, a obtenção de evidências de informações de caráter interno ou externo que se relacionam com o controle do patrimônio e a exatidão dos registros e as demonstrações deles decorrentes.[201]

Nessa mesma linha, Crepaldi[202] define:

> Pode-se definir auditoria como o levantamento, estudo e avaliação sistemática das transações, procedimentos, operações, rotinas e das demonstrações financeiras de uma entidade.
>
> A auditoria das demonstrações contábeis constitui o conjunto de procedimentos técnicos que tem por objetivo a emissão de parecer sobre sua adequação, consoante os princípios de contabilidade e pertinente à legislação específica.
>
> Consistem em controlar as áreas-chaves da empresa a fim de evitar situações que possibilitem fraudes, desfalques e subornos, através de testes. É a função de controle exercida pelas empresas, por técnicos especializados, salvaguardando o patrimônio da empresa ou entidade auditada.

201 ATTIE William. *Auditoria – conceitos e aplicações*. São Paulo: Atlas, 2011, p.3.
202 CREPALDI, Silvio Aparecido. *Auditoria contábil – teoria e prática*. São Paulo: Atlas, 2013.

A título de conhecimento geral, relatamos a seguir os principais tipos de fraudes[203], simulações[204], desvios[205] e/ou erros[206] que, de forma dolosa ou culposa[207], podem eventualmente ocorrer no dia a dia dos diversos departamentos de qualquer empresa:

## 1 GESTÃO DE COMPRAS

1.1 Compras de suprimentos (matéria prima, ativo imobilizado e materiais auxiliares) com valor superior aos valores praticados no mercado (super faturamento);

1.2 Simulação nas cotações de compras para benefício de um único fornecedor de determinado produto ou serviço;

1.3 Emissão de pedidos de compras com quantidade de material maior que a necessidade de consumo, gerando estoques desnecessários;

1.4 Condições de pagamentos de fornecedores inferiores às praticadas pelo mercado;

1.5 Colocação de pedidos para os fornecedores sem autorização ou aprovação;

1.6 Cotações de compras em que sempre vence o mesmo fornecedor;

1.7 Falta de análise prévia das condições econômicas, financeiras, societárias e legais do fornecedor;

---

203 Fraude: entende-se geralmente como o engano malicioso ou a ação astuciosa, promovidos de má-fé, para ocultação da verdade ou fuga do cumprimento do dever. (SILVA, De Plácido E. *Vocabulário Jurídico*. Rio de Janeiro: Forense, 1994.)

204 Simulação: é o artifício ou fingimento na prática ou na execução de um ato, ou contrato, com a intenção de enganar ou de mostrar o irreal como verdadeiro, ou lhe dando aparência que não possui. (SILVA, 1994.)

205 Desvio: na terminologia jurídica, é geralmente empregado para indicar o uso indevido ou destino diferente, dado à coisa, pertencente a outrem, pela pessoa que a tinha a título precário, sem a devida autorização ou sem o consentimento de seu senhor e possuidor. (SILVA, 1994.)

206 Entendemos "Erro" – como a falsa percepção da verdade.

207 Flávio Augusto Monteiro de Barros define em sua obra *Direito Penal*: "Dolo – sob o aspecto naturalista como a vontade consciente de realizar o fato criminoso; Culpa – diz-se o crime culposo quando o agente, deixando de observar o cuidado necessário, realiza a conduta que produz resultado não previsto, nem querido, mas previsível, e excepcionalmente previsto e querido, que podia, como a atenção devida, ter evitado". (BARROS, Flávio Augusto Monteiro. Direito penal. São Paulo: Saraiva, 1.999. p. 157-169)

1.8 Adiantamento de recursos financeiros para fornecimento de mercadoria sem garantias financeiras e análise creditícia do fornecedor;

1.9 Distribuição de brindes de elevado valor por parte do fornecedor para os funcionários da empresa compradora;

1.10 Ausência de um sistema duplo de aprovações de pedidos de compras, fixando inclusive limites de aprovações e autorizações;

1.11 Falta de um banco de dados confiável com detalhes de todas as compras de períodos anteriores, detalhando os preços, quantidades, condições de pagamento, média de consumo etc.;

1.12 Analisar as compras de fornecedores classificados na sistemática tributária do Simples Nacional e o seu preço em relação ás empresas tributadas pelo lucro real para fins de aproveitamento de crédito tributário relativo as compras contido na nota fiscal de venda.

## 2 GESTÃO DE ESTOQUES / ALMOXARIFADO

2.1 Recebimento de nota fiscal com mercadoria faltante, ou ainda sem mercadoria;

2.2 Recebimento de mercadoria em divergência com o pedido de compras;

2.3 Recebimento de mercadoria em atraso, ou seja, com grande diferença de tempo entre a data de emissão da nota e a data de saída do produto e o efetivo recebimento do material;

2.4 Recebimento de mercadoria com qualidade diferente da solicitada;

2.5 Envio ou recebimento de mercadorias em quantidade maior ou menor que a solicitada pelo cliente/fornecedor;

2.6 Envio ou recebimento de mercadorias desacompanhadas de nota fiscal;

2.7 Custo do frete e seguro sem cotação de preço;

2.8 Entrega de mercadoria em local diverso do cliente;

2.9 Perda, extravio ou desvio de carga;

2.10 Inventário – contagem simulada, ou ainda, custo médio do produto alterado para fins de valorização de inventário;

2.11 Inventário - material obsoleto, faltante e/ou avariado registrado no estoque que ainda não foi baixado para fins de resultado;

2.12 Inventário - falta de avaliação ou reavaliação do valor do estoque a valor de mercado e a comparação com os registros de inventário;

2.13 Falta de controle e correta contabilização de todas as devoluções dos clientes e fornecedores;

2.14 Ausência de controle de entradas e saídas de sucatas;

2.15 Análise e conferência dos produtos em consignação, demonstração ou conserto.

## 3 GESTÃO DE VENDAS

3.1 Venda com preços ou condições de pagamento diferentes da tabela de preços autorizada pela empresa;

3.2 Vendedores e representantes trabalhando para a empresa e simultaneamente para outros concorrentes;

3.3 Vendas simuladas para clientes inexistentes;

3.4 Venda para clientes inadimplentes;

3.5 Emissão de nota fiscal simulada e/ou duplicata simulada;

3.6 Recebimento de pedidos sem comprovação da aprovação pelo cliente;

3.7 Cadastro do cliente com dados falsos ou incorretos;

3.8 Endereço de entrega das mercadorias diferente do cadastro do cliente;

3.9 Falta de controle da carteira de pedidos, prazos de entrega e pedidos pendentes.

## 4 GESTÃO FINANCEIRA

4.1 Pagamento de gastos não autorizados;

4.2 Recebimento de pagamento de clientes sem identificação, ou ainda, alocando o crédito recebido em cliente diverso do depósito de pagamento não identificado;

4.3 Recebimento de contas a receber em atraso sem a cobrança de juros;

4.4 Pagamento de contas de fornecedores com boletos bancários falsificados;

4.5 Transferências eletrônicas de numerário diversas das autorizadas;

4.6 Falta de controle dos talões de cheques e cartões de crédito corporativos;

4.7 Ausência de segregação de funções, principalmente entre Contas a Pagar e Contas a Receber;

4.8 Gestão temerária do fluxo de caixa relativo à aplicação ou captação de recursos no mercado em instituições duvidosas ou com cotação fora dos parâmetros de mercado;

4.9 Pagamentos em duplicidade para fornecedores;

4.10 Não cobrar ou abater dos fornecedores as devoluções de mercadorias ou adiantamentos concedidos anteriormente;

4.11 Pagamento de relatórios de despesas/viagem de funcionários sem aprovação, conferência, análise e questionamento dos gastos.

## 5 GESTÃO DE RECURSOS HUMANOS

5.1 Funcionário inexistente (fantasma) incluído na folha de pagamento;

5.2 Funcionário inexistente (fantasma) terceirizado;

5.3 Pagamento de horas extras ou aumentos de salários não autorizados;

5.4 Concessão indevida ou desvio de benefícios sociais, tais como: vale transporte, ticket alimentação, assistência médica, cesta básica etc.;

5.5 Simulação na contratação de empresas de assessoria em seleção, treinamento, segurança do trabalho e terceirizados com valores superiores ao praticado pelo mercado, ou ainda, sem a necessidade de contratação, ou simplesmente contratação sem a realização dos serviços;

5.6 Erro de cálculo na elaboração mensal das provisões de férias e décimo terceiro salários e respectivos encargos;

5.7 Conta de depósito judiciais trabalhistas efetuados pela empresa, decorrentes das reclamações trabalhistas sem controle dos retornos dos depósitos, ou ainda conciliação da respectiva conta contábil;

5.8 Reclamações trabalhistas simuladas.

## 6 GESTÃO DE INFORMÁTICA

6.1 Quebra de sigilo do banco de dados empresarial;

6.2 Revelação da carteira de clientes, ou ainda, dados confidencias enviados para a concorrência;

6.3 Aquisição de equipamentos ou softwares inadequados, ultrapassados tecnologicamente ou ainda superfaturados;

6.4 Falsificação de assinaturas eletrônicas para diversas finalidades;

6.5 Alteração ou inserção de dados sem a respectiva autorização em sistemas de informação ERP[208] ou banco de dados;

6.6 Excesso de gastos na customização de sistemas, principalmente ERP.

## 7 GESTÃO CONTÁBIL

7.1 Não efetuar a contabilização das provisões de contingências, devedores duvidosos e juros com a finalidade de melhorar o resultado financeiro;

7.2 Inserção de notas fiscais falsificadas (frias) na contabilidade;

7.3 Lançamentos contábeis sem suporte documental;

7.4 Adulteração de livros fiscais e contábeis;

7.5 Emissão de balancetes que não correspondem à realidade dos atos e fatos administrativos ocorridos;

7.6 Fraudes nas conciliações contábeis, principalmente na conta Bancos;

7.7 Não lançamento ou apropriação de despesas ou custos no mês corrente para melhorar o resultado do mês;

---

208 *ERP – Enterprise Resource Planning.*

7.8 Emissão de faturamento (notas fiscais) para entrega no mês seguinte para justificar o cumprimento das metas de vendas e resultados do mês - antecipação de receita e recolhimento antecipado de tributos;

7.9 Erros no cálculo da conta de despesas com depreciação/amortização;

7.10 Falta de conciliação entre os balanços locais, fiscais e os balanços em moeda estrangeira (FASB [209]US GAAP);

7.11 Falta de elaboração de inventário de ativo fixo para conferência física dos ativos, apurando-se e contabilizando eventuais perdas ou desaparecimento de bens de propriedade da empresa;

7.12 Centro de Custo - Distribuição inadequada dos custos, despesas e receitas para gerenciamento de resultados;

7.13 Conciliação e análise das seguintes contas: bens da empresa em poder de terceiros, material remetido para conserto ou beneficiamento, estoques em poder de terceiros, material em consignação, material para demonstração - identificando destinatários e datas de retorno previsto;

7.14 Analisar lançamentos contábeis de estorno sem explicação ou justificativa;

7.15 Não reconhecimento de perdas com operações de *swap*[210], derivativos e bolsa de valores;

7.16 Auditar a declaração de imposto de renda pessoa jurídica, o livro de apuração de lucro real (LALUR), e analisar as despesas indedutíveis e as receitas não tributáveis, assim como, exclusões e compensações;

7.17 Analisar e comparar eventuais diferenças e desvio de metas do orçamento (*Budget*[211]) financeiro previsto com a demonstração financeira realizada.

---

209 FASB – *Financial Accounting Standard* – Orgão que regula as leis contábeis e que emite o FAS, normas contábeis (USA). GAAP – *Generally Accepeted Accounting Principles* – Princípios de Contabilidade geralmente aceitos, regras de contabilização emitidas pelo FASB. (MIGLIAVACCA, Paulo N. *Business Dictionary*. São Paulo: Edicta, 1999).

210 *SWAP* – troca ou permuta – MIGLIAVACCA, Paulo N. *Business Dictionary*. São Paulo: Edicta, 1999.

211 *Budget* – Peça contábil financeira que deve prever um resultado futuro para que o administrador possa se antecipar aos fatos, tomando as ações necessárias e assim melhorar o resultado da empresa. Deverá conter a previsão de todas as receitas, custos, despesas, investimentos, despesas financeiras, necessidade

## 8 GESTÃO DE IMPORTAÇÃO / EXPORTAÇÃO - COMÉRCIO EXTERIOR

8.1 Despesas em geral de desembaraço aduaneiro sem comprovações ou cotações;

8.2 Desaparecimento ou perda de carga em armazém, porto ou aeroporto;

8.3 Exportações sem garantia creditícia;

8.4 Importação/Exportação de produtos proibidos;

8.5 Contratação de agentes de vendas ou compras internacionais inexistentes;

8.6 Cálculos do custo de importação/exportação efetuados incorretamente;

8.7 Elevado custo de armazenagem externa e fretes nacionais e internacionais sem cotação de preços;

8.8 Preço das mercadorias importadas ou exportadas, superfaturados ou sub faturados.

## 9 GESTÃO INDUSTRIAL

9.1 Desvio de matéria-prima ou perda no processo produtivo não detectada;

9.2 Venda de sucatas ou material obsoleto sem cotação, ou ainda, sem controle quantitativo;

9.3 Aquisição de ativos sem prévio estudo ou cotação de preços;

9.4 Custos e despesas alocados incorretamente no processo produtivo;

9.5 Análise dos produtos em processo de fabricação e sua quantidade e valorização no inventário;

9.6 Falta de análise da quantidade de produtos em processo.

---

de capital de giro etc. CAROTA, José Carlos, DOMANICO FILHO, Roberto. *Riscos empresariais contemporâneos*. São Paulo: Allprint, 2011, p.67.

## 10 GESTÃO DE BANCOS E INSTITUIÇÕES FINANCEIRAS

10.1 Tarifas e débitos bancários indevidos lançados em conta corrente;

10.2 Taxa efetiva e taxa nominal dos contratos - comparação e análise do que foi contratado com o que foi efetivamente cobrado pela instituição financeira;

10.3 Contratos Bancários simulados;

10.4 Garantias reais contratuais superiores às praticadas pelo mercado, ou ainda, com valores muito superiores ao crédito concedido;

10.5 Cobranças Bancárias - Lapso de tempo para lançamento de crédito em conta corrente relativo ao pagamento efetuado pelo cliente e a data do efetivo credito lançado em conta corrente da empresa;

10.6 Venda casada de serviços bancários;

10.7 Ausência de conciliação bancária diária para identificação de débitos e créditos indevidos;

10.8 Falta de cotação para aplicações financeiras e captação de recursos;

10.9 Verificar a existência de baixa parcial das garantias bancárias (principalmente garantia real) nos casos em que o empréstimo estiver sendo amortizado pela empresa junto à instituição financeira.

## 11 GESTÃO DE PROPAGANDA E PUBLICIDADE

11.1 Ausência de cotação com diversos fornecedores para contratação de anúncios;

11.2 Brindes - análise do custo, distribuição e retorno;

11.3 Comprovação da efetiva realização do serviço publicitário ou da pesquisa contratada;

11.4 Análise criteriosa do custo de produção do material publicitário;

11.5 Análise criteriosa do custo e premissas das pesquisas de mercado solicitadas;

11.6 Análise criteriosa e comprovação dos eventos de propaganda e marketing e seu custo, incluindo material utilizado;

11.7 Efetivo controle dos custos relativos à participação em feiras e eventos comerciais;

11.8 Efetiva análise comparativa do custo benefício e retorno de cada campanha de marketing;

11.9 Contabilização e controle do retorno do material enviado para demonstração e feiras.

12 **GESTÂO JURÍDICA**

12.1 Análise prévia e acompanhamento de todos os contratos, aditivos e renovações realizados pela empresa;

12.2 Análise das demandas judiciais para fins de constituição de provisão contábil de eventuais perdas futuras;

12.3 Acompanhamento de eventuais demandas com possibilidade de penhora de bens e direitos da empresa;

12.4 Acompanhamento de eventuais contingências: fiscais, tributárias, trabalhistas, consumidor e ambiental que eventualmente possam existir;

12.5 Controle de todas as procurações outorgadas e demais atos societários (alterações de contrato social);

12.6 Verificação e conciliação dos depósitos recursais elaborados pela empresa, e seu retorno em caso de êxito no processo.

## 3 AS CONDUTAS ILÍCITAS E A LEGISLAÇÃO VIGENTE

Ressaltamos que a legislação brasileira é clara no tocante às punições para determinados tipos de conduta ilícita em relação à empresa, seus administradores e empregados. Nesse sentido, destacamos abaixo as principais condutas tipificadas na legislação, Cível, Criminal, Trabalhista, Ambiental, Consumidor e Tributária, que, sem sombra de dúvida, devem ser observadas pelos administradores na sua gestão e principalmente no processo decisório:

A - CÓDIGO CIVIL

Art. 50 – Desconsideração da Pessoa Jurídica - Em caso de abuso da personalidade jurídica, caracterizado pelo desvio de finalidade, ou pela confusão patrimonial, pode o juiz decidir, a requerimento da parte, ou do Ministério Público quando lhe couber intervir no processo, que os efeitos de certas e determinadas relações de obrigações sejam estendidos aos bens particulares dos administradores ou sócios da pessoa jurídica.

Art. 1016 - Os Administradores respondem solidariamente perante a sociedade e os terceiros prejudicados, por culpa no desempenho de suas funções.

Art. 1177 - Os assentos lançados nos livros ou fichas do preponente, por qualquer dos prepostos encarregados de sua escrituração, produzem, salvo se houver procedido de má-fé, os mesmos efeitos como se o fossem por aquele.

Parágrafo único - No exercício de suas funções, os prepostos[212] são pessoalmente responsáveis, perante os preponentes, pelos atos culposos e, perante terceiros, solidariamente com o preponente pelos atos dolosos.

Art. 1.178. Os preponentes[213] são responsáveis pelos atos de quaisquer prepostos, praticados nos seus estabelecimentos e relativos à atividade da empresa, ainda que não autorizados por escrito.

Parágrafo único. Quando tais atos forem praticados fora do estabelecimento, somente obrigarão o preponente nos limites dos poderes conferidos por escrito, cujo instrumento pode ser suprido pela certidão ou cópia autêntica do seu teor.

## B - CÓDIGO PENAL

Art. 168-A - Apropriação Indébita Previdenciária - Deixar de repassar à previdência as contribuições recolhidas dos contribuintes, no prazo e forma legal ou convencional. (*caput*)

Art. 171 - Estelionato - Obter, para si ou para outrem, vantagem ilícita, em prejuízo alheio, induzindo ou mantendo alguém em erro, mediante artifício, ardil, ou qualquer outro meio fraudulento. (*caput*)

---

212 PREPOSTO – designa a pessoa ou o empregado que, além de ser um locador de serviços, está investido ao poder de representação de seu chefe ou patrão, praticando os atos concernentes à locação, sob direção e autoridade do proponente ou empregador. SILVA, De Plácido. *Vocabulário jurídico*. Rio de Janeiro, Forense 1994.

213 PREPONENTE – Entende-se, na linguagem jurídica e comercial, a pessoa que pôs ou colocou alguém, em seu lugar, em certo negócio ou comércio, para que o dirija, o faça ou o administre em seu nome. e autoridade do proponente ou empregador. SILVA, De Plácido. *Vocabulário jurídico*. Rio de Janeiro, Forense 1994.

Art. 172 – Duplicata Simulada – Emitir fatura, duplicata ou nota de venda que não corresponda à mercadoria vendida, em quantidade ou qualidade ou ao serviço prestado. (*caput*)

Art. 173 – Emissão irregular de conhecimento de depósito ou *warrant* – Emitir conhecimento de depósito ou *warrant*, em desacordo com disposição legal. ( *caput*)

## C – LEI AMBIENTAL

Art. 2 – Lei 9605/98 Meio Ambiente – Quem, de qualquer forma, concorre para a prática dos crimes previstos nesta Lei, incide nas penas a estes cominadas, na medida da sua culpabilidade, bem como o diretor, o administrador, o membro de conselho e de órgão técnico, o auditor, o gerente, o preposto ou mandatário de pessoa jurídica, que, sabendo da conduta criminosa de outrem, deixar de impedir a sua prática, quando podia agir para evitá-la.

## D – TRIBUTÁRIO

Art. 135, incisos II e III do Código Tributário Nacional – Tem responsabilidade pessoal pelos créditos correspondentes às obrigações tributárias relativos aos atos praticados com excesso de poderes ou infração da lei, contrato social ou estatutos, os diretores, gerentes ou representantes de pessoas jurídicas de direito privado. Observa-se, portanto, que os administradores somente responderão pessoalmente se houverem cometido infração à legislação tributária e não em caso de simples inadimplemento da empresa, que se verifica quando a sociedade simplesmente não possui dinheiro para efetuar o pagamento dos tributos em razão do insucesso do empreendimento

Lei 4.729/65 – Lei de Sonegação Fiscal – Artigo 1º Constitui crime de sonegação fiscal:

I – prestar declaração falsa ou omitir, total ou parcialmente, informação que deva ser produzida a agentes das pessoas jurídicas de direito público interno, com a intenção de eximir-se, total ou parcialmente, do pagamento de tributos, taxas e quaisquer adicionais devidos por lei;

II - inserir elementos inexatos ou omitir, rendimentos ou operações de qualquer natureza em documentos ou livros exigidos pelas leis fiscais, com a intenção de exonerar-se do pagamento de tributos devidos à Fazenda Pública;

III - alterar faturas e quaisquer documentos relativos a operações mercantis com o propósito de fraudar a Fazenda Pública;

IV - fornecer ou emitir documentos graciosos ou alterar despesas, majorando-as, com o objetivo de obter dedução de tributos devidos à Fazenda Pública, sem prejuízo das sanções administrativas cabíveis.

V - Exigir, pagar ou receber, para si ou para o contribuinte beneficiário da paga, qualquer percentagem sobre a parcela dedutível ou deduzida do imposto sobre a renda como incentivo fiscal.

E - TRABALHISTA

Apesar da inexistência de lei específica que autorize, a Justiça do Trabalho tem executado os bens do patrimônio dos sócios, indistintamente as condenações decretadas à sociedade limitada, garantindo aos trabalhadores o direito de atingirem o patrimônio dos sócios de quaisquer sociedades, pois, a Justiça do Trabalho, na interpretação da legislação trabalhista, tem como norte obter de forma concreta a igualdade jurídica entre empregados e empregadores, e como objetivo atingir a justiça social.

F - CÓDIGO DO CONSUMIDOR

Art. 28 - O juiz poderá desconsiderar a personalidade jurídica da sociedade quando, em detrimento do consumidor, houver abuso de direito, excesso de poder, infração da lei, fato ou ato ilícito, ou violação dos estatutos ou contrato social. A desconsideração também será efetivada quando houver falência, estado de insolvência, encerramento ou inatividade da pessoa jurídica provocados por má administração. (*caput*).

G - LEI ANTICORRUPÇÃO

A Lei 12.846/13 estabelece a responsabilidade jurídica, administrativa e civil ao comprovar atos de corrupção praticados contra a administração pública por companhias privadas, sociedades empresárias e simples, fundações, associações de entidades e pessoas e sociedades estrangeiras sediadas ou que tenham filial ou representação no Brasil. A responsabilização da pessoa jurídica não exclui a responsabilidade individual de seus dirigentes ou administradores ou de qualquer pessoa natural, autora, coatora ou participe do ato ilícito.

As principais sanções são: multas de 0,1% a 20% do faturamento bruto da empresa (ou de R$ 6.000,00 a R$ 60.000.000,00), deduzidos os impostos, restituição integral dos benefícios obtidos ilegalmente, perda de bens, direitos ou outros valores que sejam fruto da infração, suspensão ou interdição parcial das atividades, dissolução compulsória, declaração de inidoneidade por período de 01 a 05 anos.

## 4 CONCLUSÕES

Como se observou no decorrer da leitura do texto, muitas são as hipóteses de ocorrências de ilicitudes que podem acontecer no mundo empresarial, como também se constata em vários artigos da legislação brasileira as diversas hipóteses de punição para os infratores. Dessa maneira, o empresário e o administrador devem utilizar diversas ferramentas que encontram-se à sua disposição para evitar a ocorrência desses fatos, tais como: auditoria interna e externa, governança corporativa, controles internos eficientes, mapeamento de processos, desenvolvimento de programas de qualidade, transparência nas decisões, procedimentos e processos internos escritos e de conhecimento de todos os envolvidos, gestão profissional, instrumento de delegação de autoridade e responsabilidade claramente definidos.

As reflexões aqui apresentadas têm como objetivo abrir o entendimento da necessidade de que a gestão contemporânea seja pautada pela transparência, ética, boa-fé, sociabilidade e competência, pois é indiscutível que a empresa exerce um papel de destaque na economia nacional e traz obrigatoriamente para a sociedade os benefícios de sua função social.

# 16 ZONA FRANCA DE MANAUS (ZFM) – UMA VISÃO OBJETIVA SOBRE INCENTIVOS FISCAIS E OPORTUNIDADES DE NEGÓCIOS


**RESUMO**

O Brasil possui uma carga tributária elevada e complexa, o que, sem sombra de dúvida, se traduz em um custo elevado para os produtos fabricados no território nacional, e, consequentemente, conduz as indústrias a uma perda de **competitividade** no mercado globalizado. Pretendemos, no presente texto, abordar de forma breve os **incentivos fiscais** disponibilizados pelo governo federal e que estão assegurados pela Constituição Federal até o ano 2.073 para as empresas industriais que estão instaladas na **Zona Franca de Manaus** (ZFM) e também para as que pretendem se instalar no Brasil, descrevendo de forma resumida os respectivos benefícios para a compra, produção e importação de mercadorias que se destinem a industrialização no território da SUFRAMA. Os respectivos incentivos transformam a ZFM em uma região sob incentivos tributários trazendo para as empresas a possibilidade de reduzirem sua carga tributária, diminuírem seus custos, melhorarem seus resultados, consequentemente, gerando empregos e incrementando o **desenvolvimento regional**, constituindo-se uma oportunidade de negócios empresariais na região norte.



**PALAVRAS-CHAVE:** incentivos fiscais, zona franca de Manaus, competitividade, desenvolvimento regional.



**ABSTRACT**

Brazil has a high and complex tax burden, which undoubtedly translates into a high cost for products produced in the country and consequently leads the industry to a loss of competitiveness in the global market. We intend, in this paper, address briefly the tax incentives provided by the federal government, and are guaranteed by the federal constitution by the year 2073, for industrial companies that are installed in the Manaus Free Zone (ZFM), and also for those who plan to settle in Brazil, describing briefly the respective benefits to purchasing, production and import of goods intended for industrialization within the SUFRAMA area. Their incentives transform the ZFM in a tax exempt region for companies bringing the possibility of reducing its tax burden, lower their costs, improve their results, thus creating jobs and boosting regional development, and this is an opportunity to corporate business in north.

KEYWORDS: tax incentives, free zone of Manaus, competitiveness, regional development.

**SUMÁRIO:** 1. Introdução, 2. Breve histórico da zona franca de Manaus, 3. Incentivos fiscais federais, 4. Incentivos fiscais estaduais, 5. Conclusões.

## 1 INTRODUÇÃO

O presente texto tem como objetivo abrir o entendimento dos benefícios fiscais disponibilizados pela legislação federal para as empresas instaladas e também para as que pretendem se instalar na região da Zona Franca de Manaus, a qual é administrada pela Superintendência da Zona Franca de Manaus (SUFRAMA)[214]. Primeiramente, descrevemos de forma objetiva os incentivos fiscais federais e respectiva legislação para as empresas localizadas na zona do Polo Industrial de Manaus (PIM), para em seguida descrever os benefícios regionais do Imposto de Circulação de Mercadorias (ICMS). Nas conclusões evidenciamos que é possível obter uma redução considerável da carga tributária brasileira produzindo na ZFM, onde, embora a distância do PIM em relação aos centros urbanos de consumo seja grande, o custo logístico das empresas é compensado pelo aproveitamento dos respectivos incentivos regionais, de tal forma que as indústrias conseguem produzir produtos

214 A Superintendência da Zona Franca de Manaus (Suframa) é uma Autarquia vinculada ao Ministério do Desenvolvimento, Indústria e Comércio Exterior que administra a Zona Franca de Manaus - ZFM, com a responsabilidade de construir um modelo de desenvolvimento regional que utilize de forma sustentável os recursos naturais, assegurando viabilidade econômica e melhoria da qualidade de vida das populações locais. Acessado em 06.01.2015 - http://www.suframa.gov.br/suframa_o_que_e_suframa.cfm

tecnológicos de qualidade com preços competitivos, gerando empregos, desenvolvendo a região e enfim, cumprindo sua função social [215].

O objetivo é fornecer aos empresários nacionais e estrangeiros, administradores e acadêmicos uma visão estratégica de negócios, onde, é possível reduzir licitamente a carga tributária e fabricar produtos de qualidade com preços globalizados, tanto para o mercado local, quanto para o mercado externo. Devido à complexidade e extensão do tema restringimos esta pesquisa exclusivamente à ZFM.

## 2 BREVE HISTÓRICO DA ZONA FRANCA DE MANAUS

A Zona Franca de MANAUS (ZFM) é uma área de livre comércio de importação, exportação e incentivos fiscais[216] especiais, sendo um modelo regional de desenvolvimento econômico e social instituído pelo governo brasileiro através do Decreto-Lei 288, artigo primeiro de 28 de Fevereiro de 1967, artigo primeiro do Decreto-Lei 356, de 15 de Agosto de 1968, artigo 504 do Decreto 6.759 de 05 de Fevereiro de 2009. Os incentivos para as empresas estabelecidas na ZFM foram prorrogados até o ano 2073, conforme Proposta de Emenda Constitucional aprovada em 05 de Agosto de 2014.

A título de informação, transcrevemos abaixo o texto da Emenda Constitucional número 83, que prorrogou o prazo dos incentivos fiscais da região:

> Artigo primeiro – O ato das Disposições Constitucionais Transitórias (ADCT) passa a vigorar acrescido do seguinte artigo 92-A: São acrescidos 50 (cinquenta) anos ao prazo fixado pelo artigo 92 das Disposições Constitucionais Transitórias.

---

215 José Carlos Carota define na p. 113 de sua obra *A função social das sociedades empresárias o planejamento tributário federal*, que a função social da empresa ocorre quando ela cumpre suas obrigações e obedece à legislação vigente, seja ela, cível, comercial, trabalhista, tributária (inclusive pagando tributos), colaborando para melhorar a vida da sociedade.

216 Os incentivos fiscais somente passam a ser usufruídos após a efetiva produção por parte da empresa, em conformidade com o projeto industrial que tenha sido analisado e aprovado com a emissão dos laudos de implantação, operação e auditoria independente e que venha comprovar o cumprimento do processo produtivo básico (PPB) e dos demais compromissos assumidos pela empresa e por determinação legal. O caráter dos incentivos regionais é de extrafiscalidade no sentido de promover o desenvolvimento regional.

Com o objetivo de facilitar o entendimento, destacamos o artigo 92 da ADCT acima citado que remete ao artigo 40, o qual transcrevemos abaixo:

> Artigo 40 ADCT – É mantida a Zona Franca de Manaus, com suas características de área livre comércio, de exportação, importação e de incentivos fiscais, pelo prazo de 25 anos, a partir da promulgação da Constituição. Vide artigo 92 da ADCT acrescentado pela Emenda Constitucional 42 de 19.12.2003, que acresce 10 anos ao prazo fixado neste artigo.
>
> Parágrafo único – Somente por lei federal podem ser modificados os critérios que disciplinaram ou venham a disciplinar a aprovação de projetos na Zona Franca de Manaus.

O objetivo é viabilizar uma base econômica na Amazônia Ocidental (Amazonas, Acre, Roraima, Rondônia, Macapá e Santana no Amapá), promovendo a melhor integração produtiva e social dessa região do País, garantindo a soberania nacional sobre suas fronteiras. Evidente que o motivo principal é o desenvolvimento econômico e social da região, viabilizando: a implantação de indústrias, criação de empregos, desenvolvimento do comércio regional, como também, incentivar as atividades agropecuárias aproveitando as riquezas naturais, e, por fim, criar uma infraestrutura sustentável para produção, importação e exportação.

Atualmente, a ZFM compreende três polos econômicos: comercial, industrial e agropecuário. O primeiro teve maior ascensão até o final da década de 80, quando o Brasil adotava o regime de economia fechada. Hoje, com a economia globalizada e a abertura do mercado nacional, esta vantagem foi reduzida. No caso da agropecuária (que abriga projetos voltados a atividades de produção de alimentos, agroindústria, piscicultura, turismo, beneficiamento de madeiras), esta encontra-se em fase de ascensão, basicamente devido à grande diversidade de produtos oriundos da região que são exportados para todo o mundo, gerando riquezas, preservando o meio ambiente e respeitando a cultura regional.

Ainda com relação à indústria extrativa, não podemos deixar de destacar dois projetos estrangeiros que no passado não lograram êxito na região devido à falta de incentivos, como também, não ocorreu a devida adaptação da cultura estrangeira com a cultura local:[217]

> Projeto Fordlândia – Destinado ao plantio de seringueiras e produção de pneus de Henry Ford, que teve início em 1928, na selva amazônica, o qual não logrou êxito devido à tentativa de se implantar uma cultura estrangeira na região e que, após sucessivos anos de prejuízo, encerrou atividades em 1945.
>
> Projeto Jari – O megaempresário Daniel Ludwig iniciou, nos anos 70 o audacioso projeto Jari, destinado à produção de celulose na região amazônica, chegando a importar uma fábrica de celulose e hidroelétrica do Japão, e que, pelos mesmos motivos citados acima no projeto de Ford, não obteve resultados, resultando na venda do projeto em 1984,

Hoje, o setor industrial é considerado a base de sustentação da ZFM, contando com aproximadamente 600 indústrias de alta tecnologia gerando mais de meio milhão de empregos diretos e indiretos, principalmente nos segmentos de eletroeletrônicos, duas rodas e químicos. Entre os produtos fabricados destacam-se: aparelhos celulares e de áudio e vídeo, televisores, motocicletas, bicicletas, concentrados para refrigerantes, entre outros.

É obvio que os incentivos fiscais tem como característica a extrafiscalidade[218] cuja finalidade é criar condições favoráveis para a implantação e manutenção de projetos na região, considerando-se a distância da região e os centros de consumo, assim como a criação da infraestrutura necessária para o desenvolvimento regional e logística para importação e exportação de mercadorias.

217 CAROTA, José Carlos, DOMANICO FILHO, Roberto. *Riscos empresariais contemporâneos*. São Paulo: Allprint, 2011, p. 16.

218 Os incentivos fiscais estão no campo da extrafiscalidade. Por meio dos incentivos fiscais, a pessoa política tributante estimula os contribuintes a fazerem algo que a ordem jurídica, considera conveniente, interessante ou oportuno (p.ex., instalar indústrias em região do País). Este objetivo é alcançado por intermédio da diminuição ou até, da supressão da carga tributária. CARRAZZA, Antônio Roque. *Curso de direito constitucional tributário*. São Paulo: Malheiros, 2002, p. 741, 742.

## 3 INCENTIVOS FISCAIS FEDERAIS [219]

Neste item serão analisados os principais incentivos fiscais federais e respectivos tributos segregados pelas seguintes fases de operação pela ZFM: Importação de bens, compra de produtos nacionais e nacionalizados, exportação de bens, venda de produtos e Imposto de Renda Pessoa Jurídica:

### *3.1 DESTINAÇÃO: IMPORTAÇÃO DE BENS PARA A ZFM*

#### *3.1.1 imposto de importação (II)*

a) Isenção do imposto de importação na entrada de mercadorias estrangeiras na ZFM, destinadas ao seu consumo interno, industrialização em qualquer grau, inclusive beneficiamento, agropecuária, pesca, instalação e operação de indústria e serviços de qualquer natureza e estocagem para reexportação, com exceção de armas e munições, fumo, bebidas alcoólicas, automóveis de passageiros e produtos de perfumaria ou de toucador, preparados e preparações cosméticas, salvo quanto a estes (posições 3303 a 3307 da Tarifa Aduaneira do Brasil - TAB), se destinados exclusivamente, a consumo interno na ZFM ou quando produzidos com utilização de matérias-primas da fauna e flora regionais, em conformidade com o processo produtivo. Fundamentação:

Decreto-Lei 288/67, artigo terceiro, parágrafo primeiro

> Art. 3º A entrada de mercadorias estrangeiras na Zona Franca, destinadas a seu consumo interno, industrialização em qualquer grau, inclusive beneficiamento, agropecuária, pesca, instalação e operação de indústrias e serviços de qualquer natureza e a estocagem para reexportação, será isenta dos impostos de importação, e sobre produtos industrializados. (Vide Decreto-lei nº 340, de 1967

Decreto-Lei 356/68, artigo primeiro:

> Art. 1º - Ficam estendidos às áreas pioneiras, zonas de fronteira e outras localidades da Amazônia Ocidental favores

219 *Cartilha de incentivos fiscais – um guia para quem deseja investir na Amazônia ocidental.* Coordenação geral de estudos econômicos e empresariais – COGEC, 2014, p.10-32.

> fiscais concedidos pelo Decreto-Lei número 288, de 28 de fevereiro de 1967 e seu regulamento, aos bens e mercadorias recebidos, oriundos, beneficiados ou fabricados na Zona Franca de Manaus, para utilização e consumo interno naquelas áreas. (Vide Decreto nº 7.212, de 2010)
>
> § 1º - A Amazônia Ocidental é constituída pela área abrangida pelos Estados do Amazonas e Acre e os Territórios Federais de Rondônia e Roraima, consoante o estabelecido no § 4 do Art. 1º do Decreto-Lei número 291, de 28 de fevereiro de 1967.

Lei 8.032/90, artigo quarto:

> Art. 4º Fica igualmente assegurado às importações efetuadas para a Zona Franca de Manaus e Amazônia Ocidental o tratamento tributário previsto nos artigos. 3º e 7º do Decreto-Lei nº 288, de 28 de fevereiro de 1967, e no art. 2º do Decreto-Lei nº 356, de 15 de agosto de 1968, com a redação dada pelo art. 3º do Decreto-Lei nº 1.435, de 16 de dezembro de 1975.

Lei 8.387/91, artigo primeiro:

> Art. 1° O § 1° do art. 3°, os arts. 7° com a redação dada pelo Decreto-Lei n° 1.435, de 16 de dezembro de 1975, e 9° do Decreto-Lei n° 288, de 28 de fevereiro de 1967, passam a vigorar com a seguinte redação:
>
> "Art. 3° ..........................................................
>
> § 1° Excetuam-se da isenção fiscal prevista no *caput* deste artigo as seguintes mercadorias: armas e munições, fumo, bebidas alcoólicas, automóveis de passageiros e produtos de perfumaria ou de toucador, preparados e preparações cosméticas, salvo quanto a estes (posições 3303 a 3307 da Tarifa Aduaneira do Brasil - TAB), se destinados, exclusivamente, a consumo interno na Zona Franca de Manaus ou quando produzidos com utilização de matérias-primas da fauna e da flora regionais, em conformidade com processo produtivo básico.

> Art. 7º Os produtos industrializados na Zona Franca de Manaus, salvo os bens de informática e os veículos automóveis, tratores e outros veículos terrestres, suas partes e peças, excluídos os das posições 8711 a 8714 da Tarifa Aduaneira do Brasil (TAB), e respectivas partes e peças, quando dela saírem para qualquer ponto do Território Nacional, estarão sujeitos à exigibilidade do Imposto sobre Importação relativo a matérias-primas, produtos intermediários, materiais secundários e de embalagem, componentes e outros insumos de origem estrangeira neles empregados, calculado o tributo mediante coeficiente de redução de sua alíquota ad valorem, na conformidade do § 1° deste artigo, desde que atendam nível de industrialização local compatível com processo produtivo básico para produtos compreendidos na mesma posição e sub posição da Tarifa Aduaneira do Brasil (TAB).

b) Redução do Imposto de Importação na saída de produtos industrializados na ZFM, para qualquer ponto do território nacional, nas seguintes condições:

b.1 - Bens de Informática - coeficiente de redução resultante da relação entre os valores das matérias-primas e outros insumos nacionais e da mão de obra empregada no processo produtivo, e os valores de matérias-primas e demais insumos nacionais e estrangeiros e da mão de obra empregada. (parágrafo primeiro, artigo 2, da lei 8.637/91)

> Art. 2° Aos bens do setor de informática, industrializados na Zona Franca de Manaus, serão concedidos, até 29 de outubro de 1992, os incentivos fiscais e financeiros previstos na Lei n° 8.248, de 23 de outubro de 1991, atendidos os requisitos estabelecidos no § 7° do art. 7° do Decreto-Lei n° 288, de 28 de fevereiro de 1967, com a redação dada por esta lei. (Regulamento) (Regulamento) (Vide Lei n° 11.077, de 2004) (Regulamento).
>
> § 1° Após 29 de outubro de 1992, os bens referidos neste artigo, industrializados na Zona Franca de Manaus, quando internados em outras regiões do País, estarão sujeitos à exigibilidade do Imposto sobre Importação relativo a matérias-primas, produtos intermediários, materiais secundários e

> de embalagem, componentes e outros insumos, de origem estrangeira e nele empregados, conforme coeficiente de redução estabelecido no § 1° do art. 7° do Decreto-Lei n° 288, de 28 de fevereiro de 1967, com a redação dada pelo art. 1° desta lei. (Vide Lei nº 11.077, de 2004)

b.2 – Automóveis, tratores e outros veículos terrestres – coeficiente de redução acrescido de cinco pontos percentuais (parágrafo nove, artigo 7 DL 288/67).

> Art. 7° Os produtos industrializados na Zona Franca de Manaus, salvo os bens de informática e os veículos automóveis, tratores e outros veículos terrestres, suas partes e peças, excluídos os das posições 8711 a 8714 da Tarifa Aduaneira do Brasil (TAB), e respectivas partes e peças, quando dela saírem para qualquer ponto do Território Nacional, estarão sujeitos à exigibilidade do Imposto sobre Importação relativo a matérias-primas, produtos intermediários, materiais secundários e de embalagem, componentes e outros insumos de origem estrangeira neles empregados, calculado o tributo mediante coeficiente de redução de sua alíquota ad valorem, na conformidade do § 1° deste artigo, desde que atendam nível de industrialização local compatível com processo produtivo básico para produtos compreendidos na mesma posição e sub posição da Tarifa Aduaneira do Brasil (TAB). (Redação dada pela Lei nº 8.387, de 30.12.91)
>
> § 9° Os veículos automóveis, tratores e outros veículos terrestres, suas partes e peças, excluídos os das posições e sub posições 8711 a 8714 da Tabela Aduaneira do Brasil (TAB) e respectivas partes e peças, industrializados na Zona Franca de Manaus, quando dela saírem para qualquer ponto do Território Nacional, estarão sujeitos à exigibilidade do Imposto sobre Importação relativo a matérias-primas, produtos intermediários, materiais secundários e de embalagem, componentes e outros insumos, de origem estrangeira e neles empregados, conforme coeficiente de redução estabelecido neste artigo, ao qual serão acrescidos cinco pontos percentuais. (Parágrafo incluído pela Lei nº 8.387, de 30.12.91)

b.3 - Demais produtos - redução de 88% - DL 288/67, artigo 7, parágrafo quarto e segundo e lei 8.387/91, artigo primeiro.

> § 4° Para os produtos industrializados na Zona Franca de Manaus, salvo os bens de informática e os veículos automóveis, tratores e outros veículos terrestres, suas partes e peças, excluídos os das posições 8711 a 8714 da Tarifa Aduaneira do Brasil (TAB), cujos projetos tenham sido aprovados pelo Conselho de Administração da Suframa até 31 de março de 1991 ou para seus congêneres ou similares, compreendidos na mesma posição e sub posição da Tarifa Aduaneira do Brasil (TAB), constantes de projetos que venham a ser aprovados, no prazo de que trata o art. 40 do Ato das Disposições Constitucionais Transitórias, a redução de que trata o *caput* deste artigo será de oitenta e oito por cento. (Parágrafo incluído pela Lei nº 8.387, de 30.12.91)

### *3.1.2 Imposto sobre produtos industrializados (IPI) vinculados à importação*

Isenção do Imposto sobre Produtos Industrializados vinculados à importação ou entradas na ZFM, destinadas ao seu consumo interno, industrialização em qualquer grau, inclusive beneficiamento, agropecuária, pesca, instalação e a estocagem para reexportação, com exceção de armas e munições, fumo, bebidas alcoólicas, automóveis de passageiros e produtos de perfumaria ou de toucador, preparados e preparações cosméticas. Fundamentação:

Decreto 7212/2010, art. 95, novo Regulamento do IPI

DL 288/67, art. 3 e seu parágrafo primeiro

DL 356/68, art.1; Lei 8032/90, art. 4; lei 8387/91

### *3.1.3 PIS e COFINS vinculado à importação*

A entrada de bens estrangeiros no território nacional terá como base de cálculo o valor aduaneiro conforme redação dada pelo artigo 26 da Lei 12.865/13 para fins de cálculo do PIS e COFINS, ambos vinculados a importação.

a) Como regra geral, a alíquota do PIS é de 1,65%, havendo exceções para diversos tipos de produtos. Fundamentação:

Art. 7°, inciso primeiro da Lei n° 10.865 de 30.04.2004;

Art. 8°, parágrafos 1° a 10°, Lei n° 10.865/2004;

Art. 26 da Lei 12.865 de 09.10.2013.

Instrução Normativa da Receita Federal do Brasil n° 1.401/13.

b) COFINS - vinculada às importações - nas entradas a alíquota aplicada como regra geral é 7,6%, havendo também exceções. Fundamentação:

Art. 8°, parágrafos 1° a 10°, Lei n° 10.865/2004.

Art. 7°, inciso primeiro da Lei n° 10.865 de 30.04.2004.

Instrução Normativa da Receita Federal do Brasil n° 1.401/13.

c) Suspensão do PIS / COFINS - Na importação incidente sobre bens novos destinados à incorporação do ativo imobilizado de pessoa jurídica importadora estabelecida na ZFM. A suspensão converte-se em alíquota zero após decorridos 18 meses da incorporação do bem ao ativo imobilizado da pessoa jurídica importadora. Fundamentação:

Lei n° 10.865, de 2004, art. 14 § 1°;

Lei n° 11.196, de 2005, art. 50;

Decreto n° 5.691, de 2006, art. 1°.

d) Suspensão do PIS/COFINS nas importações efetuadas por empresas localizadas na ZFM de matérias-primas, produtos intermediários e materiais de embalagem, para emprego em processo de industrialização por estabelecimentos industriais localizados na ZFM com projetos aprovados pela SUFRAMA. Fundamentação:

Lei n° 10.865/2004, art. 14-A;

Lei n° 10.925/2004, art. 5°

Lei 10.865/2004, artigo 14-A e Lei 10.925/2004, artigo quinto

> Art. 14-A. Fica suspensa a exigência das contribuições de que trata o art. 1º desta Lei nas importações efetuadas por empresas localizadas na Zona Franca de Manaus de matérias-primas, produtos intermediários e materiais de embalagem para emprego em processo de industrialização por estabelecimentos industriais instalados na Zona Franca de

Manaus e consoante projetos aprovados pelo Conselho de Administração da Superintendência da Zona Franca de Manaus - SUFRAMA. (Incluído pela Lei nº 10.925, 2004) (Vigência)

## *3.2 DESTINAÇÃO: COMPRAS DE PRODUTOS NACIONAIS OU NACIONALIZADOS PELA ZFM*

### *3.2.1 Imposto sobre produtos industrializados – operações internas*

a) Isenção do imposto sobre produtos industrializados para todas as mercadorias produzidas na ZFM quer se destinem ao seu consumo interno, quer à comercialização em qualquer ponto do território nacional, com exceção de armas e munições, fumo, bebidas alcoólicas, automóveis de passageiros.

Decreto-Lei nº 288/67, art. 9º, § 1;

Lei nº 8.387/91, art. 1º;

Emenda Constitucional nº 42.

Lei nº 9.065/95, art. 19.

b) Equivalência a uma exportação brasileira para o estrangeiro na remessa de mercadorias de origem nacional para consumo, ou industrialização na ZFM, ou reexportação para o estrangeiro, ou ainda para serem remetidas à Amazônia.

DL 28867, artigo quarto e DL 356/68, artigo primeiro

c) Isenção do Imposto para produtos elaborados com matérias-primas agrícolas e extrativas vegetais de produção regional, exclusive a de origem pecuária, por estabelecimento localizado na Amazônia Ocidental.

### *3.2.2 PIS E COFINS*

a) Como regra geral, aplicação da alíquota do PIS é de 1,65% sobre o valor total da nota fiscal de compra de outras unidades da Federação, tanto para indústria quanto para o comércio, e a respectiva redução (zero).

Lei 11.033/2004, artigo 17:

> Art. 17. As vendas efetuadas com suspensão, isenção, alíquota 0 (zero) ou não incidência da Contribuição para o PIS/PASEP e da COFINS não impedem a manutenção, pelo vendedor, dos créditos vinculados a essas operações

Lei 10.996/2004, artigo 2, parágrafo terceiro

> § 3º As disposições deste artigo aplicam-se às vendas de mercadorias destinadas ao consumo ou à industrialização nas Áreas de Livre Comércio de que tratam as Leis nºˢ 7.965, de 22 de dezembro de 1989, 8.210, de 19 de julho de 1991, e 8.256, de 25 de novembro de 1991, o art. 11 da Lei nº 8.387, de 30 de dezembro de 1991, e a Lei nº 8.857, de 8 de março de 1994, por pessoa jurídica estabelecida fora dessas áreas. (Incluído pela Lei nº 11.945, de 2009). (Produção de efeitos).

Lei 11.196/2005, artigo 65, parágrafo oitavo

> Art. 65. Nas vendas efetuadas por produtor, fabricante ou importador estabelecido fora da ZFM dos produtos relacionados nos incisos I a VIII do § 1o do art. 2o da Lei no 10.833, de 29 de dezembro de 2003, destinadas ao consumo ou industrialização na ZFM, aplica-se o disposto no art. 2o da Lei no 10.996, de 15 de dezembro de 2004. (Vigência) (Vide Lei nº 11.727, de 2008) (Vigência)
>
> 8º As disposições deste artigo também se aplicam às vendas destinadas ao consumo ou à industrialização nas Áreas de Livre Comércio de que tratam as Leis nºs 7.965, de 22 de dezembro de 1989, 8.210, de 19 de julho de 1991, e 8.256, de 25 de novembro de 1991, o art. 11 da Lei nº 8.387, de 30 de dezembro de 1991, e a Lei nº 8.857, de 8 de março de 1994, por pessoa jurídica estabelecida fora dessas áreas. (Incluído pela Lei nº 11.945, de 2009). (Produção de efeitos).

A COFINS vinculada às compras nacionais – como regra geral, aplica-se alíquota de 7,60% sobre o valor total da Nota Fiscal de compra de outras unidades da Federação, tanto para indústria quanto para o comércio, tendo como incentivo a respectiva redução (zero).

Art. 17 da Lei nº 11.033, de 21 de dezembro de 2004;

Art. 2º da Lei nº 10.996/2004 e art. 65, parágrafo 8º Lei nº 11.196/2005.

## QUADRO RESUMO - COMPRA DE MERCADORIA NACIONAL

| COMPRA DE MERC. NACIONAL PELA: | PIS | COFINS |
|---|---|---|
| ZFM, AMAZONIA OCIDENTAL | 1,65% | 7,6% |
| INCENTIVO NA COMPRA NACIONAL (UTILIZANDO SISTEMA SINAL SUFRAMA) [220] | Redução a Zero | Redução a Zero |

b) Redução à zero das alíquotas do PIS e COFINS incidentes sobre as receitas de vendas de mercadorias destinadas ao consumo ou a industrialização na ZFM e áreas de livre comércio por pessoa jurídica estabelecida fora da ZFM.

Lei nº 10.996, de 2004, art. 2º;

Lei nº 11.196 de 21 de novembro de 2005, art. 65, § 8º

Decreto nº 5.310/04;

Lei nº 11.945/2009, art. 24.

c) Ficam reduzidas a zero as alíquotas da contribuição para PIS e COFINS incidentes sobre as receitas decorrentes da comercialização de matérias primas, produtos intermediários e materiais de embalagens, produzidos na ZFM para emprego em processo de industrialização por estabelecimentos industriais instalados na própria ZFM com projetos aprovados pelo Conselho de Administração da Superintendência da ZFM - CAS.

Lei nº 10.637/2002, art. 5º A;

Lei nº 10.865/2004, art. 37;

Decreto nº 5.310/2004.

220 O Sistema de Internamento de Mercadoria Nacional - SINAL é um sistema que tem como finalidade permitir que as empresas (remetentes, transportadoras e destinatárias) antecipem, por meio de envio de arquivo eletrônico, os dados da documentação fiscal (nota fiscal, conhecimento de transporte e manifesto de carga) para registro, vistoria, análise documental e internamento das notas fiscais que acobertam mercadorias com destino à Amazônia Ocidental e Macapá/AP, requisitos necessários para usufruírem dos benefícios fiscais concedidos às áreas incentivadas administradas pela SUFRAMA. Acessado em 06.01.2015 http://www.suframa.gov.br/suframa_fale_conosco_faq_sinal.cfm

## 3.3 DESTINAÇÃO: EXPORTAÇÃO DE BENS PELA ZFM

A ZFM é uma área de livre comércio que também concede incentivos à exportação, conforme descrito no Artigo primeiro do Decreto-lei número 288/67:

> Artigo 1º A Zona Franca de Manaus é uma área de livre comércio de importação e exportação e de incentivos fiscais especiais, estabelecida com a finalidade de criar no interior da Amazônia um centro industrial, comercial e agropecuário dotado de condições econômicas que permitam seu desenvolvimento, em face dos fatores locais e da grande distância, a que se encontram, os centros consumidores de seus produtos.

### 3.3.1 Imposto de Exportação

Isenção – DL 288/67, artigo quinto

> Artigo 5º A exportação de mercadorias da Zona Franca para o estrangeiro, qualquer que seja sua origem, está isenta do imposto de exportação

### 3.3.2 PIS

Não incidência (Lei nº 10.637/2002 Art. 5º Incisos I e III):

> Artigo 5º A contribuição para o PIS/Pasep não incidirá sobre as receitas decorrentes das operações de:
>
> I - exportação de mercadorias para o exterior;
>
> III - vendas a empresa comercial exportadora com o fim específico de exportação.

### 3.3.3 COFINS

Não incidência (Lei nº 10.833/2003 Art. 6º Incisos I e III):

> Art. 6º A COFINS não incidirá sobre as receitas decorrentes das operações de:

I - exportação de mercadorias para o exterior;

II - prestação de serviços para pessoa física ou jurídica residente ou domiciliada no exterior, cujo pagamento represente ingresso de divisas; (Redação dada pela Lei nº 10.865, de 2004)

III - vendas a empresa comercial exportadora com o fim específico de exportação.

## *3.4 DESTINAÇÃO: VENDAS DE PRODUTOS DA ZFM*

A ZFM concede incentivos fiscais nas operações de venda para o comércio e indústria nas hipóteses a seguir:

### *3.4.1 Imposto sobre produtos industrializados – operações internas*

Isenção do imposto às mercadorias na ZFM, destinadas a seu consumo interno ou industrialização em qualquer grau, inclusive beneficiamento, agropecuária, pesca, instalação e operação de indústrias e serviços de qualquer natureza e a estocagem para reexportação. ( Decreto-Lei 288/67, artigo terceiro)

> Art. 3º A entrada de mercadorias estrangeiras na Zona Franca, destinadas a seu consumo interno, industrialização em qualquer grau, inclusive beneficiamento, agropecuária, pesca, instalação e operação de indústrias e serviços de qualquer natureza e a estocagem para reexportação, será isenta dos impostos de importação, e sobre produtos industrializados. (Vide Decreto-lei nº 340, de 1967

Produtos industrializados na ZFM e comercializados internamente ou com saída interestadual (Decreto-Lei 288/67 artigo 9 e Decreto 7.212/2010, artigo 81, incisos I e II.

**DECRETO-LEI Nº 288/1967 ARTIGO 9º**

> Art. 9º Estão isentas do Imposto sobre Produtos Industrializados (IPI) todas as mercadorias produzidas na Zona Franca de Manaus, quer se destinem ao seu consumo interno,

quer à comercialização em qualquer ponto do Território Nacional. (Redação dada pela Lei nº 8.387, de 30.12.91)

§ 1° A isenção de que trata este artigo, no que respeita aos produtos industrializados na Zona Franca de Manaus que devam ser internados em outras regiões do País, ficará condicionada à observância dos requisitos estabelecidos no art. 7° deste decreto-lei. (Incluído pela Lei nº 8.387, de 30.12.91)

§ 2° A isenção de que trata este artigo não se aplica às mercadorias referidas no § 1° do art. 3° deste decreto-lei. (Incluído pela Lei nº 8.387, de 30.12.91)

## DECRETO Nº 7.212/2010, ARTIGO 81º INCISOS I E II

Art. 81. São isentos do imposto (Decreto-Lei nº 288, de 28 de fevereiro de 1967, art. 9º, e Lei nº 8.387, de 1991, art. 1º):

I - os produtos industrializados na Zona Franca de Manaus, destinados, ao seu consumo interno, excluídos as armas e munições, fumo, bebidas alcoólicas e automóveis de passageiros;

II - os produtos industrializados na Zona Franca de Manaus, por estabelecimentos com projetos aprovados pelo Conselho de Administração da Superintendência da Zona Franca de Manaus - SUFRAMA, que não sejam industrializados pelas modalidades de acondicionamento ou reacondicionamento, destinados à comercialização em qualquer outro ponto do território nacional, excluídos as armas e munições, fumo, bebidas alcoólicas e automóveis de passageiros e produtos de perfumaria ou de toucador, preparados ou preparações cosméticas, salvo quanto a estes (Posições 33.03 a 33.07 da TIPI) se produzidos com utilização de matérias-primas da fauna e flora regionais, em conformidade com processo produtivo básico; e

III - os produtos nacionais entrados na Zona Franca de Manaus, para seu consumo interno, utilização ou industrialização, ou ainda, para serem remetidos, por intermédio de seus entrepostos, à Amazônia Ocidental, excluídos as armas e munições, perfumes, fumo, automóveis de passageiros e

> bebidas alcoólicas, classificados, respectivamente, nos Capítulos 93, 33 e 24, nas Posições 87.03 e 22.03 a 22.06 e nos Códigos 2208.20.00 a 2208.70.00 e 2208.90.00 (exceto o Ex 01) da TIPI (Decreto-Lei nº 288, de 1967, art. 4º, Decreto-Lei nº 340, de 22 de dezembro de 1967, art. 1º, e Decreto-Lei nº 355, de 6 de agosto de 1968, art. 1º).

Produtos elaborados com matérias-primas agrícolas e extrativas vegetais de produção regional, exclusive de origem pecuária, por estabelecimentos localizados na Amazônia Ocidental (Decreto-Lei 1.435/75 artigo 6)

> Artigo 6º Ficam isentos do Imposto sobre Produtos Industrializados os produtos elaborados com matérias-primas agrícolas e extrativas vegetais de produção regional, exclusive as de origem pecuária, por estabelecimentos localizados na área definida pelo § 4º do art. 1º do Decreto-lei nº 291, de 28 de fevereiro de 1967.
>
> § 1º Os produtos a que se refere o *caput* deste artigo gerarão crédito do Imposto sobre Produtos Industrializados, calculado como se devido fosse, sempre que empregados como matérias-primas, produtos intermediários ou materiais de embalagem, na industrialização, em qualquer ponto do território nacional, de produtos efetivamente sujeitos ao pagamento do referido imposto.
>
> § 2º Os incentivos fiscais previstos neste artigo aplicam-se, exclusivamente, aos produtos elaborados por estabelecimentos industriais cujos projetos tenham sido aprovados pela SUFRAMA.

### *3.4.2 PIS COFINS*

PIS - Redução de alíquota - ZFM e ALCS: ( Lei 10.637 de 30.12.2002, artigo 2, parágrafos 4 e 5 e Lei 10.996/2004, artigo 2, parágrafos 4, 5, 6)

**PIS/PASEP e COFINS**

O incentivo consiste na redução das alíquotas incidentes sobre as operações de vendas de produtos na ZFM e vendidos por empresa industrial estabelecida na ZFM, com projeto aprovado pela SUFRAMA, aplicando-se alíquotas diferenciadas.

Este incentivo também se aplica à receita bruta auferida por pessoa jurídica industrial ou comercial estabelecida nas áreas de Livre Comércio.

## LEI Nº 10.637/2002, ART 2º PARÁGRAFOS 4º E 5º

> Art. 2º Para determinação do valor da contribuição para o PIS/Pasep aplicar-se-á, sobre a base de cálculo apurada conforme o disposto no art. 1º, a alíquota de 1,65% (um inteiro e sessenta e cinco centésimos por cento).
>
> § 4º Excetua-se do disposto no *caput* deste artigo a receita bruta auferida por pessoa jurídica industrial estabelecida na Zona Franca de Manaus, decorrente da venda de produção própria, consoante projeto aprovado pelo Conselho de Administração da Superintendência da Zona Franca de Manaus - SUFRAMA, que fica sujeita, ressalvado o disposto nos §§ 1º a 3º deste artigo, às alíquotas de: (Incluído pela Lei nº 10.996, de 2004)
>
> I - 0,65% (sessenta e cinco centésimos por cento), no caso de venda efetuada a pessoa jurídica estabelecida: (Incluído pela Lei nº 10.996, de 2004)
>
> a) na Zona Franca de Manaus; e (Incluído pela Lei nº 10.996, de 2004)
>
> b) fora da Zona Franca de Manaus, que apure a Contribuição para o PIS/PASEP no regime de não-cumulatividade; (Incluído pela Lei nº 10.996, de 2004)
>
> II - 1,3% (um inteiro e três décimos por cento), no caso de venda efetuada a: (Incluído pela Lei nº 10.996, de 2004)
>
> a) pessoa jurídica estabelecida fora da Zona Franca de Manaus, que apure o imposto de renda com base no lucro presumido; (Incluído pela Lei nº 10.996, de 2004)
>
> b) pessoa jurídica estabelecida fora da Zona Franca de Manaus, que apure o imposto de renda com base no lucro real

e que tenha sua receita, total ou parcialmente, excluída do regime de incidência não cumulativa da Contribuição para o PIS/PASEP; (Incluído pela Lei nº 10.996, de 2004)

c) pessoa jurídica estabelecida fora da Zona Franca de Manaus e que seja optante pelo Sistema Integrado de Pagamento de Impostos e Contribuições - SIMPLES; e (Incluído pela Lei nº 10.996, de 2004)

d) órgãos da administração federal, estadual, distrital e municipal. (Incluído pela Lei nº 10.996, de 2004)

§ 5º O disposto no § 4º também se aplica à receita bruta auferida por pessoa jurídica industrial ou comercial estabelecida nas Áreas de Livre Comércio de que tratam as Leis nos 7.965, de 22 de dezembro de 1989, 8.210, de 19 de julho de 1991, e 8.256, de 25 de novembro de 1991, o art. 11 da Lei no 8.387, de 30 de dezembro de 1991, e a Lei no 8.857, de 8 de março de 1994. (Incluído pela Lei nº 11.945, de 2009).

COFINS: Redução de alíquota - ZFM e ALCS (Lei 10.833 de 29.12.2003, artigo 2 parágrafos 4 e 5 e Lei 10.996/2004 artigo 2, parágrafos 4 e 5 e 6)

O incentivo consiste em redução das alíquotas incidentes sobre as operações de vendas de produtos na ZFM e vendidos por empresa industrial estabelecida na ZFM, com projeto aprovado pela Suframa, aplicando-se alíquotas diferenciadas.

Este incentivo também se aplica a receita bruta auferida por pessoa jurídica industrial ou comercial estabelecida nas áreas de Livre Comércio.

## LEI Nº 10.833/2003, ART. 2º PARÁGRAFOS 5º E 6º

Art. 2º Para determinação do valor da COFINS aplicar-se-á, sobre a base de cálculo apurada conforme o disposto no art. 1º, a alíquota de 7,6% (sete inteiros e seis décimos por cento). (Produção de efeito) (Vide Medida Provisória nº 497, de 2010)

§ 5º Excetua-se do disposto no *caput* deste artigo a receita bruta auferida por pessoa jurídica industrial estabelecida na Zona Franca de Manaus, decorrente da venda de produção própria, consoante projeto aprovado pelo Conselho de Administração da Superintendência da Zona Franca de Manaus - SUFRAMA, que fica sujeita, ressalvado o disposto nos §§ 1º a 4º deste artigo, às alíquotas de: (Incluído pela Lei nº 10.996, de 2004)

I - 3% (três por cento), no caso de venda efetuada a pessoa jurídica estabelecida: (Incluído pela Lei nº 10.996, de 2004)

a) na Zona Franca de Manaus; e (Incluído pela Lei nº 10.996, de 2004)

b) fora da Zona Franca de Manaus, que apure a COFINS no regime de não-cumulatividade; (Incluído pela Lei nº 10.996, de 2004)

II - 6% (seis por cento), no caso de venda efetuada a: (Incluído pela Lei nº 10.996, de 2004)

a) pessoa jurídica estabelecida fora da Zona Franca de Manaus, que apure o imposto de renda com base no lucro presumido; (Incluído pela Lei nº 10.996, de 2004)

b) pessoa jurídica estabelecida fora da Zona Franca de Manaus, que apure o imposto de renda com base no lucro real e que tenha sua receita, total ou parcialmente, excluída do regime de incidência não cumulativa da COFINS; (Incluído pela Lei nº 10.996, de 2004)

c) pessoa jurídica estabelecida fora da Zona Franca de Manaus e que seja optante pelo Sistema Integrado de Pagamento de Impostos e Contribuições - SIMPLES; e (Incluído pela Lei nº 10.996, de 2004)

d) órgãos da administração federal, estadual, distrital e municipal. (Incluído pela Lei nº 10.996, de 2004)

§ 6º O disposto no § 5º também se aplica à receita bruta auferida por pessoa jurídica industrial ou comercial estabelecida nas Áreas de Livre Comércio de que tratam as Leis nºs 7.965, de 22 de dezembro de 1989, 8.210, de 19 de julho de 1991, e 8.256, de 25 de novembro de 1991, o art. 11 da Lei no 8.387, de 30 de dezembro de 1991, e a Lei no 8.857, de 8 de março de 1994. (Incluído pela Lei nº 11.945, de 2009).

§ 7º A exigência prevista no § 5º deste artigo relativa ao projeto aprovado não se aplica às pessoas jurídicas comerciais referidas no § 6º deste artigo. (Incluído pela Lei nº 11.945, de 2009).

## LEI Nº 10.996/2004 ART. 2º, M PARÁGRAFOS 4º, 5º E 6º - PIS/COFINS

Art. 2º Ficam reduzidas a 0 (zero) as alíquotas da Contribuição para o PIS/PASEP e da Contribuição para o Financiamento da Seguridade Social - COFINS incidentes sobre as receitas de vendas de mercadorias destinadas ao consumo ou à industrialização na Zona Franca de Manaus - ZFM, por pessoa jurídica estabelecida fora da ZFM.

§ 1º Para os efeitos deste artigo, entendem-se como vendas de mercadorias de consumo na Zona Franca de Manaus - ZFM as que tenham como destinatárias pessoas jurídicas que as venham utilizar diretamente ou para comercialização por atacado ou a varejo.

§ 2º Aplicam-se às operações de que trata o ***caput*** deste artigo as disposições do inciso II do § 2o do art. 3o da Lei no 10.637, de 30 de dezembro de 2002, e do inciso II do § 2o do art. 3o da Lei no 10.833, de 29 de dezembro de 2003.

§ 3º As disposições deste artigo aplicam-se às vendas de mercadorias destinadas ao consumo ou à industrialização nas Áreas de Livre Comércio de que tratam as Leis nºs 7.965, de 22 de dezembro de 1989, 8.210, de 19 de julho de 1991, e 8.256, de 25 de novembro de 1991, o art. 11 da Lei nº 8.387, de 30 de dezembro de 1991, e a Lei nº 8.857, de 8 de março de 1994, por pessoa jurídica estabelecida fora dessas áreas. (Incluído pela Lei nº 11.945, de 2009). (Produção de efeitos).

§ 4º Não se aplica o disposto neste artigo às vendas de mercadorias que tenham como destinatárias pessoas jurídicas atacadistas e varejistas, sujeitas ao regime de apuração não cumulativa da Contribuição para o PIS/Pasep e da Cofins, estabelecidas nas Áreas de Livre Comércio referidas no § 3º. (Incluído pela Lei nº 12.350, de 2010)

§ 5º Nas notas fiscais relativas à venda de que trata o ***caput*** deste artigo, deverá constar a expressão "Venda de mercadoria efetuada com alíquota zero da Contribuição para o PIS/Pasep e da Cofins", com a especificação do dispositivo legal correspondente.

## QUADRO RESUMO

## ALIQUOTAS DO PIS E COFINS - VINCULADOS ÀS VENDAS NACIONAIS E ALIQUOTAS DIFERENCIADAS ZFM E ALCS.

| ALIQUOTAS DIFERENCIADAS NAS VENDAS DA ZMF E ALCS | PIS | COFINS |
|---|---|---|
| Venda efetuada a pessoa jurídica estabelecida na ZFM e ALCS | **0,65%** | **3%** |
| Venda efetuada a pessoa jurídica estabelecida FORA da ZFM e das ALCs, que apure PIS COFINS no regime de não cumulatividade | **0,65%** | **3%** |
| Venda efetuada a pessoa jurídica estabelecida FORA da ZFM e das ALCs, que apure o imposto de renda com base no lucro presumido | **1,3%** | **6%** |
| Venda efetuada a pessoa jurídica estabelecida FORA da ZFM e das ALCs, que apure o imposto de renda com base no lucro real e que tenha sua receita, total ou parcialmente excluída do regime de incidência não cumulativa do PIS-COFINS | **1,3%** | **6%** |
| Venda efetuada a pessoa jurídica estabelecia FORA da ZFM e das áreas de ALCs que seja optante do Simples | 1,3% | 6% |
| Venda efetuada a órgão da administração federal, estadual, distrital e municipal | 1,3% | 6% |

## PIS E COFINS - BENS INTERMEDIÁRIOS

Redução a zero das alíquotas da contribuição para o PIS e COFIS incidentes sobre as receitas decorrentes da comercialização de matérias-primas, produtos intermediários e materiais de embalagem, produzidos na ZFM, para emprego em processo de industrialização por estabelecimentos industriais instalados na ZFM com projeto aprovado pela SUFRAMA.

## LEI N.º 10.637/2002, ART. 5º-A;

> Art. 5º-A Ficam reduzidas a 0 (zero) as alíquotas da contribuição para o PIS/PASEP e da COFINS incidentes sobre as receitas decorrentes da comercialização de matérias-primas, produtos intermediários e materiais de embalagem, produzidos na Zona Franca de Manaus para emprego em processo de industrialização por estabelecimentos industriais ali instalados e consoante projetos aprovados pelo Conselho de Administração da Superintendência da Zona Franca de Manaus - SUFRAMA. (Redação dada pela Lei nº 10.865, de 2004) (Vide Lei nº 10.925, de 2004)

## PIS - OBTENÇÃO DE CRÉDITOS

Créditos na aquisição de mercadoria produzida por pessoa jurídica industrial estabelecia na ZFM e áreas de livre comércio, consoante projeto aprovado pela SUFRAMA, determinado mediante a aplicação da alíquota de PIS de 1%, na condição de que trata o parágrafo 12 do artigo três da Lei 10.637/2002. Na hipótese da pessoa jurídica comercial estabelecia nas ALCs, o crédito deve ser calculado com aplicação de alíquota de 0,65% para revenda de mercadoria conforme teor dos parágrafos 15 e 16 do art. 3 da Lei 10.637/2002, introduzidos pela Lei 11.945 de 04.06.2009.

## LEI Nº 10.637/2002 ART. 3º, §§ 12, 15 E 16.

> Art. 3º Do valor apurado na forma do art. 2º a pessoa jurídica poderá descontar créditos calculados em relação a: Produção de efeito (Vide Lei nº 11.727, de 2008) (Produção de efeitos) (Vide Medida Provisória nº 497, de 2010)
>
> § 12. Ressalvado o disposto no § 2º deste artigo e nos §§ 1º a 3º do art. 2º desta Lei, na aquisição de mercadoria produzida por pessoa jurídica estabelecida na Zona Franca de Manaus, consoante projeto aprovado pelo Conselho de Administração da Superintendência da Zona Franca de Manaus - SUFRAMA, o crédito será determinado mediante a aplicação da alíquota de 1% (um por cento) e, na situação de que trata a alínea *b* do inciso II do § 4º do art. 2º desta

Lei, mediante a aplicação da alíquota de 1,65% (um inteiro e sessenta e cinco centésimos por cento). (Redação dada pela Lei nº 11.307, de 2006)

§ 15. O disposto no § 12 deste artigo também se aplica na hipótese de aquisição de mercadoria produzida por pessoa jurídica estabelecida nas Áreas de Livre Comércio de que tratam as Leis nos 7.965, de 22 de dezembro de 1989, 8.210, de 19 de julho de 1991, e 8.256, de 25 de novembro de 1991, o art. 11 da Lei no 8.387, de 30 de dezembro de 1991, e a Lei no 8.857, de 8 de março de 1994. (Incluído pela Lei nº 11.945, de 2009). (Produção de efeitos).

**COFINS** - Crédito na aquisição de mercadoria produzida por pessoa jurídica industrial estabelecia na ZFM e áreas de livre comércio, consoante projeto aprovado pela SUFRAMA, determinado mediante a aplicação da alíquota de 4,60%, na condição de que trata o parágrafo 17 do art. 3 da Lei 10.833./2003.

Na hipótese de pessoa jurídica comercial estabelecia nas ALC, o crédito deve ser calculado com aplicação de alíquota de 3% para revenda de mercadoria conforme teor dos parágrafos 23 e 24 do art. 3 da Lei 10.833 de 29.12.2003, (exceto as pessoas jurídicas atacadistas e varejistas sujeitos ao regime de apuração não cumulativa)

**LEI Nº 10.833/2003 ART. 3º, §§ 17, 23 E 24**

Art. 3º Do valor apurado na forma do art. 2º a pessoa jurídica poderá descontar créditos calculados em relação a: (Produção de efeito) (Vide Medida Provisória nº 497, de 2010) (Regulamento)

§ 17. Ressalvado o disposto no § 2º deste artigo e nos §§ 1º a 3º do art. 2º desta Lei, na aquisição de mercadoria produzida por pessoa jurídica estabelecida na Zona Franca de Manaus, consoante projeto aprovado pelo Conselho de Administração da Superintendência da Zona Franca de Manaus (Suframa), o crédito será determinado mediante a aplicação da alíquota: (Redação dada pela Lei nº 12.507, de 2011)

I - de 5,60% (cinco inteiros e sessenta centésimos por cento), nas operações com os bens referidos no inciso VI do art. 28 da Lei nº 11.196, de 21 de novembro de 2005; (Incluído pela Lei nº 12.507, de 2011)

II - de 7,60% (sete inteiros e sessenta centésimos por cento), na situação de que trata a alínea "b" do inciso II do § 5º do art. 2º desta Lei; e (Incluído pela Lei nº 12.507, de 2011)

III - de 4,60% (quatro inteiros e sessenta centésimos por cento), nos demais casos. (Incluído pela Lei nº 12.507, de 2011)

§ 23. O disposto no § 17 deste artigo também se aplica na hipótese de aquisição de mercadoria produzida por pessoa jurídica estabelecida nas Áreas de Livre Comércio de que tratam as Leis nºs 7.965, de 22 de dezembro de 1989, 8.210, de 19 de julho de 1991, e 8.256, de 25 de novembro de 1991, o art. 11 da Lei no 8.387, de 30 de dezembro de 1991, e a Lei no 8.857, de 8 de março de 1994. (Incluído pela Lei nº 11.945, de 2009). (Produção de efeito).

§ 24. Ressalvado o disposto no § 2º deste artigo e nos §§ 1º a 3º do art. 2º desta Lei, na hipótese de aquisição de mercadoria revendida por pessoa jurídica comercial estabelecida nas Áreas de Livre Comércio referidas no § 23 deste artigo, o crédito será determinado mediante a aplicação da alíquota de 3% (três por cento). (Incluído pela Lei nº 11.945, de 2009).

| FATO GERADOR | CREDITO PIS | CRÉDITO COFINS |
|---|---|---|
| Aquisição de mercadoria produzida por pessoa jurídica industrial estabelecida na ZFM e áreas de livre comércio | 1% | 4% |
| Aquisição de mercadorias produzidas por pessoa jurídica comercial, exceto as pessoas jurídicas atacadistas e varejistas sujeitas ao regime de apuração cumulativa, estabelecidas na ALCS | 0,65% | 3% |

### 3.4.3 IMPOSTO DE IMPORTAÇÃO

Isenção do Imposto para mercadorias na ZFM, destinadas a seu consumo interno ou industrialização em qualquer grau, inclusive beneficiamento, agropecuária, pesca, instalação e operação de indústrias e serviços de qualquer natureza, ou à estocagem para reexportação. (Decreto-Lei 288/67 artigo terceiro).

> Artigo 3º A entrada de mercadorias estrangeiras na Zona Franca, destinadas a seu consumo interno, industrialização em qualquer grau, inclusive beneficiamento, agropecuária, pesca, instalação e operação de indústrias e serviços de qualquer natureza e a estocagem para reexportação, será isenta dos impostos de importação, e sobre produtos industrializados. (Vide Decreto-lei nº 340, de 1967

Redução do imposto na saída de produtos industrializados na ZFM, para qualquer ponto do território nacional (Decreto-Lei 288/67 artigo 7), compreendendo:

> Art. 7° Os produtos industrializados na Zona Franca de Manaus, salvo os bens de informática e os veículos automóveis, tratores e outros veículos terrestres, suas partes e peças, excluídos os das posições 8711 a 8714 da Tarifa Aduaneira do Brasil (TAB), e respectivas partes e peças, quando dela saírem para qualquer ponto do Território Nacional, estarão sujeitos à exigibilidade do Imposto sobre Importação relativo a matérias-primas, produtos intermediários, materiais secundários e de embalagem, componentes e outros insumos de origem estrangeira neles empregados, calculado o tributo mediante coeficiente de redução de sua alíquota ad valorem, na conformidade do § 1° deste artigo, desde que atendam nível de industrialização local compatível com processo produtivo básico para produtos compreendidos na mesma posição e subposição da Tarifa Aduaneira do Brasil (TAB). (Redação dada pela Lei nº 8.387, de 30.12.91)

Redução variável do II através do CRA – Coeficiente de Redução de Alíquota

(Decreto-Lei 288/67 artigo 7, parágrafo primeiro). [221]

221 Os veículos automóveis, tratores e outros veículos terrestres, suas partes e peças, excluídos os das posições e sub posições 8711 a 8714 da Tabela Aduaneira do Brasil (TAB) e respectivas partes e peças, industrializados na Zona Franca de Manaus, quando dela saírem para qualquer ponto do Território Nacional, estarão sujeitos à exigibilidade do Imposto sobre Importação relativo a matérias-primas, produtos intermediários, materiais secundários e de embalagem, compo-

Lei 8.387 de 30.12.91 parágrafo primeiro incluído pela respectiva lei.

> § 1° O coeficiente de redução do imposto será obtido mediante a aplicação da fórmula que tenha: (Parágrafo incluído pela Lei nº 8.387, de 30.12.91)
>
> I - no dividendo, a soma dos valores de matérias-primas, produtos intermediários, materiais secundários e de embalagem, componentes e outros insumos de produção nacional e da mão-de-obra empregada no processo produtivo; (Inciso incluído pela Lei nº 8.387, de 30.12.91)
>
> II - no divisor, a soma dos valores de matérias-primas, produtos intermediários, materiais secundários e de embalagem, componentes e outros insumos de produção nacional e de origem estrangeira, e da mão-de-obra empregada no processo produtivo. (Inciso incluído pela Lei nº 8.387, de 30.12.91)

Redução fixa de 88% do II[222] (Decreto-Lei 288/67 – artigo 7 parágrafo 4):

> § 4° Para os produtos industrializados na Zona Franca de Manaus, salvo os bens de informática e os veículos automóveis, tratores e outros veículos terrestres, suas partes e peças, excluídos os das posições 8711 a 8714 da Tarifa Aduaneira do Brasil (TAB), cujos projetos tenham sido aprovados pelo Conselho de Administração da Suframa até 31 de março de 1991 ou para seus congêneres ou similares, compreendidos na mesma posição e sub posição da Tarifa Aduaneira do Brasil (TAB), constantes de projetos que venham a ser aprovados, no prazo de que trata o art. 40 do Ato das Disposições Constitucionais Transitórias, a redução de que trata o *caput* deste artigo será de oitenta e oito por cento. (Parágrafo incluído pela Lei nº 8.387, de 30.12.91)

---

nentes e outros insumos, de origem estrangeira e neles empregados, conforme coeficiente de redução estabelecido neste artigo, ao qual serão acrescidos cinco pontos percentuais. (Parágrafo incluído pela Lei nº 8.387, de 30.12.91).

222 Para matérias-primas, materiais secundários e materiais de embalagem na industrialização de Produtos destinados à comercialização em qualquer ponto do território nacional, exceto para bens de Informática e veículos automóveis, tratores e outros veículos terrestres, excluídos da posição 8711 a 8714.

### 3.5 IMPOSTO DE RENDA PESSOA JURÍDICA – SUPERINTENDENCIA DE DESENVOLVIMENTO DA AMAZONIA – SUDAM [223]

Neste item destacamos três possibilidades de incentivos que podem ser adotadas pelo contribuinte:

1 - Redução do Imposto de Renda Pessoa jurídica sobre o lucro de exploração pelo prazo de 10 anos ou até 2013, conforme o artigo 23 do Decreto-Lei 756/69 e alterações subsequentes, observadas as disposições da Medida Provisória 2.199-14 de 24.08.2001 que destaca: Redução de 75% do Imposto de Renda sobre o lucro de exploração pelo período de 10 anos ou até 2013. O valor que a empresa deixar de recolher como incentivo deverá ser capitalizado ano a ano, reforçando o capital social da empresa, não podendo ser distribuído como lucro.

Nos termos do artigo 32 da Lei 11.196/05 este prazo foi ampliado até 2023, que destaca: Artigo 32 – O artigo primeiro da Medida provisória 2.199-14 de 24.08.2001, passa a vigorar com a seguinte redação – "Sem prejuízo das demais normas em vigor aplicáveis à matéria, a partir do ao calendário de 2000, as pessoas jurídicas que tenham projeto protocolizado e aprovado até 31.12.2013 para instalação, ampliação, modernização ou diversificação enquadrado em setores da economia considerados, em ato do Poder Executivo, prioritários para o desenvolvimento regional, nas áreas de atuação das extintas Superintendência de Desenvolvimento Nordeste, Sudene e Sudam, terão direito à redução de 75% do imposto de renda e adicionais, calculados com base no lucro da exploração. Parágrafo primeiro - A fruição do benefício fiscal referido no *caput* deste artigo dar-se-á a partir do ano calendário subsequente àquele em que o projeto de instalação, ampliação, modernização ou diversificação entrar em operação, segundo laudo expedido pelo ministério da Integração Nacional até o último dia útil do mês de março do ano calendário subsequente ao do início da operação. Parágrafo terceiro – O prazo de fruição do benefício fiscal será de 10 anos, contados a partir do ano calendário de início de sua fruição.`

223 Conforme definido pelo art. 43 do Código Tributário Nacional, o Imposto de Renda Pessoa Jurídica é um tributo devido à União que incide sobre rendimentos, ganhos e lucros resultantes de operações industriais, mercantis ou de prestação de serviços. Abrange acréscimos patrimoniais decorrentes de ganhos de capital, obtidos pelos contribuintes considerados pessoas jurídicas, equiparados à pessoa jurídica e empresas individuais. A sistemática de apuração do imposto de renda das empresas contempla quatro regimes: a) lucro real; b) lucro presumido; c) lucro arbitrado; d) simples nacional.

2 - Redução fixa de 75% do IRPJ[224] - Incentivo fiscal às pessoas jurídicas titulares de projetos de implantação, modernização, ampliação ou diversificação de empreendimentos protocolizados na Sudam até 31.12.2018, com redução de 75% do IRPJ, inclusive adicionais não restituíveis com fruição de 10 anos. Habilitação ao incentivo:

- A unidade produtora deve estar situada e funcionando na Amazônia Legal;
- A atividade do empreendimento deve estar relacionada dentre os setores da economia considerados prioritários para o desenvolvimento regional, conforme Decreto 4.212/2002;
- O Empreendimento deve estar produzindo ou operando com utilização superior a 20% da capacidade real instalada do empreendimento.

3 - Reinvestimento - 30% do IRPJ [225] - Incentivo fiscal destinado a pessoas jurídicas com empreendimentos em operação na Amazônia legal, com o reinvestimento de 30% do imposto devido, em projetos de modernização ou complementação de equipamento, com concessão até 2.018. Habilitação ao incentivo:

- A unidade produtora deve estar situada e funcionando na Amazônia legal;
- A atividade do empreendimento deve estar relacionada dentre os setores da economia considerados prioritários para o desenvolvimento regional, conforme Decreto 4.212/2002. Benefício fiscal do investimento, conforme estabelece o parágrafo terceiro, artigo 27 da portaria 283/2013 MI.

## 4 INCENTIVOS FISCAIS ESTADUAIS - ICMS

Os incentivos fiscais do Estado do Amazonas são regulamentados pela Lei Estadual nº 2.826/2003, com as alterações introduzidas pelas Lei

224 http://www.sudam.gov.br/incentivo-a-investimentos/incentivos-fiscais/879 - Acesso em 21.01.2015

225 http://www.sudam.gov.br/incentivo-a-investimentos/incentivos-fiscais/882 - Acesso em 21.01.2015

Nº. 2.879, de 31 de março de 2004, Lei nº 2.927/04 de 17 de novembro de 2004, Lei Nº. 3.022, de 28 de dezembro de 2005 e convênio ICMS 65/88.

Nessa ambiência, destacamos o Crédito Estímulo, a título de incentivo fiscal, concedido pelo Estado que representa o que a empresa deverá deixar de recolher de ICMS a título de restituição parcial ou total, variando de 55% a 100% (dependendo do projeto) do Imposto sobre Operações Relativas à Circulação de Mercadorias e sobre Prestação de Serviços de Transporte Interestadual e Intermunicipal e de Comunicação. É calculado pela diferença entre os débitos e créditos decorrentes das operações realizadas no período (RPA), onde o contribuinte incentivado recolhe apenas a diferença entre o saldo devedor e o valor do crédito estímulo.

É concedida a Isenção do ICMS nas saídas internas de insumos produzidos no Estado ou importados do exterior, realizados sob amparo do - Programa Especial de Exportação da Amazônia Ocidental – PEXPAM e nas entradas de máquinas e equipamentos de procedência nacional ou estrangeira ao ativo permanente do estabelecimento industrial, destinados exclusivamente ao processo de produção de produtos, conforme artigo 17, inciso I, II, III da Lei Estadual 2.826/03.

Também existem outras hipóteses de redução da base de cálculo, isenções, diferimento e crédito presumido do ICMS, porém, isso depende da classificação do produto e enquadramento do projeto junto aos órgãos públicos.

A empresa que receber os benefícios do ICMS deverá recolher ao Fundo de Fomento ás Micro e Pequenas Empresas – FMPES no valor correspondente a 6% do crédito estímulo, calculado em cada período de apuração do ICM, exceto bens intermediários nos termos da Lei Estadual 2.629/00, artigo 23 e Lei Estadual 2.826/03, inciso XIII, a.[226]

Também deve recolher em favor do Fundo de Fomento, Turismo, Infraestrutura, Serviços e Interiorização do Desenvolvimento do Amazonas - FTI 2% sobre o valor FOB das importações e 1% sobre o faturamento bruto das empresas industriais beneficiadas com nível de 100% de crédito estimulo, 1% sobre o faturamento bruto quando se tratar de

226 http://www.sefaz.am.gov.br/Areas/OpcaoSistemas/SILT/Normas/Legisla%E7%E3o%20Estadual/Lei%20Estadual/Ano%202003/Arquivo/LE_2826_03.htm - acesso em 08.01.2014

bens intermediários com diferimento, 1% sobre o valor das matérias primas, bens intermediários, materiais secundários e de embalagem procedentes de outras unidades da Federação e adquiridos pelas indústrias produtoras de bens finais incentivados, exceto na hipótese dos bens previstos no artigo 13, parágrafo 13, II, III e IV, conforme Lei Estadual 2.826/03, artigo 19, inciso XIII, letra "c", 1, 2, 3, 4.

Na mesma linha conforme Lei Estadual 2.826/03, inciso XIII, letra b, 1, 2, 3, deverá recolher em favor da Universidade do Estado do Amazonas - UEA o valor correspondente a:

- 10% do crédito estímulo, calculado em cada período de apuração do ICMS, quando se tratar de empresa industrial beneficiada com nível de 100% de crédito estímulo;

- 1,3% sobre o faturamento bruto, sujeito a diferimento, quando se tratar das operações previstas no artigo 14, II;

- 1,5% do crédito do estimulo calculado em cada período de apuração do ICMS, nos demais casos,

## 5 CONCLUSÕES

A carga tributária das empresas brasileiras é uma das maiores do mundo e ano a ano tem aumentado fazendo com que o produto produzido localmente tenha um preço elevado, consequentemente perdendo competitividade em um mercado globalizado, ocasionando o fechamento de indústrias e aumento das importações dos países asiáticos.

Neste cenário, destacamos a região da Zona Franca de Manaus que, apesar de sua distância dos grandes centros urbanos, possui diversos incentivos fiscais federais e estaduais para que as indústrias se instalem na região, tornando-se assim uma região sob incentivos tributários no norte do Brasil.

Não podemos deixar de enfatizar que os atuais incentivos fiscais estão constitucionalmente assegurados até o ano de 2.073, e sendo um preceito constitucional, não pode ser alterado por uma lei ordinária ou complementar.

Neste estudo destacamos de forma objetiva os principais incentivos disponibilizados pelo governo federal e estadual para as indústrias, enfatizando a redução da carga tributária nas diversas operações empresariais cotidianas, citando inclusive a legislação vigente.

Evidente que neste breve estudo não temos a pretensão de esgotar o tema, e sim fornecer aos empresários, administradores e acadêmicos uma visão estratégica de negócios, onde, é possível reduzir licitamente a carga tributária e fabricar produtos de qualidade com preços globalizados, tanto para o mercado local, quanto para o mercado externo.

Em síntese, a ZFM é uma opção de investimento para as empresas estrangeiras que pretendem se instalar no território nacional, como também é uma oportunidade para as indústrias situadas em outras regiões do território nacional avaliarem a possibilidade de se instalarem na região incentivada com o objetivo de reduzir a carga tributária em seus produtos e assim contribuírem para o desenvolvimento regional e, ao mesmo tempo, incrementarem seus resultados.

# REFERÊNCIAS


ABRAHAM, Marcus. **O planejamento tributário e o direito privado**. São Paulo: Quartier Latin, 2007.

ABREU FILHO, José Carlos Franco de, CRISTOVÃO, Pereira de, DANILO, Américo, CURY, Marcos Vinicius Quintella. **Finanças corporativas.** Rio de Janeiro: FGV Editora, 2012, p. 136

ALVIM, Agostinho. **Comentários ao código civil**. Rio de Janeiro: Editora Jurídica e Universitária, 1968.

ARAÚJO, Inaldo da Paixão. **Introdução à auditoria operacional** Rio de Janeiro; FGV, 2006.

ASCARELLI, Tullio. **Problemas das sociedades anônimas e o direito comparado.** São Paulo: Saraiva, 1945.

ASSAF NETO, Alexandre. **Finanças corporativas e valor**. São Paulo: Atlas, 2008.

ATTIE, William. **Auditoria conceitos e aplicações.** São Paulo: Atlas, 2011.

BARROS, Flávio Augusto Monteiro. **Direito Penal.** São Paulo: Saraiva, 1999.

BELMIRO, Luiz Alberto Gravina. **Administração estratégica**. Rio de Janeiro, LTC, 2014.

BLANCHET, Jeanne D"arc Anne Marie. **A função social da empresa, a liberdade econômica e o bem comum**. Curitiba: Gênesis, 2004.

BRANCO, Gerson Luiz Carlos. **Função social dos contratos – interpretação à luz do código civil**. São Paulo: Saraiva, 2009.

BRUNETTI, Antonio. **Trattato del diritto delle società**. Milano: Dott A. Giuffré, 1950.

BULGARELLI, Waldirio. **Sociedades comerciais.** São Paulo: Atlas, 1998.

__________. **Novos contratos empresariais**. São Paulo: RT, 1990.

CALÇAS, Manoel de Queiroz Pereira. **Sociedade limitada no novo código civil**. São Paulo: Atlas, 2003.

CAROTA, José Carlos. **A função social da empresa e o planejamento tributário federal.** São Paulo: Allprint, 2013.

CAROTA, José Carlos, DOMANICO FILHO, Roberto. **Riscos empresariais contemporâneos**. São Paulo: Allprint, 2011.

CAROTA, José Carlos. **Revista autônoma de direito.** Curitiba; Juruá, 2008.

CARRAZZA. Antônio Roque. **Curso de direito constitucional tributário**. São Paulo: Malheiros, 2002.

COELHO, Fábio Ulhoa. **Manual de direito comercial**. São Paulo: Saraiva, 2012.

COELHO, Fábio Ulhoa. **Curso de direito comercial**. São Paulo: Saraiva, 2007.

__________. **Curso de direito comercial**. São Paulo: Saraiva, 2012.

Coordenação geral de estudos econômicos e empresariais - COGEC, **Cartilha de incentivos fiscais - um guia para quem deseja investir na Amazônia ocidental.** Manaus, 2014.

CREPALDI, Silvio Aparecido. **Contabilidade gerencial**. São Paulo: Atlas,2008.

CREPALDI. Silvio Aparecido. **Auditoria contábil - teoria e prática**. São Paulo: Atlas, 2013.

CREPALDI, Silvio Aparecido. **Curso básico de contabilidade de custos**. São Paulo: Atlas, 2010.

COURA, Betovem, PAVAN, Alexandre. **Controladoria.** Rio de Janeiro: FGV, 2014.

DELMANTO, Celso; DELMANTO, Roberto; DELMANTO JR., Roberto; DELMANTO, Fabio M. de Almeida. **Código Penal Comentado**. São Paulo: Saraiva, 2010.

DINIZ, Maria Helena. **Código civil anotado**. São Paulo: Saraiva, 2006.

FIUZA, Ricardo. **Código civil comentado**. São Paulo: Saraiva, 2010, 2003.

FIUZA, Ricardo/ LUCCA, Newton de (Autores), SILVA, Regina Beatriz Tavares da (Coord.). Código civil comentado. São Paulo: Saraiva, 2010.

FROTA, Pablo Malheiros de Cunha. **Danos morais e a pessoa jurídica.** São Paulo: Método, 2008.

GITMAN, Lawrence J. **Princípios de administração financeira.** São Paulo: Pearson, 2010, 2012.

HIGUCHI, Hiromi, HIGUCHI, Fabio Hiroshi e HIGUCHI, Celso Hiroyuki. **Imposto de renda das empresas - interpretação e prática.** São Paulo: IR Publicações, 2007.

HOOG, Wilson Roberto Zappa, CARLIN, Everson Luiz Breda. **Valuation - Manual de avaliação teoria e prática.** Curitiba: Juruá, 2015,

IUDICIBUS, Sergio de, MARTINS, Eliseu, GELBCKE, Ernesto Rubens, SANTOS, Ariovaldo dos. **Manual de contabilidade societária FIPECAFI.** São Paulo: Atlas, 2010.

IUDICIBUS, Sergio. **Análise de balanços.** São Paulo: Atlas, 2017.

JAFFE, Westerfield Ross. **Administração financeira - *corporate finance*.** São Paulo: Atlas, 2007.

KONTZ, Harold. **Princípios de administração - vol. 1** - São Paulo: Pioneira, 1980.

LEMES, Sirlei, CARVALHO, L. Nelson. **Contabilidade internacional para graduados.** São Paulo: Atlas, 2010.

LIMA, Luiz Murilo Strube. **IFRS entendendo e aplicando as normas internacionais de contabilidade.** São Paulo: Atlas, 2010.

LORENTZ, Francisco. **Contabilidade e análise de custos.** Rio de Janeiro: Freitas Bastos, 2015.

LUCCA, Newton de. **Da ética geral à ética empresarial.** São Paulo: Quartier Latin, 2009.

MAMEDE, Gladston. **Empresa e atuação empresarial.** v.1. São Paulo: Atlas, 2004.

MAMEDE, Gladston. **Falência e recuperação de empresas.** São Paulo: Atlas, 2009.

MARION, José Carlos. **Contabilidade empresarial.** São Paulo: Atlas, 2005, 2009

MARQUES, Claudia Lima, BENJAMIN, Antônio Herman V., MIRAGEN, Bruno. **Comentários ao código de defesa do consumidor.** São Paulo: RT, 2010.

MARTINS, Eliseu. **Contabilidade de Custos.** São Paulo: Atlas, 2010.

MATARAZZO, Dante Carmine. **Análise financeira de balanços.** São Paulo: Atlas, 2010.

MIGLIAVACCA, Paulo N. **Business dictionary**. São Paulo: Edicta. 1999.

MIGLIAVACCA, Paulo N. **Controle interno nas organizações.** São Paulo: Edicta, 2002.

NASCIMENTO, Auster Moreira, REGINATO, Luciane. **Controladoria - um enfoque organizacional.** São Paulo: Atlas, 2007.

NEGRÃO, Ricardo. **Manual de direito comercial de empresa**. São Paulo: Atlas, 2011, V.1.

NEVES, Silvério das, VICECCONTI, Paulo **E.V. Contabilidade avançada e análise das demonstrações financeiras**. São Paulo: Saraiva, 2010.

NEVES, Silvério das, VICECONTI, Paulo E.V. **Curso prático de imposto de renda e tributos conexos**. São Paulo: Frase, 2007.

NEVES, Silvério das, VICECONTI, Paulo E.V. C. **Contabilidade de custos - um enfoque direto e objetivo**. São Paulo: Frase, 2010.

NIYAMA, Jorge Katsumi. **Contabilidade Internacional**. São Paulo: Atlas, 2010.

NOGUEIRA, Ruy Barbosa. **Função fiscal e extrafiscal dos Impostos**. Volume 380, São Paulo: RT, 1967.

OLIVEIRA, Luís Martins, PEREZ JR. Jose Hernandez, SILVA, Carlos Alberto dos Santos. **Controladoria estratégica**. São Paulo: Atlas, 2005, 2010.

PADOVEZE, Clóvis Luís. **Controladoria estratégica e operacional**. São Paulo: Cengage, 2012.

ROSS, A. Stephen; WESTERFIELD, Randolph W.; JAFFE, Jeffrey. **Administração financeira -** ***corporate finance***. São Paulo: Atlas, 2007.

SÁ, Antônio Lopes, SÁ, Ana Maria Lopes de. **Dicionário de contabilidade**. São Paulo: Atlas, 2009, 2012.

PÊGAS, Paulo Henrique. **Manual de contabilidade tributária**. Rio de Janeiro: Freitas Bastos, 2006, 2007.

PEREZ JR, José Hernandez. **Conversão das demonstrações contábeis**. São Paulo: Atlas,1998.

PEREZ JR., José Hernandez. **Conversão das demonstrações contábeis**. São Paulo: Atlas, 2005.

SANTOS, José Luiz dos, SCHMIDT, Paulo, FERNANDES, Luciane Alves. **Introdução à contabilidade internacional**. São Paulo: Atlas, 2006.

SÁ, Antônio Lopes de. SÁ, Ana Maria Lopes de. **Dicionário de contabilidade**. São Paulo: Atlas, 2009.

SCHIER, Carlos Ubiratan da Costa. **Controladoria como instrumento de gestão**. Curitiba: Juruá, 2010.

SCHMIDT, Paulo, SANTOS, José Luiz, MARTINS, Marco Antônio dos Santos. **Manual de controladoria**. São Paulo: Atlas, 2014.

SCHMIDT, Paulo, SANTOS, José Luiz, MARTINS, Marco Antônio dos Santos. **Contabilidade societária**. São Paulo: Atlas, 2015.

SILVA, Bruno Matos e. **Direito da empresa**. São Paulo: Atlas, 2007.

SILVA, De Plácido E. **Vocabulário jurídico**. Forense; Rio de Janeiro, 1984.

SOARES, Renata Domingues Balbino Munhoz. **A boa-fé objetiva e o inadimplemento do contrato**. São Paulo: LTR, 2008.

SZTAIN, Rachel. **A disciplina das sociedades no código civil brasileiro**. São Paulo: Quartier Latin, 2010.

TEIXEIRA, Egberto Lacerda. **Das sociedades por quotas de responsabilidade limitada – atualizado de acordo com o novo código civil**. São Paulo: Quartier Latin, 2007.

VENOSA, Sílvio de Salvo. **Código civil interpretado**. São Paulo: Atlas, 2010.

VICECONTI, Paulo, NEVES, Silvério das. **Contabilidade avançada**. São Paulo: Saraiva, 2014.

VIVANTE, Cesare. **Trattato di diritto commerciale. Le società commerciali**. Milano : Casa Editrici, 1912.

WELSH, Glenn A. **Orçamento empresarial**. São Paulo: Atlas, 1983.

ZANETTI, Robson. **Manual da sociedade limitada**. Curitiba: Juruá, 2010.

## REFERÊNCIAS WEBGRÁFICAS

http://www.ibgc.org.br/index.php/governanca/governanca-corporativa - Acessado em 18.02.2017

http://www.suframa.gov.br/suframa_o_que_e_suframa.cfm
Acessado em 06.01.2015

http://www.sefaz.am.gov.br/Areas/OpcaoSistemas/SILT/Normas/Legisla%E7%E3o%20Estadual/Lei%20Estadual/Ano%202003/Arquivo/LE_2826_03.htm
Acessado em 08.01.2015

http://www.sudam.gov.br/incentivo-a-investimentos/incentivos-fiscais/882
Acessado em 21.01.2015

http://www.sudam.gov.br/incentivo-a-investimentos/incentivos-fiscais/879
Acessado em 21.01.2015

http://www.tororadar.com.br/blog/bolsa-de-valores-como-funciona
Acessado em 24.08.2019